대한민국 60년의 사회변동

성찰과 성과, 그리고 과제

대한민국 60년의 사회변동

성찰과 성과, 그리고 과제

한국사회학회 편

인간사랑

Contents

제3부 | 대한민국 60년의 **과제**

서문

대한민국 정부 수립 이후 60여 성상이 흘렀다. 그동안 우리나라는 세계에서 유례를 찾기 힘들 정도로 압축적인 고속성장을 이뤄냈다. 이와 같은 우리나라의 역동적인 사회변동은 국내외의 많은 사람들한테 주목을 받았고 일부 학자들한테는 주요한 연구대상으로 자리매김하게 되었다. 이에 지난해 한국사회학회에서는 대한민국 정부 수립 60주년을 기념하는 특별 심포지엄을 세 차례에 걸쳐 개최하였는데, 이 책은 그 성과물이다.

제1부는 대한민국 정부 수립 이후 진행되어 온 우리 사회의 구조적 변동에 대해 거시사회학적인 관점에서 분석을 시도한 것으로서 정치적 민주화뿐만 아니라 경제적 성장과 과학기술 발전에 기초한 근대화 과정에 대한 성찰을 보여주고 있다. 제2부는 대한민국 60년 동안에 전개되어 온 우리 사회의 변화상과 국가적 위상을 중범위적 차원에서 점검해 본 것으로서 시민사회의 성장, 산업 및 직업영역의 다변화, 가족제도의 다양화, 교육제도의 자율화, 아파트 주거문화의 보편화, IT 및 넷(Net)의 확산 등을 주요 내용으로 삼고 있다. 제3부는 정부 수립 60년이 경과한 시점에서 우리나라가 직면해 있는 새

로운 과제를 도출하고자 한 것인데, 세대 간 갈등과 사회 양극화 문제, 환경 문제, 소수자 문제, 분단 문제 등이 그 구체적인 사례에 해당한다.

정부 수립 60주년을 기념하는 특별 심포지엄을 통해 지금까지 한국 사회 각 분야에 걸쳐 진행되어 온 변화의 특성을 짚어냄과 더불어 현재의 위상과 문제점을 점검하고, 향후 미래사회를 대비하기 위한 과제를 제시하려는 것이 학회 차원의 기획의도였다. 다시 말해 우리나라가 과거 지나온 길과 지금의 위치, 그리고 앞으로 나아가야 할 방향을 살펴보려는 것이었다. 아무튼 내심 기대했던 바인데, 해외 학자들이 한국 사회에 대한 심층적인 연구를 시작할 단계에 이 책이 하나의 안내서로서의 역할을 수행해낸다면 더 바랄 나위가 없을 것이다.

부족한 자료와 바쁜 일정에도 불구하고 거시적 차원의 통시적인 입장은 물론이거니와 미시적 차원의 비교적인 입장에서 해당 분야의 변화상을 정리해 준 집필자 모든 이에게 감사할 따름이다. 아울러 상이한 주제와 다양한 형태의 발표물을 한 권의 책으로 엮어내는 일이 예정된 일정을 훨씬 넘기게 된 점에 대하여 필진 여러분의 양해를 구한다.

이 자리를 빌려 특별 심포지엄을 후원해 준 정보통신부와 조선일보사, 그리고 행사 진행을 위해 물심양면 성원을 아끼지 않은 전북대학교, 영남대학교, 숭실대학교의 회원 교수님들의 호의에도 감사드린다. 또한 행사기획 단계부터 책 발간에 이르기까지 김규원 교수와 김병조 교수의 노고에 고마움을 전하고 싶다. 끝으로 인내심을 잃지 않고 책 출간을 위해 애쓰신 인간사랑 관계자 여러분에게도 심심한 사의를 표한다.

2009년 12월

한국사회학회 전임 학회장 **홍두승**

제1부 대한민국 60년의 성찰

대한민국 민주주의 60년을 보는 시각

2008년 촛불로부터 대한민국 민주주의의 진화를 읽다

김상준_경희대학교 NGO 대학원

I. 2008년 촛불집회

아직 생생한 '현재적 사건'으로부터 논의를 시작해 보려 한다. 그 사건이란 2008년 5월 불붙어 6월에 절정에 이르렀고, 8월 15일 100회 집회를 가졌으며, 현재까지도 완전히 꺼지지 않고 있는 촛불집회다.

왜 현재적 사건으로부터 논의를 시작한다는 것인가? 우선 그 방법론적 전제를 미리 밝혀두기로 한다. 자연사적인 대상이든 인류사적 대상이든 그 기원과 역사에 대한 탐구는 현재적인 문제의식으로

* 본장은 졸고 『미지의 민주주의』(2009, 이카넷) 7장과 같음.

부터 비롯되지 않을 수 없다. 가장 발달한 존재의 탐구로부터 그 존재의 기원과 역사에 대해 무엇을 밝혀야 할지가 분명해진다. 여기서 과거의 증거란 오늘날의 것에 비추어질 때만 의미를 갖는다. 오늘날 생물학의 첨단영역에서 '현재 살아 있는 DNA야말로 최고, 최선의 화석(化石)'이라는 방법론이 나오는 것도 마찬가지다. 화석이란 굳은 암석의 형태로 남아 있는 과거의 증거다. 그러나 첨단과학은 우리 몸 안에 말랑말랑하게 살아 있는 DNA야말로 가장 훌륭하게 보존되어 있는 가장 오래된 화석이라는 혁명적 관점 전환을 가능하게 했다. 그리하여 현존 인류의 DNA 분석을 통해 인류의 기원과 역사가 재구성되고 있다.

그렇다면 그러한 의미의 '살아 있는 민주주의의 DNA'가 촛불집회인 까닭은 무엇이란 말인가? 이 질문에 대한 답이 장황할 이유는 없겠다. 촛불집회가 현재적 상황에서 민주주의의 최대 사건이었음은 누구에게나 자명할 것이기 때문이다. 집회 취지에 찬성하는 측이든 반대하는 측이든 평범한 시민들의 의사가 밑으로부터 자발적으로 결집되어 상당한 기간 동안 체계적으로 표현되었다는 액면적 사실 자체를 부인할 수는 없을 것이다. 그 이전과 구분되는 '또 다른' 자발성, 역동성, 기동성, 기발함, 집중성, 지속성, 축제성, 해학성 등 여러 가지 독특한 특징들이 여실히 드러났던 촛불집회는 한국 민주주의 역사에서 하나의 획기적인 사건이자 한국 민주주의의 최신 진화형태임에 분명했다.

먼저 우리는 촛불집회의 진행양상과 의미를 음미해 봄으로써 대한민국 민주주의가 도달해 있는 지점을 더듬어 볼 것이다. 그리고 그 도달 수준으로부터 과거 민주주의 60년을 개괄해 볼 것이다. 우리는 내부로부터 문제를 보려 한다. 우리의 몸 속에 살아 있는, 현 시점의, 우리 내부의 민주주의 DNA를 추출하고 분석하는 것이 먼저다. 역사는 그 속에서, 현재의 분석틀과 발견들 속에서 풀려나올 것이다.

흔히 한국의 민주주의는 서구에서 '이식' 되어 왔다 하고, 그래서 한국 민주주의에 대한 평가는 서구가 도달한 수준과의 비교에 그치는 경우가 많다. 그렇다 보니 프리덤 하우스 재단의 '민주주의 등급' 이나 이코노미스트 재단의 '민주주의 인덱스' 에서 매겨놓은 한국 민주주의의 '등급' 과 '석차' 에 의거한 비교가 우리 현실에 대한 분석과 평가를 대신하기도 한다. 그러나 우리는 동아시아 문화전통에도 민주주의적 흐름은 연면히 흘러왔다고 본다. 그래서 민주주의 '이식론' 을 너무 단순한 시각으로 간주한다. 또 전 지구적 · 전 인류적 시야에서, 진정한 의미의 보편성이라는 맥락에서 민주주의를 보다 넓게 이해해야 할 것이라고 본다.

미국인으로 평생 한국사를 연구해 온 한 원로 학자가 그 생의 말년에 한국에서 민주주의가 이렇게 발전할 줄은 상상도 못했고, 때로는 한국이 미국보다 민주주의가 앞서 있지 않은가 생각한다는 언급을 하였다 한다.[1] 확실히 한국 민주주의에는 세계 기준을 앞서가는 측면이 있다. '이식론' 이나 '인덱스', '등급' 에만 의존하는 시각은 문제를 이런 각도에서 보기 어렵다. 기존의 '인덱스' 니 '등급기준' 이니 하는 것들은 사실은 동어반복적이다. 앞서 있다고 간주되는 서구 국가들의 기준으로 기준을 만들어 놓고 그 기준을 세계에 적용시키는 것이기 때문이다. 그러니 맨날 빤한 '석차' 만 나온다. 그 결과에 대한 분석 역시 현재의 세계 체제가 부여하는 규범의 틀을 벗어날 수 없다.

이 장의 목적은 '대한민국 민주주의 60년을 보는 시각' 을 제시하는 데 있지 '대한민국 민주주의 60년' 을 총체사적으로 정리하겠다는 것은 아니다. 한 편의 글에서 이러한 큰 주제의 총체사는 엄두도 낼 수 없는 일이다. 특히 험난한 굴곡으로 점철된 이 60년을 돌아보면 더욱 그렇다. 우리는 여기서 한국 민주주의가 현재 도달한 지점을 밝혀보는 데 주력하고, 그 지형 위에 서서 과거 60년을 개괄해 보는 작업을 아주 소략하게 가름하려 한다. 또 하나 이 글의 제목이 '시각'인 이유는 이 글의 목적이 단순히 한국 민주주의의 지난 과거를 회고적으로 정리해 본다는 데 있는 것이 아니라, 오히려 그 미래를 바라보고 구상해 보려는 데 있기 때문이기도 하다.

민주주의란 인민주권의 정체(政體)다. 우리는 이를 인민의 주권구성과 주권행사 양면에서 포괄적으로 볼 것이다. 이렇게 보면 밑으로부터의 주권구성과 주권행사가 본원적이고 선출된 정부와 의회의 주권행사는 오히려 부차적이다. 이 글에서 우리는 이러한 관점에 충실할 것이다.

II. '안다'와 '모른다'

촛불집회를 둘러싼 공방의 핵심은 '안다는 것(the known)'과 '모른다는 것(the unknown)' 사이의 대립에 있었다. 누구나가 알고 있듯이 이제 국민 상당수가 어쩔 수 없이 어느 정도는 준전문가가 되어버린 문제, 즉 미국산 쇠고기의 광우병(Mad Cow Disease, 학명으로는 소해면상뇌증, Bovine Spongeform Encepalopathy : BSE) 위험 정도와 또 그로 인한 '인간광우병'(변형 크로이츠펠트-야콥병, variant Creutzfeldt-Jacob Disease : v-CJD) 위험 정도의 문제가 그것이다.[2]

과연 그 위험 정도가 어느 정도 알려져 있느냐. 과연 그 문제에 대해 우리는 정확히 알고 있는가. 정부는 충분히 알려져 있다, 따라서 통제 가능하다, 그래서 안전하다고 했다. 촛불집회 측은 충분히 알려져 있지 않다, 따라서 통제가 어렵다, 그래서 위험하다고 했다.

한국 민주주의 60년을 회고해 보는 관점에서 볼 때 촛불집회에 여러 가지 새로운 점이 있지만 바로 이 점, 즉 일견 순수 과학 또는 과학사회학 문제로 보이는 지(知)와 무지(無知) 또는 기지(旣知)와 미지(未知)의 문제가 첨예한 대중적 쟁점, 민주주의적 논의의 핵심이 되었다는 점이야말로 가장 새롭고 의미심장하다고 생각한다.

통상 시정(市井)의 언어에서 민주주의란 민의의 표출인데, 여기서 '표출'이란 민(民)이 무엇인가를 알고 있다는 것을 전제로 한다. 알기 때문에 찬성도 하고 반대도 할 것이니 굳이 언급할 필요도 없는 당연한 말이라 할지 모른다. 그렇지만 촛불집회에서 드러난 민의란 특이한 것이었다. 문제를 둘러싼 양방의 격렬한 수사의 거품을 다 빼고 문제의 핵심을 보면 촛불 민심의 본질과 힘은 '안다'가 아니라 '모른다'는 것에 있었다. 즉 광우병의 위험이 어느 정도인지 현재의 우리는 알 수 없다고 한 것이다. 굳이 무엇을 정확히 알고 있다고 한다면 '우리가 그 위험이 어느 정도인지 정확히 모르고 있다는 것을 정확히 알고 있다'고 했던 것이 되겠다. 굳이 앎이라고 한다면 앎은 앎이되 무지에 대한 앎이었다.

'모른다'는 주장이 그처럼 큰 흡인력과 파장을 갖게 된 것은 놀라운 일이었다. '알아야 양반'이 한국 사회에서 유난히 강한 문화문법이기도 하지만, 안다는 것은 미덕이요 권력인 반면 모른다는 것은 악덕이요 약점이라는 생각은 비단 한국 사람만의 것이 아닐 것이다. 어쨌거나 정부 측은 '알아야 양반'이라는 고전적 문법에 충실했다.

한국민은 과학 공부를 더 해야 한다는 주한 미대사의 발언도 그 연장선상에 있었다. 그러나 흥미로운 것은 정부쪽에서 지식의 입장에 서서 과학적 · 통계적으로 문제를 충분히 알고, 따라서 충분히 안전하고 문제없다고 할수록 불에 기름을 끼얹는 형상으로 촛불은 넓어져만 갔다는 사실이다. 이런 역설은 이 상황이 그 이전과는 무엇인가 질적으로 다른 점이 있다는 것을 말해준다.

물론 촛불 민심의 '무지의 입장' 은 단순한 무지가 아니었다(이 점은 이 글 III절에서 상술함). 정부에서 한 가지 근거를 발표하면 촛불쪽에서는 발표가 끝나기 무섭게 열 가지 반대 근거가 쏟아지는 '매우 유식한 무지' 였다. 그 결과 정부와 정부의 편에 선 거대언론이 '안전' 의 근거에 대한 지식을 발표하면 할수록 그에 관한 반대 증거는 몇 곱으로 가속되어 증폭되었다.

촛불이 놀라울 정도로 빠르고 넓게 확산되어 가는 동안 정부는 사실상 무대응으로 일관했다. 대통령이 초기에 두 차례 '사과' 를 했지만 전혀 내용 없는 수사에 불과했다. 결국 시간벌기 외에는 무대책이었다. '눈 내릴 때 쓸지 마라' 는 것이 현대 정주영 회장의 애용구였다 하는데 그 애제자격인 이명박 대통령도 여기에 충실한 듯했다. 그리하여 건립된 '명박산성' 은 정부의 무대책 · 소통 거부를 극적으로 상징하며 국민적 조롱거리가 되고 말았다.

이제 돌이켜 볼 때 국민의 압도적 다수가 재협상이 필요하다고 응답하고 있던 시점에 정부가 이를 한 번도 진지하게 고려하지 않았다는 사실이 오히려 미스테리다. 국제관계에서 절대불가란 없다. 재협상이란 얼마든지 가능한 일이다. 촛불의 절정 시점에 정부가 '다 버리고 국민의 뜻에 따르겠다' 하며 극적으로 '재협상' 선언을 했다면 촛불을 든 사람 중 최소한 7할은 뜨겁게 '감격' 하여 현 정부에 대한 열렬한 지지층으로 돌아설 수도 있는 상황이었다. 그것이 촛불 대중의 실제 특징이었다. 이명박 대통령이 누구도 도전하기 어려운 한국 정치의 확고한 최대 지주로 단숨에 올라설 수 있는 호기일 수도 있었다. 일종의 제2의 6 · 29를 연출하는 셈이 되었겠는데, 행인지 불행인지 현 정부의 코어 그룹 안에서는 그 비슷한 발상조차 나오지 않았다. 정주영 회장으로부터 그러한 박력과 파격까지는 미처 배우지 못했던 것일까?

여기서 잊지 말아야 할 사실은 촛불 대열에는 박근혜, 이회창 지지자들도 상당수 가담했다는 사실이다. 보수 정치세력 속에서 족보 없는 '신참'에 속하는 이명박 대통령의 입지나 지분이란 사실은 그다지 확고한 것이 아니다. 대선에서 이명박 대통령의 기반이란 반노무현 정서로 뭉친 반사적인 '묻지마' 표였지, 이명박 자신에 대한 오래된 믿음은 아니었다. 그래서 '이명박 찍었다'는 사람들이 촛불 집회장에는 유독 많았다. 어쨌거나 이러한 취약한 상황을 반전시킬 계기로라도 '재협상'을 고려할 만한 정치적 이유는 충분했던 것으로 보인다. 그럼에도 그런 발상조차 나오지 못했던 이유가 무엇일까? 그것이 오히려 궁금한 일이다.[3]

집권 초기 첫 단추를 뜻대로 못 끼우면 모든 게 틀어진다는 전략적 판단도 물론 있었을 것이다. 그러나 우리가 보기에 더 중요한 이유는 정부 측에서 완강하게 품고 있던 나름의 '진실'과 '본심'이 있었기 때문이 아니었겠나 싶다. 정운천 농림수산식품부 장관이 뭘 먹어도 위험은 다 있다, 왜 미국산 쇠고기만 문제냐고 정말로 흥분했던 데서도 그런 걸 읽을 수 있다. 이명박 정부의 진짜 본심이란 '위험은 있다, 그러나 더 큰 이익을 위해 그 위험을 먹자(감수하자)'라는 데 있었을 것이다(그러나 정부는 공식적으로는 이렇게 솔직히 말하지 않았다). 그 본심의 바닥으로 더 내려가 보면 '먹다 죽은 귀신은 때깔도 좋다더라'는 배고픔 시대의 격언이 있을 터이다. '조선 사람은 못 먹어서 문제가 아니었던가 … 솔직히 언감생심 조선 사람이 미국 쇠고기 없어서 못 먹었지 언제부터 주는 데 못 먹겠다 하나 … .' 이런 식의 보릿고개 시절의 철학이 바탕에 놓여 있었던 것 아닌가. 그런 생각이 현 정권 핵심의 본심에 있었기에 그들은 촛불집회를 애당초부터 '진실로' 이해할 수 없었던 것이 아닌가 싶다. 이 철학에서는 배고픔만이 진실(위험)이다. 못 먹어서가 아니라 먹어서 생기는 위험이란 사치나 거짓이다. 그런 문제로 '말썽'을 부리는 자들이란 배고픔을 모르는 철부지들이거나 진실함이란 전혀 없이 그저 이 기회를 정치적으로 이용해 정부를 흔들어 보려는 '좌우익(즉 박근혜 · 이해창 지지자 포함)' 기회주의자, 선동꾼들일 뿐이다.

그러나 안타깝게도 이러한 '배고픔 시대의 진심'이란 현 시대의 생생한 흐름들과는 너무나도 동떨어진 것이었다. '마인드'의 문화 격차가 너무나도 컸던 것이다. 2008년 한국의 촛불집회와 가장 닮은 사회운동을 들어보라면 1990년대 후반 특히 서유럽을 휩쓸었던 GMOs(유전자 변형 유기체, Genetically Modified Organisms) 반대운동이라 할 것이다. GMOs 문제의 핵심 역시 GMOs를 섭취했을 때 인체에 미치는 영향을 정확히 '알 수 없다'는 데 있었다. 가장 선진화되고 정치문화가 세련되어 있다고 하는 서유럽에서 '못 먹어서 문제가 아니라 먹어서 문제'인 GMOs가 강렬한 대중적 이슈로 제기되었던 것을 유념해야 할 것이다. 이런 문화적 추세를 전혀 이해하지 못하는 정부가 '선진화'를 표방하고 있다는 사실은 슬픈 아이러니다.

촛불집회가 10대 소녀들에게서 비롯되었다는 것을 이 운동이 근본적으로 미숙하고 유치하다는 것을 말해주는 증거로 보려는 이들도 있었다. 이런 시각 역시 너무나 낡고 문제를 거꾸로 보고 있다. 주목해야 할 것은 표면의 파도가 아니라 깊이 흐르는 해류=시대의 흐름이다. 유럽의 GMOs 반대운동도 기존의 전통적 사회운동 세력의 변방에 존재했던 평범한 일반 시민들이 주역이 되었다. 그러나 10대 소녀들이 문제제기자(whistle blower)로 처음 나섰다는 것은 서유럽도 도달하지 못했던 선진성이다. 10대 문화와 의식을 그저 몽땅 유치한 것만으로 보는 것 역시 너무나 단순하다. 그 속에는 새로운 시대정신이나 코드가 날카롭게 반영되어 있다. 이들이 전혀 새로운 것을 정치로 만들었다. 또는 정치를 전혀 새로운 것으로 만들었다.

10대 소녀들은 가정주부, 엄마들과 가장 가깝다. 돌이켜 보면 주부들이 느끼는 식단의 위험을 10대 소녀들이 가장 민감하게 받아들였던 것도, 10대 소녀에 이어 가정주부들이 대거 촛불집회에 가담했던 것도 전혀 불가사의할 것 없는 지극히 자연스러운 수순이었다. 신사회운동 이론이 강조해 온 생활정치(life politics)의 이념형이 고스란히 현실화된 순간이었다.

한국의 촛불집회가 유럽의 GMOs 운동보다 선진적인 것은 이 점만이 아니었다. 수많은 인터넷 카페들이 실질적인 조직 구심을 이루어 익명의 생면부지의 사람들을 묶어냈다는 것, 초첨단 IT 현장중계 매체를 이용해 공권력의 폭력을 사전에 폭로·차단하고 대중동원을 가속화시켰다는 점도 있다. 촛불과 문화축제를 결합시켜 초반에 공권력이 함부로 개입하기 어렵게 한 집회방식도 창의적인 점이 있고, 공권력의 압박이 거세어진 상황에서도 놀라울 정도의 집단적 자제력을 발휘하면서 비폭력의 신명놀이 축제판을 유지해 나간 점도 대단하다. 수십만이 도심에 모여서 신명과 자제와 영리(怜悧)를 결합시킨 이 대중은 새로운 군중이었다. 그것은 귀스타브 르봉이 묘사한 눈 먼 군중이 아니라 프랑수아 라블레가 묘사했던 신명난 군중, 축제 군중, 통 큰 기괴와 기상천외한 유머를 한몸에 체현한 미래의 군중이었다.

이는 새로운 '진정성(authenticity)'의 출현이었다. 87년의 상징들이 두 번의 선거에서 가벼이 무너져내렸던 2008년 초, 두 신예 사회학자는 87년 민주화 이후 문화변동의 총체적 특징을 '진정성의 상실', '스노비즘의 만연'으로 예리하게 정리한 바 있다(심보선 · 김홍중, 2008). 그렇듯 참을 수 없는 존재(그리고 시대)의 가벼움을 명료히 인식하게 된 순간 곧바로 어떤 새로운 유형의 '진정성'이 그 가벼움으로부터 솟아올랐다는 것은 진정 놀라운 일이다. 그 '진정성'은 분명 과거와는 다른 어떤 것이었다. 스노비즘을 뚫고 올라온 진정성, 비장이나 엄숙과는 무관하되 오히려 그러한 경쾌함으로 사태의 진실을 꿰뚫고 또 그만큼 발 빠르게 행동에 나설 줄 아는 진정성, 더 나아가 자기 해체, 자기 해학(自己諧謔) 속에서 새로운 내면을 구성할 줄 아는 새로운 유형의 진정성이었다. 이제 우리는 이 시대의 스노비즘과 함께 새로운 유형의 진정성에 대해서도 더 연구해야 할 일이다.

III. 촛불집회의 뿌리

모든 새로운 것에는 그만한 뿌리가 있다. 2008년의 촛불집회는 우선 가깝게 2002년, 2004년 촛불의 열기와 사명감, 그리고 2000년 붉은악마의 신명을 잇고 있다. 그러나 보다 깊숙한 차원에서 87년 민주화 이후 도저(到底)하게 흘러온 민주적 권리의식의 확장과 체화의 흐름에 주목해야 할 것이다.

촛불이 표방한 '먹지 않을 권리'란 현 정부의 의식 수준에서는 이해하기 어려운 것이었다. 이런 입맛 까다로운 권리의식이란 GMOs 반대에 나섰던 1990년대 서구 시민 수준의 것이다. 그렇듯 세분화된 권리의식이란 누가 강요한다고 갖게 되는 것이 아니다. 물처럼 공기처럼 생활 속에서 익숙해져 있어야 한다. 촛불집회 주도 세대는 87년을 제대로 알지 못하지만 87년 민주화 이후의 상황과 민주적 권리의식에 이미 너무나 익숙해 있다. 그들에게 87년의 의미란 물고기와 물의 관계와 비슷할 것이다. 그들에게 권리의식과 권리행사는 물고기에게 물처럼 당연하고 익숙하다. 존재하는지조차 모를 정도로. 물론 87년 민주화는 환멸과 냉소를 동반한 것이기도 했다. 그 많은 헌신과 희생에 견주어 기득권의 기본구조에는 큰 변화가 없어보였기 때문이다. 1997년 이래 '민주정부' 10년의 경험도 바꿔봐야 별볼일 없다는 피로감만 더한 것으로 폄하되기도 했다. 그러나 그 속에서 민주주의는 밑바닥으로부터 부단히 자신의 터를 열어가고 넓혀가고 있었다. 가정과 학교, 직장과 군대의 문화가 서서히 민주화되어 갔다.

혹자는 권리의식은 이기주의라 한다. 물론 행복추구가 억압되었던 권위주의, 집체주의 문화에서 이기주의란 자유를 위한 몸짓의 다소 위악적인 표현방식일 수도 있다. 그러나 민주주의 헌정질서에서의 권리의식이란 무엇보다 공정함에 대한 감각을 전제로 한다. 공정함에 대한 감각도 계단을 밟아 올라간다. 민주화 이후 자유로워진 공간에 이기적 투쟁이 범람해 들어왔던 것도 사실이다. 그러나 그러한 범람을 겪으면서 남도 생각하는 공정함의 의식, 공공성에 대한 감수성 역시 자라왔다.

'반미'라는 것도 과거와 달라져서 이제는 한미관계에서의 공정함에 대한 감각이 생겨나고 그 공정함에 대한 요구 수준, 기대 수준이 높아진 데서 나타나는 것으로 보아야 할 것이다. 미국이라고 해서 우리가 무조건 굽히고 양보해야 한다는 생각을 민주화 이후 세대는 납득하지 못한다. 2008년 4월 16일 다급하게 타결한 '실용정부'의 쇠고기 협상은 이러한 눈높이에 맞춰보기 이전에 시사 문제에 전혀 무관심한 장삼이사(張三李四)의 눈에도 너무나 심하게 벗어준다는 인상을 주기에 충분했다. 타결 시점이 새 대통령의 미국 방문 하루 전이었다는 것, 그 내용도 기왕에 쟁점이 되었던 모든 문제를 한꺼번에 몽땅 양보해 준 것이었다는 것, 누구의 눈에나 명백했다.

미국산 쇠고기 광우병 위험이란 2007년 민관일체의 대대적인 국민홍보를 통해 이미 상당히 넓게 경각되어 있던 문제였다. 촛불집회가 일파만파로 확대되자 현 정부는 그 모든 책임을 방송사 한 프로그램의 '허위보도' 탓으로 뒤집어 씌웠지만, 문제가 된 PD수첩의 내용이란 1년 전 모든 언론과 정부 관련 부처 관료들이 한 목소리로 제기했던 문제점들과 크게 다를 바 없는 것이었다. 정부 담당자들과 거대 일간지들이 하루아침에 180도 입장을 바꾸고 그 입장 변경에 대해 솔직하지 못한 변명과 억지로 일관하는 모습은 오히려 촛불을 크게 확산시키는 기폭제가 되었다.

'반미'라는 게 늘 일정 정도 잠겨 있다가 기회만 되면 꼭 그만큼 튀어나오는 식이 아니다. 그 많은 시민들이 맹목적 반미감정 때문에 거리로 나왔다고 보는 시각이야말로 정말 위험하다. 반미를 주장한다고 해도 그것이 공정함의 감각에 맞지 않으면 문제가 되는 그런 의미의 발전된 권리의식, 공공성에 대한 감수성의 소산으로 이번 촛불 이슈에서의 미국 문제를 보아야 할 것이다.

권리의식의 발전은 법의식의 성장과 연동되어 있다. 그동안 대한민국 헌정사에서 '법질서'를 강조하고 '헌법개정'을 내놓은 측은 대부분 역대 독재자와 독재정권이었다. 그래서 민주화 세력은 대체로 법질서, 헌정체제라는 개념 자체를 불신했다. 일반 시민 차원에서 법이란 그저 두려운 것이었고, 헌법이라 하면 6법전서 끼고 다니는 법대생 이야기지 자신과는 아무런 관계가 없는 것으로 생각했다. 2004년 탄핵정국에서도 헌법을 무기로 이용하려 했던 세력은 수구정당 연합이었다.

그렇기 때문에 2008년 촛불집회에서 시민들 자신이 헌법을 자신들의 무기로 들고 나왔다는 사실을 우리는 주목한다. 특히 헌법 제1조 1항, '대한민국은 민주공화국이다', 1조 2항, '대한민국의 주권은 국민에게 있고, 모든 권력은 국민으로부터 나온다'는 집회 중 남녀노소에 의해 수없이 많이 외쳐진 조항들이다. 이런 조항들이 수구기득권 집단도 민주화 운동 세력도 아닌 평범한 일반 시민들에 의해 절박하게 외쳐짐으로써 지금껏 관념상으로만 존재했던 헌법적 문구들이 생생한 현실의 힘으로 변했다. 경찰이 집회를 불법으로 몰면 시민들은 현행 집시법의 위헌성을 지적했고, 검문 · 연행을 하려 하면 헌법상 기본권 조항을 들이댔다. 웹상에는 비폭력, 시민불복종에 대한 수준 높은 헌법적 논의가 전개되었다. 평범한 주부, 학생, 일반 시민들이 헌법을 내세워 자신의 권리를 표현하고 또 지키려 했다는 점은 한국 민주주의의 역사에서 새로운 사건이고, 한국 민주주의가 새로운 궤도에 올라섰음을 보여주는 징표였다. 반면, 민심과의 소통을 일체 거부하면서 '법질서 확립'만을 강조했던 정부의 모습은 권위주의로의 퇴행에 다름 아니었다. 민주주의의 미래와 과거가 선명하게 대조되는 장면들이 아닐 수 없다.

하버마스는 시민사회의 '감지기 · 경보기(sensor)' 역할을 강조한 바 있다. 촛불집회는 한국의 시민사회가 그러한 감지기 · 경보기의 역할을 하버마스가 그렸던 수준 이상으로 충분히 잘 수행하고 있을 뿐만 아니라, 여기서 한 걸음 더 나아가 주권적 행동의 시민적 전형, 시민주체의 새로운 시민정치의 범형을 창조하고 있음을 보여주었다. 시민사회의 역할을 감지기 · 경보기로 '자기 제한(self-limiting)' 하는 하버마스의 관점은 이미 시민행동의 대열로부터 뒤처져 있다.

촛불집회가 이렇듯 여러 가지 점에서 주목할 만한 '밑으로부터의 민주주의' 의 새로운 특징을 유감없이 발현해 주었음에도 그 성과를 안정된 정치적 결과물로 연결시키는 데는 아직 실패하고 있다고 말해야 할 것이다. 장기적인 시각에서 보면 그러한 성격의 새로운 힘은 결코 사라지지 않고 복류하여 다른 모습으로 뚫고 올라오기 마련이지만, 지금 필요한 것은 우선 이러한 상황 전개의 의미를 실상 그대로 정확히 읽어내는 일이다. 그 실상 속에는 한국 민주주의의 도달점과 전개방향이 담겨 있을 것이기 때문이다.

IV. 미지성(未知性)과 복합위험 사회

이상 간략한 촛불집회의 흐름에 대한 소묘는 민주주의가 새로운 환경에 처해 있다는 것, 또한 그 속에서 민주주의가 새로운 방향으로 진화해 가고 있다는 것을 말해준다. 촛불집회의 이슈는 급속히 지구화하고 있는 세계의 흐름, 그 흐름 속에서 파생되고 있는 보편적 문제의 군(群)에 속한다. 이는 비단 GMOs나 최근 중국의 멜라민(melamine),[4] 이전의 SARS와 같이 식품위험 여부에 관한 문제에 국한되는 것이 아니다. 2008년 9–10월의 미국발 금융공황 위험이나 핵기술을 둘러싼 위험, 다양한 형태의 환경오염과 그로 야기되는 부가 위험 문제, 인간유전자(genome) 조작과 관련한 위험 문제, 그리고 이제는 더 이상 누구도 부인할 수 없게 된 지구온난화 · 기후 문제도 이러한 범주에 속한다.

이들 문제의 핵심은 모두 같다. 고도 산업화, 고도 과학의 기술 적용, 그리고 지구적 교류교역의 급속한 확대가 맞물리면서 새로운 형태의 위험이 예측하기 어려운 형태로 대두되고 있다는 점이다. 이러한 고도 현대 사회의 위험 문제는 두 겹으로 진행된다. 한편으로는 위험의 영역 자체가 확대되고, 다른 한편으로는 동시에 위험에 대한 인간의 인식, 민감도 역시 증대된다. 후자는 컴퓨터를 축으로 한 정보 · 지식 혁명에 크게 의거하고 있다.

니클라스 루만과 울리히 벡이 강조해 온 '무지의 지' 또는 미지성(未知性, Nichtwissen)'은 바로 문제의 이 영역을 개념화하고 있다(Luhmann, 1998 ; Beck, 1999). 독어의 Nichtwissen은 단순히 무지(ignorance)가 아닌 반면(反面)의, 부정(否定)의(Nicht) 또 다른 지(知, Wissen)를 지칭한다. 그래서 영어권에서는 Non–knowledge로 옮기기도 한다. '무지의 지', 즉 우리가 무엇인가를 모르고 있다는 것을 안다는 것은 어떤 영역에서 우리가 획득한 기존의 지식 플러스 알파를 뜻한다. Nichtwessen이란 이미 알고 있는 기지의 영역 접면 너머에 우리가 알 수 없는 새로운 미지의 영역이 존재하고 있음을 아는 것이다.

이러한 무지의 지는 뉴턴적 과학 이후(Post–Newton) 시대의 과학에 의해 제기되기 시작한 것이다. 뉴턴적 과학은 미래예측적인 것이었다. 뉴턴적 운동은 시간을 역으로 하여도 동일하게 반복하는 것이므로 이미 알려진 지식을 미래로 연장할 수 있다고 보았기 때문이다. 그러나 이런 확실성의 과학은 열역학 2법칙과 양자역학, 그리고 비평형 열역학에 의해 부분적인 진리로 밀려났다. 복합계 이론은 이러한 흐름을 하나로 모아 지식에 대한 새로운 접근방법을 구축하려고 한다.

이러한 뉴턴 이후의 과학은 지식의 지평을 획기적으로 확대한 것이지만, 그 지식은 동시에 우리가 획득한 지식의 접면 너머에 고도의 불확실성이 공존하고 있다는 고도의 Nichtwissen을 포함한다. 사회학적으로는 말하면, 인간사에 그러한 성격의 고도 과학기술 적용이 가속적으로 증대되고 있기 때문에 그 결과의 불가측성 역시 크게 확장되고 있음을 말하기도 한다. 과학사회학에서 오래 전부터 강조해 온 '의도하지 않았던 결과(unintended consequences)'의 문제가 질적으로나 양적으로 매우 증폭된 형태로 나타나게 된 것이다.

한국 사회에서 이러한 복합위험의 문제가 사회적 이슈로 제기되기 시작한 것은 광우병 문제가 최초는 아니었다. 그것은 한국의 사회 문제로 '환경 문제'가 대중적으로 인식되기 시작한 시점인 1990년대 초반부터라 할 것이다(1991년 낙동강 페놀 오염 문제). 그러나 복합위험 문제가 공공정책에 대한 민주주의 의사결정 문제와 연결되게 된 계기는 1990년대 중반부터 본격화되기 시작하여 이후 대형화된 새만금 개발 논쟁이었다고 하겠다. 2003년 부안 위도의 핵폐기장 설치 여부를 둘러싼 대립은 폭발적인 양상으로 발전했다. 2008년 촛불집회는 정확히 바로 이러한 사건들의 연장선상에 있다. 다만 그 집중성이나 참가인원의 규모, 행동양식에 있어서 그 이전의 경우들에 비해 두드러진 확대와 도약이 있었다.

이 문제는 많은 경우 '환경' 이슈와 결합되지만 단순히 환경 문제에만 국한되는 것은 아니다. 고도 과학기술이 적용되는 경제, 정치,

군사, 윤리의 제 문제와 관련된다. 이러한 문제가 야기할 잠재적 위험에 대한 인식('무지의 지')이 크게 민감해지고 대중화되었으며, 이러한 관심이 대중행동으로 전화되어 민주주의 운동의 새로운 동력이 되었다.

이러한 이슈들은 많은 경우 국가의 공공정책과 관련되어 있다. 그 결과 공공정책에 대한 일반 시민들의 모니터와 개입이 전례 없이 확대되고 있다. 한국의 경우에는 민주화 이후 '민주정부' 하에서 이러한 성격의 새로운 대중운동이 오히려 크게 확대되었다.[5] '민주정부'는 민주주의의 이 새로운 동력을 통치기반으로 흡수했다기보다는 오히려 이 세력과 갈등관계에 있었다 할 것이다. 과거에 비해 크게 달라진 것 없었던 '민주정부'의 제도적 틀은 이러한 새로운 동력을 담아낼 수 없었다. 반면, 야당이 된 구집권세력은 이러한 시민사회의 능동화를 '과도한 민주화가 부른 혼란'으로 규정했다. '민주주의의 과잉'을 원인으로 보았고, 따라서 '민주주의의 축소'를 그 대응책으로 보았다. '민주정부'를 대체하여 들어선 현 정부가 시종일관 촛불 민심과의 소통을 거부하면서 억압으로 일관하고 있는 것은 자연스런 수순이다. 그 배경에는 시대 흐름에 대한 거대한 인식차이가 있었다.

대선과 총선 모두에서 압승하여 집권한 현 정부가 출범 몇 달만에 연인원 수백만이 거리로 진출한 초대형 항의세력과 대치하게 되었다는 사실은 현 시대의 민주주의에 대해 근본적인 숙고를 하게 한다. 단순히 선거에서 이겼기 때문에 모든 정당성은 정부에게 있고, 그런 정부에 맞선 모든 행동은 불법부당하다는 주장은 단세포적일 뿐만 아니라 위험하다. 촛불을 들고 거리로 나선 시민들도 헌법적 근거를 내세웠다. 이런 상황에서 집권세력의 정치력 빈곤만을 탓하는 것도 근시안적이다. 이러한 상황 속에서 민주주의가 어떠한 모습으로 존재하고 있는지를, 다시 말해 민주주의가 새로운 환경 속에서 새로운 사람들을 주체로 하여 어떠한 모습으로 성장해 있는지 보아야 한다.

V. 질적 민주주의(Qualitative Democracy)

이제 민주주의의 질(quality)이 문제로 되고 있다. 복합위험에 대한 시민들의 반응은 매우 민감하고, 그로 인한 문제들은 이미 일상생활 깊숙이 파고들어와 있다. 촛불집회가 극적으로 보여준 바와 같이 이제는 일반 시민들이 이러한 문제들을 항상 모니터할 뿐만 아니라, 행동으로 개입할 준비가 되어 있다. 노리스가 실증적 연구를 통해서 밝힌 것처럼 최근 이러한 경향은 선진국일수록 더욱 현저해지고 있다(Norris, 2002).

민주주의의 영역에 거대한, 새로운 동력이 탄생한 것은 분명하지만 그러한 새로운 동력이 어떠한 새로운 민주주의, 새로운 시민정치로 형상화될 것인지에 대해서 선명한 대답이 주어졌던 것은 아니다. 촛불집회 논의에서 '직접민주주의의 강화'가 언급되었지만 그 구체적인 형태가 무엇이 될지에 대해 설득력 있는 대안이 제시되었던 것은 아니다. 물론 일부 인터넷 논객들에 의해 촛불집회의 이슈와 기간을 무제한 확장하여 무한정 직접행동을 전개하자는 의견이 제기된 바 있다. 촛불집회가 세 달 넘게 집중성을 유지했고, 이슈도 광우병을 넘어서 새 정부의 주요 정책 전반에 대한 검토로 확산되었던 것은 사실이다(1+5 의제). 그러나 직접행동, 거리정치가 무한정 지속되리라고 보는 것은 비현실적이다. 그런 방식이 반드시 바람직하다고 볼 수도 없다. 매우 역동적인 새로운 에너지가 탄생한 것은 분명하다. 기존의 정당정치나 선거제도로는 이를 잘 담아낼 수 없다는 것도 분명해졌다. 문제는 흔히 거론되었던 '거리정치냐 정당정치냐' 라는 배타적 선택이 아니다. 그 둘로는 부족하다는 게 문제다. 거리정치(운동정치)나 정당정치가 한 발 올라서기 위해서라도 거기에 무언가 새로운 것이 더해져야 한다. 그 둘을 보완해 줄 새로운 틀과 방법을 찾아야 하는 것이다.

우리는 심의(審議)민주주의(deliberative democracy)의 적극적 제도화 속에서 해결방향을 찾을 수 있을 것이라고 생각한다. 최근 민주주의 이론 분야에서 부쩍 논의와 관심이 커지고 있는 분야가 심의민주주의론이기도 하다. 특히 흥미로운 점은 심의민주주의론의 핵심에도 '미지성'과 '무지의 지'와 매우 유사한 이론적 문제가 있다는 사실이다. 물론 복합위험의 내면에 있는 미지성이 과학·기술적 미지성인 반면, 심의민주주의론의 핵심에 있는 미지성은 정치·윤리적 미지성이라는 차이점은 있다. 그러나 양자의 근본성격은 상통한다. 문제로서의 과학기술적 미지성을 해결하는 방법적 고리를 정치윤리적 미지성에서 찾을 수 있다는 것을 결코 우연이라고만은 할 수 없을 것이다.

심의민주주의론은 정치행위자의 이해(interest)와 선호(preference)가 고정되어 있지 않고 공정한 심의과정에서 변화할 수 있음(preference transformation)을 강조한다. 존 롤스의 '무지의 베일'은 이러한 발상을 이론적으로 가장 깊고 간명하게 표현한 것이라고 풀이해 볼 수 있다. 즉 자신의 이해와 선호를 미리 결정할 수 있는 모든 귀속(歸屬)

적 소여(계급, 성, 교육, 직업, 출신지, 민족 등)에 대해 '모른다'는 '무지'의 가정을 하자는 것이다. 그런 이론적 가정의 상황 속에서 롤스는 정의의 원칙을 도출해낼 수 있다고 보았다. 즉 '무지'를 가장 공정한 판단을 위한 필수적 조건으로 삼았던 것이다. 롤스의 이 '무지'는 칸트의 '물자체'를 상기시키는 것으로 잘 알려진 것처럼 칸트의 '물자체'는 그의 윤리론의 축이다.

롤스의 발상을 촛불 의제와 연결시키면 어떻게 될까? 촛불 정국에서 정부만이 아니라 정당과 의회가 모두 무기력했던 가장 근본적인 원인은 문제의 성격이 기존의 정치적 의제들과 달랐다는 것, 즉 문제 자체가 기지적(旣知的)이 아니라 근본적으로 미지적(未知的)이었기 때문이었다는 데 있다. 이전의 새만금, 핵폐기장 문제에서도 상황은 마찬가지였다. 이러한 사안들은 대체로 전례가 없는 경우가 많고, 관련 지식이 고도 복잡과학 영역에 속하며, 따라서 은밀한 왜곡과 은폐의 가능성도 매우 높다. 전례가 없는 일이기 때문에 그 귀결에 대해 어느 쪽도 정확하게 예측 가능한 정보를 가질 수 없음에도 강력하게 추진을 주장하는 측은 대개 고도 위험 기술을 개발해 온 거대 이해당사자이기 마련이다. 정부나 정당이 거대 이해당사자의 영향에 노출되어 있다면 문제를 풀어가기란 더욱 곤란해진다.

이러한 곤란한 문제를 가능한 한 가장 공정하게 심의하기 위한 방법이 무엇일까? 롤스의 발상을 응용해 본다면 무엇보다 우선 날카롭게 대립하고 있는 당사자들의 이해선호에 괄호를 쳐서 중립화시켜낼 수 있어야 한다. 미지성의 문제에 관한 한 어느 한 편이 이미 옳다고 전제할 수 없다. 촛불집회 역시 이 점은 마찬가지였다. 그렇다면 여기서 전제되어야 할 것은 당사자들의 당파적인 '앎의 쟁론'이 아니라, 오히려 반대로 문제의 핵심이 미지상태에 있음을 깨끗이 인정하는 '무지의 고백'이 될 것이다. 어떻게 그것이 가능한가?

인간인 이상 완전한 '무지의 베일'이란 불가능하다. 그것은 순수 이론적 '가정'일 뿐이다. 그러나 가장 근사(近似)하게 현실화시킬 방법은 찾아볼 수 있다. 무작위 표집(random sampling)된 적정 규모의 일반 시민들로 구성되는 사안별 시민 심의기구(시민의회)가 그런 것이다. 이러한 제도는 이미 존재한다. 여러 '선진국'에서 입법화되어 시행되고 있는 다양한 형태의 합의회의들이 있고, 한국에도 이미 공공정책에 대해 시민배심원 제도가 시행된 바 있다. 이미 여러 나라들에서 복합위험의 도전에 민주주의의 질적 측면을 강화하는 방식으로 대응해 왔던 것이다. 이제 남은 것은 이러한 방향의 시도를 더욱 확산시켜 일반화하고, 더 나아가 헌법적 기구로 배치할 방안에 대한 고려다.

복합위험 문제의 근본적 미지성을 인정하는 논의의 틀 자체가 '진리'를 담보해 주는 것은 아니다. 엄밀하게 말하여 이 문제에서 '진리'란 적합한 용어가 아니다. 여기서 결정의 기준은 진리와 비진리가 아니라 공공성의 부합 여부가 된다. 그 결정에서 중요한 점은 누구나 그 결과를 인정하고 승복할 수 있는 공정한 절차를 통했느냐에 있다. 그랬을 때야만 그 결정에 대한 책임을 사회구성원 모두가 같이 질 수 있게 될 것이다.

현재의 선거·대의민주제는 이해선호의 기지성(旣知性)·고정성을 전제한다. 즉 모든 세력 또는 각개 유권자가 자신의 이해를 분명히 알고 있음을 전제한다. 사회의 계급적 층위가 분명히 존재하는 한 이해선호의 기지성은 정치에서 중심적인 역할을 할 것임에 분명하다. 그러나 이제 촛불집회가 말해주듯 그 한계 역시 분명하다. 사안이 기지적일 경우 정부와 정당은 일정한 패턴을 가지고 움직일 수 있지만 사안이 미지적일 경우는 그렇지 못하다. 기왕의 경험들로 볼 때 미지적 사안은 현재의 의회정치 패턴에 결코 반가운 대상이 아니었다. 이상적인 의회를 머리에 그려본다 해도 미지적 사안은 여기서 제대로 다루어지기 어렵다. 그래서 우리가 '미지적'이라고 부른 주요 정책 사안들에 대해서는 (의회·정당정치가 완숙한 형태로 작동하고 있음에도) 무작위로 선출된 시민들 자신이 직접 심의하고 직접 판단을 내리도록 하고 있는 사례들에 주목할 필요가 있다. 덴마크의 '시민의회'라고 할 수 있는 과학기술위원회(Danish Board of Technology) 같은 법적 기구가 그 일례다.[6]

민주주의의 기본원리는 밑으로부터(buttom-up)의 참여인데, 그 참여의 폭과 방식에는 다양한 층위가 있다. 민주주의의 현실태는 그런 다양한 참여의 복합체다. 투표 역시 참여의 일환이다. 다만 가장 간접적인 형태의 참여다. 직접적인 참여의 고전적 범례는 물론 그리스의 민회(Ecclesia)와 같이 모든 적격 시민이 한 자리에 모여 국가 최고 권력기구를 구성하는 것이다. 그러나 현대 국가에서는 우선 단순하게 규모의 문제 때문에라도 이는 불가능하다. 그렇다고 현대 사회에서 일체의 직접 참여가 불가능한 것은 아니다. 촛불집회야말로 전형적인 직접 참여다. 시민 각 개인이 공적 문제에 대해 자신의 의견을 직접적이고 공개적으로 표명했기 때문이다. 그 방식은 물론 매우 다양하다. 이러한 형태의 직접 참여가 선진국일수록 더욱 증가하고 있다는 점은 앞서 밝힌 대로다. 이러한 방식의 직접 참여가 민주주의의 펀더맨탈을 이룬다. 이 펀더맨탈은 시민적·정치적 기본권의 공고함과 깊은 관련이 있다.

이 위에 다양한 결사체(associations)를 통한 참여가 있다. 결사체를 통해 광범한 층의 다중이 조직적이고 상시적으로 자신의 계층과 부문의 의견을 표현한다. 이때 주권자 각 개인의 의사는 결사체를 통해 강화되기도 하고 동시에 제약되기도 한다. 결사체의 규모가 커질수록 그 내부에서 과두제나 관료주의 문제가 발생할 가능성 역시 항상 존재한다. 반면, 인터넷 · 온라인 결사체는 이러한 한계를 일정하게 돌파할 수 있는 새로운 가능성을 열어주고 있기도 하다.

앞서 말한 시민의회형의 시민 심의기구는 결사체를 통한 참여 위에 놓인다고 할 수 있다. 모든 시민이 그러한 합의회의에 심의의원으로 참여할 수 있지만 실제로 무작위 추출을 통해 실제 선발될 시민의원의 수는 매우 제한될 수밖에 없다. 그러나 그 수는 선거로 선출되는 각급 정치인들의 수보다는 훨씬 많다. 그러한 심의단위는 중앙과 지방의 각 단위에서 사안에 따라 소집되고 해산되므로 한 번 선출되면 4–5년의 임기를 갖는 임기직보다 많은 수의 시민이 심의의원으로 참여하게 될 것이기 때문이다. 이러한 양 문제보다 본질적이고 중요한 점은 참여의 형식과 질이 근본적으로 다르다는 사실이다. 무작위 추출이라는 선출방식은 어떤 특정한 이해를 대표 · 대변한다는 기지적 정치의 틀 자체에 괄호를 치게 한다. 시민의원직은 임기도 조직도 없기 때문에 기성 기득권과 무관하고 새로운 기득권을 형성할 근거도 없다.

대의란 선거를 통해 시민의 일반적 대표성을 선출자에게 임기 동안 위임해 주는 가장 간접적인 참여형태다. 따라서 참여의 폭이 가장 좁다. 마넹이 설득력 있게 밝혀보인 것처럼 선거와 대의제도란 민주주의의 귀족적 · 엘리트적 기구다(Manin, 1997). 참여, 결사, 심의라는 기반이 허약하다면 대의제도란 민주주의의 참칭자, 더 나아가 찬탈자로 변질될 수도 있는 것이다.

이를 정리해 보면 민주주의란 참여라는 기본원리 위에 결사체,

심의, 그리고 대의라고 하는 층이 중첩되어 있는 복합적 실체라고 할 수 있다. 달리 말하여 민주주의는 참여민주주의(participatory democracy), 결사체민주주의(associational democracy), 심의민주주의(deliberative democracy), 대의민주주의(representative democracy)라는 네 개의 민주주의의 층위로 구성되어 있다. 그 안정된 구성형태를 도식으로 표현하면 아래와 같은 피라미드 형태가 될 것이다. 피라미드 형태로 하층이 넓고 상층이 좁은 것은 그 각 부분의 참여의 폭을 나타낸다고 보면 되겠다.

그림 1_ 민주주의의 4층위

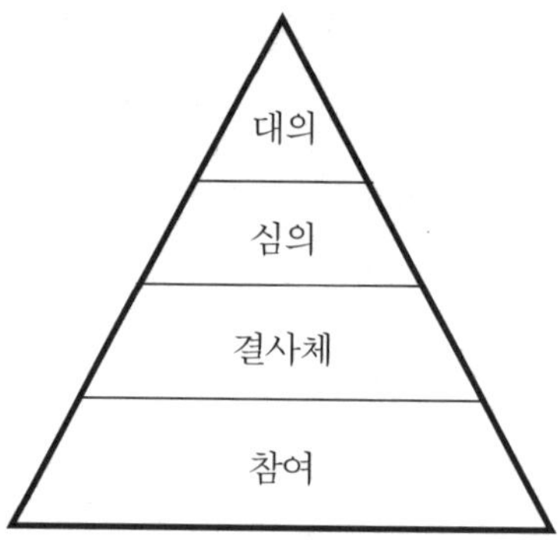

따라서 '직접민주주의의 강화'란 단순히 거리의 행동을 무제한 또는 무한정 연장하는 데 있지 않다. 촛불의 동력을 질적으로 상승시키는 다양한 수준의 진출 경로들을 창조적으로 개발해야 할 일이다. 시민사회가 문제를 예민하게 감지하여 경보를 울리는(sensor) 행동에 나서는 것은 매우 중요하다. 아울러 이러한 시민사회의 통찰을 다양한 수준의 결사체·네트워크로 묶어내고 시민합의회의에서 갈무리해내는 중층적 수렴구조가 필요하다. 선거·대의 시스템은 이러한 기반 위에서야 비로소 제대로 작동할 수 있게 될 것이다. 이러한 민주주의의 안정된 중층구조는 형식적 민주주의(formal democracy)와 실질적 민주주의(substantive democracy)의 양 측면이 각각 잘 발전되어 있고, 그렇듯 잘 발전된 양자가 서로 균형, 상보(相補), 조화를 이루고 있는 상태를 말한다고 할 수 있다.

우리는 민주주의가 그 자체로 절대적 선(善)이라고 생각하지 않는다. 민주주의는 여러 측면, 얼굴을 가지고 있다. 지금까지 정리해 본 민주주의의 다층성이란 그러한 사실을 확인하는 것이기도 하다. 그 어떤 특정 측면만이 불균형적으로 강조되다 보면 민주주의도 얼마든지 자의(恣意)의 수단, 독재의 무기가 될 수 있다. 민주주의의 네 층위의 균형 있는 발전이 그러한 민주주의의 타락을 방지한다.

한국 민주주의의 현 상태는 대의제도의 여러 형식은 거의 완비되어 있는 반면 참여를 보장하는 기본권, 그리고 여러 부문과 계층에서 결사체로의 조직 정도는 아직 미비한 점이 많다. 심의민주주의 제도는 매우 초보적 단계에 있다. 〈그림 1〉에 견주어 보면 상대적으로 상층에 비해 하층이 빈약한 불균형 상태다. '민주화' 되었음에도 한국 민주주의가 아직 불안정한 것은 이러한 불균형 때문이다. 그런 의미에서 더 많은 민주주의, 특히 질적 민주주의의 발전이 필요하다. 이러한 의미에서 한국 민주주의가 완전한 형태의 〈그림 1〉에 도달한 것은 아니지만(어느 나라이든 그렇듯 완전한 상태에 도달했다고 말할 수 없을 것이다) 〈그림 1〉은 한국 민주주의의 현 상황을 평가해 볼 간명하나 포괄적인 기준을 제공한다.

이제 끝으로 이러한 시각에서 한국 민주주의의 지난 60년을 되비추어 보기로 하자. 이는 이 글의 모두(冒頭)에서 언급했던, 현재의 모습을 통해서 걸어온 과거를 보는 시각의 적용이다.

VI. 지난 60년의 개괄

대한민국 민주주의 60년을 구분해 보는 가장 기본적인 구획선은 한국전쟁과 4·19, 그리고 87년 민주화일 것이다. 한국전쟁은 해방 이후 조성된 남북의 분단상황을 극도로 경직된 분단체제로 고착시켰다는 점에서 이후 한국 민주주의의 근본적인 제약조건이 되었다. 4·19는 불과 1년 만에 끝난 실패한 혁명이었지만 한국전쟁으로 인한 공포와 피폐의 상황에 파열구를 내고 이후 끈질긴 민주화 운동의 단초가 되었다는 의미가 있다. 87년 6월투쟁은 두말할 것 없이 한국 민주주의가 불가역적(不可逆的) 자기 동력을 갖추게 되었음을 보여주는 획기적 사건이었다.

민주주의를 정부의 통치행태에 국한하지 않고 밑으로부터의 민주주의적 동태를 포함하는 관점에서 보면 대한민국 60년간 민주주의는 그치거나 말라본 적 없이 도도히 흘러왔다. 아무리 혹독한 독재정권 아래에서도 밑으로부터의 민주주의적 직접 행동은 꾸준히 이어져 왔다. 그 동인은 무엇일까. 그 험란했던 60년 동안 그치지 않고 흘러왔다면 그 이전부터 존재해 왔음도 분명하다.

토크빌이 프랑스 앙시앙 레짐 후반에 '모든 사람이 서로 비슷해지는 것'을 민주주의적 현상의 단초로 읽었다면(Tocqueville, 1955),[7] '온 나라가 양반되는' 현상이 개시된 조선의 17–18세기를 같은 방식으로 읽지 못할 이유는 없다. 헨더슨이 날카롭게 추출해 낸 한국사의 회오리(vortex) 현상이란 강렬한 평등주의적 상승압을 말한다(Henderson, 1968). 이 역시 밑으로부터의 민주주의적 참여 자원이라 풀이 못할 이유가 있을까. 또한 드 베리가 읽었던 유교의 또 다른 반면(半面), 즉 '자유전통'에 주목한다면(de Bary, 1983), 유교의 경법주의(經法主意)와 치열했던 간쟁(諫諍) 전통을 유교적 입헌주의로 읽고 조선 유교의 '당쟁'을 근대 자유주의 정치학에서 강조하는 '균형과 제재(check and balance)'의 초기 근대적(early modern) 버전으로 읽지 못할 이유 역시 없을 것이다. 동학(東學)의 강렬한 민본주의와 밑으로부터의 포접 조직원리 역시 우리 전통 속의 민주주의적 자원이었다. 오랜 반일 · 반제 투쟁의 역사와 경험 역시 그러하다.

이러한 역사적 자원은 시대의 국면에 따라 변용된 형태로 거듭 출현한다. 4·19 이후 87년까지 한국 민주주의의 명맥은 주로 학생들에 의해 끈질기게 이어져 왔다 할 것이다. 한국전쟁에 의해 정치적 반대세력이 철저히 궤멸된 불모적 상황에서 학생집단은 희생을 무릅쓰고 번번이 맨몸으로 의거(義擧)했다. 학생세력이 민주화에 적극적인 것은 개발국가에 흔히 나타나는 현상이었지만, 대중적 정당활동이 매우 미약했던 고립무원의 상황에서 학생집단이 독재정권에 정면으로, 그것도 지속적으로 맞서 나섰던 경우는 매우 이례적이다. 한국 정치사는 이러한 특성에 특별히 주목할 필요가 있다. 이러한 모습이 목숨을 내걸고 권세에 맞섰던 조선 유가의 절의(絶義)의 전범들과 전혀 무관하다 보기는 어려울 것이다. 아울러 정치권력에 맞섰던 학생·지식인 집단에 유난히 높은 존경을 보냈던 민심과 도덕관 역시 유교적인 것이라 하겠다.[8] 막상 근대 교육으로 무장한 학생, 지식인들 자신은 일체의 유교적인 것을 봉건적 · 반동적인 것으로 치부하고 있었다는 아이러니가 있지만 원래 역사라는 장르(genre)의 문법은 아이러니다.

1948년 대한민국 건국 이전 민주주의는 이미 활발했다. 일단 형식만으로 보면 48년 선거나 제헌헌법의 내용은 일거에 서구 민주주의의 최상의 형태들이 단번에 유입된 것이다. 그러나 이 '형식'의 의미는 다중적이다. 제헌헌법은 노동 3권뿐 아니라 이익분배 균점권까지 명시된 매우 '진보적인' 헌법이었다. 이러한 사회권은 당시로는 바이마르 헌법, 그리고 뉴딜 시대 미국에서나 가능했던 획기적인 권리들이었다. 우선 당시 한반도가 미소 이념대립의 최전선에 있었던 만큼 형식이나마 가장 진보적인 요소를 헌법에 반영하지 않을 수 없었을 것이라는 요인이 있다. 그러나 더욱 중요한 점은 원외의 민주주의의 상황과 요구가 이미 그만큼 높았기 때문이다. 아울러 동시에 그렇듯 '조문상(條文上)'으로는 매우 진보적인 기본권들에 대해 포괄적인 법률적 유보조항을 달아놓아 실제적 의미는 전혀 없었다는 점도 보아야 한다. 이러한 '포괄적 유보조항'은 4·19 직후의 개헌에서 모두 제거되지만, 이 역시 5·16에 의해 사실상 공문화(空文化)되었고 이후 '유신헌법'에 의해 모두 삭제될 뿐만 아니라 극단적으로 개악된다. 결국 대한민국 헌정사에서 헌법이라는 '형식'은 오히려 제도 정치권 밖의 민주주의적 동력을 제한하고 억압하려는 목적을 위한 죽음의 분칠에 불과했다 해도 결코 과언이 아니다.

지금까지 9차례의 개헌 중 그나마 절차적 합법성의 선 안에서 이루어졌던 것은 4·19 상황에서의 두 차례, 그리고 87년 6월 투쟁 이후의 개헌뿐이다. 그 모두 허약한 대리자와 멀쩡히 잔존한 구세력 사이의 다급한 절충에 불과했던 것이지만, 이 경우들은 모두 그래도 밑으로부터의 민의의 압박에 의해 독재권력이 위태롭게 밀린 상황에서 벌어졌던 일이었다. 이승만 정권은 협박, 감금, 기만 등의 수법으로 일인독재를 강화하는 개헌을 했다. 박정희 정권은 이승만 정권의 수법을 계승했을 뿐만 아니라, 여기에다 더 극단적이고 노골적인 방법을 추가했다. 박정권의 세 차례 개헌 중 두 번은 쿠데타와 비상계엄을 통해 국회를 해산해 놓은 상태에서 이뤄졌던 캐사르식 '싹쓸이' 개헌이었다. 전두환 정권 역시 충실하게 박정희 정권의 수법을 따랐다. 민주화 이전 시대에 입헌주의란 명색뿐 사실상 존재하지 않았다. 진정한 민주주의적 입헌정신은 독재에 항거하는 연면한 민주화 운동 속에 숨 쉬고 있었다.

'민주화' 이전, 기본권이 극히 제약되어 있었던 상황에서의 선거란 야당이 이길 수 없게 프로그램화되어 있는 게임이었다. 이 게임의 목적은 독재의 정당화이다. 이 룰을 흔들 만큼 강한 도전세력은 언제나 죽을 수 있었다. 실제로 많은 이들이 그래서 죽었다. 그래서 이 틀 자체를 거부하는 진정으로 자율적인 밑으로부터의 시민결사체(civil associations)란 비밀적 형태 외에는 존재하기 어려웠다. 공포정치와 군사문화가 지배하는 상황에서 심의민주주의와 같은 질적 민주주의는 제도 정치권에서는 물론이려니와 저항운동 수준에서도 제대로 발전하기 어려웠다. 심의민주주의란 완전한 공지성(publicity)에 기반한 완전한 공정성(fairness), 즉 공공성(publicness)을 핵심으로 하는데, 불가피하게 '보안'이 중시될 수밖에 없는 공포통치 하의 저항적 민주주의 운동에서는 이러한 조건을 확보하기 난망했기 때문이다.

대한민국 건국 후 87년 민주화까지의 한국 민주주의는 〈그림 1〉에서 최상층의 선출된 대의 권부(權府)와 그 이하의 기반적 민주주의 층위 사이의 괴리가 아주 컸던 상황, 또는 그 상하층이 탈구(脫臼)되어 따로 돌고 있었던 상태였다고 요약할 수 있을 것이다. 해방 후 한국전쟁 이전까지 밑으로부터의 참여행동과 결사체 활동은 상당히 활발했다고 할 수 있다. 그러나 이러한 밑으로부터의 활동들과 선거에 의해 수립된 정부와는 많은 경우 준내전적 긴장과 격돌의 상태에 있었다. 참혹했던 한국전쟁의 결과 이러한 밑으로부터의 참여·결사 활동은 극단적으로 위축될 수밖에 없었다. 이러한 상태에서는 선거 자체가 극히 타락하여 민주주의의 최소한의 형식조차 지켜낼 수 없었다. 이승만 정권의 뿌리 없는 민주주의는 결국 부정, 부패, 협잡의 만연으로 이어져 몰락하고 말았다.

4·19를 계기로 밑으로부터의 참여·결사의 흐름은 소생했지만 봄은 너무 짧았다. 당시의 가혹했던 냉전질서는 소생한 싹 위에 쿠데타와 군부통치라는 철의 덮개를 씌웠다. 그러나 한 번 소생한 힘은 강인했고, 박정희 정권은 결국 유신과 긴급조치라는 극단적인 독재 체제로 이에 대응했다. 유신체제는 개발독재 체제가 민주주의의 최소 형식마저 공개적으로 벗어던졌던 한국 민주주의의 가장 깊은 나락이었다.

1980년의 봄도 아직 짧았다. 신군부는 박정희의 방법 그대로 쿠데타로 판을 쓸고, 박정희가 남긴 유신헌법의 방식대로 체육관에서 대통령이 되었다. '광주사태'는 6·25를 체험하지 않았던 세대에게 커다란 충격을 주었다. 새로운 세대가 자라나고 있었다. 시민으로서의 자존감도 자라나고 있었다. 민주화의 염원은 산업화의 결과 크게 확대된 교육받은 중산층으로 급격히 확대되어 갔다. 이제 반독재 운동은 선각자 운동이 아니라 대중운동이 되어 갔다. 박정희의 공포정치 시대엔 두려움이 민심을 지배했지만 전두환의 철권통치 시대엔 경멸과 분노가 민심을 들끓게 했다. 1980년대 3저 호황의 풍요는—역설적이게도—부끄러운 정부, 부끄러운 정치를 더욱 견딜 수 없게 했던 6월 투쟁의 경제적 근거였다.[9] 학생들의 순교적인 저항은 졸업해서 죄의식처럼 넥타이를 매고 있는 선배들의 호응으로 이어졌고,

결국 전두환 정권은 6·29 선언으로 한 발 물러서지 않을 수 없었다.

여기서 중요한 질문이 있다. 왜 87년 민주화는 그 이전 4·19나 80년의 봄처럼 거꾸로 되돌아가지 않았을까? 이유는 복합적이다. 무엇보다 첫째, 자유와 자존이 6·25 이후 성장한 새로운 세대에게 소중한 가치가 되었기 때문이다. 정치적·경제적 권리의식에 이들은 민감하다. 이들에게 자유와 자존은 과거 전쟁세대처럼 사치가 아니라 필수였다. 이들 세대의 맏형들은 87년과 그 이후 이미 장년에 이르러 사회의 중추가 되어 있었다. 이들 이전 세대, 전쟁 세대는 달랐다. 그들에게는 민주주의가 아니라 안보가 우선, 경제가 우선이었다. 우선 맞아 죽고 굶어죽지 않을 생존의 요구가 일차적이었다. 그런 처절한 상황이 역대 독재정권, '개발독재'의 대중적 기반이었다. 그러나 새로운 세대는 달랐다. 그들은 민주주의가 최선의 안보, 최선의 경제라고 생각했다.

둘째, 세계적으로나 국내적으로나 냉전질서가 흔들리고 있었다. 동서진영의 비타협적 대립은 1980년대 초반부터 느슨해지고 있었다. 미소 간의 군축회담, 중국의 개방경제화 등의 동향은 한국에도 뚜렷이 전달되었다. 전두환 정권 시절 학생운동을 중심으로 '레드 콤플렉스' 허물기가 대중화될 수 있었던 것은 '빨갱이'를 잡는다는 정권의 절대적 추함에 대한 반사작용 때문이기도 하지만 그 이면에 냉전질서의 무의식적 금압이 안으로부터 약화되고 있었다는 점도 크다. 아울러 남북 간 국력 격차가 돌이키기 어렵게 벌어져 가고 있음이 널리 알려졌다. 그리하여 이제 더 이상 북한은 절대적 공포의 대상이 되지 못하게 되었다. 남한의 공포통치는 북한을 절대 공포로 설정해 놓음으로써만 가능했던 것이었다. 이런 요인들이 복합적으로 작용하여 한국전쟁 이후 독재 정당화의 궁극적 근거였던 반공의 명분이 그 절대성을 잃었다.

셋째, 개발독재 아래서 성장했던 거대자본도 이제 강성(强性) 독재를 제약으로 느끼게 되었다. 넷째, 행정·사법 권력도 자체적으로 상당히 성장하여 군부정권의 무단적(武斷的) 자의가 아닌 일정한 원칙과 룰에 입각한 법의 지배를 선호하게 되었다. 다섯째, 군부 역시 정치개입에 대한 자기 정당화 근거가 더 이상 존재하지 않는다고 생각하게 되었다.

이러한 요인들은 일언(一言)하여 '시민사회의 성장'으로 집약할 수 있는 징표들이다. 사회학자들이 애용하는 말로 하면 '사회분화의 심화, 시민의식의 성숙'이 된다. 시민사회가 성장한 사회는 정복하기 어렵다. 제2차 세계대전 때 패전이 아니었더라도 독일은 프랑스를 오래 지배하기 어려웠을 것이다. 군사독재란 일종의 정복이다. 성장한 시민사회는 공포에 의한 통치, 무력에 의한 통치를 허용하지 않는다.

그렇다면 민주화 이전 한국에는 시민사회라는 게 전혀 없었다는 말인가? 물론 그렇지 않다. 한국의 민주주의가 순전히 '이식'의 소산만일 수 없듯이 시민사회 역시 우리 나름의 오랜 역사적 연원과 흐름을 가지고 있다. 대한민국의 역사에서 그러한 흐름을 결정적으로 끊고 꺾어놓았던 것은 6·25전쟁이었다. 자존을 부지(扶持)할 시민적 관계망들, 미약한 대로 해방의 감격 속에서 의욕적으로 엮어왔던 사회적 틀들이 모두 산산이 부서졌다. 이제 믿을 건 피붙이뿐이었다. 그나마 뿔뿔이 흩어지고 반목하고 상처받았다. 방법을 가리지 않는 악착 같은 생존만이 능사였다. 그 끊겼던 흐름, 자존의 기억, 시민적 연결망이 4·19로 기적처럼 다시 소생했고, 이후 연면하고 끈질긴 반독재 민주화 운동으로 이어졌다. '80년 광주'라는 거대한, 악몽과 같은 충격이 있었지만 이제 무릎을 펴고 일어서는 이 힘의 성장은 누구도 막을 수 없었다. 결국 그 힘은 공포통치의 근원을 무너뜨렸다. 이렇듯 사뭇 한가롭게 회고해 볼 때 87년의 대항쟁이 너무나 당연했던 필연 같지만 당시의 상황에서 그것은 누가 보더라도 도저히 불가능한 것으로 보였던 일 또한 하나의 기적이었다.

그렇게 돌이킬 수 없게 된 새로운 상황 속에서 시민사회는 또 새로운 단계의, 새로운 성격의 질적 성장을 해야 했다. 민주주의란 어떤 고정된 목표가 있고 이것이 달성되면 종료되고 마는 프로젝트가 아니다. 새로운 단계에서 늘 새로운 과제가 출현한다. 그것을 또 다른 단계의, 보다 높은 수준의 민주주의를 통해 해결해 가야 한다.

김대중 정부의 출범은 민주화 이행기의 한 매듭을 의미했다. 대한민국 역사상 최초로 선거로 야당이 집권했기 때문이다. 이로써 형식·절차민주주의의 기본 단계는 돌파한 셈이었다. 그러나 '민주정부'의 출범과 함께 시민사회와 정부 그리고 시민사회 내부의 갈등도 새로운 국면에 접어들었다. 87년 이후 억눌려 왔던 근로·소외층의 권리 요구가 분출했지만, 김대중·노무현 정부 아래서는 근로·소외층뿐 아니라 이제 최초로 '야당'이 된 기득권층 또한 이 '분출'의 대열에 나섰다. 민주주의의 분출을 두려워하고 억눌러 왔던 세력이 이제 자신들의 기득권을 지키기 위해서 스스로 민주주의의 깃발을 내걸게 된 것이다. 여기서 '기득권 민주주의'가 탄생했다. '기득권 민주주의'라는 용어는 지극히 공정하다. '평등'을 표방하는 민주주의가 어찌 없는 자들만의 것이겠는가.

기업과 언론과 대학과 교회에 이미 완강한 근거를 구축해 놓고 있던 기득권 민주주의의 반'민주정부' 캠페인은 초두부터 큰 영향력을 행사했다. 기득권 세력들이 정권을 내어준 순간 그 근거지들이 단번에 '강한 시민사회'로 전환되었기 때문이다. 그리하여 밑으로부터, 위로부터 두 갈래의 분출이 가속적으로 격화되고 부딪치고 뒤섞이는 상황이 이어졌다. 그 결과 재벌의 권리투쟁이나 비정규직 생존투쟁이나 똑같은 이권(利權)행동으로 치부되고, 기득권층 비판이나 '좌파정권' 비판이나 모두 서로 헐뜯는다는 점에서 고만고만하다는 인식이 조장되었다. 과거 독재치하 '타는 목마름으로' 노래했던 민주주의의 절실함은 이제 요란한 소음 속에 묻혀 흐릿해져 가는 것만 같아 보였다. 바로 이 '민주주의에 대한 염증'이야말로 기득권 민주주의 공세가 노렸던 목표이기도 했다. 때 아닌 박정희 바람은 그러한 목표에 접근해 가고 있다는 상징적 신호였고, '민주화 이후의 민주주의' 시대의 시민들은 쿨(cool)한 소비주의 속에 민주화의 열기를 묻고 재개발, 뉴타운의 꿈으로 환멸을 달래는 듯 보였다. 그토록 가혹했던 독재정권들이 결코 잠재우지 못했던 민주주의에 대한 열망을 또 한 번 역설적이게도 민주화 시대가 성공적으로 증발시켰던 것일까? 2008년 이명박 정부의 출범은 '민주정부' 하 10년에 걸친 '기득권 민주주의' 공세의 총체적 결실이었다.

'민주주의의 과잉'이라는 보수진영의 시대 진단은 바로 자신들이 의도했던 민주주의 물타기 효과에 대한 적반하장식 묘사였지만, 그럼에도 어쨌거나 그러한 과정은 질적 민주주의로의 이행을 위한 비싸지만 피해갈 수 없는 학습과정이었다 할 것이다. 굳이 과잉이라고 한다면 그것은 이익 정치(interest politics), 기득권 정치, 당파 정치의 과잉이었다. 시민사회의 모든 계층이 자신의 이익을 내걸고 서로 맞서고 갈등해 본 연후에야 그 문제점을 깨닫게 된다. 존 롤스의 정의론과 '무지의 베일'의 발상 역시 미국식 이해거래 정치(interest bargaining politics)의 한계를 절감한 상황에서 나왔음을 유념할 필요가 있다.

물론 이해 정치, 이해거래 정치는 무조건 나쁘다는 식의 도덕주의도 위험하다. 이해 정치보다 더 위험할 수도 있다. 누군가 이런 수법으로 환멸을 조장하여 뒷문으로 캐사르(독재자)를 불러들인다. 긍정적인 측면도 보아야 한다. 이해 정치가 일단 전면화되면 〈그림 1〉에서의 참여, 결사체, 대의(선거) 층위가 성장해 간다. 자유와 권리의식이 확산되고 민감해진다. 이렇게 되면 민주주의란 '정치' 문제만이 아니라 '문화' 문제가 된다. 이러한 흐름 속에서 공정함에 대한 감각도 자라난다. 요즘 아이들은 공평, 불공평의 감각을 유치원 때부터 배우고 부모에게 그 기준을 요구한다. 이렇게 자라난 아이들이 2008년 봄 누가 시키지 않았는데도 태안반도로 달려가 기름때로 절은 갯바위를 닦아냈다. 권리의식과 공평함의 감각, 그리고 나눔 윤리가 함께 가고 있음을 보여준다. 87년의 주역들과는 또 다른 새로운 세대가 성장하고 있다. 이들이 2008년 여름 촛불을 들었다.

이제 남은 과제는 이러한 희망의 싹들을 담아줄 민주주의의 질적 심화이다. 그것을 우리는 **공공성을 진정으로 담보해 줄 수 있는 심의민주주의의 강화, 그리고 민주주의 네 층위의 균형 있는 발전**이라고 정리해 보았다. 복합위험의 미지성 문제가 시대의 문제로 부각된 상황에서는 더더욱 그러하다. 이러한 점들은 이미 앞서 충분히 논의했으므로 반복하지 않기로 한다.

우리가 말하는 '질적 민주주의의 강화' 또는 '민주주의의 질적 심화'는 리즈파트가 말하는 합의(consensus) 패턴 민주주의에 가깝다 (Lijphart, 1984). 합의 민주주의는 주로 중부, 북부 유럽 국가들에서 나타나고, 이들의 공통점은 불평등 정도가 상대적으로 약하다는 것이다. 1997년 IMF 사태 이후 한국 사회의 양극화 지수는 점점 증대하고 있다. 민주주의의 심화가 절실하게 요구되는 또 하나의 중요한 이유이다. 남은 문제는 이러한 질적 민주주의의 구현과 제도화에 우리가 얼마나 창조적일 수 있느냐다. 민주주의란 모든 정답이 이미 다 나와 있는 낡은 기출문제가 아니다. 민주주의 역시 진화한다. 배울 건 배워가지만 한국의 시도가 세계의 모범이 될 수 있는 측면도 있다. 남이 가지 못한 새로운 길을 열 수 있어야 한다.

여기가 바로 로두스다, 여기서 뛰어라!

Hic Rhodus, hic salta!

주

1 그는 2006년 작고한 제임스 팔레(James Palais) 교수다. 그가 묘사한 조선사는 매우 비관적인데, 이는 그가 비판자의 시각에서 한국의 역대 정권을 관찰해 왔던 것과 무관하지 않을 것이다. 그가 87년 이후 조선사를 연구했다면 그 내용이 어떻게 되었을까? 궁금하기도 하다. 현재, 심지어 미래가 과거를 규정한다는 역설은 역사학만이 아니라 양자역학에서도 성립하는 엄연한 사실이다. 팔레 교수의 연구대상이었던 조선사도 시간 속에서 진화해 간다.

2 광우병을 둘러싼 미지성, 무지의 문제는 두 겹을 이루고 있다. 먼저 육우와 사료제조업이 거대한 세계 산업으로 발전한 상황에서 발생한, 전혀 의도하지도 예상하지도 못했던 결과로서의 광우병이라는 측면이다. 현재 광우병에 감염되어 도축 처리된 소의 육골분으로 만들어진 사료가 광우병의 원인이 된다는 것은 널리 인정되고 있다. 광우병이 최초로 사회적 문제가 된 영국의 경우, 정부가 이 사실을 인정하고 육골분 사료 사용을 금지한 것도 몇 년간의 회피와 은폐 끝에 마지못해 행한 조치였다. 그러나 아직도 광우병의 원인은 100% 규명되지 못하고 있다고 해야 할 것이다. 육골분 사용 금지 이후 그 발생빈도는 줄고 있지만 광우병은 여전히 발생하고 있다. 특히 소 이외의 다른 가축을 통한 교차오염(cross contamination)의 가능성이 알려지면서 광우병에 대한 대책은 더욱 복잡해지고 있다. 보다 핵심적인 둘째 측면은 광우병이 인간에게 전염되는가 여부 문제다. 광우병이 문제로 제기된 시점부터 몇몇 연구자들은 그 가능성이 매우 높다고 경고해 왔으나 영국 정부는 이러한 문제제기를 철저히 억누르고 은폐했다. 광우병이 육우 생산성과 관계된 축산농가의 수익률 문제였다면 인간 광우병은 축산산업 전체의 뿌리를 뒤흔드는 치명타로 간주되었기 때문이다. 그러나 1993년 영국에서 최초로 인간 광우병(v-CJD)으로 의심되는 환자가 출현했고, 이해 영국 정부는 이미 12

만 마리에 달한 광우병 소를 집단 폐사시켰다. 이후 v-CJD로 인한 사망자는 여러 나라에서 속속 보고되었다. v-CJD의 원인문제는 광우병의 원인보다 더욱 알려지지 않은 문제다. 광우병에 대한 대처가 이루어지고 있는 상황에서도 v-CJD로 인한 사망자가 속출하고 있다는 사실은 광우병에 대한 공포를 더욱 증폭시켰다.

3 이제 촛불의 폭설이 그치고 난 마당에 화풀이하듯 촛불세력을 탄압하는 것도 아무런 정치적 득이 없어 보인다. 어쨌거나 현 정부는 국민의 생명과 건강을 도외시한 정부가 되고 말았다. 촛불이 삭아든 시점에 아무리 촛불의 주장이 근거 없는 거짓이었다고 우기고 '관련자' 들을 잡아넣어 봐야 정육점에서 미국산 쇠고기를 제 돈 내고 '찾아 먹는' 소비자는 없다. 미국산 쇠고기의 시장 점유율이 높아가고 있다고 '자랑하듯' 강조하는 것도 오히려 민심을 거스른다. 내가 모르면서 먹게 되는 쇠고기가 대부분 의심쩍은 미국산이라는 피해의식만 조장한다. 이제 광우병은 일종의 국가보안, 아니 정권보안 사항이 되고 말았다. 이 정부 하에서 광우병은 결단코 발생해서는 안 되는 병, 다름 아니라 정부가 '죽음에 이르는 병' 이 되고 만 것이다. 이 정부 이후에라도 광우병 환자가 발생하면 이 정부는 두고두고 지탄을 모면하기 어렵게 되었다. 만인이 원하던 '재협상!' 왜 하지 않았던가?

4 중국산 분유의 멜라민 문제는 그 시작이 '의도되지 않은 것' 이 아니라 '의도된 것' 이라는 점에서 전형적인 리스크 문제의 밖에 있다고 할 수 있지만, 급속한 지구화 상황에서 고도로 복합화된 세계 생산 · 교역 메커니즘 속에서 그 파급효과는 애초의 의도와 예상을 크게 뛰어넘는다는 점에서 리스크 문제의 범주에 속한다고 할 수 있다.

5 소위 '민주화 이후의 민주주의' 한국 버전의 두드러진 특징이라고 한다면 그것은 시민사회가 민주화 이후에도 지속적이고 대규모적인 직접행동에 나서고 있다는 사실이다. 비슷한 시기, 비슷한 경로를 통해 민주화를 경험한 동구나 남미의 대부분의 사례를 보면, 일단 민주화되면 시민사회는 정당정치의 날개 안으로 들어가거나 아니면 시장 헤게모니 속에 순치된다. 한국형 '민주화 이후의 민주주의' 문제는 양날의 칼과 같은 것으로 한국 민주주의의 약점이자 강점의 측면을 동시에 가지고 있다. 한편으로 대중적 직접행동이 그만한 정치적 성과로 축적되지 못하고 있다는 구조적 문제를 드러내고, 다른 한편으로는 기존의 슘페터적 선거민주주의 논리를 넘어설 가능성이 풍부하다는 측면이 있다. 한국 민주주의는 두 번째 측면을 돌파함으로써 첫 번째 문제 역시 극복하는 길의 가능성을 보여주고 있다. 이 길은 세계 민주주의 역사에서도 새로운 경로가 될 수 있다.

6 이곳에서 논의되어 왔던 사안들을 보면 산업과 농업에서 유전자 기술 문제(1987), 식품과 원자력 문제(1989), 인간 게놈 지도 문제(1990), 항공기 공기

오염 문제(1990), 교육 문제(1991), 유전자 변형 동물 문제(1992), 운송산업의 미래 문제(1993), 불임 문제(1993), 전자신분증 문제(1994), 정보기술 문제(1994), 농업 통합생산 문제(1994), 식품의 화학적 위험과 환경 문제(1995), 유전자 치료 문제(1995) 등이다. Joss and Durant eds.(1995), 김상준(2007) 참고.

7 토크빌이 이러한 현상을 긍정적으로만 보았던 것은 아니다. 사회성원 모두가 비슷하게 원자화함으로써 이에 편승한 독재자나 독재권력이 출현할 가능성을 열어줄 수 있는 것으로 보기도 했다. 그럼에도 이러한 평등화 경향을 민주주의 현상의 핵심으로 보고, 그러한 경향이 개인들의 호오(好惡)를 떠나 '신의 섭리(Providence)' 처럼 역사에 관철되고 있는 것으로 간주했다(특히 그의 『미국의 민주주의』 서문 참고). 아울러 그는 밑으로부터의 자율적 결사 전통이 민주주의의 독재로의 전락의 위험을 예방해 줄 수 있을 것이라고 보았다.

8 비교해 볼 만한 예는 2008년 태국의 '민주주의 시민연합(PAD)'이 주도하는 반(反)탁신 시민운동이다. 여기에 전국의 대학생들이 광범하게 호응하고 있지만 인구의 다수를 점하는 농민들은 이들에 대해 매우 적대적이다. 농민 인구가 다수였던 한국의 60, 70년대와는 사뭇 다른 분위기다. 당시 한국 농민들은 정부에 반대하는 대학생들을 이해하지는 못해도 높이 존중했다. 물론 현재 태국의 상황과 민주화 이전 한국의 상황은 다르므로 평면비교는 곤란하다. 그러나 태국의 사태를 보면서 어쨌거나 민주화 이전 시기 학생 · 지식인에 대한 한국 민중의 존중은 각별한 바가 있었다는 점을 다시금 회고하게 된다.

9 경제성장과 민주주의의 관계에서 가장 바람직한 것은 민주주의가 이끄는 경제성장일 것이다. 역사적으로 보면 영국, 네덜란드, 프랑스 등의 선두 자본주의국에서는 대체로 이런 도식이 작용했다고 볼 수 있다. 물론 자국의 선도 생산력을 기반으로 국외 경제를 복속시켰다는 조건 위에서였다. 그를 뒤따랐던 후발 자본주의 국가들의 경우, 경제성장과 민주주의는 결코 순탄한 비례관계가 아니었다. 끝으로 제2차 세계대전 이후 해방된 구식민국가들의 경우 이 관계는 대부분의 시기 역비례 관계에 있었다 할 만큼 처절했다. '개발독재' 란 경제성장과 민주주의의 역비례 관계를 한마디로 요약해 주는 용어다. 흥미로운 것은 신보수주의 · 신자유주의가 지배적이었던 1990년대 이후 각국의 경제 성적표를 보면 이 조류의 영향이 상대적으로 약했던 사민주의 국가들의 경제 성적이 더욱 우수하다는 점이다. 민주주의와 경제발전의 관계가 바람직한 형태로 정착될 수 있다는 신호로 해석될 수 있을 것이다. 반대로 민주주의적 가치의 희생 위에서 경제발전을 꾀하는 노선이나 주장이 더 이상 설득력을 가지기 어렵게 되었다는 유력한 증거이기도 하다.

참·고·문·헌

김상준. 2007. "헌법과 시민의회." 『헌법 다시 보기』. 창비. pp. 144−185.

심보선·김홍중. 2008. "87년 이후 스노비즘의 계보학." 『문학동네』 54 : 367−386.

Beck, Ulich. 1999. *World Risk Society*. Cambridge : Polity Press.

de Bary, W.T. 1983. *The Liberal Tradition in China*. New York : Columbia University Press.

Henderson, Gregory. 1968. *Korea : The Politics of the Vortex*. Cambridge : Harvard University.

Joss, S. and J. Durant, eds. 1995. *Public Participation in Science : The Role of Consensus Conference in Europe*. London : Science Museum.

Lijphart, Arendt. 1984. *Democracies : Patterns of Majoritarian and Consensus Government in Twenty−One Countries*. New Haven : Yale University Press.

Luhmann, Niklas. 1998 [1992]. *Observations on Modernity*. Stanford : Stanford University Press.

Manin, Bernard. 1997. *The Principles of Representative Government*. Cambridge : Cambridge University Press.

Norris, Pippa. 2002. *Democratic Phoenix : Reinventing Political Activism*. Cambridge : Cambridge University Press.

Tocqueville, Alexis de. 1955. *The Old Regime and the French Revolution*. New York and London : Anchor Books.

성장사회에서 성숙사회로

"사회의 질" 제고를 위한 비전

이재열_서울대학교 사회학과

I. 문제의 제기

정부 수립 60년, 이 기간은 한반도에 전통 왕조가 아닌 자주적 근대 국가가 수립 · 유지된 기간이다. 세계사 60년은 짧을 수 있지만 한국사의 최근 60년은 남들이 수백 년 걸려 만든 변화를 압축해서 겹겹의 지층으로 쌓아올린 왕성한 충적기(沖積期)에 해당한다. 60년이라는 짧지 않은 기간 동안 한국 사회는 놀라운 변화를 압축적으로 보여주었다. 그 기간은 고통과 영광, 희망과 절망, 좌절과 성취의 국면을 모두 담고 있다. 그래서 변화의 궤적을 복기하는 것은 향후 발전의 방향을 모색하는 데도 큰 도움이 될 것이다.[1]

그 가장 바닥에는 식민지의 경험이 해체하다 만 전통 시대의 흔적들이 자리 잡고 있고, 그 위로는 정부 수립이 이루어진 후 전쟁이 할퀴고 간 깊은 상흔의 골짜기가 자리 잡았다. 지나고 보면 건국 후 제1공화국 시기는 신생국가로서 제대로 뿌리내리기도 벅찬 위태로운 시기였다. 험난한 국제정세 속에서 신생국가의 독립성을 지켜낸 것은 이승만 대통령의 위대한 업적이지만 제대로 된 국가경영의 토대를 갖추지 못했고, 미래에 대한 비전도 제시하지 못했다.

본격적인 산업화 이전에 과잉 팽창한 고등교육은 고학력 실업자를 양산했다. 하지만 고등교육의 확대는 민주주의에 대해 예기사회화된 세대들을 대거 배출하여 4 · 19 혁명과 내각책임제 개헌을 가져왔다. 민주주의를 감당할 부르주아를 형성하지 못한 나라에서 이루어진 빠른 민주화는 실질적인 주도세력을 만나지 못해 결국 군대의 쿠데타로 귀결되었다. 그러나 남미나 동남아의 군부정권과 달리 박정희 정권은 민간신분을 유지하며 형식적으로는 국민의 직접선거를 통해 대통령에 당선되고 재선에 성공하였으며, 경제성장과 국민소득의 증대라는 매우 구체적이고 실질적인 복리후생의 제고를 통해 부족한 정당성을 확보하는 전략을 택하였다. 유신체제의 성립을 통해 민주주의의 후퇴를 경험한 바 있고, 전두환정권의 철권통치를 거쳐 고도성장과 정치적 억압이 결합된 부조화의 시기를 경험하기도 했지만, 1987년 민주화 이후 평화적이고 점진적인 정권교체를 통해 보수정권과 중도적인 진보정권의 연이은 등장을 맛보게 되었다.

건국 60년을 돌아볼 때 가장 주목할 만한 성과는 산업화와 민주화다. 전쟁의 폐허 속에 신음하던 1인당 국민소득 100불짜리 신생 대한민국이 2만 불 선진국의 문턱까지 오는 데 걸린 시간은 단 50년, 앞선 나라들은 수백 년씩 걸린 먼 길이었다. 달랑 1억 불이었던 수출액은 같은 기간에 무려 3,000배 이상 폭증했는데, 이런 초고속 질주의 결과 한국은 경제규모 12위의 경제협력개발기구(OECD) 회원국이 되었고(2007년 기준), 유엔개발계획(UNDP)의 인간개발지수로는 177개국 중 26위의 개화문명국이 되었으며, 프리덤 하우스에 의하면 5등급의 독재국가에서 1등급의 자유국가로 탈바꿈했다. 경제적으로나 정치적으로 한국이 선진국이라는 데 대해 국제사회에서는 이견이 없다.

그러나 정작 가장 큰 수혜자여야 할 국민들의 70%는 한국이 아직 선진국이 아니라고 말한다. 과거보다 불행해졌고, 걱정과 불안은 늘어났으며, 제도와 사람을 신뢰할 수 없다고 한다. 성장이 부실하게 흐른 탓도 있다. 속도에 집착하다 보니 '안전'보다는 '모험'을, '내실'보다는 '외형'을, '과정'보다는 '결과'를, 미래를 위한 '투자'보다는 당장의 '비용절약'을 더 중시하였다. 그 결과는 성수대교나 삼풍백화점 붕괴와 같은 대형 재난으로, 기업의 줄도산을 가져온 외환위기로 나타났다.

비교적 성공적인 구조조정으로 기업채무가 건전해지고 외환보유고도 급속히 늘어났지만 후유증은 깊이 남았다. 양극화가 심해졌고, 스스로를 중산층이라 여기는 사람들은 대폭 줄었으며, 일자리 걱정은 오히려 늘어났다. 복지재정이나 국민연금 가입범위를 확대했음에도 고령사회의 문턱에서 노후에 대한 불안감은 도리어 커졌다. 연이어 민주정부가 들어섰지만 정치에 대한 불신과 냉소는 더 깊어졌고 투표율도 계속 떨어졌다. 세계 최고 수준의 대학진학률에도 불구하고 조기유학과 교육 이민, 그리고 사교육 부담은 눈덩이처럼 불어나고 있다. 외국인 체류자 100만 명 시대를 맞았고 농촌지역에서는 이주결혼 여성들이 대거 안방을 차지했지만 우리 제도와 마음의 빗장은 여전히 닫혀 있다. 입법, 행정, 사법부에 대한 불신은 위험 수준이고, 자살자의 숫자는 세계 최고에 달했다.

마치 판도라의 상자를 연 것처럼 문제가 쏟아지고 있다. 모두 '경제성장'이나 '민주화' 처방전만으로 해결할 수 없는 것들이다. 그러나 정부의 각종 공식 통계에는 이러한 무형의 자산 손실을 가늠할 대차대조표조차 없다. 급속하게 진행되는 정보화와 세계화는 복합적 사고와 창의성을 요구하는 또 다른 도전이 되고 있다. 미래지향적인 문제인식이 절실한 이유다.

이 글에서는 건국 후 지난 60년간 변화의 궤적을 추적함에 있어 사회의 질이라는 프레임워크를 동원하여 국민의식과 다양한 경험적 지표를 통해 리뷰한 후, 향후 한국 사회의 발전방향이 성장사회에서 성숙사회로 이행하는 것이라는 점을 강조하고, 이러한 전환을 위한 전략에 대해 논의하고자 한다.

II. 지난 60년, 한국 사회는 어떻게 변화했나?

구체적인 자료를 통해서도 지난 60년간의 변화를 파악하려면 경험적 지표가 구비되어야 한다. 그런데 비교적 체계적인 국가 수준의 통계가 자리 잡게 된 것은 지난 1960년대 중반 이후부터이다. 그래서 가능한 범위에서 최대한 소급 가능한 통계와 지표들을 활용하여 지난 시기의 변화를 요약한 후 변화의 의미에 대해 서술하고자 한다. 제한된 지면을 생각하여 전체 변화에 대한 구체적인 자료를 모두 제시하기보다는 대표적인 지표들을 중심으로 서술하고, 그 외 주요 영역의 최근 변화 트렌드에 대해서는 이미 발표한 필자의 다른 글의 자료를 활용하여 간략히 서술하고자 한다.

1. 성공적인 산업화와 민주화

먼저 언급하지 않을 수 없는 것은 산업화가 가져온 성과이다. 1인당 명목국민소득(GNI)의 변화 추세를 보면, 1950년대부터 1960년대 초반까지 100여 불에 불과했던 소득은 연평균 10-20%대 증가하여 1990년대 초반에 1만 불을 넘어섰고, 2007년에는 2만 불을 넘었다. 이러한 변화는 수출주도 산업화로 인해 가능해진 일이다. 정부 수립 이후 근 20여 년간 1억 불 이내의 수출액을 기록하다가 1970년대 들어서면서부터 급속하게 수출량이 증가하기 시작하여 70년대 후반에는 100억 불 수출을, 그리고 1995년에는 1천억 불 수출을 달성했으며, 최근에 들어서는 3천억 불 이상을 수출하고 있다. 전통적 농업국가가 짧은 시간 내에 수출주도 산업화를 이루어 명실상부하게 세계적인 통상국가가 된 것이다.

이처럼 급속한 변화가 가능했던 것은 내부적 요인과 외부적 요인이 서로 맞아떨어졌기 때문이기도 하다. 내부적으로는 권위주의 정부가 강력한 수출 드라이브를 일관성 있게 추진하였으며, 대외적으로는 다양한 상품사슬로 연결된 세계적인 경제질서 속에서 한국의 수출주도 산업화가 미국을 중심으로 한 선진 서구 국가들의 대규모 소비시장의 팽창과 맞물렸기 때문이다.

이러한 변화과정에서 총 취업자 수는 1963년에 756만 명에 불과했다가 2007년에는 2,343만 명으로 증가했다. 그리고 취업자의 구성비율로 보면 1963년에 63%에 달했던 농림어업 종사자는 지속적

그림 1_ 1인당 명목국민소득(GNI)의 추이

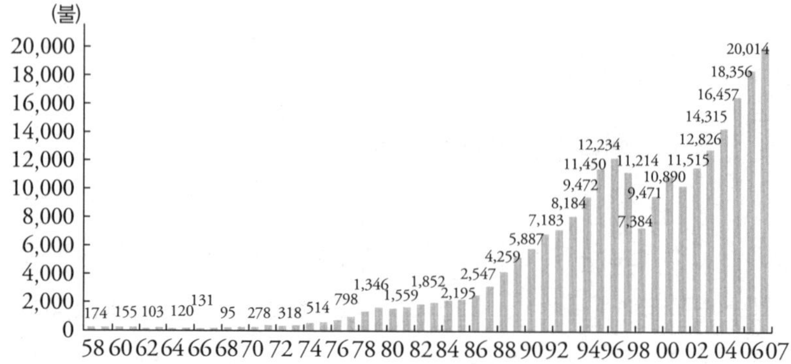

출처 : 한국은행 ; IMF ; 재경부.

그림 2_ 대외수출의 추이

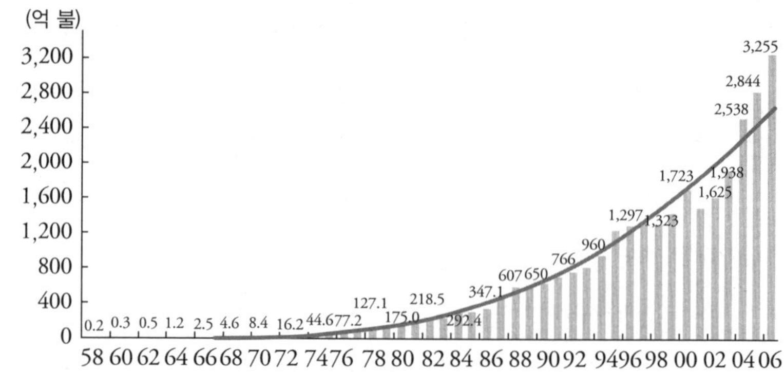

출처 : 무역통계(KOTIS) ; IMF.

으로 감소하여 2007년에는 7.4%로 대폭 축소되었다. 반면에 1963년에 8.7%에 불과했던 광공업의 비중은 1980년대 후반에 28%로 정점을 이루었다가 점차 탈산업화하는 경향을 나타내고 있다. 서비스업의 비중은 1963년 28.3%에서 지속적으로 증가하여 이제 전체 취업자의 75%에 육박한다.

그림 3_ 산업별 취업자의 구성 추이

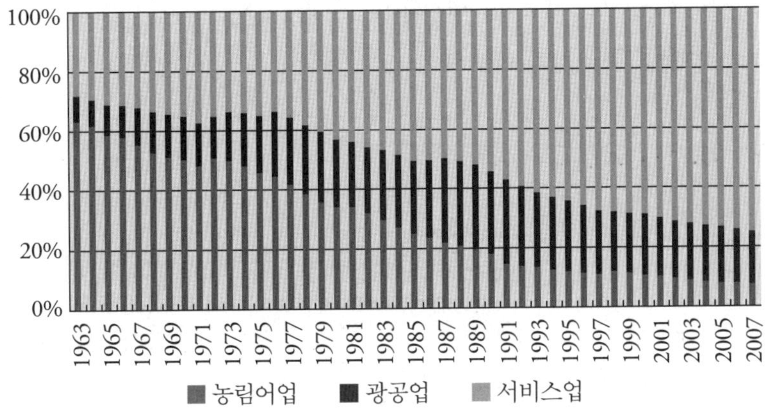

출처 : 국가통계포털(www.kosis.kr).

그림 4_ 프리덤 하우스 자유화 등급 비교

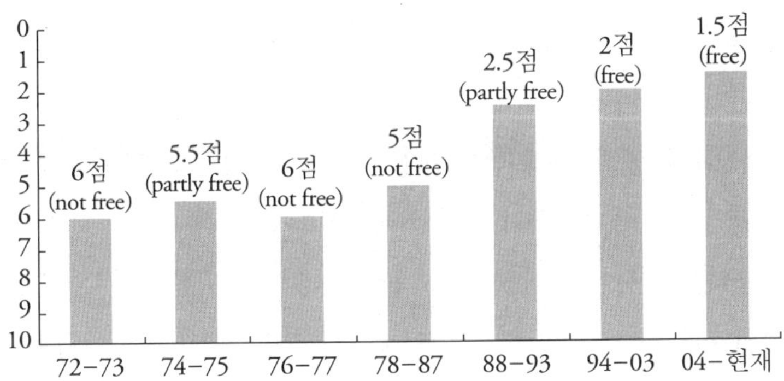

출처 : 프리덤 하우스(www.freedomhouse.org).

성공적인 산업화에 이어 지난 60년을 요약해 주는 중요한 성과 중 하나는 민주화이다. 프리덤 하우스에 의하면 1987년까지 한국은 자유롭지 못한 나라의 지위를 유지해 왔다. 그러나 1987년의 민주화를 계기로 비록 점진적이기는 하지만 자유화의 정도는 지속적으로 개선되었다. 이러한 변화는 앞서 언급한 국민의식의 변화와도 일맥

상통하는 것으로서, 적어도 절차적인 민주화와 평화로운 정권교체의 차원에서는 한국이 이미 민주주의를 제도화한 민주국가의 반열에 올라섰음을 의미하는 것이다.

2. 사회적 위험의 변화

급속한 성장과 분화는 다양한 형태의 위험을 낳았다. 위험구조의 변화를 파악할 수 있는 가장 기초가 되는 방법은 사망원인을 살펴보는 것이다. 위험을 가늠하는 보편적인 기준은 없지만 인구 10만 명당 1명의 사망자가 나는 위험의 확률이 사회적으로 논란이 되기 시작하는 것이 서구의 일반적인 경향임을 고려할 때, 한국 사회에서도 10만 명당 10인 이상의 사망자가 나올 확률이라면 사회적으로 충분히 논란거리가 되는 위험이라고 할 수 있을 것이다.

화재, 붕괴, 대형 참사와 같은 사건·사고를 비롯한 질병 외 사망원인이 한국 사회 구성원들의 생존에 대해 얼마나 큰 위험요인으로 작용하고 있는지를 살펴볼 때 가장 눈에 띄는 위험은 운수사고이다. 특히 1983년 3,275명이 사망, 인구 10만 명당 8.2명의 사망률을 보였던 운수사고는 도로가 확충되며 자동차 보급이 활발히 이루어지고 철도, 비행기 등 운송수단 이용에 대한 수요가 증가함에 따라 1995년에는 무려 16,266명으로 증가했다.[2] 다행히 운수사고는 1995년을 고비로 점차 줄어들고 있는데, 지속적인 캠페인으로 교통안전에 대한 인식이 확산되고 신속한 응급조치 등이 이루어진 결과 2005년에는 7,617명으로 운수사고 사망자 수가 감소하였고 사망률 또한 인구 10만 명당 15.8명으로 크게 낮아졌다. 지난 10년간 절반 이하의 수준으로 운수사고 사망자 수가 감소하여 OECD 국가에서 가장 운수사고율이 높다는 오명을 벗어나게 되었다.

한편, 자살은 최근 들어 급격하게 늘어난 위험요인이다. 1983년에 3,137명이었던 자살자 수는 2005년에는 12,006명으로 4배 가까이 늘었다. 인구 10만 명당 기준으로 하면 7.8명 수준에서 24.9명 수준까지 증가한 것이다. 자살의 증가 패턴은 전반적으로 관철되고 있지만 외환위기를 겪은 1998년에 정점을 이루고 잠시 감소했다가 2002년 이후에 다시 급증하고 있다. 구체적인 원인을 파악하기 위해서는 보다 심층적인 검토가 필요하겠지만, 현재까지의 경향성으로 미루어 볼 때 경제위기나 빈곤의 심화가 자살률의 변화에 심각한 영향을 미쳤다고 추론할 수 있다.

구조물과 아파트, 고층건물 등 다양한 인위적 환경들이 도시에 밀집하게 됨에 따라 추락사고도 빈발하고 있으며, 그 숫자도 줄지 않고 있다. 1983년에 2,045명이던 추락사고 사망자는 1990년을 전후로 1,000명 전후로 줄었다가 2005년에는 다시 3,088명으로 증가했다.

국가별로 비교해 보면 한국의 총 사망률은 일본이나 미국, 영국, 독일 등의 선진국에 비해 매우 낮다. 이는 한국이 아직 본격적인 고령사회에 진입하기 이전의 단계이기 때문인 것으로 생각된다. 고령사회에서는 암이나 당뇨, 순환기계 질환, 고혈압성 질환 등 노인성 질환으로 인한 사망률이 매우 높게 나타난다. 예를 들면 암으로 인한 사망률은 한국 139.6, 싱가포르 97.5, 멕시코 57.2에 불과한 데 비해 일본은 250.7, 캐나다는 208.2, 독일은 253.7, 영국은 261.3에 이른다. 이는 암이 고령화한 선진국형 위험이라는 것을 잘 보여준다.

반면에 사고사와 운수사고, 그리고 자살의 경우에는 한국이 가장 높은 사망률을 보여주고 있어서 한국 사회의 역동성과 돌발성을

그림 5_ 위험요인별 10만 명당 사망자 수의 추이(1983-2005)

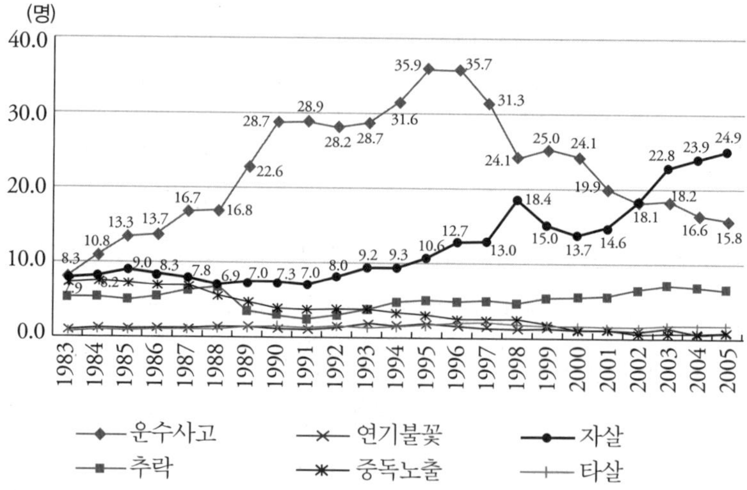

출처 : 통계청. 사망원인별 사망자 수 103항목(1983-2005).

비교적 잘 드러낸다. 사고사로 인한 한국인의 사망률은 63.0으로서 비교대상 국가들과 비교해 가장 높았으며, 특히 싱가포르보다는 6배가량 높은 수준을 나타냈다. 운수사고 사망률도 17.2로서 싱가포르의 5.3, 영국의 5.9, 독일의 7.4, 일본의 8.3 등에 비해 매우 높았다. 자살률은 25.2로서 가장 낮은 멕시코(3.8)의 7배 수준에 달했다(통계청, 2004 ; WHO, 2006 ; 일본, 2004).

산업재해로 인한 재해자 수와 사망자 수는 1999년 이래 계속 증가해 오다가 2003년을 고비로 약간 감소하는 경향이 나타나고 있다. 외환위기 직후인 1999년 재해자 수는 5만 5천 명, 사망자 수는 2,291명이었는데, 2003년까지 꾸준히 증가하여 재해자 수는 무려 94,924명으로 1.7배 증가했으며, 사망자 수도 27% 증가했다. 그후에는 재해자와 사망자 수 모두 조금씩 감소하고 있지만, 산업재해의 증가는 전반적인 근로시간의 감소에도 불구하고 노동강도의 증가가 매우 빠른 속도로 이루어졌음을 알 수 있다.

연간 근로자 수 만 명당 발생하는 재해자 수의 비율을 뜻하는 사고성 사망만인율은 1998년 2.10을 고비로 하여 매년 조금씩 감소하고 있으며, 2006년에 이르러서는 1.14명 수준으로 떨어졌다. 빠른 시간 내에 작업장 내 안전은 개선되고 있음을 알 수 있다. 그러나 전체 재해율은 1998년에 비해 오히려 증가하여 전체 재해의 숫자는 줄어들지 않았음을 알 수 있다. 이러한 재해율은 외국과 비교할 경우 상대적으로 매우 높은 수준이다. 사고성 사망만인율은 비교대상 시점인 2003년 기준으로 1.45명으로서 영국의 0.07, 일본의 0.31, 미국의 0.40, 독일의 0.47에 비해 매우 높은 편임을 알 수 있다.

표 1_ 주요 국가의 산업재해 현황

구분	일본('03)	독일('03)	미국('03)	영국('03/'04)	한국('03)
재해율	0.25	3.75	5.00	0.64	0.9
사고성 사망만인율	0.31	0.47	0.40	0.07	1.45

출처 : www.index.go.kr.

안전과 관련하여 살펴볼 가장 중요한 지표 중 하나는 범죄율이다. 10만 명당 범죄 발생건수는 2,732명(1990년)에서 3,974명으로(2000년) 매우 높이 증가했으며, 2004년에는 4,328명으로 최고에 달했다. 14년 사이에 1.6배 가량 증가한 것이다. 그 중 형법범죄의 발생건수는 1998년 이후 지속적으로 증가했고, 특히 2000년대 들어 급격히 증가했다. 특히 5대 주요 범죄의 발생빈도도 동일 기간에 비약적으로 증가했다.

3. 빈곤과 불평등

가구소비 실태조사 자료에 따르면 전체 가구의 절대빈곤율은 1991년 전체 가구의 16.38%였으나 1996년에는 3.81%까지 떨어졌다. 그러나 외환위기 이후 2000년에는 7.94%로, 2004년에는 10%를 넘는 수준으로 높아졌다(구인회, 2006 : 35). 한편, 도시근로자 가구만을 보아도 1982년도에는 도시근로자 가구원의 80%가 빈곤층으로 분류되었지만 1988년에는 40% 아래로 떨어지고 1990년에는 20%로 감소했다. 그러나 1990년대 후반에 반등하여 외환위기 발생 후 8.2%에 달했다가 현재는 3.5% 수준으로 낮아진 것으로 보인다.

외환위기는 빈곤층의 급격한 증가를 가져왔으나 기초생활보장 수급자의 숫자는 크게 증가하지 않았다. 외환위기의 충격으로 인해 1996년 150만 명에 달했던 기초생활보장 수급자는 1998년을 전후해서 117만 명 수준으로 급격히 감소했으며, 2001년 이후에 다소 회복되기는 했지만 여전히 외환위기 이전 수준에 머물고 있다. 수급자의 비율에 있어서도 같은 패턴이 반복된다.

전반적으로 사회복지 재정의 규모는 예산의 절대액으로 치면 외환위기 직전 1997년 5.5조 원에서 점차 증가하여 2005년에는 15.8조 원으로 3배 가량 늘어났고, 사회복지 관련 기금의 규모도 동기간 내 15.6조에서 33.8조로 약 2배 가량 증가했다. 반면에 전체 국가예산에서 복지가 차지하는 비중은 지속적으로 늘어났으며, 외환위기 이후 20% 이상을 유지하다가 2006년에는 27.9%에 달했다.

OECD 국가들의 평균 복지비 지출은 GDP 대비 22% 내외의 수준을 유지하고 있는 반면에 우리나라의 복지지출 비중은 GDP 대

그림 6_ 사회복지비 비중의 변화

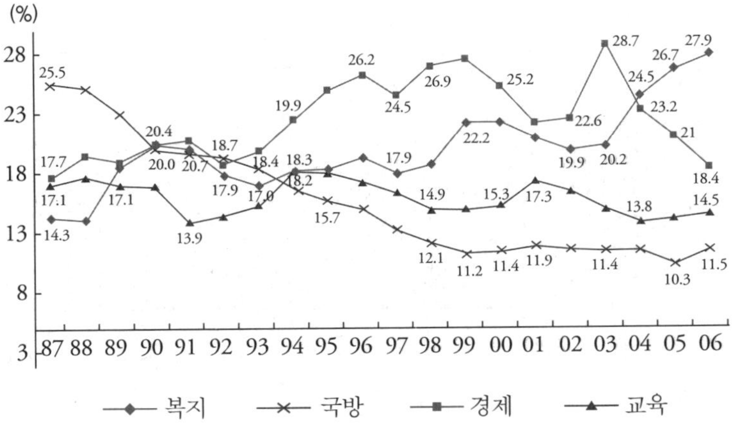

출처 : 기획예산처.

비 10% 이내에 불과하며, 그 비중도 점차 줄어들고 있다.

고용의 안정성은 비정규직의 비중과 긴밀한 관련을 맺고 있다. 통계청의 경제활동 인구 부가조사 결과에 따르면 비정규직의 비중은 지속적으로 증가했다. 2002년 비정규직의 규모는 27.4%였다가 2003년에는 32.6%로, 그리고 2004년에는 37.0%까지 증가했다. 그 후 2005년에는 36.6%, 2006년에는 35.5%로 주춤한 상태이다.[3]

실업률만을 보면 외환위기 이후 급속히 증가하여 7%대에 달하였으나 그후 빠르게 감소하여 외환위기 이전 수준으로 돌아왔다. 그러나 세대별로 실업률은 큰 격차를 나타낸다. 과거에 비해 청년층의 실업률이 비약적으로 높아졌다. 최근 들어 실업률이 줄어들고 있기는 하지만, 다른 한편으로는 경제활동을 포기한 숫자가 늘어나고 있어서 노동시장에서 배제되는 인력의 규모가 증가하였다고 짐작할 수 있다.

경제활동을 포기하는 사람들의 규모는 청년기 남성들에게서

그림 7_ 실업률 추이

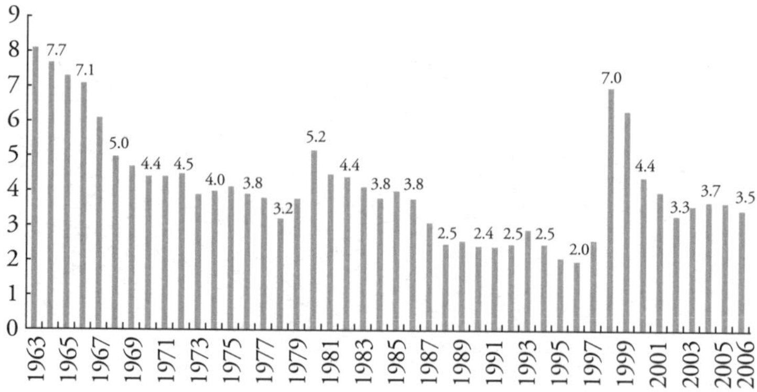

출처 : 통계청.

두드러진다. 29세 이하 남성의 경우 경제활동 참가율이 2000년에는 50.8%에 달했으나 지속적으로 감소하여 2007년에는 46.2%에 불과하게 되었고, 30대의 경제활동 참가율도 같은 기간 동안 95.6%에서 93.7%로 감소했다. 반면에 여성의 경제활동 참가율을 살펴보면 29세 이하 젊은 층은 같은 기간 43.9%에서 2005년 48.9%에까지 이르렀다가 2007년에 47.1%로 감소한 반면 30대 여성의 경우에는 54.1%에서 55.8%로 미약하나마 증가했다. 반대로 60세 이상 여성의 경우에는 2000년 30.2%에서 2007년 25.5%로 급속하게 감소했다.

노동시장에 참여하는 경우에도 소득 수준의 불평등이 심화되면 저임금을 얻는 사람들은 실질적으로 배제된다. 그런 점에서 소득의 불평등을 측정하는 지니(GINI) 계수와 소득 상위 20%와 하위 20%의 비율을 계산한 소득 5분위배율은 모두 외환위기 이후 급격히 증가하여 부의 쏠림과 양극화가 급속하게 진행되었음을 보여준다. 지니계수는 외환위기 이전인 1990년대 중반만 해도 0.28 수준이어서 비교적 평등한 분배양상을 보여주었는데 외환위기 이후에는 0.32 수

그림 8_ 지니계수 및 소득5분위배율의 추이

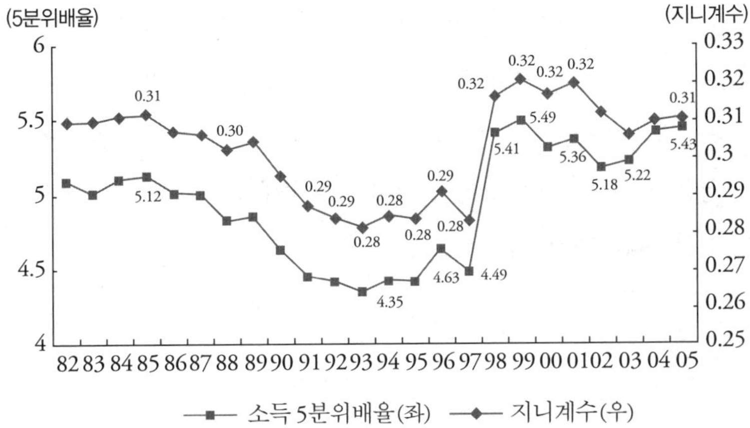

출처 : 통계청.

그림 9_ 금융채무불이행자 수 추이

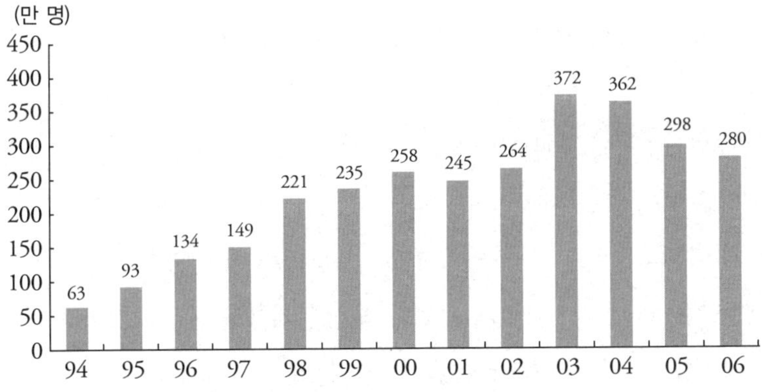

출처 : 전국은행연합회. 1994-1997년 자료는 자유기업원(1999)에서 재인용, 1998-2000년 자료는 최희갑(2002)에서 재인용.

준으로 올라섰고, 쉽게 내려서지 않고 있다. 5분위배율도 외환위기 이전 4.5 내외의 수준에서 외환위기 이후에는 5.5 수준으로 올라가서 지속적으로 불평등이 심화되고 노동시장 내에서 저소득층의 상대적인 지위가 점점 악화되고 있음을 보여준다.

최근의 불평등 문제는 신용불량자의 누적과 밀접하게 연결되어 있다. 외환위기 이후 남발되기 시작한 신용카드로 인해 금융채무 불이행자의 숫자는 급속히 늘어나 2003년에는 370만 명에 이르렀다가 조금씩 줄어들고 있기는 하지만 여전히 280만 명에 달한다. 이들은 정상적인 경제활동을 하기 어려운 상태에 있다는 점에서 향후 정책적 관심의 대상이 되고 있다.

4. 교육의 확대와 질의 저하

국민들의 교육 수준 향상의 경향은 다음 그래프에 명백하게 나타난다. 초등학교 이하의 학력을 가진 사람의 비중은 1955년에 전체 인구의 91.9%에 달했으나 꾸준히 감소하여 2000년에는 17.9%에 불과하게 되었다. 중졸, 고졸 학력을 가진 사람의 비율은 1955년에 각각 5.9%와 1.7%에 불과했지만 2000년에는 12.9%, 39.1%로서 전체 인구의 88%가 중졸 이상의 학력을 가졌으며, 고졸 이상의 학력자도 70%에 이른다. 대졸자의 비율은 1955년에 1.9%에 불과했으나 2000년에는 30.7%에까지 이르게 되었다. 외환위기에도 불구하고 전반적인 교육 수준은 꾸준히 향상되었음을 알 수 있다.

그러나 이러한 교육의 양적 확대 이면에서 작동하고 있는 높은 사교육 부담, 그리고 지역 간 계층 간 대학진학률의 차이, 그리고 심각한 대학서열화 등으로 인해 전반적인 학력 수준의 향상에도 불구하고 교육의 질을 낙관하기 어렵다. 아울러 지속적인 유학생의 증가, 특히 조기유학생의 유출은 한국 교육 시스템의 문제를 반영하는 것이다.

그림 10_ 국민의 학력별 분포, 1955-2000

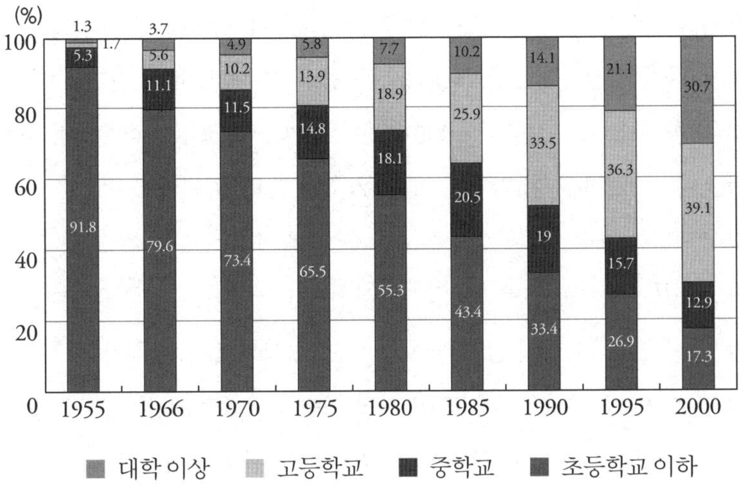

출처 : 통계청. 각 연도『한국의 사회지표』.

그림 11_ 상급학교 진학률의 변화

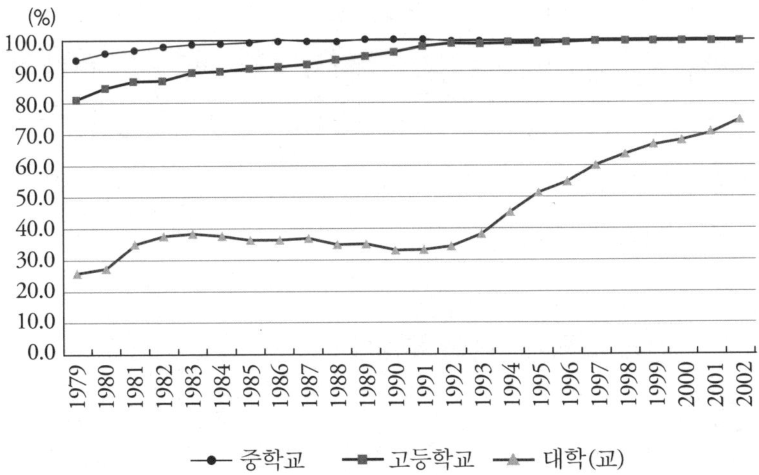

출처 : 통계청.

상급학교 진학률을 살펴보면 이미 1979년부터 초등학교 졸업자의 거의 100%가 중학교에 진학하고 있으며, 1990년대 이후에는 중졸자의 거의 전부가 고등학교에 진학함을 알 수 있다. 또한 고졸자 중에 대학진학자의 비중이 1990년대 초반까지만 해도 30%대에 머물렀으나 2000년대 이후에는 거의 80%에 육박하는 것을 알 수 있다. 적어도 교육에 있어서는 중등교육에서 배제되는 사람이 거의 없고, 고등교육을 받는 사람의 비중도 급격하게 늘어나고 있음을 알 수 있다. 다만, 교육 수준의 급격한 확대로 인해 과거에는 고졸자들이 충분히 할 수 있었던 일들도 시간이 지날수록 대학졸업 이상의 자격을 요구하는 일이 늘어나고 있어 상대적 격차는 줄어들지 않는다는 문제가 있다.

진학률의 급속한 증가의 원인에는 여러 가지가 있을 수 있지만 지난 50여 년간의 발전과정에서 교육이 중산층으로 상승 이동하는 중요한 통로가 되었음을 보여주는 것이며, 지난 50여 년간의 성장과정에서 국가기구나 대기업 등의 관료제적 조직의 중요성이 증대되면서 관료제 부문과 전통 부문 간의 위신과 보상의 차이가 그만큼 컸음을 반증하는 것이기도 하다.

5. 낮은 신뢰와 정체된 투명성

한 사회의 응집성과 시민이나 기업의 일관성 있는 활동을 위해서는 규칙의 예측 가능성이 존재하느냐가 매우 중요하다. 그런 점에서 일반적인 신뢰나 사회적 투명성은 매우 중요한 사회 응집성의 척도가 된다.

그림 12_ 일반인에 대한 신뢰의 국제비교(1996년 전후)

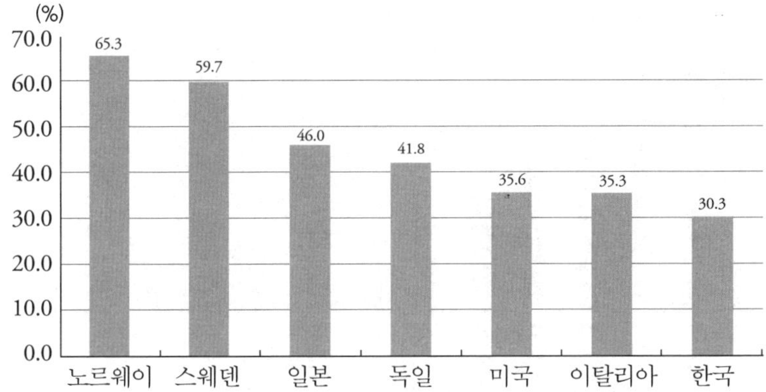

출처 : World Value Survey. 1995–1996.

일반화된 신뢰를 알아보기 위한 한 가지 방법은 "일반적으로 말해서 대부분의 사람들을 믿을 수 있다고 생각하는가, 아니면 사람을 대할 때 조심하는가"를 질문한 후 일반적으로 사람들을 믿는다고 응답한 비율을 택하는 것이다. 이 같은 방식을 사용한 세계 가치관 조사의 자료를 분석한 바에 따르면 1996년 조사에서 그렇다고 응답한 비율은 한국의 경우 30.3%인데, 이는 노르웨이(65.3%), 스웨덴(59.7%) 등의 북유럽에 비해 현저히 낮으며, 일본(46.0%), 독일(41.8%), 미국(35.6%), 이탈리아(35.3) 등에 비해서도 낮은 수준이다.

한국 사회에서 일반적 신뢰의 수준은 1982년의 조사에서 36%를 기록한 이래 1990년에는 33.6%, 1996년에는 30.3%로 낮아졌으며, 외환위기 이후 2001년에는 27.3%까지 하락했다. 전반적으로 한국 사회의 일반적 신뢰는 다른 OECD 국가에 비해 낮으며, 또한 그 낮은 수준조차도 지속적으로 하락해 왔다는 것을 확인할 수 있다.

다음의 그림은 각각의 대상에 대해 얼마나 신뢰하는지를 질문하여 매우 신뢰한다는 응답을 100으로 하고 중립적인 응답을 50으

그림 13_ 대상별 신뢰점수, 2005

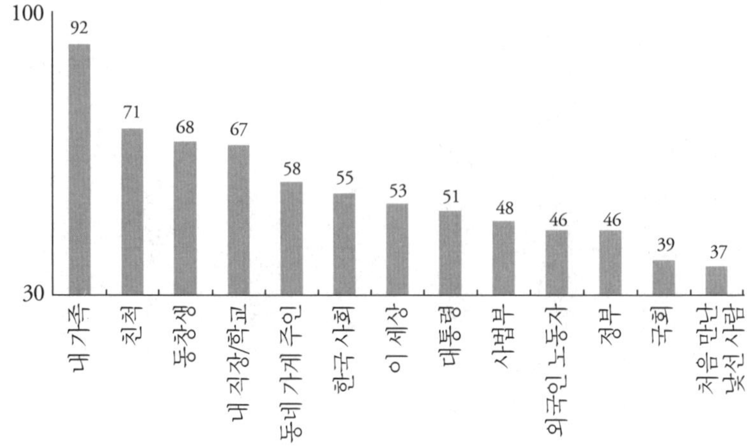

출처 : EAI-한국일보 조사.

로, 그리고 전혀 신뢰하지 않는다는 응답을 0으로 하여 척도를 조정한 것이다. 이 결과에 따르면 한국 사회에서 내 가족과 친척, 그리고 동창생 등의 연고적 관련성이 높은 대상에 대한 신뢰도는 매우 높은 반면 처음 만난 낯선 사람이나 외국인 노동자에 대한 신뢰도는 매우 낮다는 것을 알 수 있다. 이는 친소관계에 따른 신뢰의 차이가 큰 격차를 보인다는 점에서 전통적인 공동체적 신뢰가 여전히 큰 위력을 발휘하고 있는 반면에 일반적 신뢰는 매우 취약한 상황에 있음을 보여준다.

보편적 신뢰의 부족과 사회전반적 투명성의 결여는 상호 연관되어 있는 것으로 보인다. 국제투명성기구(Transparency Internation : TI)의 조사를 통해 볼 때 정부 부문의 부패 정도에 대한 국민인식은 외환위기 이후에 미약하나마 향상 추세를 보이고 있으나 국제비교에 있어서는 개선의 여지가 많이 있음을 알 수 있다.

부패인식지수(Corruption Perceptions Index : CPI)는 국제투명성기

그림 14_ 부패인식도의 변화 : 1995-2005

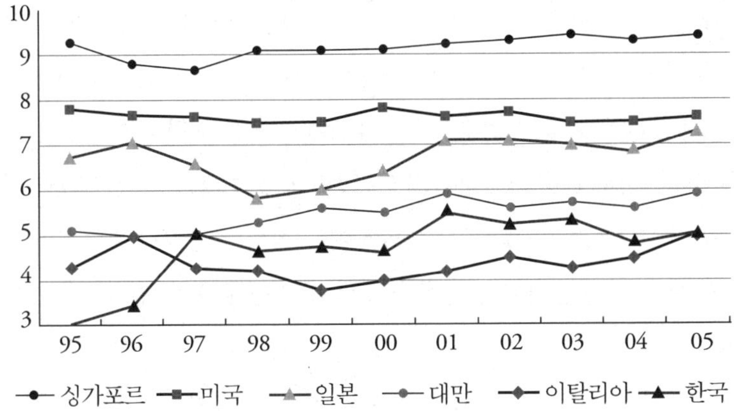

자료 : 국제투명성기구.

구가 1995년부터 매년 1회씩 발표하는 국가별 부패인식지수로 IMD 등 다양한 기관에서 실시한 공공 부문의 부패 관련 설문조사 및 전문가 평가자료를 활용하여 산출한다. CPI는 공공 부문에서의 부패에 초점을 맞추고 있으며, 부패를 "사적 이익을 위한 공적 직위의 남용"으로 정의한다. CPI의 국가별 순위는 새로운 국가가 추가되거나 제거됨으로써 변화할 수 있는 상대적 순위를 나타내는 지표이지만, 국가별 점수는 해당 국가의 부패인식 정도를 총체적으로 나타내는 지표로 해당 국가의 순위보다 더 중요하다고 할 수 있다. 2006년도 우리나라 CPI 점수는 발표 실시('95) 이후 최고 점수인 5.1점이지만 국가순위는 조사대상 163개국 중 42위에 머물고 있다. 더구나 CPI 점수 개선도가 '05년도(0.5점 상승)에 비해 낮고 OECD 30개국 중 23위에 머무르는 등 아직도 미흡한 수준이다. OECD 국가평균은 2005년 7.15에서 2006년에는 7.18점으로 향상되고 있다.

다른 한편 공정하고 합리적인 규칙에 기반을 둔 사회적 일체성의 형성에 있어서도 우려할 만한 경향이 확인된다. “노력만 하면 누구나 한국 사회에서 성공할 수 있다고 생각하느냐”는 질문에 대해 “그렇지 않다”라고 대답한 비율이 1996년에는 30.2%였던 반면 2003년에는 44.7%로 증가했다. 또한 “성공에서 연줄이 필수적이다”는 주장에 대해서도 1998년 38.5%가 “그렇다”라고 대답한 반면 2003년에는 무려 63.3%가 “그렇다”고 대답하여 공정하고 합리적인 규칙에 대한 불신이 대폭 증가하는 경향을 보였다(서울대 사회발전연구소, 1996, 1998, 2003).

이상의 내용들을 종합해 볼 때 현재 한국 사회에서 제도적 차원의 규칙의 투명성에 대한 신뢰가 매우 낮은 상태이며, 일반화된 신뢰의 수준도 매우 낮은 수준에 머물고 있는 반면 연고적 관계에 있는 대상에 대한 사회적 신뢰는 상대적으로 매우 높다는 것을 알 수 있다. 이는 공동체의 활성화를 위해 필요한 집합적인 사회적 자본의 축적이 매우 취약하며, 향후 공동체 활성화를 위해서는 가장 필요한 부분이라는 것을 잘 보여준다. 아울러 시계열적으로 볼 때 대부분의 기관에 대한 신뢰도는 1980년대 이래 지속적으로 하락해 왔으며, 그 경향은 외환위기 이후로도 지속되고 있다.

수준에 따라 소속감에 대한 논의가 달라지겠지만 공동체에 대한 헌신 여부를 간접적으로 파악할 수 있는 방법은 얼마나 많은 사람이 이탈을 꿈꾸느냐의 정도를 파악하는 것이다. 허쉬만(Hirschmann)에 의하면 이탈(exit) 의사가 많다는 것은 그만큼 공동체에의 귀속감(loyalty)이 낮다는 것을 반증하는 것이다. 지난 20여 년간의 조사에서 ‘기회가 있으면 이민을 가겠느냐’ 는 응답에 긍정적으로 응답한 비율은 지난 1986년에는 24.8%에 불과했지만 외환위기 이후인 2001년에는 35.5%, 2003년에는 42.2%, 그리고 2004년에는 46.1%로 증가하고 있어서 한국 사회로부터의 심리적 이탈이 증가하는 것을 알 수 있다.

6. 남녀 격차의 해소

사회의 통합성을 보여주는 중요한 척도 중 하나는 남녀 간 격차이다. UNDP 발표에 따르면 한국의 인간개발지수(Human Development Index : HDI)는 2006년 기준으로 0.912로서 세계 26위에 해당한다. 한편, 젠더관련발전지수(Gender-related Development Index : GDI)는 남녀 간 HDI의 격차를 의미하는데, HDI의 %로 측정한 GDI는 99.2%로서 세계 75위이다. 이렇게 차이가 나는 이유는 기대수명의 남녀 격차는 109.8%로서 33위인 반면, 초중등대학교 진학률의 남녀 차이 86.7%는 156위에 해당하기 때문이다.

따라서 전체 HDI에 비해 GDI로 측정한 남녀 간 격차는 훨씬 떨어지는 셈이다. 그러나 외환위기 이후 여러 가지 측면에서 남녀 간 격차는 조금씩 해소되는 경향이 있다. 여성 국회의원 비중은 1996년의 3%에서 지난 2004년 총선에서는 13%로 비약적으로 증가했으며, 여성 지방의원 비중도 1995년의 2%에서 2006년에는 15%로 늘어났다. 남녀 간 고등교육 진학률의 격차도 1995년에 9% 차이에서 2000년에는 8% 차이로 줄었고, 2006년에는 남성 66%, 여성 61%로서 약 5% 차이로 줄어들었다. 전체적으로 남성대비 여성의 임금비는 1995년의 58%에 비해 2000년대에 들어 63%대로 늘어났다. 적어도 남녀 간 격차는 외환위기 이후 체계적으로 감소하는 추세에 있다고 말할 수 있다. 그러나 여성 의원 비율, 고위직 간부의 여성 비율, 전문직 종사자 비율 등을 종합하여 여성이 경제 · 정치적 생활에 참여하는 정도를 측정하는 젠더권능지수(Gender Empowerment Measure : GEM)는 그 값이 0.502로서 75개국 중 53위에 해당하는 열악한 수준에 머물고 있음을 보여준다.

III. 성장사회의 한계와 대안의 모색

1. 선진국과의 차이점

사회발전의 기준으로 가장 많이 사용되는 개념은 '선진화'이지만 공식적인 기준은 양적이고 경제적인 차원에 국한되어 있다. IMF가 선진국을 정의할 때는 대체로 1인당 국민소득 2만 불 이상인 국가를 기준으로 한다. 때로는 OCED 회원국을 선진국으로 정의하기도 한다. 이 두 가지 기준에 따르면 한국은 이미 선진국이다. UNDP는 수명, 지식, 생활 수준 세 차원을 종합한 인간개발지수(HDI)가 0.9 이상인 국가를 선진국으로 보는데, 이 기준에 따르더라도 2006년 한국의 HDI는 0.912로서 177개국 중 26위에 랭크되어 있다. 기대수명은 77.3세(33위), 성인 문자해독률은 98%(22위), 초중등대학 진학률은 95%(12위)이며, 구매력 평가기준 1인당 GDP는 $20,499(31위)에 해당하는 값이다. 그렇다면 이미 객관적으로 선진국인 한국이 다시 선진화한다는 것은 무의미한 일이다.

더구나 본래 선진국(advanced countries)은 후진국과 대비되는 상대적 개념이다. 먼저 산업화를 이룬 영국이나 프랑스에 비하면 독일,

그림 15_ 선진국과 비교한 한국의 발전지표

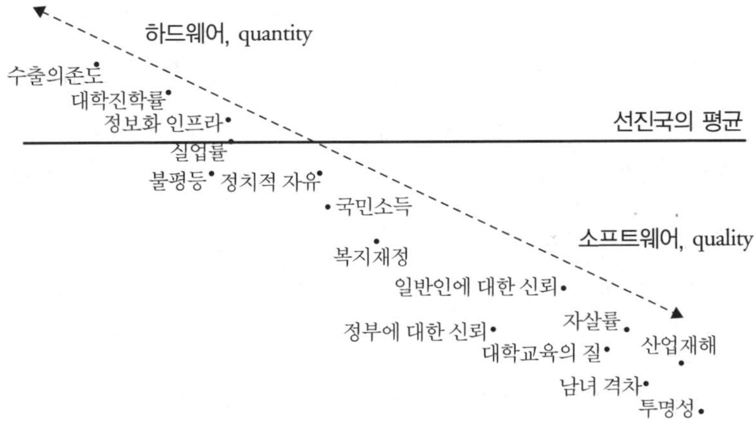

일본, 이탈리아 등은 상대적인 후(발)진(입)국이며, 마찬가지 논리로 한국은 여타 저발전국에 비하면 상대적 선진국이다. 따라서 선진성에 대한 절대적 기준은 존재하지 않는다. 그러나 이 글에서는 논란의 여지가 있지만 OECD 국가 중 경제적인 순위가 한국보다 앞서는 7-10개국들이 선진국이라고 정의하고자 한다.

급속한 성장과 민주화를 동시에 달성해 온 지난 60년, 특히 최근 20여 년의 변화과정에서 한국 사회의 성취와 직면하고 있는 문제를 선진국과의 차이로 변환해 측정할 수 있다면 일목요연하게 선진국과 뒤지는 부분을 포착할 수 있을 것이다.

전체적으로 보아 급속하게 발전이 이루어진 부분은 양적인 지표들이며, 하드웨어에 관련된 부문들이다. 조선산업이나 반도체, 휴대폰 등은 세계 일류 기술을 가지고 있으며, 정보화 인프라에서도 타의 추종을 불허한다. 그리고 비교적 높은 수준의 고용률과 상대적으로 낮은 실업률을 자랑한다. 세계적으로 유례를 찾을 수 없는 대학진학률도 눈여겨 볼 부분이다.

그러나 많은 측면에서 선진국의 평균에 미치지 못하고 있다. 그 중 두드러지는 요소들은 투명성이나 신뢰와 같은 사회적 규범이나 규칙의 준수에 해당하는 부분이며, 또 다른 두드러진 요소로는 자살률, 산업재해, 복지재정, 대학교육의 질, 고용의 질 등 사회적인 수준의 질과 관련된 차원들이다.

이러한 측면에 대해 제시된 대안적 개념으로 '삶의 질(quality of life)'이 있다.[4] 그동안 국내외에서 이루어진 삶의 질에 대한 연구는 우리 사회에 만연하던 GNP 성장지상주의의 편협한 사고의 폐해를 이미 예측했다는 점에서 큰 의의를 갖지만, 개인적 삶의 질과 사회구조적 조건의 차이에 따라 달라지는 사회적 수준의 삶의 질을 구분하지 않았다는 점에서, 그리고 분명한 이론적 지향과 가치지향성을 갖추지 못했다는 점에서 한계를 갖고 있다.

그런데 한 개인을 평가할 때 재산이나 권력 외에 인품이 중요하듯이 한 국가에도 경제성장이나 민주화만으로는 포착하기 어려운 품격이 있다. 김진현 전 과기부 장관은 일찍이 진정한 힘은 강(强)과 경(硬), 규모(規模)와 무력(武力) 같은 유형자산보다 질(質)과 격(格), 매력(魅力) 같은 무형자산에 있다는 점에서 GNP 대국 대신 선진국(善進國)을 발전대안으로 제시한 바 있다. 이는 하버드 대학 조셉 나이(Joseph Nye) 교수의 연성의 힘(soft power) 개념과도 일맥상통한다.

고도성장을 구가해 온 중국에서는 최근 조화(和諧)사회를 모토로 하여 덩샤오핑(鄧小平)이 제안한 샤오캉(小康)의 이념을 구체화하기 위한 노력을 본격화하였고, 캐나다에서는 세계 최초로 국민웰빙지수(Canadian Index of Wellbeing : CIW)를 개발하여 생활의 품격을 높이려 하고 있다. OECD에서는 경제 위주의 지표(GNP) 대신 진정한 발전지표로 국민행복지수(Gross National Happiness : GNH)를 만들고 있다. 사회학자들은 사회의 성숙도를 가늠하기 위해 '사회자본(social capital)' 개념을 사용해 왔다.

우리가 아는 선진국들의 공통점은 구성원들 간에 신뢰가 깊고 법치주의가 잘 작동하는 투명한 사회라는 점이다. 실제로 세계은행은 2006년 보고서에서 선진국의 국부(國富) 중 3%는 천연자원, 17%는 기계나 설비, 그리고 사회간접자본과 같은 생산자본이며 29%는 인적자본인 반면 가장 큰 덩어리인 46%는 사회자본의 효과라고 분석한 바 있다.

이러한 맥락에서 유럽의 학자들은 '사회의 질(social quality)' 개념을 제안한다. 살기 좋은 사회는 물질적으로나 환경적으로 안심할 수 있게 풍부한 자원을 제공하고(안전성), 공통의 정체성과 가치규범 속에서 사회적 관계를 유지하며(응집성), 다양한 제도나 관계에서 배제되는 사람이 없고(포용성), 개인의 역량과 능력이 잘 발휘되는(역능성) 사회여야 한다는 것이다. 따라서 이 개념은 사람들의 일상의 삶의 질을 포괄적으로 포착해내기 위해 제안한 매우 가치부하적인 개념이다. 이러한 내용을 담은 1997년 암스테르담 선언에는 1,000명 가까운 학자와 정책입안가들이 서명한 바 있고, 유럽의회의 공식의제로도 채택되었다.

2. 성숙사회의 지표로서 사회의 질

사회의 질은 개인의 자기 실현과 사회적 맥락에서 구성되는 다양한 집합적 정체성 간의 상시적인 긴장의 함수로서, 한편으로 개인의 생애사적 발전과 사회적 발전을 가르는 축(행위자와 구조)과 다른 한편으로 조직화된 공식성과 친밀한 비공식적 세계를 가르는 축(체계와 생활세계)을 교차하여 다양한 목적을 설정한다.

사회의 질은 사회적 관계를 형성하는 데 토대가 되는 모두 네 가지 구성요소들(constitutional factors)로 이루어진다. 즉 1) 자원(resources), 2) 연대감(solidarity), 3) 접근과 참여(access and participation), 4) 역능화(enabling) 등이다. 각 구성요소들에 대해 영향을 미치는 조건들은 몇 가지 지표로 측정될 수 있을 터인데, 그 각각을 살펴보면 다음과 같다.

- 사람들이 얼마나 물질적 · 환경적 자원 등에 접근 가능한가(socio-economic security).
- 그 사회의 사회적 관계가 얼마나 공통의 정체성과 가치규범에 기반을 두고 있는가(social cohesion).
- 사람들은 일상생활을 구성하는 다양한 제도와 사회적 관계에 얼마나 접근 가능한가(social inclusion).
- 개인의 역량과 능력발휘가 사회적 관계를 통해 얼마나 북돋워지는가(social empowerment).

이러한 네 가지 차원의 지표들을 종합하면 총체적인 사회의 질을 지수화(composite index of social quality)할 수 있을 것이다. 각각의 영역에 대해 보다 자세히 살펴보면 다음과 같다.

첫 번째, 사람들의 물질적 · 환경적 자원에 대한 접근 가능성 정도가 사회경제적 안전(socio-economic security)을 구성한다. 이 개념은 폭넓게 정의하자면 사회의 질을 확보하기 위한 기본 토대가 되는 조건이라고 할 수 있다. 이는 외부의 군사적 위협으로부터의 안전, 인간적 삶을 위한 물질적 · 환경적 자원을 사회적인 수준에서 제대로 확보하고 있는지를 평가하는 기준이 된다. 구체적으로는 빈곤으로부터의 안전, 질병과 재해, 실업으로부터의 안전 등을 포괄한다. 따라서 빈곤율, 주택보급률, 건강보험의 수혜범위, 고용안정성, 산재피해 등의 수준을 고려하여 판단할 수 있을 것이다. 이러한 기초적 욕구들이 충족되는 사회가 '안전사회' 라면 그렇지 못한 사회를 우리는 '위험사회' 라고 정의할 수 있다. 객관적 차원의 '안전과 위험' 은 주관적 차원에서는 '안심과 불안' 에 대응한다.

두 번째, 사람들 사이의 관계가 얼마나 공통의 정체성과 가치규범에 기반을 두고 있는가를 파악하는 것은 사회적 결속과 연대감을 측정하는 데 중요하다. 연대감을 파악하기 위해서는 일반화된 신뢰 수준, 그리고 사회의 제도나 기관에 대한 신뢰 수준, 이타심, 시민적 참여의식, 다원주의와 관용성 등의 수준을 고려해야 할 것이다. 사회적 연대감과 일반화된 신뢰에 기반을 두어 합리적으로 예측이 가능한 사회, 그래서 사회적 응집력이 유지되는 사회를 '신뢰사회' 라고 한다면 서로 공유하는 가치관이 다르고 사회적 규범의 일관성과 포괄성이 지지되지 않으며 집단 간에 이기적 경쟁만이 존재하는 해체된 사회를 '불신사회' 라고 정의할 수 있다. 한국적 맥락에서는 특수주의적인 연고관계에 바탕을 둔 신뢰를 넘어서 보편적인 신뢰, 그리고 사회규칙의 보편성과 투명성에 대한 신뢰가 중요한 척도로 작용할 수 있다.

세 번째, 일상생활을 구성하는 다양한 제도나 사회적 관계에 얼마나 접근 가능한가를 측정하는 객관적인 차원이다(사회적 포용–배제). 사회적 포용의 정도를 파악하기 위해서는 공적 연금에 대한 가

표 2_ 사회의 질을 구성하는 영역들

	사회 수준의 발전		
안전사회/ 위험사회	사회경제적 안전성 (Socio–Economic Security) 재정자원 주거와 환경 건강과 보건 노동 교육	사회적 응집성 (Social Cohesion) 신뢰 규범과 가치 결사체적 참여 정체성	신뢰사회/ 불신사회
체계/제도 조직			공동체/집단 생활세계
	사회적 포용성 (Social Inclusion) 시민권 노동시장참여 (공적/사적) 서비스 혜택 사회적 접촉	사회적 역능성 (Social Empowerment) 지식 노동시장참여 개방성과 제도적 지원 사적인 관계	
포용사회/ 차별사회	개인 수준의 발전		활력사회/ 무기력 사회

입률, 남녀 간 임금 격차나 공직 진출률의 차이, 노동시장 내 장기실업자의 비율과 비자발적으로 차별받은 비정규직의 비율, 노숙자 수, 사회보호시설 수감자 수, 이웃이나 친구, 친지와의 접촉 빈도 등을 살펴볼 수 있고 다양한 집단 간 어울림의 정도가 높으면 '포용사회'로, 상호 배제가 심각하면 '배제사회'로 명명할 수 있을 것이다. 사회적 포용성이란 사회성원들이 지닌 가치나 신념과 무관하게 그가 사회구성원이라는 이유만으로도 사회의 다양한 제도나 기회구조에 평등하게 접근할 수 있어야 한다는 규범적 판단에 기반을 둔 개념이라고 할 수 있다.

네 번째, 개인의 역량이나 능력을 발휘할 수 있도록 사회적 구조가 짜여져 있는가를 보는 역능화(empowerment)의 차원이다. 역능화란 시민들이 자신들의 운명을 결정하는 공적인 사안에 참여할 수 있는 능력을 발전시킬 수 있게 다양한 기량을 익히는 데 도움이 되는 요소들을 포괄한다. 사회적 역능성은 정치적인 의무에 따르는 권리라는 형식적 차원보다 훨씬 더 나아가서, 사회구성원이 자신이 정치적 과정뿐만 아니라 자기가 속한 공동체 차원에서도 자신의 운명에 영향을 미치는 의사결정 과정에 참여하고 개입할 수 있는지, 그리고 그러한 능력을 발휘할 수 있도록 능력을 개발하고 현실에 적용할 수 있도록 도움을 받는지를 측정하는 개념이라고 할 수 있다. 예를 들면 문자해독률이나 신문, 인터넷, 문화예술 시설의 활용 정도, 각종 투표율과 자발적 결사체의 참여 정도, 그리고 다양한 정치적인 의사결정 기제의 존재 유무, 노조조직률과 단체협약의 포괄성, 사회보장 및 복지예산의 규모, 정신병 유병률이나 자살률 등을 근거로 한다. 개인의 능력발휘가 잘 이루어지는 사회를 '활력사회' 로, 그리고 그 반대를 '무기력 사회' 로 정의할 수 있을 것이다.

이상에서 제기한 네 가지 영역 간 관계는 항상 조화롭지는 않을 가능성이 있다. 예를 들면 응집성과 포용성 간에 갈등의 가능성이 있다. 일차집단 위주로 모이는 사회는 파당적이고 연고적인 사회적 관계가 강해지기 때문에 시민적 실천과 창의성, 개혁성 등의 진보적 가치를 표방하는 보편적인 시민도덕과 갈등할 수 있는 것이다. 전반적인 사회경제적 안전은 증가할 수 있지만 특정한 집단만이 배제된다면 포용성에 심각한 문제가 생길 수도 있다. 사회적 응집성, 특히 투명성과 신뢰가 확보되지 않는다면 시민들의 역능성의 강화가 사회적 갈등으로 이어질 가능성도 있다.

3. 사회의 질을 통해 본 한국 사회의 변화[5]

첫째, 사회 · 경제적인 안전성의 측면에서 절대빈곤율은 외환위기로 인해 급격하 증가했으나 지난 10년간 점진적으로 감소했다. 빈곤층에 대한 대책으로 기초생활보장 수급자를 중심으로 최소한의 안전을 위한 투자가 이루어지고 있지만 외환위기 이전과 비교해 크게 증가하지 않았기 때문에 결코 높은 수준이라고 할 수 없다. 또한 정부의 재정지출에서 차지하는 복지지출의 규모도 OECD 평균에 비하면 매우 낮은 수준에 머물고 있으며, 그 비중 또한 낮아지고 있다. 고용의 측면에서도 비자발적으로 강제된 비정규직의 비중이 계속 증가하고 있고, 정규직과의 보상의 격차도 커지고 있다는 점에서 경제적 측면의 안전성은 지속적으로 악화되고 있다고 할 수 있다. 다만 산업재해의 사망만인율은 지속적으로 개선되고 있다. 사회적 측면에서는 주택보급률의 증가에도 불구하고 주택가격의 가파른 상승으로 국민들 간 주거의 부담은 양극화되었으며, 외환위기 이후 총 범죄 수와 강력범죄가 모두 증가하여 치안이 불안한 사회로 변화했다. 다만 의료 서비스의 수준이 향상되고 교육의 기회도 확대되는 경향이 나타난다. 그래서 사회 · 경제적인 측면에서는 소득 수준의 향상과 교육 및 의료의 확대에도 불구하고 사회경제적 위험에 노출된 인구의 비중은 늘어나고 있다고 할 수밖에 없다.

둘째, 사회적 응집성의 수준에서 전반적인 경향은 외국인에 대한 관용성이 증가한 것을 빼면 일반적 신뢰가 감소하고, 부패가 거의 개선되지 않았으며, 주요 기관에 대한 불신은 오히려 증가했다는 점, 그리고 이민 의사는 급격히 늘어나고, 시민적 결사체 참여율은 감소하며, 이혼율은 꾸준히 늘어나고 있다는 점에서 공동체의 정체성과 가치규범이 크게 약화되었다고 요약할 수 있다.

셋째, 사회적 포용성의 영역에서는 뚜렷한 두 가지 경향이 나타난다. 남녀 간 평등과 관련하여 성별격차는 다양한 지표에서 지속적으로 개선되고 있고, 사회제도의 측면에서 공적연금가입자와 수혜자 수, 그리고 상급학교 진학률 등은 지속적으로 개선되고 있다. 그러나 노동시장의 포용성은 감소하여 노동시장에서 배제되는 실업자와 비자발적 장기적 실업자, 그리고 소득불평등도는 증가하여 일할 기회에서 배제되는 집단의 크기가 적어도 줄어들지 않고 있다.

넷째, 사회적 역능성의 차원에서도 두 가지 상이한 흐름이 감지된다. 먼저 신문구독률의 감소에도 불구하고 정보화에 따른 다양한 매체의 활용도와 평생교육 기회의 확대, 그리고 변호사 수의 증대, 고충민원의 증가 등으로 자신의 능력을 계발하고 적극적으로 일상적 문제를 해결하고자 하는 의지는 지속적으로 증가하는 것으로 나타난다. 반면에 투표율 감소, 노조조직률 감소, 주관적 계층의식의 하락, 직업선택 요인의 단순화 등은 체계적이고 구조적인 문제에 대한 무관심과 이상주의의 감소, 그리고 미래에 대한 낙관의 감소 등을 반영하는 것이라 생각된다. 그 결과는 자살률의 급증으로 이어져서 거대담론과 구조적 변화에 대한 열망은 급속히 줄어들고 개인주의화, 무기력화하는 경향이 심화되고 있음을 보여준다.

최근의 한국 사회의 변화과정을 매우 도식적이기는 하지만 '사회의 질'이라는 관점에서 요약한다면 가장 두드러진 변화는 총체적인 불신의 심화와 계층 간 포용성의 감소, 사회적 배제의 심화, 그리고 구조적인 역능성의 감소, 이로 인한 무기력증의 증가현상이다. 전반적인 평가를 하자면 취약한 사회의 질이 적나라하게 드러났으며,

이로 인해 사회의 선진화와 경제적 성장의 발목을 잡는 단계에 도달했다는 점이다.

사회경제적 측면에서는 의료나 교육의 측면에서 다소간 진전을 이루었음에도 불구하고 경제적 위험과 범죄의 증가로 인해 점차 위험한 사회가 되어버렸다. 운수사고율은 세계 1, 2위를 다투고 있고, 세계경제포럼이 발표한 세계 각국의 환경지속가능성지수(Environmental Sustainability Index : ESI)에서 한국은 2002년 142개국 중 135위에서 2005년에는 146개국 중 122위로 최하위권을 벗어나지 못하고 있다.[6]

사회적 응집성의 측면에서는 일반적 신뢰나 제도적 신뢰가 지속적으로 감소했고, 투명성의 개선도 눈에 띄지 않는 등 사회자본이 계속 감소하고 있어서 총체적인 불신사회로 접어들었다. 더구나 세계에서 흑인과 외국인 노동자를 가장 차별하는 나라이며 자민족의 피가 섞인 혼혈 2세들에게조차 폐쇄적인 나라지만 세계화의 영향으로 미약하게나마 이민족에 대한 문화적 개방성은 증가하는 경향이 나타나고 있다.

사회적 포용성의 측면에서는 여전히 여성의 권능점수는 OECD 국가 중 최하위에 머물고 있지만 다행히 여성에 대한 차별은 점차 줄어들고 있다. 그러나 계층 간 배제와 차별은 급속히 증가하여 사회적 포용성의 수준은 전반적으로 낮아졌다고 평가된다. 역능성의 측면에서는 일상적인 수준의 역능성은 증가하는 흔적들이 보이지만 거시적이고 구조적인 문제에 대한 역능성은 크게 줄어들어 무기력한 사회가 되고 있다. 특히 급증한 자살률은 심각한 문제를 반영하고 있다.

왜 이러한 변화가 일어나게 되었을까? 이것은 지난 30여 년간 한국 사회의 성장을 이끌어 온 패러다임이 심각한 위기상황에 봉착하였음을 보여주는 것이다. 국가의 주도에 의한 일사불란한 발전 모델은 더 이상 유효한 모델이 되지 못하고 있으며, 과거 사회발전의 추진력이었던 권위주의적 동원과 아시아적 가치에 기반을 둔 인격주의적 윤리와 가족주의적 경영, 그리고 암묵적인 계약은 새로운 변화과정에서 더 이상 유효성을 주장하기 어렵게 되었다. 바야흐로 고도성장기에는 '경제의 가치', 민주화 시기에는 '정치의 가치'가 주된 논의의 핵심이 되었다면 외환위기 이후 '사회적인 것'의 가치가 주목을 받게 된 것이다.

IV. 성숙사회를 위한 제언

건국 60년을 넘어 새로운 60년을 준비하는 시점에서 대한민국의 목표는 선진국 진입이다. 그런데 선진국 진입은 과거 요소투입형, 고지탈환형 돌격작전과 같은 양적 성장전략만으로는 불가능하다. 경제적인 성장과 더불어 문화적으로 세련된 시민의식, 그리고 신뢰와 합의에 기반한 정치 시스템, 높은 수준의 시민의식 등이 함께 구축되어야 한다. 그런 의미에서 선진국의 시스템적 특징은 다양한 요소들 간의 균형이 유지되면서도 성장의 활력을 잃지 않는다는 점에서 "역동적 균형"이라고 할 수 있다. 성장과 분배, 이상주의와 현실주의, 대기업과 중소기업, 미래세대와 현세대, 인간과 자연, 남성과 여성 등의 대립항들이 역동적으로 균형을 이루는 사회가 되어야 한다.

놀라운 경제적 성장과 정치적 민주주의의 달성, 그리고 사회적 성숙과 문화적 활약에도 불구하고 한국 사회는 이러한 급속하고 돌진적인 성장과 발전이 야기한 문제들을 해결해야 한다. 이러한 문제들은 대부분의 경우 한쪽 방향으로 치우친, 균형의 결여로 설명될 수 있는 것들이다. 균형의 결여는 필연적으로 위험을 만들어낸다. 그간의 경험으로 재벌 중심의 성장전략은 자원의 집중뿐 아니라 위험의 집중도 가져왔다. 그래서 재벌지배적인 산업구조와 출혈적인 하청구조 하에서 고용의 대부분을 차지하는 중소기업은 활력을 잃었고, 고용 없는 성장의 가능성이 높아져서 추가적인 경제성장이 소득의 불평등을 강화시키는 위험을 안게 되었다.

따라서 실천적인 차원에서 성숙한 사회로 가기 위한 핵심 개념인 역동적 균형은 상이한 두 개의 집단, 항목, 가치가 상호 간에 시너지 효과를 발휘하는 관계로 정의될 수 있다. 그렇다면 일반적으로 대립하는 두 개의 맞선 힘을 단순한 갈등으로 파악하지 않고 이를 하나의 성장동력으로 파악하는 관점이 가능해진다. 또한 역동적 균형은 외생적인 차원과 내생적인 차원으로 구분할 수 있는바, 외생적인 차원은 균형의 주체가 자신의 환경과 맺는 관계에서 파생되는 역동적 균형이며, 내생적인 차원은 균형의 주체 내부의 요소들 사이의 균형이라고 할 수 있다.

과거의 모델이 한 곳으로 치우친 불균형성을 내포하고 있었다면 신체제는 모두 역동적 균형을 지향한다. 구체적인 예를 들어보기로 하자. 경제적 측면에서의 성숙한 발전 모델은 성장의 동력과 분배 간의 형평성을 유지하는 것이 핵심이다. 과거의 발전 모델이 불균등성장과 불균등한 분배였다면, 성장동력의 역동성을 훼손하지 않으면서 분배의 공정성을 동시에 제고할 수 있는 방안을 찾는 노력이 기울여져야 한다. 통상의 측면에서는 대외적 환경에 대한 개방과 대내적 개혁이 어우러져 다양한 경제요소들 간의 수확체증적인 선순환구조를 찾아내는 것이 중요하다. 이러한 선순환의 구조는 대기업과 중소기업 간의 동반성장을 통해서도 이루어질 수 있고, 과학기술 분야에서는 기초연구와 응용연구, 그리고 상업화 간의 체인링크 효과를 통해서도 이루어질 수 있다. 아울러 사회복지 분야에서는 현재까지 중심이 되었던 4대 보험 중심의 편향된 체제에서 사회부조 및 사회적 서비스와도 적절히 균형을 이루고 복지투자와 성장동력 간에도 선순환을 이루는 균형을 찾아야 한다.

인구와 환경 문제는 인간과 자연, 그리고 경제활동 간의 생태적인 균형을 유지하는 것이 추후 발전의 절대명제가 되어야 함을 보여준다. 앞으로 인구 문제는 인구폭발과 산아제한의 시기를 넘어 저출산 고령화 사회로 진입하게 될 것으로 예측되는데, 이때는 출산력과 경제활동 간의 생태적 균형을 회복하기 위해 다양한 출산장려정책과 이민정책을 마련해야 한다. 아울러 지금까지 환경파괴를 대가로 이루어 온 개발주의적 정책이 향후에는 사람과 자연 간의 균형을 이루는 생태적 탈근대화로 이어져야 한다. 이러한 변화의 와중에 경제적 발전의 속도와 안전 및 삶의 질과의 균형을 찾기 위해서는 지속가능성에 대한 관심이 제고되어야 한다.

성숙사회는 '사회의 질'이 높은 사회다. 이를 위해서는 우리 사회의 투명성, 안전성, 포용성, 그리고 역능성을 가늠하고 업그레이드하는 전략이 필요하다. 우선 가장 시급한 일은 OECD 최하위 수준에 머물고 있는 부패인식도를 획기적으로 개선하여 투명한 사회로 만드는 것이다. 선진국 수준의 법과 원칙의 준수 없이는, 특히 윗물부터 맑아지지 않고는 더 이상의 경제성장도 국가경쟁력 제고도 불가능하기 때문이다. 공적인 신뢰의 토대는 사회적인 규칙을 생산하고 집행하는 입법, 사법, 행정부의 정책의 일관성과 예측 가능성에서 찾아진다. 공적인 신뢰의 기반이 취약하다는 것은 정치인과 관료, 사법부에 대한 불신이 다른 어느 사회집단보다도 크다는 데서 명백하게 드러난다. 그래서 한국 사회에서 혁신을 심화시키기 위해서는 '법 앞의 평등'을 이루는 것이 최우선 과제이다. 법치주의가 확보되지 않으면 사회적 행위자들은 미래에 대한 높은 불확실성 때문에 고통을 받으며, 가능한 상황적 피해를 최소화하고 동시에 이익을 극대화하기 위해 강한 사적인 신뢰관계를 형성하고 유지하려는 경향이 강화되는 악순환이 지속되기 때문이다. 신뢰는 담론만으로 되지 않고 장기적으로 정책적 일관성을 유지할 때 형성된다. 그것은 기계적 일관성이 아니라 실질적인 일관성을 유지하는 데서 가능해진다. 예를 들면 시장이나 사립학교에 대한 '개입'은 줄이고 '감독'기능은 보다 철저히 하는 것이다.

또한 실업과 질병, 범죄와 재난, 노후의 불확실성으로부터 안심할 수 있는 사회가 되어야 한다. 성장의 군불이 윗목까지 데울 수 있는 선순환의 구들장을 섬세하게 설계해야 하고, 배제되거나 차별받는 집단이 없도록 제도를 챙기고 배려해야 한다. 그리고 미래에 대한 꿈조차 상실한 계층의 규모가 커지는 소위 '희망 격차'의 시대에 비전과 꿈을 줄 수 있는 리더십을 발휘해야 한다. 또한 '사회적 약자'에 대한 분명한 정의 및 보호의지를 천명하여 무의탁 노인, 저소득층 아동, 노숙자, 차상위층에 대한 보호대책을 만들고 고령화 사회에 대비하여 의료의 사회적 보장성을 증진시키는 노력이 절실하게 필요하다.

사회적 수준에서의 상생과 통합을 위해서는 분배와 성장의 선순환을 통해 경제적 양극화를 극복하고 다양한 계층 간 상생의 기반을 마련하는 것이 시급하다. 양성평등 사회를 실현하기 위해서는 남녀평등 및 성매매 방지 등의 정책을 일관성이 있게 추구하고, 사회적 차별을 해소하기 위해서는 여성, 장애인, 비정규직, 이주노동자 등에 대한 보호대책을 만들 수 있어야 한다. 또한 국제기준의 노사관계 제도와 관행을 마련하여 협력적 노사관계를 구축하고 노사 간 갈등과 폭력발생의 가능성을 감소시킬 수 있어야 하는데, 사회적 조화와 협력의 잠재력을 증대시키기 위해서는 이해관계 당사자, 전문가 집단, 시민단체 등의 참여를 통한 갈등관리가 필요하다.

주

1 이러한 관점에서 흥미로운 저작으로 권태준(2006)이 있다.

2 이는 인구 10만 명당 35.9명의 사망률에 해당하는 것이다. 하인리히의 법칙을 적용해 본다면 심각한 부상자는 10만 명당 1,041명, 그리고 경미한 사고 피해자는 10,770명으로 추산해 볼 수 있다. 매년 전체 인구의 1/10 이상이 운수사고의 크고 작은 피해를 입는다는 것은 운수사고의 위험이 상상을 초월하는 매우 심각한 것임을 말하는 것이다.

3 문제는 비정규직 중 상당부분이 비자발적으로 비정규직에 머물고 있다는 점이다. 비정규직 선택 동기는 자발적인 경우가 51.5%, 비자발적인 경우가 48.5%인데, 특히 자발적 비정규직의 비중은 파견 근로(58.4%), 한시적 근로(57.3%)에서 높은 반면 1일 근로(8.3%), 가정 내 근로(36.4%)는 낮게 나타난다. 시간제 근로의 경우 자발적 선택비율은 47.1%로 외국에 비해 매우 낮은 상황이다. 프랑스, 독일, 이탈리아 등 EU 15개국에서는 시간제 일자리의 자발적 선택은 83.1%라고 한다(Eurostat, 2000). 사업체에 대한 설문조사 결과도 비정규직 활용의 주된 이유는 중소기업은 인건비 절감(33.8%), 대기업은 고용조정의 용이함(36.2%)이 높게 나타나고 있어서 당분간 비정규직의 고용불안정은 구조화할 전망이다.

4 물질적 풍요 이상의 중요한 삶의 차원이 존재한다는 데 대한 인식에서 촉발된 그간의 삶의 질 관련 연구들은 40년 이상 축적되었는데, '양적 측면'과 '질적 측면', '실재'의 측면과 '지각'의 측면, '객관적 측면'과 '주관적 측면' 등에서 진행되어 왔다. 계량적이고 객관적 측면을 강조하는 입장에서는 주로 다양한 사회지표를 통해 삶의 질을 측정하는 전략을 택해 온 반면 주관적 측면에서는 개개인의 삶의 질에 대한 느낌 혹은 행복감을 측정하였다.

5 이 부분은 정운찬 · 조흥식 편, 『외환위기 10년, 한국 사회 얼마나 달라졌나』,

서울대 출판부, 2007에 실린 필자의 글 "한국 사회의 질의 변화와 전망", pp. 240–43을 요약한 것임.

6 http://sedac.ciesin.columbia.edu/es/esi/.

참·고·문·헌

구인회. 2006.『한국의 소득불평등과 빈곤 : 소득분배 악화와 사회보장정책의 과제』. 서울대학교 출판부.

권태준. 2006.『한국의 세기 뛰어넘기 : 산업화, 민주화, 시민사회』. 나남출판.

사회발전연구소. 1996.『전환기 한국 사회 국민의식과 가치관에 관한 조사연구』.

______. 1998.『현대 한국인의 의식과 관행 조사』.

______. 2003.『한국 사회 국민의식과 가치관에 관한 조사연구』.

이재열. 1998. "민주주의, 사회적 자본, 사회적 신뢰."『계간사상』 여름호.

______. 2001. "의리인가 계약인가? 인격주의와 개인주의의 갈등적 공존과 한국사회의 제문제." 석현호 외.『현대 한국사회 성격논쟁 : 식민지, 계급, 인격윤리』. 전통과 현대.

______. 2007. "한국 사회의 질(social quality)의 변화와 전망." 정운찬 · 조흥식 편.『외환위기 10년, 한국 사회 얼마나 달라졌나』. 서울대학교 출판부.

임현진. 2006. "한국의 발전경험과 대안모색 : 새로운 발전모델을 찾아서."『한국사회학』 40(1) : 1-31.

자유기업원. 1999.『한국인의 씀씀이』. 자유기업센터.

주학중 · 김경동. 1984. "국민문화지표 설정을 위한 사회지표론적 모색."『정신문화연구』.

차문중. 2007. "법질서의 준수가 경제성장에 미치는 영향 : 최근 우리의 경험을 중심으로."『KDI 정책포럼』.

최희갑. 2002.『2002년 TREND 10』. 삼성경제연구소.

통계청. 각 연도『한국의 사회지표』. 통계청.

______. 2004.『사망원인통계』. 통계청.

한국갤럽. 1995.『해방 50주년 기념 의식조사』. 한국갤럽. 조선일보.

日本勞動厚生省. 2004.『人口動態統計』.

Eutostat. 2000. *Eurostat Yearbook 2000 : The Statistical Guide to Europe.*

Lin, Nan. 1991. "Quality of Life in Urban China : A Model and Data from Shanghai." *The Chinese and their Failure : Beijing, Taipei, and Hong Kong*. Mimeograph.

OECD. 1982. *The OECD List of Social Indicators*. Paris.

Van der Maesen, Alan Walker, and Margo Keiger. 2005. *European Network Indicators of Social Quality : Social Quality, the final report*. European Foundation on Social Quality.

Van der Maesen, Laurent J. G., Alan C. Walker. 2001. "Indicators of Social Quality : Outcomes of the European Scientific Network." *European Journal of Social Quality*.

Zapf, Wolfgang. 1980. "The SPES Social Indicators System in Comparative Perspective." Alexander Szalai and Frank M. Andrews(eds.). *The Quality of Life : Comparative Studies*. London : Sage.

WHO. 2006. *Mortality Database*(www3.who.int/whosis).

기술사회의 도래와 위험

김문조_고려대학교 사회학과

기술발전의 속도에 비례해 기술의 사회적 가치에 대한 인식이 고조되고 있으며 기술과 사회의 연관성에 관한 문제의식도 날로 커가고 있다. 그에 따라 기술이 누구든 임의로 활용할 수 있는 가치중립적 자원이라는 도구적 기술관도 퇴조하고 있다.

기술이 당대의 사회적 욕구가 반영된 사회적 과정의 일부임을 함축하는 이러한 입장은 위험현상에 대한 이해에서 역력히 드러난다. 기술 시대라고 불리는 오늘날 기술 문제를 떠난 위험은 찾아보기 힘들 뿐만 아니라 사회적 이해나 가치와는 무관한 기술적 쟁점도 찾아보기 어려운 실정이기 때문이다. 따라서 위험 억제를 위해 기술을 어떠한 방식으로 활용하고 관리해야 하는가의 문제가 첨예한 시대적 과제로 떠오르고 있다.

복합성과 연계성을 특징으로 하는 기술사회의 위험에 관한 논의는 학문 경계를 넘어선 학제적(interdisciplinary) 혹은 초학문적(trans-disciplinary) 담론공간에서 개방적으로 개진됨이 바람직하다고 본다. 따라서 이 글은 기술 시대의 위험 진단에 가장 적합하다고 판단되는 기술사회론적 접근에 의거해 (1) 1948년 건국 이후 한국 사회의 과학기술과 사회변동의 추이를 개관하고, (2) 기술재해 및 위험담론의 주요 논점들을 총 점검하며, (3) 국내 위험분쟁의 사례분석을 통해 고조되는 기술위험의 성격을 규명한 후, (4) 기술위험에 대한 대응방향 및 실천방안을 탐지하면서 (5) 새로운 사회질서의 가능성을 모색해 보고자 한다.

I. 연구관점 : 기술사회론적 접근

기술체계와 사회체계의 관계 도식에 대한 접근은 크게 다음 세 가지 유형으로 대별할 수 있다. 첫째는 기술발전이 사회체계의 변화를 선도한다는 기술결정론적 접근(technological deterministic approach)이고, 둘째는 그와 반대로 사회적 영향력을 강조하는 사회형성론적 접근(social shaping approach)이요, 셋째는 양대 체계의 쌍방향적 상호작용을 전제로 하는 기술사회론적 접근(socio-technological approach)이다. 이상 세 가지 접근이 출현한 시기, 그리고 개별 접근에 따른 기술에 관한 정의, 행위자의 지위 및 공공 정책적 역할에 대한 내용을 요약적으로 비교하면 〈표 1〉과 같다(Fuglsang, 2001 참조).

이들 중 오늘날의 기술 시대의 위험 분석에 가장 유효한 것으로 평가되고 있는 것은 기술체계의 내적 연관성(internal interrelatedness)과

표 1_ 접근방법의 차이점 비교

구분	기술결정론적 접근	사회형성론적 접근	기술사회론적 접근
시기	1950-1960년대	1970-1980년대	1990년대
기술의 인과론적 위상	원인	결과	원인이자 결과
행위자의 지위	수혜자 (혹은 희생자)	이해 당사자	숙의적 참여자
정책의 역할	기술역량의 강화	사회적 합의 도출	기술사회적 담론의 민주화

출처 : Fuglsang, L., 2001. "Three Perspectives in STS in the Policy Context." S. Cutcliffe and C. Mitchan. eds. *Visions of STS*. State University of New York Press.

외적 맥락성(external contextuality)을 동시적으로 고려하는 기술사회론적 접근, 넓혀 말해 과학기술사회론적 접근(Science, Technology and Society Approach)이라고 할 수 있는 STS 접근이다. STS 접근은 과학기술을 사회체계와의 상호작용에 의해 형성되는 복합적 구성물로 간주하면서 그 구조와 과정에 대한 해명을 시도하는 연구방법의 하나로, 과학기술을 독립적·자율적 존재로 파악하기보다는 각종 사회활동과 연관된 가치함의적 과정으로 인식하고자 하는 것이다(Cutcliffe, 2000).

과학기술 활동의 사회적 맥락을 중시하는 과학기술사회론은 과학기술에 대한 열광적 수용이나 절대적 거부를 지양한 변증법적 종합을 꾀함으로써 과학기술에 대한 이해 수준을 높여 기술사회적 쟁점에 대한 대처능력을 함양시키고자 함을 지향하는 것으로, 이는 과학기술에 대한 민주적 통제를 구조화할 수 있는 기틀을 제공할 수 있으리라 기대되고 있다(김문조, 2007).

II. 기술 시대의 도래

과학기술의 사회적 영향력은 인류역사의 전개과정을 통해 꾸준히 증대되어 왔다. 특히 과학기술혁명기 이후의 지난 한 세기 동안 그것은 인간생활의 물질적 측면뿐 아니라 규범, 가치, 신념 등 의식세계 전반에 이르기까지 엄청난 변화를 초래하여 사회변동의 주요 요인, 나아가 가장 핵심적 요인으로 간주되고 있다(Lenski, 1974).

"앎의 방식"인 과학은 기본적으로 지속적 성장과 축적과정을 밟아 나아가는 것으로 기존 지식이나 방법에 새로운 것이 부가됨으로써 진전한다. 이러한 과학지식의 누적적 성격은 여타 부문의 그것과는 판연히 구분된다. 예컨대 종교, 도덕, 철학, 예술 등은 과학 못지않은 장구한 역사와 전통을 지니며 높이 존중되어 왔을는지 모르나 원천적으로 비(非)누적성을 특징으로 한다.

우리가 누적적이라고 간주하는 지식, 즉 과학지식은 훈련받는 사람들이 검증을 통해 진위를 판별할 수 있는 것을 말한다. 물론 과학적 지식의 발전사는 벽돌을 쌓듯 순탄치만은 않았다. '진리는 하나'라는 모토에도 불구하고 과학계에서는 상충된 논쟁과 비판이 교차했고, 때때로 옛 진리가 새로운 진리에 의해 대체되는 혁명적 변천의 사례도 있었다(Kuhn, 1970). 하지만 전통적 견해가 수정되거나 기각되면 될수록 과학은 오히려 진보의 발걸음을 재촉해 왔다. 왜냐하면 새로운 과학적 발견은 이전의 과학적 성과를 토대로 이루어지는 것이 상례인 까닭이다.

"삶의 방식"을 뜻하는 기술은 '앎의 방식'인 과학에 비해 상대적으로 비누적적이다. 왜냐하면 기술(technology)은 그 어원인 기법(technique)에 내장된 의미를 통해 짐작할 수 있듯 기예적(技藝的) 요소를 내포하기 때문이다. 즉 본질적으로 삶의 전략과 직결된 기술은 사회적 관행, 규범 또는 목적가치 등 생활환경과의 유기적 연관성으로 인해 성장과정이 과학지식에 비해 보다 복잡다단하다. 그럼에도 불구하고 우리가 기술의 누적성을 강조하는 까닭은 과학과 기술 간의 연결고리가 나날이 강화되어 실용으로서의 기술이 오늘날 누진적으로 성장하는 추세에 있기 때문이다.

과학과 기술의 융합은 19세기 말의 과학기술혁명(Scientific Technological Revolution)을 기점으로 극적으로 고조된다. 고대 · 중세기는 물론이요, 19세기 중반의 산업혁명에 이르기까지 과학과 기술의 관계란 기본적으로 간접적 · 우발적인 것에 불과했으나 과학기술혁명기에 들어서면서부터 과학적 사고가 생산활동에 본격적으로 접목되기 시작했기 때문이다(Braverman, 1973). 따라서 흔히 "제2차 산업혁명"으로 불리는 과학기술혁명은 산업혁명의 단순한 연장이 아니라, 생산기술과 결합됨으로써 과학기술이라는 막강한 사회변혁의 동인을 구축하는 문명사적 전환점으로 이해되어야 할 것이다.

과학기술연구가 미첨(Mitcham, 1999)은 이러한 일련의 과정을 다음과 같은 주류적 지식의 변천 도식에 준거해 설명한다. 농경 중심의 고대 사회에서는 가뭄, 홍수, 냉해 등 농업생활과 직결된 소위 지구학(terrestrialogy)이 핵심적 지식체로 군림하다가 유일신 사상의 확산과 더불어 신학(theology)이 그 위치를 탈환했고, 근대 사회로 접어들면서는 사람과 사람의 관계를 논하는 사회학(sociology)이 핵심적 지식체로 대두한 후 현대로 들어서서는 과학기술을 총칭하는 기술학(technology)이 지식의 중심부에서 사회변동의 핵심적 요체로 작동하

그림 1_ 주류적 지식의 변천사

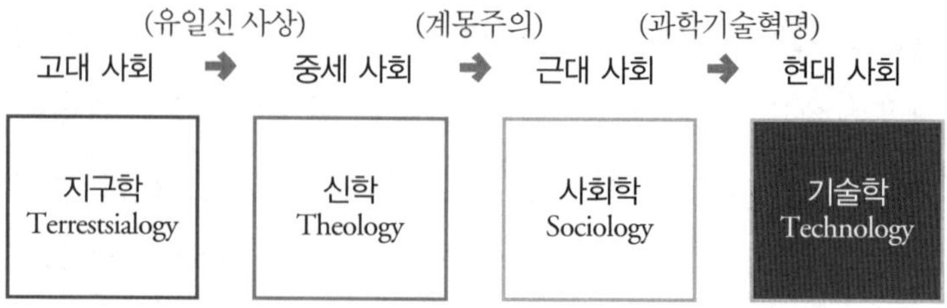

출처 : Mitcham, K. 1999. "Why Science, Technology and Society Studies?" *Bulletin of Science, Technology & Society* 19-2 : 128.

고 있다는 것이다(〈그림 1〉 참조).

III. 한국 사회의 기술발전과 사회변동

1948년 건국 이후 1960년대 초까지 한국 사회에서는 국가형성과 국론통합이 가장 시급한 과제로 대두되어 주로 정치로부터 사회발전의 가능성을 모색하고자 했으므로 기술이 사회발전에 관여할 여지가 크게 주어지지 못했다. 그러나 1960, 1970년대에 접어들어 경제개발이라는 국가목표의 달성을 위한 기술수요가 증가하면서 기술은 한국 사회의 변혁에 적극 동참하게 된다(김문조, 1999).

1970-1980년대에 접어들면서 노동집약적 공업국가로서의 불리한 경제여건을 극복하고자 기술고도화에 대한 요청이 점증하게 되었으며, 그 결과 기술은 사회변동의 일개 변인이 아닌 사회변혁의 주도적 요소로 인정받게 되었다. 이러한 추이는 사회경제적 발전전략이 기술모방에 근거한 선진국 추격전략에서 독자적 기술개발에

입각한 탈추격전략(post-catch up strategy)으로의 전환된 2000년대 초에 들어서면서 보다 강화되었다(송위진, 2006).

어떻든 1980년대 이후 우리나라 산업 · 경제정책의 기본방향은 전자통신, 신소재, 생명공학을 중심으로 한 첨단산업을 육성 · 발전시킴으로써 기술고급화, 기술선진화를 달성하여 대외경쟁력을 강화시켜 나가자는 쪽으로 수렴되어 왔는데(한국과학기술원, 1988), 그 결과 산업구조 및 고용인력 구조는 차츰 "1차산업의 쇠퇴와 3차산업의 확장"으로 요약할 수 있는 선진국형으로 탈바꿈하게 되었다(한국은행. 각 연도 『통계연보』).

그러나 기술개발을 위한 국내외 상황은 전반적으로 호혜롭지 못했다. 일차적으로 선진국들은 고도산업을 추진하는 데 없어서는 안 될 첨단기술의 이전을 기피했고, 허용한 경우에도 까다로운 조건과 비싼 기술료를 요구함으로써 기대만큼의 효과를 거두지 못했다. 둘째, 국내 시장에 대한 선진국의 개방 압력과 신보호주의의 대두로 국내 상품의 수출시장 확보가 어렵게 되었다. 셋째, 강권적 노동통제의 철폐나 노동운동의 과잉화 등으로 임금이 크게 상승하여 우리 상품의 가격경쟁력이 현저히 약화되었다(박현채, 1985). 따라서 자체적 기술개발 및 기술력 향상을 통한 생산성 증대와 산업구조 고도화만이 경제회생 및 국가발전의 필수조건이라는 인식이 사회 전체적으로 확산되기에 이르렀다(과학기술처, 1986 : 3-17).

1990년대에 접어들어 UR 협상의 타결과 GR, TR 협의가 후속되어 과학선진국들의 세계 경제 지배력이 강화되는 한편, 개방화 · 세계화의 파고가 여타 지역으로 확산되어 국제 경제질서가 시장체제로 재편되면서 국가 간 경쟁이 보다 치열해졌다. 그러자 고부가가치 산업, 지식집약적 산업, 첨단산업의 육성을 통한 국가경쟁력 제고가 국가의 번영과 생존을 좌우하는 최대 당면과제로 제기되어 기술은 과거 어느 때보다 국가발전의 성패를 담보하는 사회경제적 발전의 핵심요소로서 대두하게 되었다.

이러한 상황에 대응하여 정부는 국가과학기술자문회의를 발족시켜(1991. 5) 과학기술 혁신과 정보 및 인력의 개발 등 과학기술정책의 발전방향에 관한 대통령자문기구의 역할을 수행하도록 하였고, 과학기술정책의 기본목표로서 "21세기 초 한국이 과학기술선진국(G7) 수준에 진입할 것임"을 천명했다. 이 같은 목표 달성을 위한 최초의 사업은 1992년부터 추진되기 시작한 선도기술개발사업(G7 프로젝트)이었다. 한국이 모든 과학기술 분야에서 선진국과 동일한 수준의 기술력을 확보하고 모든 첨단제품에서 경쟁할 수 없다는 객관적 현실 인식에 기초한 이 계획은 가능성 있는 기술에 개발의 우선순위를 두고 특정 산업분야에서 G7 수준의 제품이나 기반기술을 2001년까지 확보한다는 것을 목표로 삼았다(과학기술처, 1991, 『과학기술연감』).

이와 함께 기초과학 부문과 연구인력 같은 과학기술 하부 구조상의 취약성을 극복하기 위하여 정부는 '21세기 과학기술선진국을 향한 비전과 기초과학 및 첨단기술 개발에 대한 정책방향' (1995년)을 제시, 그 대책을 마련했다(과학기술처, 1995). 과학기술 수준을 2010년까지 선진 7개국(G7) 수준으로 향상시킨다는 기존의 비전을 전제로 한 이 정책선언은 우주, 해양, 에너지, 정보, 생명공학 등 미래 첨단기술의 개발, 기초과학의 육성, 창조적 과학기술인력의 양성, 국제 공동연구의 활성화를 제시하는 등 과학기술정책을 첨단과학기술의 개발로 전환시키는 결정적 계기로 작용했다.

이상과 같은 기본 정책과제들을 실천한 결과 과학기술계 인력

표 2_ 과학기술계 인력 추이

연도	연구원 수	증감률(전년대비)
1985	73,444	–
1990	125,512	70.8%
1995	201,661	60.6%
1997	217,117	7.6%
1998	199,191	– 8.2%
1999	212,510	6.6%
2000	237,232	11.6%
2001	261,802	10.3%
2002	279,806	6.8%
2003	297,060	6.1%
2004	312,314	5.1%
2005	335,428	7.4%
2006	365,794	9.0%

출처 : 교육과학기술부. 각 연도 『과학기술연구개발활동조사 보고서』.

은 1987년 IMF 외환위기 직후의 일정 기간을 제외하고는 절대수에 있어서나 경제활동 인구에 대한 상대적 비율에 있어 꾸준히 증가되어 왔으며(《표 2》), GDP 대비 과학기술개발 투자비 역시 유사한 경향을 보여왔다(《표 3》).

그러나 IMF 구제금융사태를 계기로 기업 도산과 실업 문제 등 심각한 경제위기를 맞이함에 따라 새로운 국가발전 이념 및 전략을 적극 모색한 역대 정부는 첨단 기술력을 바탕으로 장기적 경제불황을 성공적으로 극복한 미국의 기술 드라이브 정책을 전범으로 간주해 "기술입국" 혹은 "기술강국"을 지향함으로써 한국 사회에 기술

표 3_ 과학기술개발 투자의 연도별 추이

연도	연구개발비(억 원)	GDP 대비 과학기술 투자비*
1985	11,552	1.48%
1990	33,499	1.88%
1995	94,406	2.71%
1997	121,858	2.89%
1998	113,370	2.34%
1999	119,220	2.25%
2000	138,490	2.39%
2001	161,110	2.59%
2002	173,250	2.53%
2003	190,690	2.63%
2004	221,850	2.85%
2005	241,550	2.98%
2006	273,460	3.23%

출처 : 교육과학기술부. 각 연도『과학기술연구개발활동조사 보고서』.

시대가 본격화하고 있다.

IV. 기술재해 : 기술 시대의 묵시적 동반자

과거에 인류의 생존에 가장 큰 위협을 가한 요인은 기상이변이나 질병과 같은 자연재해였다. 그러나 재해는 인류사회의 발전과 함께 진화, 산업혁명 이후 생산력 증대를 위해 기술과 산업의 연관성이 강화되면서 그 추축이 인공재해의 형태로 이행되었다. 하지만 기술발전이 가속화되면서 인공재해는 원전 방사능 유출 사고, 우주선 폭발 사건, 화학물질 독성 사고 등의 다양한 기술재해로 진전되고 있다(〈표 4 참조〉). 따라서 고도 기술 시대를 살아가는 현대인은 기술재해의 파급력이나 장기적 후유증들로 인해 결코 이전보다 안전한 삶을 살아가고 있다고 장담할 수 없게 되었다.

표 4_ 사회유형별 재해형태 및 대응방식

사회유형	전산업사회	산업사회	후기산업사회
재해의 형태	자연재해	인공재해	기술재해
대응방식	체념/주술/기복	사후처리	사전예측/사후처리

한국 사회의 경우도 지난 30여 년간의 압축적 경제개발과 기술혁신으로 기술재해의 위험성이 날로 증대해 왔다. 또 최근에는 도시가스 폭발 사고, 교량 및 아파트 붕괴 사고, 항공기 추락 사고 등과 같이 전통적 산업기술과 관련된 인재성 기술재해 외에 유전자 조작식품이나 정보통신 보안사고 등 첨단과학기술과 직결된 사고들이 가중됨으로써 기술발전의 "의도치 않은 부작용"에 크게 시달리고 있다.

기술발달로 인한 인위적 재해는 오래 전부터 예상되어 온 것이지만 고도 기술사회로 접어들면서 재난의 규모나 범위가 획기적으로 배가되고 있고 그 양상도 잠복성, 장기성, 누적성을 더해가고 있다. 따라서 첨단기술 시대의 기술적 안전과 위험에 관한 문제는 산업혁명 이래 지속되어 온 합리화 과정에 대한 총체적 반성과 더불어 향후의 사회발전 방향에 대한 발상적 대전환을 요구하고 있다.

울리히 벡은 1986년도에 『위험사회 : 새로운 근대성을 향하여

(*Risikogesellschaft : Auf dem Weg in eine andere Moderne*)』라는 저작을 통해 고도 기술사회에서 위험이 일반 국민의 통상적 지각능력을 넘어서고 있을 뿐만 아니라, 위험의 가능성이나 정도도 계급적으로 서열화되고 있음을 지적함으로써 위험담론을 선도하였다. "외형적 성장에 주력해 온 지금까지의 개발정책이 차후에도 유효할 것인가"라는 본원적 질문과 함께 종전의 근대성 개념을 원천적으로 재고하자는 성찰적 근대성론을 본격적으로 제기했던 것이다(Beck, 1986).

이러한 방향으로의 논의는 성찰적 근대성론자로 분류되는 여타 학자들의 저작에서 되풀이되고 있다. 예컨대 루만은 위험을 20세기 후반이라는 새로운 상황에서 출현한 것으로서 근대 초기의 규범과 산업화 시대의 결핍과는 매우 다른 종류의 시간구속적(time-binding) 사태로 풀이한다. "이전의 고정적으로 구조화된 사회질서와는 달리 현대 사회는 우연적이고 불안정한 조건에서 이루어진 결정에 좌우되는 예측할 수 없고 불확실한 미래를 지향한다. 따라서 규범과 분배체계로 충분히 통제될 수 없다"고 말한다. 또 그는 사회제도가 부적절한 수단을 사용하는 것이 문제라고 본 벡과는 달리 사회체계의 기능적 분화에 따른 복합성 증대로 사회제도가 부적절해졌다고 본다(Luhmann, 1993[1991]).

한편, 위험을 외적 위험과 제조된 위험으로 구분한 기든스는 전자는 전산업사회나 산업사회에서 예상치 않게 돌출하는 위험에서 전형을 찾을 수 있는 반면, 후자는 후기 근대 사회의 특징적 현상으로 과학기술의 발달로 인한 불가측적 현상임을 지적하면서 기술위험의 맥락을 명시한 바 있다(Giddens, 1999).

한국에서도 "위험사회" 담론이 구래의 "압축적 성장정책"에 대한 반성과 더불어 제기되었다. 1990년대 한국은 사고공화국이라는 불명예를 뒤집어쓸 정도로 많은 대형 참사가 격증하면서 크나큰 충격에 빠졌다. 더욱이 1997년 IMF 구제금융 사태를 맞아 한국 사회의 위기의식은 절정에 달했는데, 이 같은 사회적 정경은 지난날의 국가 발전전략에 대한 근본적 회의를 불러일으켜 사회발전의 목표나 성격 규명을 둘러싼 위험 논의를 촉발했다. 양적 성장 위주의 '돌진적 근대화'의 위험성을 극복하기 위한 새로운 패러다임의 모색이 진행되기 시작했던 것이다(『계간 사상』, 1998년 가을호 참조).

향후 한국 사회의 위험 연구는 보다 다양하고 풍성하게 진행되었지만 개념적 · 이론적 발전은 상대적으로 미흡했다고 여겨진다. 전근대적 유산에 따른 위험의 구조적 성격에 대한 진단(김병섭, 1998 ; 홍성태, 2003), 위험사회론에 관한 비판적 고찰(노진철, 2004a), 환경 문제 및 삶의 질 향상에 대한 지속적 문제제기와 논쟁(김영치, 1998 ; 서이종, 2005), 위험시설의 지역 유치를 둘러싼 사회갈등에 대한 논의(박희제, 2004 ; 노진철, 2004b), 위험 문제에 대한 정책학적 접근(김영평 외, 1995 ; 정창무 외, 1997), 생명공학에 대한 사회적 인식(윤정로 · 조성겸, 2001) 등 위험 문제를 본격적으로 다룬 연구물들이 꾸준히 증가했다. 그러나 기술위험을 어떻게 정의할 것인지, 위험의 다원적 성격과 다양한 관점 및 접근법을 어떻게 고려할 것인지, 이론의 현실적 적용에서 우선적으로 고려해야 할 요소에는 무엇이 있는지 등에 대한 기초적 논의를 대체적으로 생략한 채 서구 학자들의 성찰적 근대화론에 기초해 압축적 성장에 따른 한국 사회의 위험이나 위기를 도식적으로 진단한 경우가 대부분이었다. 단, 복잡성 이론 등을 원용한 독창적 분석틀에 준거해 한국 사회의 돌출적 사건사고들을 분석해 온 임현진의 연구나 이재열의 연구물 등은 정련된 문제의식과 이론틀을 겸비한 위험사회학 분야의 선도적 성과로 꼽을 수 있다(임현진, 2000 ;

이재열 · 김동우, 2004 ; 이재열, 2005).

V. 기술위험 연구의 전개와 현황

위험은 "재해의 발생 가능성"으로 정의된다. 요컨대 그것은 "특정 재해의 발생으로 인한 악영향이 초래될 확률"로 규정되는데, 수식으로는 R=PM, 즉 위험(Risk)=사건이 일어날 확률(Probability)×피해의 규모(Magnitude)라고 간명히 표현할 수 있다(The Royal Society, 1992).

기술위험에 관한 연구의 필요성은 기본적으로 제2차 세계대전 이후 현대 사회가 기술사회로의 이행이 본격화하고 있다는 시대적 진단에 근거한 것이라고 말할 수 있다. 현대 과학기술은 갈브레이스(J. K. Galbraith)가 말하는 "풍요사회"의 물질적 원천임과 동시에 하이데거(M. Heidegger)의 말처럼 "닦달"해댐으로써 우리를 걱정과 두려움 속에 떨게 하는 야누스적 속성을 지닌 존재로 이해되고 있다. 그런데 히로시마와 나가사키를 일거에 초토화한 맨하탄 프로젝트의 성공을 계기로 찬란한 기술진보는 인류사회의 파멸을 재촉하는 흉기로 돌변할 수 있다는 우려가 전폭적으로 확산되면서 기술발전이 사회적 위험요소로 널리 각인되기 시작했다.

그러나 기술위험에 대한 담론이 본격화된 것은 1950년대 초부터라고 할 수 있다. 아이젠하워 미국 대통령의 "핵의 평화적 이용"에 대한 선언 후에 본격화된 원전사업의 안전 문제가 현안으로 대두했기 때문이다. 특히 1950년대 초반 미국 원전설비에서 발생한 사건들과 1957년 영국 컴브리아(Cumbria) 지방의 윈드스케일(Windscale) 원전 사고 등은 핵에너지의 산업적 이용에 따른 위험에 대한 과학 연구의 필요성을 제기하는 단초가 되었는데, 이를 계기로 민간 핵발전소의 사고 및 부작용에 동반하는 위해나 위협을 예상하고 정량화하여 분류 가능하고 계산 가능한 범주로 전환하려는 위험 연구가 본격화되었다(Strydom, 2002).

초창기 기술위험 연구는 위험관리를 위한 위험평가를 담당해 온 과학기술계 종사자들에 의해 주도되었는데, 독성 화학물질이나 식품 유해물질 등과 관련된 일련의 논쟁과정을 통해 경제적 손익까지를 포함한 위험-편익 분석의 중요성이 부각되었다. 그 결과 "기술적 위해를 예방하고, 줄이고, 최소화시키기 위한 평가관리를 주 목적으로 하는 기술경제적 위험 패러다임이 위험 연구의 주류로 자리 잡게 되었다(Kates and Kasperson, 1983).

이러한 경향은 한국 사회에도 여실히 반영되어 기술경제적 위험 패러다임은 위험 평가관리 부문에서 가장 적극적으로 수용되었다. 소방방재청의 차세대 국가재난관리시스템 구축, 식품의약품안전청의 위해식품 및 의약품에 대한 안전관리체계 구축, 환경부의 환경오염 및 파괴 예방(자연보전국)과 환경보건 및 유해 화학물질 관리, 노동부의 산업안전보건정책 등이 그 단적 증거라고 할 수 있다(문보경, 2007).

그러나 1980년대에 접어들면서 위험 연구 패러다임은 일대 전환점을 맞게 된다. 심리학적 · 사회학적 · 문화적 관점들이 추가되면서 주류적 관점인 기술경제적 패러다임에 대한 문제제기가 본격화했기 때문이다. 여기에 스리마일 섬(TMI) 원전 사고, 우주왕복선 챌린저 호 폭발 사건, 보팔의 비극 등과 같은 심각한 대형 사고의 발생이 연구의 관심을 자극하는 데 크게 기여했다고 본다(Sagan, 1994). 뿐만 아니라 일부 시민단체들이 전문가 중심의 위험정책 결정을 문제 삼으며 위험담론에 대한 시민참여의 필요성과 방안을 적극적으로 개진한 것도 위험 연구의 다양화를 촉진하는 데 부가적으로 기여했다고 본다.

위험 연구(risk studies)는 다학문적 또는 간학문적 접근이 주류를 이룬다. 그 점은 스리마일 섬 원전 사고에 대한 사회과학적 조사 연구에서 확인할 수 있는데, 이는 "기술의 사회적 영향평가와 기술적 위험의 관리는 폭넓은 분과의 스펙트럼을 가로지르는 연구 관심이 필요하고, 그럴 만한 가치가 있다"는 주장과도 일치하는 것이다(Sills et al., 1982). 또 위험분석학회(Society for Risk Analysis)의 초대 회장 커밍(R. Cumming) 역시 "위험평가 과정은 과학과 … 사회의 접촉면"이며, 초창기의 위험분석학회를 전통적 과학분과와는 달리 "초과학적(trans-scientific)" 문제로 골치를 앓을 수밖에 없으며, "인스턴트 전문가(instant experts)"를 양산하고 있는 분야라고 평가했다. 그리고 학회의 주요한 역할은 위험평가 및 위험관리와 관련된 다양한 분야의 전문가들 사이의 원활한 의사소통을 촉진하는 것이라고 밝힌 바 있다(Cumming, 1981).

최근 위험 연구의 지식생태계는 날로 복잡한 양상을 띠어가고 있다. 여러 학문분과의 참여는 물론이요, 사회환경의 변화에 따른 새로운 쟁점의 부각과 대응, 그에 비례해 다양한 관점, 이론, 방법론의 도입 및 개발이 촉진되고 있기 때문이다. 이러한 복합 학문적 스펙트럼에 따르는 혼란을 제어하면서 학문적 정체성을 높이기 위한 시도의 일환으로 재해의 형태나 위험의 정의 및 특성 등은 물론 개념과 이론적 관점을 대상으로 한 위험 연구의 다양한 분류가 시도되었다.

그림 2_ 위험 관점의 체계적 분류

종합적 접근(예, 위험의 사회적 증폭)

	보험통계적 접근	특성학/역학	확률적 위험분석	위험의 경제학	위험의 심리학	위험의 사회이론	위험의 문화이론
기본단위	기대값	모델값	종합기대값	기대효용	주관적 기대 효용	인지된 공정성 및 역량	공유가치
지배적 방법	외삽	실험 건강조사	사건 및 결함 계통 분석	위험-편익 분석	심리통계학	표본조사 구조적 분석	격자 · 집단 분석
위험 개념의 범위	보편적	보건 및 환경	안전	보편적	개인 인식	사회적 이해관계	문화적 집단
	일차원적	일차원적	일차원적	일차원적	다차원적	다차원적	다차원적
	공간 · 시간 · 맥락에 대한 평균			선호 취합		사회적 상대주의	
기본적 문제영역	예측력	인간에게 전이 개입 변수	공통유형의 실패	공통분모	사회적 관련성	복합성	경험적 타당성
대표적 적용	보험	보건 환경보조	안전공학	의사결정	정책개발 및 규제 갈등해소(중재) 위험 커뮤니케이션		
도구적 기능	위험 분담	조기경보		자원할당	개인적 평가	공평	문화적 정체성
		표준설정	시스템 개선			정치적 수용	
사회적 기능	평가	위험감소 및 정책적 선택 (불확실성에 대처)				정치적 합법성	

출처 : Renn. 1992 : 57.

그 중에서 렌의 시도가 가장 주목할 가치가 크다고 본다. 그는 학문적 분과에 따라 전체를 7개의 접근법으로 분류한 후 이를 바탕으로 기술위험의 특성들을 위의 〈그림 2〉와 같이 상술하였다(Renn, 1992).

이 같은 렌의 도식을 보다 간명히 정리하고, 여기에 본 논문 앞 절에서 진술한 기술재해의 성격을 교차시켜보면 기술위험의 최근 연구동향은 다음과 같이 총괄할 수 있다.

그림 3_ 기술위험 연구의 동향과 전망

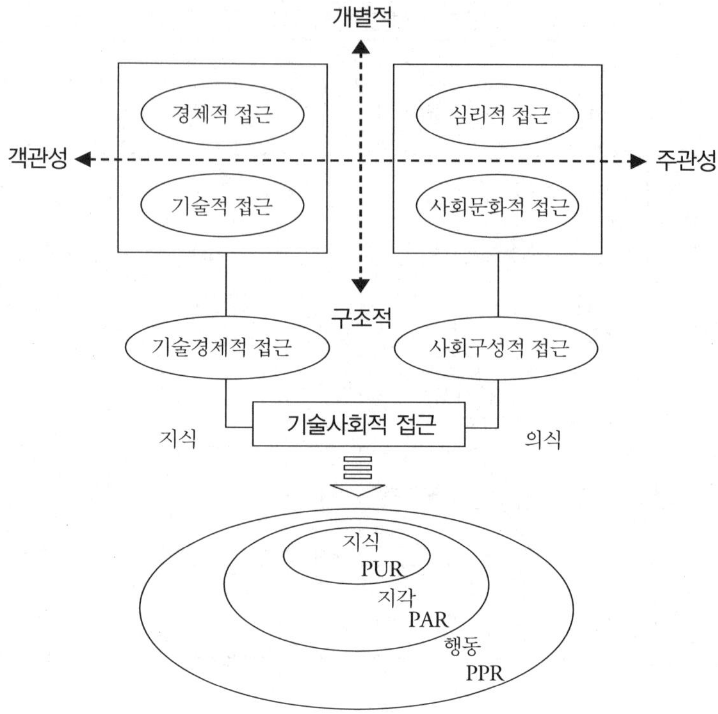

- PUR : Public Understanding of Risk
- PAR : Public Apprehension of Risk
- PPR : Public Participation of Risk

VI. 국내 기술위험 분쟁 사례

1. 방폐장 부지 선정을 둘러싼 분쟁

원자력발전은 전력공급의 측면에서는 합리적 방안임에도 불구하고 생태학적 측면에 바람직하지 못한 결과를 초래할 수 있다. 원전은 불의의 사고시 광범위한 지역에 회복 불가능한 생태학적 피해를 초래할 수 있을 뿐만 아니라, 핵폐기물처리장 건립 및 처리과정에서도 치명적인 오염을 야기할 수 있다. 이를 여실히 보여준 사례가 1990년 안면도, 1994년 굴업도에 이어 2003년 이후 부안에서 전개된 중·저준위 방사성폐기물처분장(방폐장) 건립을 둘러싼 갈등이다.

1987년부터 시작된 정부의 방폐장 확보 노력은 번번이 실패로 돌아갔다. 1989년에는 경북 영덕·울진 등에 대한 부지조사가 주민 반대로 중단됐고, 1990년 11월에는 한겨레의 보도로 충남 안면도가 후보지로 결정됐다는 사실이 알려지면서 주민들의 격렬한 반발이 일어났다. 결국 사업계획은 백지화되었으며 '밀실행정'에 책임을 지고 당시 과학기술처 장관이 물러났다. 인천 앞바다의 굴업도에서도 핵폐기장 반대투쟁이 일어났다. 정부는 굴업도 주민들이 1994년 12월 핵폐기장 철회 투쟁을 시작한 지 1년 만인 1995년 10월 핵폐기장 부지로 부적합하다는 판정과 함께 계획을 백지화시켰다. 후보지로 선정되거나 거론된 지역에서 격렬한 대규모 시위와 초중고교생의 등교거부 사태까지 일어나는 등 매번 주민들의 강력한 반발에 부딪힌 탓이다. 2003년 전라북도 위도지역을 염두에 두고 추진된 방폐장 건립 역시 지역주민과 환경단체의 격렬한 반대에 부딪쳐 무위로 끝나고 말았다.

이에 따른 사회적 비용도 만만치 않았다. 1990년 11월 시작돼 2년 6개월 동안 계속된 충남 안면도의 핵폐기장 백지화 투쟁에서는 시위에 가담한 주민 13명이 구속되고 백여 명의 주민이 부상을 입었다. 1994년 12월 시작된 경기도 옹진군 굴업도의 핵폐기장 백지화 투쟁에서는 시위가 벌어진 1년 동안 시민 1명이 사망하고 7명의 구속자가 발생했다. 또 전북 부안에서는 반핵투쟁 중에서 가장 격렬했다던 안면도 투쟁의 2배가 넘는 주민들이 구속되고 부상자 또한 속출했다.

이처럼 1980년대 중반부터 시작된 정부의 핵폐기물 처리장 선정이 주민들의 격렬한 반대에 부딪히며 실패를 거듭한 근본적인 이유는 핵폐기물 처리장 건설로 인해 잠재적으로 가장 많은 피해를 보는 사람들이 원자력의 혜택을 가장 적게 입은 사람들이라는 점에 있다. 굴업도나 안면도의 주민들은 핵발전소가 없다고 해도 큰 불편 없이 살아갈 수 있는 사람들이다. 이들이 핵발전으로부터 얻는 바는 별로 없다. 그런데 이와 같이 향유의 결과로 인한 피해가 향유자에게 주어지는 것이 아니라, 이들과는 멀리 떨어진 곳의 다른 비향유자에게 전가된다는 점에서 심각한 갈등의 소지가 있는 것이다(이필렬, 2001). 그 이외에도 주민 의견수렴 과정을 거치지 않고 비민주적으로 정책을 추진했다는 점, 부지 선정에 있어 일체의 자료를 공개하지 않고 밀실에서 암묵적으로 진행했다는 점, 이로 인해 행정의 투명성을 상실해 주민의 신뢰를 잃어버렸다는 점 등도 핵폐기물 처리장 선정을 둘러싼 갈등이 끊이지 않는 이유로 지적되고 있다.

수차례 방폐장 부지 선정에 실패한 정부는 주민투표 방식의 결정으로 선회했으며, 마침내 2005년 11월 2일 주민투표를 통해 경북 경주가 중저준위 방사성폐기물처분장 부지로 선정되었다. 방폐장 부지 선정은 국책사업 중 해결되지 않았던 대표적인 난제였던 만큼 선정 자체에 큰 의미가 부여됐다. 부지 선정 이후 정부와 경주시, 한국수력원자력 등은 방폐장 건립을 위한 본격적인 활동에 들어갔다. 건설과정에 차질이 없다면 빠르면 2008년 말 이전에 방폐장이 완공돼 모습을 드러낼 전망이다.

하지만 방폐장을 둘러싼 갈등은 여전히 진행형이다. 시간이 지나면서 탈락지역에서 정부 지원에 대한 목소리가 높아지고 있으며, 울산 주민들이 방폐장 부지 선정 주민투표에 대해 헌법소원을 제기하는 등 후유증이 나타나고 있다. 중저준위 방사성폐기물처분장 유치 신청 지역들에 대한 주민투표가 2일 종결되자 방폐장 유치 반대 단체들이 소송 제기 방침을 밝히는 등 본격 반발하고 나섰다. 경주핵폐기장반대운동본부는 방폐장 주민투표는 지자체와 공무원의 직접 개입에 의한 불법선거여서 인정할 수 없다고 주장했다. 중저준위 방폐장 선정보다 더 어려울 것으로 예상되는 사용 후 핵연료 등 고준위 폐기물 문제도 새로운 갈등을 예고하고 있다.

2. 개인 신상정보 보호와 관련된 분쟁

인터넷 산업의 활성화로 개인정보의 상업화가 급증하면서 프라이버시 침해와 전자감시 문제가 새로운 갈등 현안으로 부상하고 있다. 기능적인 편리를 위해 개인정보를 통합한 각종 스마트카드가 확대되고 있으며, 인터넷 서비스를 이용하기 위하여 불가피하게 사업자 측에 제공해야 하는 개인 신상정보에서부터 인터넷 이용과정에서 자동으로 기록되는 쿠키 정보, 작업장과 공공 장소에 설치되어 있는 감시 카메라의 시선, 일상적으로 이용하는 신용카드의 거래내역에 이르기까지 각종 전자감시 체제에 의해 일상적 데이터 감시(dataveillance)가 이루어지고 있다(Clarke, 1994 ; Agre, 1994).

최근 들어서는 우리나라에서도 사내 정보의 유출 방지와 부정행위 적발을 목적으로 이메일을 검열하는 기업이 늘고 있다. 이를 위한 가장 손쉬운 방식은 금지해야 할 특정한 인터넷 사이트 리스트를 만들어 이 사이트로의 접속을 기계적으로 제한하는 것이다. 하지만 최근 이러한 시도는 특정 사이트로 교묘하게 우회하여 접근하도록 도와주는 소프트웨어의 개발로 무력화되는 경우가 많아 기업들은 현실적인 대책으로 인터넷 사용 감시 시스템을 구입 · 설치하고 있다. 이 같은 인터넷 감시의 주된 대상은 피고용자들이 내외부로 보내는 이메일이다. 현재 이메일을 감시하는 기업은 미국 기준으로 약 40%에 이르는 것으로 조사되고 있다.

인터넷 검색엔진이 '진화' 하면서 개인정보 유출의 통로가 넓어지고 있는데, 이 또한 프라이버시 침해의 위험을 높이고 있다. 인터넷 검색엔진을 사용하면 특별한 해킹기술이 없어도 개인정보에서부터 이력서에 이르기까지 '무제한적으로' 검색할 수 있다.

개인정보침해신고센터가 2004년 상반기에 접수한 민원내용을 분석한 결과 개인정보를 본인 동의 없이 수집한 사례가 160건으로 지난해 같은 기간보다 68% 늘었다. 개인정보를 부당하게 이용하거나 남에게 제공한 것도 221건으로 47% 증가했다. 개인정보 수집과 이용에 대한 동의 철회 요구에 불응한 사례는 1,297건으로 2.5배, 다른 사람의 개인정보를 훼손하거나 몰래 이용한 것은 4,552건으로 34% 늘었다(《한겨레》, 2004년 7월 26일자).

이처럼 각종 감시 프로그램 및 첨단감시기술의 상업화로 프라이버시 침해와 전자감시 문제가 심각해지고 있음에도 불구하고 정보통신망에서의 개인정보는 전자상거래의 연장선상에서 '경영자원' 으로 포장되어 왔다. 프라이버시권에 대한 인식이 부족한 한국 사회에서 전자감시와 프라이버시 침해가 버젓이 '범죄예방' 과 '편이성 증진' 이라는 논리로 포장될 뿐만 아니라 정당화되고 있는 것이다(장여경, 2001).

하지만 최근 프라이버시권에 대한 사회적 인식이 확산되면서 감시하는 쪽과 감시받는 쪽 간의 대립과 갈등이 늘어나는 추세에 있다. 특히 한때 제기되었던 전자주민카드 반대운동과 같이 전자감시에 내포된 권력관계를 폭로하고 노출시키는 반감시운동과 감시의 권력관계를 전복하는 역감시운동이 활발해지고 있다.

3. 유전자조작 식품의 유통에 관한 분쟁

유전공학 또는 유전자조작(genetic engineering)이란 한 종으로부터 유전자를 얻은 후에 이를 다른 종에 삽입하는 기술을 말한다. 1953년 세포 속의 DNA 구조가 밝혀지고 1970년대 이후 DNA를 자르는 것이 가능해지면서 이러한 기술도 가능해졌다. 이와 같은 방식으로 새롭게 만들어진 생명체를 GMOs(Genetically Modified Organisms), 즉 유전자조작 생물체라고 부른다. 유전자조작이 벼나 감자, 옥수수, 콩 등의 농작물에 행해지면 유전자조작 농작물이라 부르고, 이 농산물을 가공하면 유전자조작 식품이라고 한다. 그러나 이 기술은 아직 초보단계에 있기 때문에 소품종(콩, 옥수수)에 대해서만 현재 이러한 신기술을 이용하고 있다.

최근 들어 유전자조작 농산물 및 식품의 안전성을 둘러싸고 정부, 기업, 소비자단체들 간에 갈등이 고조되고 있다. 몬산토사 등 유전자조작 농산물 개발을 선도하고 있는 거대 다국적기업은 유전자조작 식품이 인류에게 '식량, 건강, 희망'을 약속한다고 주장하고 있으며, 식품의약품안전청도 정상적인 경로를 통해 유통되고 있는 유전자조작 식품의 장점을 다음과 같이 밝힌 바 있다. 첫째, GMO는 식량문제를 해결할 수 있다. 해충과 잡초에도 잘 견디는 품종을 단시간 내에 많은 수확량을 올릴 수 있기 때문에 기아에 허덕이는 인류의 식량문제를 해결할 수 있다. 둘째, 영양을 개선할 수 있다. 맛과 영양을 획기적으로 개선하거나 약용 성분을 주입하여 영양 결핍을 해결할 수 있다. 셋째, 환경오염을 줄일 수 있다. 제초제, 살충제, 살충제 저항성 GM 작물은 농약에 의한 환경오염을 줄일 수 있다.

이에 대해 소비자 · 환경단체는 유전자조작 식품이 당장은 문제가 없더라도 수십 년 뒤 치명적인 해를 끼칠 수 있는 충분한 잠재적 위험을 안고 있다고 우려하면서 인체 유해성이 과학적으로 입증될 때까지 상업적 유통을 금지시켜야 한다고 주장한다. 유전자조작이 아닌 자연식품은 인간이 오랫동안 먹어온 것이어서 인체에 완벽하게 적응된 상태이지만 유전자조작 식품은 전혀 새로운 것이기 때문에 사람의 몸이 어떻게 반응할지 알 수 없다는 것이다. 이 같은 안전성 논란은 환경 문제와도 맞물려 있는데, 소비자 · 환경단체는 유전자조작 농산물이 수천 년에 걸쳐 진행되는 진화과정을 파괴할 뿐만 아니라, 조작된 유전자가 주변 작물과 잡초에 어수선하게 퍼져나갈 것이라고 우려한다. 조작 유전자가 확산되면 생태계가 인간이 통제할 수 없을 정도로 큰 혼란에 빠질 개연성이 있다는 것이다.

GMO 표시제를 줄곧 요구해 온 소비자단체와 이를 반대하는 식품 수입 · 가공업체 간에 유전자조작 식품을 둘러싸고 안전성 논란이 불거진 것은 1998년부터였다. 하지만 농림부와 식약청은 유전자조작 농산물과 가공식품에 대한 검사기술이 갖춰지지 않았다는 이유로, 또 산업자원부는 통상마찰에 대한 우려로 이 문제를 질질 끌어왔다(한겨레21, 2001). 이 와중에 생명공학의 '장밋빛 꿈'과 '위험한 미래', 아직 유해성이 입증되지 않아 안전하다는 쪽과 안전성이 입증되지 않아 유해하다는 쪽 사이에 GMO를 두고 갈등은 증폭되었다(정상진, 2003). 이처럼 애매한 상태에서 정부는 일부 품목에 대해 판매는 허용하되 표시제를 도입하는 선에서 절충안을 제시하는 애매한 입장을 견지하고 있다.

VII. 대응방안

1. 배경

기술위험의 규모나 진폭이 확장되고 있다는 보편적 현실을 넘어서 오늘날 한국 사회가 안고 있는 특수한 문제점으로는 사회적 안전성을 담보할 수 있는 위험관리 능력이 취약하다는 점을 무엇보다 우선적으로 꼽지 않을 수 없다. 해방 이후 60여 년간 이어져 온 분단상황이나 건국 이래 장기간 지속된 권위주의 통치 등에서 유래한 만성적 안전불감증, 상호 공생보다 승자독식을 조장하는 과열경쟁, 기성언론의 현실왜곡적 보도 관행과 대항언론의 파당적 행태, 생활민주주의에 대한 학습기회의 부족 등이 합리적 해법을 도출할 수 있는 경로를 차단해 왔다고 판단된다. 합리적 의사결정 절차에 의해 강요적 힘의 논리가 협의적 설득논리로 전환될 때 위험 해소의 가능성을 기대할 수 있건만 구래의 권력의존적 세태가 이견 해소의 기반인 대화의 공간을 응축함으로써 사회적 위험의 파국화를 자초해 왔다.

2. 기존 위험관리 모형의 한계

위험 해소의 관건은 중지를 섭렵함으로써 위험 방지를 위한 최적의 합의도출을 도모하는 데 있다. 사회학에서는 사회적 합의를 달성할 수 있는 위험관리의 유형이 크게 다음 세 가지 범주, 즉 기능적 통합 모형, 의사소통적 통합 모형, 규범적 통합 모형으로 구분한다.

기능적 통합 모형은 어떤 사회나 공동체에든 최소한의 분업이 필요하다는 전제 하에 사회변동을 거치면서 전문화된 여러 하위 부문들이 전체 사회에 적극적으로 기여할 때 사회적 합의가 촉진되는 것으로 인식한다. 요컨대 사회집단 내 분화된 요소들의 전문적 활동들에 대한 기능적 연결을 강화시킴으로써 보다 효율적인 대응방안이 도출된다는 것이다(배규환, 1995).

이에 반해 의사소통적 합의 모형은 합의의 근원적 수단을 의사소통 체계에서 찾는다. 일반적으로 사회적 합의는 상호 의존적 인간관계, 공통의 문화적 기반, 관행의 인프라에 해당하는 일상적 공동생활 등을 통해 유지되는데, 현대 사회에서는 이들이 대중매체를 통해 매개되는 경우가 많다. 그런 만큼 사회적 합의는 대중매체가 공통의 언어와 문화를 소지한 사회구성원들을 얼마만큼 잘 동원하고 참여시킬 수 있는가의 여부에 달려 있다고 본다.

한편, 규범적 통합 모형은 사회구성원들의 행동양식의 목표이자 원천이라고 할 수 있는 공통적 가치체계(common value system)가 확립될 때 사회적 합의에 근접할 수 있다고 본다(Shils, 1975). 이때 대다수 사회성원들이 집합적으로 지향하는 공통적 가치체계는 제도의 형태로 구현되는 것이 통례인 까닭에 사회적 합의의 핵심 요소들은 해당 사회의 제도적 특성들로부터 유추 가능하다.

이상 언급한 세 가지 합의 모형들은 이론적 전제나 강조점의 차이에도 불구하고 사회적 합의의 요건을 기능적 조율, 의사소통 및 공유적 가치체계와 같은 사회제도에서 찾는다는 공통성을 지닌다. 하지만 사회성원들을 합의의 대상으로 간주하는 이 같은 제도중심적 관점은 복합성, 다원성, 중층성을 지향하는 오늘날의 위험상황에 대한 최적의 해법을 제시하는 데 절대적 한계가 있다. 따라서 행위자들의 다양한 욕구나 이해관심을 보다 적극적으로 반영한 새로운 위험 해소방안이 모색될 필요가 있다.

3. 새로운 실천전략의 모색

기술발전의 부작용에 관한 우려가 고조되어 가는 현 시점에서는 일차적으로는 기술개발이나 적용의 초동단계부터 그 사회적 · 윤리적 · 법적 파장들에 대한 예견과 대처에 대한 조처가 병행되어야 한다. 나아가 기술개발 및 적용을 공공성, 투명성, 윤리성에 입각해 추진하고 육성하는 방안도 추가되어야 한다. 어차피 과학기술이라는 '개화된 신'과 함께 살아갈 수밖에 없는 것이 현대인의 운명이라면 예측 가능한 문제점이나 부작용들을 최소화하고 기술의 순기능적 측면을 극대화할 수 있는 전략, 즉 기술의 진전속도나 방향성에 대한 사회적 통제 및 기술사회적 분쟁 해소를 위한 실천전략들이 적극적으로 모색되어야 된다.

기술문제와 직결된 사회적 위험의 해소를 위해서는 기본적으로 정부, 시장, 시민사회, 세계사회 및 과학기술계의 자유로운 의사 개진

그림 4_ 기술사회적 쟁점에 관한 협치 모형

과 토론이 허용되어야 한다. 요컨대 과학기술계를 주축으로 한 5자간 협치 모형(governance model)이 의사결정 과정의 기초 조건이라고 생각된다(〈그림 4〉 참조). 즉 기술사회적 위험에 관한 한 과학기술계는 통치의 정당성을 추구하는 국가기구, 경제활동의 효율성을 지향하는 시장, 삶의 형평성을 강조하는 시민사회, 인류의 공존공영을 주장하는 국제사회에서 돌출하는 위험 의제들을 '진 · 위 규명'과 '사회적 합의 도출'이라는 보편적 준거틀 하에서 논의하는 데 선도적 역할을 수행해야 할 것으로 생각되는데, 그 구체적 실천전략으로는 크게 절차 및 인프라와 직결된 다음과 같은 두 가지를 꼽을 수 있다.

(1) 협의민주주의(Consociational Democracy) 전략

협의민주주의 모형은 정책결정으로부터 영향받는 세력이나 집단이 모두가 그 제정 및 집행과정에 직간접적으로 참여할 수 있는 권리를 강조하는 것으로, 그 핵심은 정보공개와 의견수렴, 나아가 궁극

적으로 공동 결정의 취지를 살리는 것으로 요약할 수 있다. 이때 참여의 방식은 청문회, 토론회, 위원회, 시위, 여론조사 등 다양하게 이루어질 수 있는바, 주로 행정부, 국회 및 정당에 그 매개적 역할이 부여된다.

협의민주주의가 성공하기 위해서는 무엇보다도 먼저 위험에 관한 정보의 공개와 갈등조정 과정의 민주성 확보가 담보되어야 한다. 공공선 실현을 위해 전체 사회구성원에게 필요한 정보가 공개될 뿐만 아니라, 정책결정 과정에 당사자들뿐만 아니라 전문가 및 시민단체 등을 포함시킴으로써 다양한 의견이 포괄되어야 한다. 협의민주주의 정신에 입각한 기술사회적 위험 해소의 대표적 방안으로는 합의회의, 시민배심원제도, 시나리오 워크숍, 공론조사 등을 들 수 있다(김명식, 2001 ; 김종길, 2001 ; 이영희, 2001).

합의회의(consensus conference)는 선별된 일군의 보통 시민들이 정치적으로나 사회적으로 문제시되거나 관심을 불러일으키는 과학기술적 주제에 대해 전문가들에게 질의하고 전문가들의 대답을 청취한 다음 해당 주제에 대한 내부 의견을 통일하여 기자 회견을 통해 자신들의 합의적 견해를 발표하는 포럼의 일종이다. 1987년 덴마크에서 처음 도입된 합의회의는 1990년대 초 네덜란드와 영국에서 채택된 이래 최근 수년 간 세계 15개국 이상에서 50차례 이상 시행되었으며, 우리나라에서는 1998년(유전자조작 식품의 안전과 생명윤리), 1999년(생명복제), 2004년(국가 전력정책의 미래)에 세 차례 시행되었다(김동광, 2007).

시민배심원제도(citizen jury)는 미국의 제퍼슨 센터에 의해 1970년대 중반에 시행된 시민참여 프로그램으로, 공공적으로 중요한 문제에 대해 무작위로 선별된 시민들이 4-5일간 만나 주의 깊게 숙의

하는 절차로 구성된다. 일반적으로 12-24명으로 구성되는 배심원단은 소정의 보수를 받으면서 부여된 과제에 대해 해당 전문가들과 증인들의 증언을 듣고 해결책을 토론하고 숙의하는 과정을 거치게 된다. 숙의 결과 나온 최종 결과는 정책권고안의 형태로 정책결정자들과 일반 시민에게 공개된다. 이것이 시행되게 된 것은 당시 사회적 논쟁의 대상이었던 재조합 DNA 연구에 대한 연구지침을 설정하는 문제를 계기로 해서였는데, 우리나라의 경우에도 울산광역시 북구에서 음식물 쓰레기 시설 입지를 둘러싼 갈등을 시민배심원제도를 통해 해결한 전력이 있다.

시나리오 워크숍(scenario workshop)은 지역개발 또는 지속 가능한 발전 전망을 수립하고 그것을 실천하기 위한 구체적인 행동 프로그램을 작성하기 위해 여러 이해 관계자들이 공동토론을 통해 서로의 의견을 수렴해 가는 모임을 말한다. 여기에는 통상 지역주민, 공무원, 기업, 전문가 등이 균등하게 참여한다. 각개 시나리오에는 미래에 출현할 수 있는 문제들을 사회적 · 기술적 · 조직적 측면에서 기술되고 이에 대한 해결방안이 제시되는데, 이렇게 마련된 다양한 시나리오들은 주민, 공무원, 기업, 전문가 등 상이한 이해관계를 지닌 이들이 참여하는 워크숍 기간 동안 그룹별 혹은 그룹 간 토론에 붙여 최종적 결론을 도출하게 된다. 1991년 덴마크에서 시작된 이 제도는 우리나라에서는 한국해양수산개발원이 '환경관리 해역 설정을 위한 지역 포럼'이라는 이름으로 형식을 다소 변형해 사용한 사례가 있다.

한편, 공론조사는 이해 관계자를 대상으로 표본집단을 구성한 뒤 아무런 사전정보를 제공하지 않은 상태에서 1차 의견조사를 실시하고, 연이어 충분한 정보와 자료를 찬반 양측에 제공한 후 토론을 거쳐 2차 의견조사를 진행한다. 공론조사의 가장 큰 특징은 참여자들이 심사숙고할 수 있는 기회를 제공한 후 추가 조사를 통해 최종 공론을 확인하는 절차를 밟는다는 점이다. 이것은 특정 현안에 대해 충분한 지식이 없는 일반인들을 대상으로 하는 여론조사와는 구별되는데, 유럽 단일통화제도 가입 문제와 관련하여 1994년에 영국에서 최초로 시도된 공론조사는 우리나라에서 북한산 관통 터널을 둘러싼 갈등을 해결하려는 시도로 2003년에 처음 제안되었으나 불교계의 거부로 무산된 적이 있다.

(2) 합의문화 창출 전략

기술위험의 해소를 위한 사회적 합의를 창출하기 위해서는 절차적 조건과 더불어 문화적 조건도 겸비해야 한다. 문화적 조건들 중 가장 중요한 것은 사회적 신뢰 메커니즘의 구축이다. 개인의 다양성을 존중하고 공유된 비전과 상호 이익을 추구하면서 부단한 대화와 합리적 양보로 사회의 세력들 간의 상호 신뢰를 구축하는 일은 합의적 대응책 도출을 위해서는 물론이요, 사회불안을 제어할 수 있는 사회통합을 위해서도 긴요하다.

특히 급속한 기술변동기에는 기술발전의 속도를 뒤쫓지 못하는 사고나 관행에서 파생하는 기술위험이 적지 않기 때문에 문화지체(cultural lag)를 줄일 수 있는 학습 및 소통 역량을 강화하고 제도화해야 할 것이다. 이는 현존 교육제도를 보강하는 차원을 넘어서서 교육에 새로운 가치나 기능을 부여하는 학습체제의 일대 혁신을 통해 효과적으로 실현될 것으로 본다.

합의문화(Consensus Culture) 학습과정에는 이견을 수용하고 상대방의 입장을 헤아리려는 관용적 행동양식을 내면화하는 프로그램이 포함되어야 할 것이다. 상호 이해와 배려는 지속적 혁신과 변화의 심적 원천이 될 뿐만 아니라, 이견 해소에 효과적으로 대응할 수 있는 개방적 담론의 모태가 되기 때문이다. 특히 권위주의적 의사소통 관행이 강고히 잔존하는 우리 사회에서는 왜곡된 토론문화를 개선하려는 노력이 배가되어야 할 것으로 본다. 현존하는 차이와 다양성이 적대적 폭력과 억압 또는 통제로 이어지는 것이 아니라, 다원주의 사회의 토대로 기능하기 위한 '발화 윤리'의 확립에 각별한 역점이 부여될 필요가 있다. 상대방의 인격과 의사를 존중하는 발화의 윤리가 위험이동(risky shift) 혹은 극단화 효과(polarization effect)의 부작용을 회피할 수 있는 기초 조건을 제공할 것으로 기대되기 때문이다.

VIII. 맺음말 : 기술담론의 민주화를 향하여

기술발달이 통제능력의 강화를 지향하는 것임에도 불구하고(Beniger, 1986) 고도 기술사회에서 예측불가한 대형 위험사고들이 속출하고 있음은 실로 엄청난 아이러니가 아닐 수 없다. 이 같은 역설적 현상은 외국에서는 벌써 오래 전부터 감지되어 왔다. 해리스 여론조사(Louis Harris poll)의 설문조사에 따르면, 설문에 응답한 미국인의 4/5가 20년 전보다 현재의 생활이 더 위험해졌다고 생각하는 것으로 나타났던 것이다(Covello and Mumpower, 1985). 이 같은 조사결과는 기대수명의 지속적 증가, 자연재난과 질병에 대한 대처능력의 향상 등을 고려했을 때 다소 의외라고 할 수 있다.

우리나라의 경우도 사정은 크게 다르지 않다. 2000년과 2002년에 이루어진 국민 안전의식 실태조사에 따르면, "우리 사회에 국민의 생명이나 재산 등 안전을 위협하는 요인이 많은가?"라는 질문에 대해 2000년에는 82.2%가, 2002년에는 73%가 "많거나 아주 많다"고 대답했다. 2000년도 조사는 서울대학교 방재연구소에서 일반 국민 1,000명을 대상으로 했고, 2002년도 조사는 국무총리실 산하 안전관리개선기획단에서 일반 국민, 공무원, 관련업무 종사자 등 4,000명을 대상으로 실시한 것으로, 여기에는 1990년대 몇 차례에 걸친 대형사고의 심리적 후유증이 반영되어 있다고 추정된다(최병학 외, 2006).

이러한 모순적 현상은 기술경제적 관점이 지향하는 객관적 접근과 사회구성론적 관점이 지향하는 주관적 접근을 통합한 기술사회적 접근이라는 이론적 입장에 의해 잘 해명될 수 있으리라 본다. 주객관적 측면 모두를 고려한 이원론적 접근은 위험에 대한 대응능력의 향상에 따라 위험 자체는 줄어들었거나 그대로이지만(객관적 상황) 일반 시민들의 위험에 대한 우려와 두려움은 더욱 커졌다(주관적 판단)는 사실을 강조한 것으로서, 이러한 시각에 준거해 흔히 "근거 없는 공포"로 폄하되어 온 위험에 대한 사회적 과잉반응을 규명할 수 있다.

대체적으로 비가시적이고 비인과적 형태를 지향하는 현대 사회의 위험은 그 존재기반이 추상적 차원에 머물기 쉬워 사회적으로 정의되고 구성될 소지가 많다. 이것은 곧 대중매체와 과학 및 법률 전문가가 지배적 영향력을 행사할 가능성이 커짐을 뜻한다. 동시에 현대적 위험은 시공간 경계를 넘어선 항속적 파급력과 파괴력을 행사하는 경우가 많다. 이런 상황에서 계량적 인과분석과 대응에 치중하는 기술경제적 접근은 위험관리에 절대적 한계를 지닐 수밖에 없다. 그러한 모형을 고수할수록 전문가나 정책집단에 대한 국민의 불신에 의한 위기의식이 고조되어 최근 우리 사회의 광우병 파동 사례에서 여실히 확인할 수 있는 "공포의 공동체"가 위력을 배가하게 된다.

따라서 전문가 집단에 의한 위험 지식의 창출과 올바른 위험정보의 사회적 확산을 주축으로 한 위험담론의 사회화가 가장 긴요한 시대적 과제라고 아니할 수 없는데, 여기에는 과학지식의 대중화 운동을 중심으로 한 일련의 논쟁들이 유효한 시사점들을 제공해 줄 수 있으리라 본다.

과학대중화론의 가장 고전적 형태는 전문적 과학지식에 대한 일반 대중의 무지(ignorance)를 상정한다(Wynne, 1989). 윈의 과학대중화론(Public Understanding of Science and Technology : PUST)이 "결핍 모형(deficit model)"이라고 불리고 있음도 바로 그 때문이다(김환석, 2006 참조). 그러나 위험의 불확실성(uncertainty)이나 모호성(ambivalence)에 대한 인식이 강화되고 있는 오늘날에는 전문지식의 우월성과 일반 시민의 과학적 소양(literacy) 증진을 전제로 하는 전통적 과학대중화론의 한계를 보완할 수 있는 수정적 대안들, 예컨대 인지적 차원을 넘어선 통합적 지각을 강조하는 PAST(Public Apprehension of Science and Technology), 지각적 수준을 넘어선 행동적 차원까지를 포함시킨 PPST(Public Participation of Science and Technology) 등과 같은 맥락 모형(cotextual model)들이 새로이 각광받고 있다(Michael, 1992 ; Ziman, 1991).

사실상 위험이 '주관적 대중인식의 오류(subjective public perception fallacy)'에 쉽사리 빠져드는 이유는 사회문화적 맥락에 대한 고려가 태부족하기 때문이다. 가령, 원전에 대한 일반 시민의 인식이 처음부터 '공포스러운' 것은 아니었다. 1950년대만 해도 방사능에 대한 인식은 대체적으로 긍정적이었다. 따라서 위험의 객관성을 위해 비용-편익분석이나 다속성효용분석과 같은 위험 결정기법(decision techniques)에 지나치게 의존하는 것은 위험 문제의 핵심을 피해가려는 궁여지책에 불과하다.

따라서 "과학기술의 민주화(democrarization of science and technology)" 과정으로 통칭할 수 있는 PUS 관점의 발전방향과 동일한 궤적으로 우리는 위험에 대한 인식을 인지적 차원인 PUR(Public Understanding of Risk), 지각적 차원인 PAR(Public Apprehension of Risk) 및 행위적 차원인 PPR(Public Particupation of Rick)로 확장해 위험에 대한 사회적 대응력을 제고할 수 있으리라 본다. 이에 따라 R=PM으로 표시하여 온 종전의 위험 방정식도 R=PPM, 즉 위험은 확률과 피해규모와 주관적 지각의 함수라는 도식으로 새로 쓰여야 하리라 생각된다.

바로 이 대목에서 기술경제적 관점과 사회구성적 관점의 창조적 통합을 지향하는 다음과 같은 기술사회적 관점의 가치를 재확인할 수 있다. 통합의 핵심은 기술경제적 관점의 전문성과 사회구성적 관점의 민주성을 결합하는 것으로, 고도 기술사회를 지향하는 현대사회의 기술위험은 기술(과학기술) 영역과 사회(사회문화) 영역의 어느 한 편에 배타적으로 귀속되지 않는 것이기 때문이다.

참·고·문·헌

교육과학기술부. 각 연도 『과학기술연구개발활동조사보고서』.

______________. 1986. 『과학기술연감』.

______________. 1991. 『과학기술연감』.

______________. 1995. 『과학기술연감』.

『계간 사상』. 1998년 가을호.

김동광. 2007. "과학과 사회의 바람직한 소통 모형 : 시민 합의회의를 중심으로." 제1회 과학문화 심포지움 『과학의 사회적 소통』 발표문.

김명식. 2001. "생명복제, 합의회의, 심의민주주의." 『과학기술학연구』 1-1.

김문조. 1999. 『과학기술과 한국 사회의 미래』. 고려대출판부.

______. 2007. "과학기술과 사회 : STS ▶ STE ▶ STP*STM ▶ STC." '07 대한민국 과학기술연차대회 『과학기술, 미래를 위한 창조』 발표문.

김병섭. 1998. "부패와 위험사회." 『계간 사상』(가을호) : 46-68.

김영치. 1998. "위험사회와 건강의 새 지평." 『계간 사상』(가을호) : 222-246.

김영평 외. 1995. "한국인의 위험인지와 정책적 함의." 『한국행정학보』 29(3) : 935-54.

김종길. 2001. "신기술 확산에 따른 기술 사회적 역기능의 전개과정 및 대응전략." 『과학기술학연구』 1-1.

김환석. 2006. 『과학사회학의 쟁점들』. 문학과지성사.

노진철. 2004a. "위험사회학 : 위험과 사회의 관계에 대한 사회이론화." 『경제와 사회』. 가을호(통권 제63호) : 98-123.

______. 2004b. "위험시설 입지 정책결정과 위험갈등." 『에코』 6권 : 188-219.

문보경. 2007. "차세대 국가재난관리시스템 구축." 《전자신문》(2007. 12. 03).

박현채. 1985. "국제무역의 제원칙과 한국무역의 상황 및 문제점." 박현채 외. 『한국자본주의와 사회구조』. 한울.
박희제. 2004. “위험인식의 다면성과 위험갈등.” 『에코』 6권 : 8–38.
배규환. 1995. 『미래사회학』. 사회비평사.
송위진. 2006. 『탈추격 기술혁신체제의 모색』. 과학기술정책연구원 연구보고서.
서이종. 2005. 『과학사회논쟁과 한국 사회』. 집문당.
윤정로 · 조성겸. 2001. “생명공학에 대한 사회적 인식.” 한국과학기술학연구회 정기학술대회 발표문 『생명공학과 사회』 : 69–87.
이영희. 2001. “과학기술의 사회적 통제와 수용성 연구. 생명공학을 중심으로.” 『과학기술학연구』 1–1.
이재열. 2005. 『한국 사회의 위험구조 변화』. 정보통신정책연구원 21세기 한국 메가트렌드 연구시리즈 보고서.
이재열 · 김동우. 2004. “이중적 위험사회형 재난의 구조 : 대구지하철 화재사고를 중심으로 한 비교사례연구.” 『한국 사회학』 38–3 : 143–176.
이필렬. 2001. “에너지기술과 인권.” 유네스코한국위원회/참여연대시민과학센터 주최. 『과학기술과 인권 워크숍』 자료집.
임현진. 2000. “한국 사회의 안전과 위험 : 이론적 모색과 경험적 고찰.” 『사회과학』 39–2 : 1–25.
장여경. 2001. “인터넷과 NGO.” 조희연 편. 『NGO가이드 : 시민 · 사회운동과 엔지오 활동』. 한겨레신문사.
정상진. 2003. 『유전자조작과 현대윤리』. 탐구당.
정창무 외. 1997. “서울시민 생활환경 위험인식.” 『국토계획』 32–3 : 197–207.
최병학 외. 2006. 『충청도민의 위험인식도 실태조사 연구』. 충남발전연구원.
《한겨레》. 2004년 7월 26일자.
한겨레 21. 2001. 특집. 07월 04일 제366호.
한국과학기술원. 1988. 『80년대 과학기술주도정책의 발전성과와 최고관리층의 역할』.
한국은행. 각 연도 『경제통계연보』.
홍성태. 2003. “근대화와 위험사회 : ‘박정희체계’ 를 넘어서기 위한 생태적 개혁의 모색.” 『문화과학』 35 : 54–74.

Agre, R. 1994. “Surveillance and Capture : Two Models of Privacy.” *The Information Society* 10 : 101–27.
Beck, U. 1986. *Risikogesellschaft : Auf dem Weg in eine andere Moderne*. Suhrkamp Verlag, Frankfurt am Main. (홍성태 옮김. 1997. 『위험사회 : 새로운 근대(성)을 향하여』. 새물결).
Beniger, J. 1986. *The Control Revolution : Technological and Economic Origins of Infor-*

mation Society. Harvard University Press.

Braverman, H. 1973. *Labour and Monopoly Capital : The Degration of Work in the Twentieth Centry*. Monthly Review Press.(이한주 · 강남훈 옮김. 1987. 『노동과 독점자본』. 까치).

Clarke. P. 1994. "The Digital Persona and its Application to Data Surveillance." *The Information Society* 10 : 77−92.

Covello, V. and J. Mumpower. 1985. "Risk Analysis and Risk Management : An Historical Perspective." *Risk Analysis* 5−2 : 103−120.

Cumming, R.. 1981. "Is Risk Assessment A Science?" *Risk Analysis* 1−1 : 1−3.

Cutcliffe, S. 2000. *Ideas, Machines, and Values : An Introduction to Science, Technology, and Social Studies*. Rowman & Littlefield Publishers.

Fuglsang, L. 2001. "Three Perspectives in STS in the Policy Context." in S. Cutcliffe and C. Mitcham (eds.). *Visions of STS*. State University of New York Press.

Giddens, A. 1999. *Runaway World : How Globalization is Reshaping our Lives*. Profile Books.

Kates, R. and J. Kasperson. 1983. "Comparative Risk Analysis of Technological Hazards (A Review)." *Proceedings of National Academy of Sciences* 80 : 7027−7038.

Kuhn. T. 1960. *The Structure of Scientific Revolutions*. University of Chicago Press.

Lenski, G. and J. Lenski. 1974. *Human Societies*. McGraw−Hill.

Luhmann, N. 1993 [1991]. *Risk : A Sociological Theory*. Aldine De Gruyter.

Michael, M. 1992. "Lay Discourses of Science : Science−in−General, Science−in−Particular, and Self." *Science, Technology, & Human Values* 17−3 : 313−333.

Mitcham, K. 1999. "Why Science, Technology and Society Studies?" *Bulletin of Science, Technology & Society* 19−2 : 128−134.

Renn, O. 1992. "Concepts of Risk : A Classification," in Sheldon Krimsky & Dominic Golding (eds.). *Social Theories of Risk*, CT : Praeger Publishers : 53−79.

Royal Society. 1992. *Risk : Analysis, Perception and Management*. Report of a Royal Society Study Group.

Shils, E. 1975. *Center and Periphery : Essays in Macrosociology*. University of Chicago Press.

Sills, E. et al. 1982. "Introduction," in E. Sills, David L., Wolf, C. P., & Shelanski, Vivien B. (eds.). *Accident at Three Mile Island : The Human Dimensions*, Boulder : Westview Press : 1−7.

Strydom, P. 2002. Risk, *Environment and Society : Ongoing Debates, Current Issues and Future Prospects*. Buckingham : Open University Press.

Wynne, B. 1989. "Public Understanding of Science." in S. Jasanoff, et al. (eds.). 1995.

Handbook of Science and Technology Studies. Sage.
Ziman, 1991. "Public Understanding of Science." *Science, Technology, & Human Values* 16–1 : 99–105.

제2부 대한민국 60년의 성과

시민사회와 시민운동

김성국_부산대학교 사회학과

I. 한국 시민사회의 회고

오늘의 한국 시민사회를 꽃피우기 위하여 지난 100여 년에 걸쳐 한국 사회와 한국인들은 숱한 고난의 길을 걸어왔다. 민주주의라는 나무가 시민의 희생을 거름으로 하여 성장한다는 역사적 사실은 한국에서도 예외없이 적용된 것 같다. 한국 시민사회는 비록 불안정한 구조적 특성을 여전히 지니고 있지만 그 불안정한 역동성을 자원으로 활용하면서 민주적 국가체제를 유지 · 발전시켜 나갈 수 있는 감시자와 협력자로서의 역량을 축적해 나가고 있다.

정치적으로 한국의 시민사회는 "두 차례의 정권교체 테스트(two turn-over test)"를 통과함으로써 헌팅턴(Huntington, 1991)이 말한 신생

민주주의의 "공고화(consolidation)"를 성취하였다.[1] 문화적으로도 과거의 반공주의 일색이라는 이념적 단순성과 독단성으로부터 좌파와 우파, 뉴레프트와 뉴라이트 그리고 제3의 길, 제4의 길 등등이 공생공존하는 다양한 이념적 스펙트럼을 수용하고 있다. 다종교사회이지만 심각한 종교 간 갈등이 없는 종교적 관용은 한국 시민사회가 지닌 놀라운 포용성이자 유연성이 아닐 수 없다. 한강의 기적을 이룬 한국의 경제적 자존심은 IMF 사태 이후 최근의 금융위기 여파에 이르기까지 크게 위축되었지만 정보기술과 지식정보산업의 물질적 기반 위에서 신자유주의적 시장만능 논리를 지양하는 새로운 경제가치를 모색해야만 하는 성숙의 기회를 맞이하고 있다.

한국 시민사회는 매우 역동적이다. 긍정적 의미에서건 혹은 부정적 의미에서건 한국은 (사회)운동의 나라 혹은 데모가 끊이지 않는 나라로 전 세계에 알려져 있다. 백주 대로에서 화염병이 날고 쇠파이프가 난무하며 경찰과 시위대 양쪽 모두에게서 부상자가 속출하는 풍경은 한국 사회를 부정적으로 묘사하는 데 안성맞춤일지 모른다. 그러나 이 혼란스럽고 불안하게 보이는 현상을 다른 각도에서 이해할 수는 없을까?

새로운 질서를 창조하기 위한 사회적 진통은 파국을 피할 수만 있다면 진지할수록, 격렬할수록, 철저할수록 더욱 값진 성과를 거둔다. 위기를 겪으며 혹독한 훈련을 받고 모순과 갈등으로부터 냉정한 교훈을 얻지 못한다면 투쟁의 역사에서 살아남기 힘들고 역사적 파도에 떠밀려 사라질 뿐이다. 한국은 시간을 최대한 절약하면서 고도의 압축적 성장을 이룩하였기 때문에 갈등과 혼란 또한 폭발적으로 표출될 수밖에 없는 사회적 조건을 지닌다. 다만 우리를 다소 초조하게 만드는 것은 한국이 선진사회로 도약하는 데 불가결한 정치적 여유 시간과 사회적 성취의지가 급속히 소진되고 있다는 것이다. 다시 한 번 "신속하게 그리고 압축적으로" 문제를 해결해야 한다. "빨리빨리"가 한때는 한국 시민사회의 고질병으로 치부되었지만 이제는 그 특성을 위기극복을 위한 가속력으로 재가동시킬 때이다. 2008년에 시작된 세계적 금융위기가 몰고 온 전 지구적 충격파에 어쩔 줄 모르는 국가와 자본의 위기를 극복하는 역동적 균형의 시민사회를 구축해야 할 것이다.[2]

이 글의 목적은 한국 시민사회와 시민운동이 역사적으로 발전한 경로를 개관하고(제2절), 시민사회의 구조적 특성을 검토한(제3절) 후, 주요 시민운동의 핵심적 동향을 비판적으로 분석하여(제4절), 전환기적 위기를 맞이하고 있는 한국 시민운동의 과제를 시민사회의 급진화라는 관점에서 검토해 보고자(제5절) 한다.

이 글에서 사용되는 시민사회의 개념은 세 가지 차원에서 규정된다. 첫째 정치적으로, 시민사회가 성립하기 위해서는 시민혁명을 통하여 민주적 국가체제를 구비해야 한다. 결사와 집회, 언론과 출판, 사상과 종교 등의 자유를 포함하여 선거권 및 피선거권, 노동 3권 등 각종 시민권이 법적·제도적으로 보장되어야 한다. 역사적으로 국가로부터 시민사회가 분리되었다는 가장 뚜렷하고도 확실한 징표는 시민사회라는 자율적 공간과 시민권을 소지한 시민들의 존재이다. 둘째 경제적으로, 자본주의적 산업화를 통해 국민의 대다수가 기아와 빈곤으로부터 벗어난 수준의 경제발전을 이룩해야 한다. 경제발전의 토대 없이는 민주주의 체제 혹은 시민사회가 유지되기 힘들기 때문이다. 사회주의적 산업화를 통해서도 경제발전은 가능하나 그것은 공산당 독재체제에 의해서 실현되므로 민주적 시민사회의 성립에 필요충분한 조건이 되지 못한다.[3] 셋째 문화적으로, 다원주의적이며 관용적인 가치관이 확산되어야 한다. 특히 종교적 절대주의에 기초한 도그마가 지배한다면 다양한 이해관계와 가치관이 공존해야 하는 시민사회는 존립할 수 없다.

이상에서 고찰한 정치적 민주주의, 경제발전 그리고 문화적 다원주의의 세 가지 요소가 모두 충족되었을 때 특정 사회에서 (하나의 이념형으로서) "시민사회가 성립"된 것으로 간주할 수 있다. 일부 시민사회적 현상은 비민주적 독재체제에서나, 심지어는 왕정 시대나 양반귀족이 지배하는 신분사회에서도 발견할 수 있지만 상기의 세 가지 요건을 모두 구비하였을 경우에만 명실상부한 시민사회로 규정할 수 있을 것이다.[4]

이론적으로 국가에 대항하는 시민사회라는 고전적 이분법을 고수하는 필자이지만 국가–시민사회–경제의 삼분 모델이 갖는 장점도 충분히 인식하기 때문에 이 글에서는 불필요한 이론적 쟁점은 제기하지 않을 것이다. 다만 이 글의 서술형식과도 직접 관계가 있으므로 시민사회를 행위영역인 동시에 (주체적) 행위자로 간주하는 필자의 2차원적 혹은 이중적 입장에 대한 서관모(2003)의 비판에 관해서 간략히 대응한다. 시민사회를 거시적 수준의 집합적 행위자로서 이해하는 필자의 접근방식은 이론적 · 경험적 · 실천적 차원에서 아무런 하자가 없다. 국제관계에서 특정 국가가 행위적 주체, 즉 행위자로서 인정되고 있듯이 시민사회도 국가에 대립되는 혹은 국가에 대항하는 주체적 행위자로서 개념화할 수 있다. 미시적 수준의 행위 주체인 개인과 마찬가지로 시민사회도 상응하는 유기체적 · 신체적 속성과 장치를 지니고 있으며, 다양하고도 이질적인 다수의 복합적 정체성을 생성 · 표출하기도 한다. 행위자로서의 개별 인간 혹은 개인은 사회구조와 상호작용할 뿐만 아니라, 행위의 대상영역으로서 자기 자신(육체적 몸을 비롯하여 사회가 부여한 지위와 역할체계, 경제적 자원과 능력, 정치적 욕구와 참여 등등)에게 다양한 행위(예컨대 문신이나 성형, 승진 시험 통과와 상사처럼 행동하기, 권력 줄대기와 투표 불참)를 직접적 혹은 간접적으로 실행하면서 일상의 삶을 꾸려나가는 것이다.[5] 요컨대 시민사회는 행위 · 기능 영역이자 집합적 행위자이다.[6]

II. 한국 시민사회 형성의 역사와 특성

조선 시대에서도 시민사회적 요소를 발견할 수 있다는 주장도 제기되었지만 조선 말(19세기 말에서 20세기 초)부터 시민사회적 맹아가 싹트기 시작한 것으로 간주하면서 논의를 진행시키겠다.

1. 시민사회 예비기(19세기 말부터 1945년 해방 이전까지)

(1) 서구 근대 사회의 물결과 시민사회의식의 맹아
(19세기 말부터 일제 강점 이전까지)

19세기 말 서세동점이 본격화되면서 조선 사회는 서구와 일본의 노골적인 제국주의 침략의 대상이 되어 서구적 근대를 직접 혹은 일본을 통하여 간접적으로 접하게 된다. 새로운 과학기술과 같은 물질적 근대화뿐 아니라 법과 제도, 풍속과 가치관 등의 정신적 근대화의 충격파는 봉건사회의 폐쇄성에 갇혀 있던 조선 사회를 위로부터 서서히 흔들기 시작했다. 이로부터 정치적 위기와 기회를 동시에 발견한 일단의 선구적 엘리트 관료와 지식인들은 갑오경장, 갑신정변과 같은 시민사회적 개혁을 추구하나 좌절한다. 당시 일반 백성들은 시민사회의 역사적 당위성에 대한 무지로 인하여 위로부터는 소수에 의한 시민혁명적 시도를, 밑으로부터는 다수인 자신들이 떠받치는 하나의 연합세력을 형성하지 못했다. 이후 조선의 선각자들은 출판과 결사 그리고 집회를 통하여 일반 백성들을 대상으로 애국계몽운동을 실시하면서 근대적 시민의식의 고양과 시민사회적 가치의 확산에 주력하였다.

여기서 주목해야 할 점은 당대에 널리 퍼진 타협적 혹은 절충주의적인 동도서기론이나 소중화로서의 문화적 자존심을 지키려는 배타적 위정척사의 논리가 모두 서구적 시민사회의 수용에 비판적이었다는 점이다. 이는 조선보다도 먼저 서구 문명과 접촉한 일본이나 중국과 비교해 보면 그 비판의 정도가 거세었음을 알 수 있다.

이와 같은 서구적 근대화에 대한 비판적 태도에 대하여 배타적 쇄국주의라고 부정적으로만 평가하는 경향에는 문제가 있다. 오늘날 민족적 · 지역적인 것이 가장 세계적이고 동시에 독창적인 것이라고 간주하는 다문화주의의 조류를 감안할 때, 전통사회에 축적되어 있던 민족 고유의 문화적 · 정신적 자원과 습속의 필요성을 깊이 인식하여 이를 보전하려던 당대의 노력들을 결코 과소평가해서는 안 된다. 21세기 오늘날에도 우리는 한국 시민사회 나름의 특수성을 발전시켜야 전 지구적 시민사회의 일원이면서도 한국 특유의 정체성을 유지할 수 있다.

(2) 시민사회의식의 민족해방의식에로 전환

(일제 강점기부터 1945년 해방 이전까지)

일제의 조선 강탈은 미약하게나마 싹트기 시작했던 시민의식의 맹아들을 36년이란 오랜 기간 식민지라는 척박한 동토에 방치시켰다. 그러나 빼앗긴 들에도 봄은 오듯이 그 불모의 대지에서도 시민사회에 대한 꿈은 상실되지 않았고, 시민의식은 비록 생존의지와 민족의식에 의해 가려지고 눌려져 있었지만 조금씩 성장했다.[7]

나라를 빼앗긴 조선의 민중들은 자연스럽게 독립국가를 수립하려는 민족해방의식을 내면화했다. 역설적이기는 하지만 일제가 식민지 조선 사회에 각종의 근대적 제도를 정착시키고 새로운 문물을 도입하는 과정에서 조선의 민중들도 점차 근대 시민사회의 자유분방한 모습에 놀라면서 그 역사적 필연성을 어렴풋이나마 인지하기 시작했다. 신문이나 잡지, 소설과 시, 대중가요와 영화, 풍문과 유언비어 등을 통하여 일반 사람들은 간헐적이나마 조선의 전통사회와는 확연히 다른 새로운 사회, 즉 근대 서구형 시민사회의 편린을 직접 체험하는 기회를 가졌다.

이 시기 민족독립운동과 연계되어 발생한 학생운동, 노동운동, 농촌운동, 야학운동 등은 대일본제국에 저항하는 것이므로 "국가에 대항하는 민족사회"라는 구조적 역학관계를 이루었다. 억압적 식민지 국가에 대한 민족적 반대는 국가폭력과 국가억압에 저항하는 시민사회 고유의 논리를 비시민사회적 조건에서나마 재생산하는 것이다. 일제 하에 배양된 이러한 저항적 민족의식은 후일 한국 시민사회의 형성과정에서 매우 강력한 시민적 저항의 동력으로 전환된다. 특히 광주학생의거를 비롯한 학생운동의 치열한 투쟁 전통은 해방 이

후에도 사회적 양심세력으로서 독재정권에 대항하는 학생운동으로 계승된다.[8]

2. 시민사회 준비기

(1945년 해방에서 1992년 김영삼 정권 수립 이전까지)

(1) 반공독재와 시민사회의식의 국가적 동원

(1945년 해방에서 이승만 정권 기간)

8 · 15 해방공간에서는 아직 국가체제가 정립되지 않았으나 시민사회적 특성인 정치적 자유를 표출하는 각종 사회단체와 정파들이 무수히 출현했다. 그러나 이러한 현상을 "시민사회의 폭발"로 이해하는 것은 과도한 해석인 것 같다. 왜냐하면 시민사회에 고유한 집회와 결사, 언론과 출판, 사상과 이념의 자유를 구가하는 것같이 보였던 해방공간의 정치 및 사회현상들은 시민사회를 형성하고 방어하기 위해서 시민들 자신이 자율적으로 참여하거나 조직하였다기보다는 좌우의 이념적 · 정치적 대립구도에 따라서 정치적으로 동원된 국가건설 과정의 권력투쟁이라는 성격을 갖기 때문이다. 좌우 정치세력의 배후에는 소련과 미국으로 대표되는 거대한 제국 혹은 종주국이 조종세력으로 존재했다. 이 점에서 한국의 해방공간에서는 민중을 대상으로 임박한 민족국가 건설을 둘러싼 민족의식 혹은 국가건설의식이 위로부터 동원되고 있었다. 이처럼 해방공간의 미군정 시대는 시민사회적 기반을 결여하면서도 시민사회적 지향의식을 보여주는 것이다(진덕규, 1992 : 146).

이승만 정권은 미국의 후원 하에 자유민주주의 체제를 공식적으로 표방하지만 6·25 전쟁을 치르면서 반공독재체제를 구축하여 시민사회에 대한 정치적 억압을 강화하였고, 레드 콤플렉스를 조장하여 다양한 이념의 선택 기회를 박탈하였다. 경제적으로는 관료자본주의에 입각한 정책을 시도하지만 부정과 특혜로 그 성과는 지지부진할 뿐이었다. 한국 사회는 여전히 농경사회로서 경제성장과 산업적 분화는 극히 미미하였고, 농촌사회에는 빈곤과 무지가 만연하여 선거 때마다 막걸리 · 고무신 투표가 전국적으로 성행했다. 노동계에서는 어용노조가 지배하여 노동자의 시민권은 명목상으로만 존재할 뿐이었다.

이에 저항하여 언론과 야당을 중심으로 독재체제에 대한 비판이 끊임없이 제기되었고, 국민들로부터도 불만과 반대의 목소리가 터져나오기 시작했다. 서구와 마찬가지로 한국에서도 시민사회의 전형은 도시에서부터 만들어졌다. 여농야도(與農野都)라는 당대의 선거 지형이 말하듯 도시는 비판적 정치의식을 가진 시민사회의 면모를 갖추게 되었다.

(2) 시민의식의 폭발과 4·19 시민혁명

4·19의 직접적 도화선은 조직적으로 자행된 3·15 부정선거에 대한 학생들의 저항이었다. 당시 한국 사회는 경제적으로 후진적 상황에 머물러 있었으나 사회의식에 있어서는 매우 진취적이고 비판적인 각성을 보여주었다. 당대의 대학생들은 고등교육의 대중화가 이루어진 오늘날과는 달리 사회의 소수 엘리트로서 "지성인 혹은 지식인의 사회참여"라는 책임의식을 강하게 보유하였다. 다른 말로 표현하자면 한국의 대학생들은 과거 서구에서 시민혁명을 주도한 진보적 부르주아지의 역할을 시민사회의 물질적 기반이 제대로 갖추어지지

못한 1960년의 한국에서 수행했던 것이다. 4·19 시민혁명이 실패할 수밖에 없었던 주요 원인 중 하나도 이처럼 혁명의 주도세력이 시민사회에 필요한 물질적 기반을 결여하고 있었기 때문이다.

물론 일반 시민들도 혁명대열에 적극 가담했다. 이승만 독재정권에 대한 반대는 당시 "못 살겠다. 갈아보자"라는 야당 민주당의 선거구호에서 분명히 드러나듯이 모든 깨어 있던 시민들의 공통된 정치적 요구였다. 시민들의 이승만 정권에 대한 저항은 정치적 억압과 비리에 대한 분노였을 뿐만 아니라, 많은 사람들을 기아선상에서 헤매게 하였던 경제적 빈곤에 대한 불만의 표출이기도 했다. 흥미롭게도 이승만 정권의 빈곤 독재는 이처럼 시민저항에 취약했지만, 이후 박정희 정권의 개발 독재는 나름대로 상당한 지지세력을 (현재까지도) 확보하여 집권의 정통성을 유지하는 차이를 보여준다.

4·19 혁명은 일종의 시위만능 풍조를 한국 사회에 확산시켜 초등학생들까지 거리로 뛰쳐나오는 촌극을 만들어내기도 했지만, 이후 한국 학생운동에 정통성을 부여하는 역할과 더불어 한국을 "운동의 나라(a country of movements)"로 발전(?)시키는 계기를 이루었다. 사회운동은 진취적 역동성과 함께 무질서한 혼란을 초래한다. 4·19는 혁명 후의 혼란한 상황을 신속히 수습하지 못하여 박정희에게 군사 쿠데타의 빌미를 주어 한국 시민사회는 오랜 시련기를 거치게 된다. 특히 반공 이데올로기를 여전히 신봉하던 대다수 국민들은 좌파적 구호와 주장들이 난무하던 혁명 후의 정세를 매우 위험스럽게 인식하여 강력한 국가체제와 강력한 영도자의 필요성을 느끼고 있었으며, 쿠데타 세력은 이를 독재체제의 심리적 기반으로 활용했다.

(3) 개발 독재와 저항적 시민의식의 민주화 투쟁

(1961년 박정희 정권부터 6월 항쟁까지)

오늘날 박정희 군사정권은 대한민국 건국과정에서 지대한 공헌을 하였고, 박정희는 위대한 지도자로서 재평가된다.[9] 사실 박정희 지지자와 찬양론자는 민주화 투쟁기 또는 민주화 이후에도 항상 존재했다. 독재자의 그 놀라운 성공의 사회학적 비결은 무엇일까? 기적적 경제발전이라는 신화와 강력한 국가(질서)체제에 대한 선호가 박정희를 당당하게 역사기념관으로 모셔가는 것이 아닐까? 이 역설적인 사실은 한편으로 자유분방한 시민사회의 더욱 확대된 역할과 확고한 위상에 대한 시민사회주의자들의 요구가 증가하는 것과 동시에, 다른 한편으로는 집합적 질서와 엄격한 규율을 요구하는 국가주의자들의 목소리도 높아질 수 있다는 점을 알려준다.

시민사회의 물질적 토대를 제공하는 경제발전이라는 요소는 "경제발전 없이는 민주주의가 성립되지 못한다"는 립셋(Martin Lipset)의 고전적 명제를 재확인시킨다. 그렇다면 박정희 정권은 개발 독재를 통하여 경제발전을 이루었기 때문에 한국 민주주의의 성립에 필수불가결한 조건을 충족시킨 민주화의 공헌자라는 역설도 가능해진다는 말인가? 불행히도 그 역설은 형식 논리적으로는 부인하기 어렵다.[10] 다만 여기서 결정적인 사실은 박정희 정권은 결코 의도적으로 민주화를 추구하지 않았기 때문에 그것의 민주화에 대한 공헌이란 "의도되지 않은 결과에 대한 사후 합리화의 성격"일 뿐이다. 박정희 정권은 분명히 반민주적 · 반시민사회적 정권이었다.

초기 박정희 정권에 대한 시민들의 정치적 지지는 시민사회의 형성과정에서 정치적 민주주의보다는 경제적 빈곤으로부터의 탈출이 선결과제라는 역사적 경험을 반영한다. 다행스럽게도 그 역사는 경제적 · 물질적 여유를 가져 교육받을 기회도 커진 시민들로 하여금 비판적 정치의식을 일깨워 "우리는 빵만으로 살기 싫다. 자유를 달라"라고 외치며 길거리에 나선 학생과 노동자들의 구호에 공감하기 시작하도록 만든다.

4·19 혁명과 함께 민주화 운동에서 획기적 전기를 마련한 사건은 5·18 광주민주항쟁이다. 5·18은 야만적 국가폭력에 대항하는 자율적 시민사회의 존재 이유와 그 역사적 역할을 시민들에게 분명히 일깨워 주었다. 5·18 이후 시민적 저항은 과거와는 달리 매우 전투적인 방식을 취하고, 이를 지원하는 적절한 이념적 좌표로서 반체제적 · 폭력적 계급혁명을 주창하는 마르크스주의가 한국 사회에 급격히 수용되었다. 한국 시민사회는 이들 계급혁명주의 세력(혹은 후일 보다 순화된 민중사회 세력)과도 연대하여 민주화 전선을 구축한다.

그러나 전두환 신군부 정권 하의 지속적인 경제적 성장에도 불구하고 시민들은 군부 독재를 더 이상 용인하지 않았고, 학생, 노동자, 농민, 시민들이 합세한 저항의 물결은 오랜 군부독재체제를 붕괴시키고 87체제를 성립시킨다. 이 과정에서 몇몇 비극적 희생이 따랐지만 5·18의 참극이 준 교훈을 따라서 6월 항쟁은 일종의 타협적 무혈혁명으로 자신을 완성시키는 역사적 지혜를 발휘한다. 그러나 이 타협은 4·19 혁명과는 달리 민주주의 체제를 지탱할 수 있는 견고한 물질적 토대와 민주주의적 가치에 대한 확고한 신념과 열정에 의해 뒷받침된 것이므로 전복이나 역류의 위험은 매우 낮은 것이었다.[11]

(4) 87체제의 성립과 사회운동의 분화(노태우 정권)

양김의 분열에 의해 어부지리를 얻은 노태우 정권은 노동자 대

투쟁과 같은 혁명적 열기와 혼란을 적절히 방치하면서도 일면으로는 수습하는 과도정부의 역할을 수행했다. 당시 한국의 시민사회가 87체제의 성립에도 불구하고 전면으로 나서지 못하고 여전히 민주화의 사각지대에서 자신의 역량을 축적하며 머무르고 있던 이유는 무엇일까? 노태우 정권이 시민사회의 발현을 억제한 것은 아니다.

이 시기는 소위 말하는 민중의 시기요 민중사회론의 전성 시대였다.[12] 1980년대의 민중은 1920년대와는 달리 좌파적 · 계급주의적 편향성을 보다 분명하게 담지한 개념이자 주체적 실천역량을 지닌 실체였다.[13] 실제 그간 쌓이고 쌓였던 노동자들의 설움과 분노가 노동자 대투쟁을 통하여 무서운 기세로 폭발하여 자본가의 간담을 서늘하게 만들었고, 공권력의 대응을 거의 무용지물로 만들었다. 학생운동은 비록 NL과 PD로 분리되었지만 일관되게 급진적 노선을 추구하였고, 이와 함께 친북한 세력들도 민주화의 무대에 등장했다. 운동의 폭력성과 탈법성은 점차 '과잉'의 실수를 저지르기 시작했다. 이 지점에서 한국 민주화를 새롭게 이끌 비폭력적 · 개혁적 시민사회 세력들의 목소리가 사회적 공감 위에서 확산되기 시작했다.

3. 시민사회 성립기(1992년 김영삼 정권부터 현재까지)

(1) 민주정권과 시민사회의 제도화 및 시민운동의 확산

김영삼 문민정권은 정치적 제도로서 자유민주주의 체제를 확립시키면서 군사독재체제의 유산을 청산하고자 했다. 특히 시민운동을 새로운 사회발전의 동력으로서 적극 육성하고 활용했다. 그 결과 시민운동단체가 우후죽순처럼 탄생했고, 시민운동은 요원의 불길처럼 전국으로 퍼져나갔다. 이 시기의 시민운동을 대표하는 경제정의실천시민연합은 "합리적 비판과 정책대안의 제시"라는 구호를 내걸면서 민중운동의 폭력적 · 체제전복적 반대운동과는 상이한 합법적 틀 내에서의 실용주의적 · 개혁적 운동노선을 추구했다.

시민사회에서는 그간 독재체제의 족쇄에 갇혔던 각종 시민적 자유와 권리가 보장되자 다양한 이념, 사상, 가치가 등장하고 새로운 정보와 문물이 소개되어 일종의 지적 · 문화적 르네상스가 도래하는 분위기였다. 김영삼 정권은 집권 후기 경제적 위기를 제대로 관리하지 못하여 IMF라는 국난을 초래하지만, 적어도 한국 시민사회의 발전과 시민운동의 활성화라는 면에서는 매우 긍정적인 역할을 하였다.

(2) 시민운동의 정치화와 분화

좌파 성향을 가진 김대중 정권의 성립은 참여연대라는 좌파 성향의 시민운동이 활약하도록 만든다. 이미 김영삼 정권부터 시작되었지만 이제 주요 시민운동단체의 지도자들은 빈번하게 제도정치권에 진입하고, 이와 결부되어 시민운동은 집권세력과 공감대를 형성하면서 정치적 성향의 운동노선을 전개하기도 했다. 2000년 16대 국회의원 선거를 앞두고 전개된 공천반대 및 낙선운동은 그 화려한 성공과 함께 쓰라린 반성의 여지를 시민운동에게 안겨주는 일대 사건이었다. 그것을 성공이라고 규정하는 이유는 시민운동이 막강한 정치적 영향력을 확보하여 그 여세를 동원하여 실제로 선거결과에 의미있는 변화를 초래했기 때문이다. 그렇지만 그것이 반성의 여지를 갖는 것은 시민운동의 정치적 성공은 이후 시민운동이 과도하게 정치화 · 권력화되어 이에 시민들이 정치적 비당파성과 비판성을 상실하고 있는 시민운동을 점차 불신하게 되었기 때문이다.

특히 낙천낙선운동의 과정에서 탈법성의 문제가 제기되어 합법적 노선을 강조하는 경제정의실천연합이 대열에서 이탈하고, 이후 단순화시켜 표현하자면 참여연대 세력과 경실련 세력 간에 시민운동의 성장에 따른 바람직한 분화가 발생한다. 사실 이 시기가 되면 기존의 경실련, 참여연대, 환경운동연합과 같은 전국적으로 유명한 간판격 운동단체와는 독립적으로 다양한 시민운동을 전개하는 각종 단체들이 엄청나게 증가하여 자연스럽게 시민운동의 내적 분화를 기능적 · 이념적 · 지역적 차원에서 촉진한다.

(3) 시민운동의 위기

최근 시민사회에는 시민운동위기론이 확산되어 있다. 시민 없는 시민운동, 명망가 중심의 운동, 취약한 재정기반, 백화점식 운동, 내부 민주주의의 부족 등 많은 문제점들이 거론된다. 현 단계에서 위기론은 심각한 양상을 지닌다. 시민운동단체나 시민운동가에 대한 신뢰가 지속적으로 하락하고 있다. 현재 저명한 시민운동가와 운동단체가 비리 의혹에 휩싸여 시민운동의 도덕성이 타격을 받고 있다. 노무현 정권 시절에는 특정 운동단체의 사람들이 지나치게 편중적으로 정치권에 진입하여 시민운동의 정치권력화, 당파화 내지 어용화라는 논란을 초래하였다.[14]

지금까지 논의된 한국 시민사회의 시기별 형성구조를 다음의 〈표 1〉과 같이 도식화해 볼 수 있겠다.

표 1_ 한국 시민사회의 시기별 형성구조

시민사회의 구조적 차원 / 역사적 전개	1) 정치적 차원 시민혁명과 민주적 국가체제	2) 경제적 차원 자본주의적 산업화와 경제발전	3) 문화적 차원 민족 · 국가의식에서 시민의식의 독립
일제 하 (해방 이전)	−	−	−
해방공간과 이승만 개발 독재 정권	±	−	±
군부 개발 독재기 (박정희-전두환 정권)	−	+	+
민주정권기 (87체제 성립 이후)	+	+	+

* "−"는 결여/부족을, "+"는 충족을, "±"는 혼합적인 상태를 의미한다.

4. 한국 시민사회의 구조적 불안정성

한국 시민사회는 1990년대 이후 급속하게 성장하였지만 구조적으로는 여전히 불안정한 특성을 지닌다. 안정적인 정치적 민주주의, 지속적인 경제발전과 공정한 분배체계, 다원주의적 · 관용적 문화의 확산을 저해하는 한국 특유의 요인들이 시민사회의 발전을 왜곡하거나 지연시키는 장애요인으로 존재하기 때문이다.

10년 전 필자(김성국, 1999)는 아래의 7가지 역사적 조건이 시민사회의 구조적 불안정을 야기하는 것으로 지적하였다.

(1) 중앙집권적 국가주의

시민사회가 국가에 대하여 대항력과 자율성을 확보하기 위해서는 국가권력을 분산시켜야 하는데, 한국의 경우에는 단일국가체제가 오랜 동안 존속하면서 강력한 중앙집권제를 유지하였기 때문에 시민사회의 분권적 토대와 지역적 기반을 취약하게 만들고 있다.

(2) 통일지상주의 또는 국가건설주의

분단상황은 아직도 국가의 안보위기가 존재하며 국가건설이 미완의 상태라는 것을 의미하기 때문에 시민사회의 발전은 항상 국가안보의 확립과 통일국가라는 지상목표에 부차적인 것으로 간주되며, 수시로 국가우선의 논리에 순응하도록 요구받는다.

(3) 배타적 민족주의

일제 36년을 비롯한 전 역사를 통해 이민족의 침략과 지배를 숱하게 경험했기 때문에 한국 사회에는 배타적 민족주의와 함께 집단주의적 성향이 강하다. 시민사회의 존속에 필요한 개방적 관용성이나 개인적 자율성이 제대로 확산되기 어려운 사회문화적 토양이 존재한다. 전 지구적 시민사회의 형성에 필요한 다문화주의의 정착이 어려울 수 있다.

(4) 연고주의

지연, 학연, 혈연에 기반을 두는 연고주의는 지금도 한국 사회를 지배하는 가장 강력한 구조화 원리 혹은 이익집단화 메커니즘이다. 연고주의는 그 활용방식에 따라 부정적 기능과 긍정적 역할을 각각 가지나[15] 개인적 정체성의 확립이나 자기 결정을 존중하며, 비당파적 공익성을 추구하는 시민사회에 특수한 사적 이해관계를 조장하는 분열기제로 작동하기 쉽다.

(5) 정치권력지상주의[16]

국가권력의 쟁취 혹은 유지가 모든 유능한 시민의 최대 관심사이자 목표가 되는 사회에서는 시민사회의 공고화나 시민권력의 형성은 우선적인 사회적 과제가 되기 어렵다. 권력지상주의 문화는 시민사회나 시민운동을 정치(권력)화시켜 운동권력, 문화·종교·언론·노동 권력을 만들어 시민사회를 국가권력에 종속화시킨다.

(6) 복지국가 기반의 취약성

계급불평등의 심화는 시민사회의 토대를 와해시킨다. 마르크스가 서구 시민사회의 본질을 해부하여 계급불평등으로 계급투쟁이 전개되는 계급사회라고 단호하게 비판하였듯이, 복지국가적 정책이 미흡하여 사회적 약자와 빈곤층이 방치되는 시민사회는 분열과 갈등으로 혼란에 빠질 것이다.

(7) 흑백논리[17]

한국 사회의 의사소통 방식은 매우 단선적으로 격렬하게 진행되면서 타협과 양보보다는 대립과 투쟁으로 나아가는 경향이 있다. "나는 옳고 너는 틀렸다"는 흑백논리는 사회관계에서 적과 아군을 가르고 선과 악을 구분하는 양극적 대결구도나 이분법적 적대관계를 발생시켜 사회를 끊임없이 긴장과 불안정으로 몰고 간다.

이상에서 논의된 한국 시민사회의 구조적 불안정성은 10년 후인 오늘날에 필자의 주관적 판단이기는 하지만 다음의 〈표 2〉와 같이 여전히 온존하고 있거나 일부 특성은 강화되는 경향을 보이기도 한

표 2_ 한국 시민사회의 구조적 불안정 요인 변화 추세

1998년	2008년(주요 원인/현상)
중앙집권적 국가주의	온존(지방자치와 지방분권의 형식화)
통일지상주의 또는 국가건설주의	온존(남북화해 무드와 친북세력의 형성)
배타적 민족주의	강화(한일관계의 경색과 중국 민족주의)
연고주의	온존 혹은 공고화(지연주의 선거결과)
정치권력지상주의	온존(정치의 탈법성 혹은 초법성 상존)
복지국가적 기반의 취약성	온존 혹은 강화(IMF와 지속적 경기침체)
흑백논리	온존(극한적 대립정치와 인터넷 언어폭력)

다. 구조적 불안정성은 시민사회의 분열과 해체를 야기할 수 있는 위험성을 지니기는 해도 이를 견제하려는 통합적 안정화 요인들이 구조적으로 존재하거나 자생적으로 발생하기 때문에 시민사회를 역동적으로 발전시킬 수 있는 한국 특유의 역사적 · 구조적 자원으로 작용할 수도 있다. 나아가 한국 시민사회의 향후 전개과정을 긍정적으로 전망할 수 있게 만드는 요인들(예컨대 세계화, 정보화, 지역화의 추세에 따른 시민사회의 전지구화)이 젊은 디지털 세대를 중심으로 증가하고 있다. 탈국가주의와 탈민족주의, 기득권 세력에 대한 비판과 불신, 탈근대적 라이프스타일과 탈이념주의, 통일에 대한 관심의 다양화 등은 한국 사회의 새로운 가치지향으로서 그 설득력을 확산시키고 있다.

III. 시민운동의 성과와 전환기적 과제

1. 시민운동의 성과

짧은 역사에도 불구하고 민주화 이후 한국 시민운동의 획기적 성장은 〈표 3〉에서 제시되는 것처럼 2002년을 기준 연도로 하였을 때 1990년대 이후 시민사회단체의 63.6%가 설립된 것을 보면 분명하게 나타난다.[18]

표 3_ 2002년 기준 시민사회단체의 설립 연도별 비율

(단위 : %)

1940–1949	1950–1959	1960–1969	1970–1979	1980–1989	1990–1999	2000	2001	2002
2.02	1.79	4.26	6.61	15.1	53.0	7.06	6.73	3.36

출처 : 『2003 민간단체총람』, 『한국시민사회연감』. 시민의 신문사(김영래, 2003 : 19 재구성).

단기간에 압축적 · 폭발적으로 사회적 성과를 만들어내는 한국사회 특유의 행동양식처럼 시민운동 또한 지난 20여 년간 각 분야에 걸쳐 놀라운 성과를 거두었다. 한국의 시민운동은 한때 "NGO 혁명"(주성수, 2002 : 254)이라고 불릴 만큼 그 영향력이 막강했다. 최근의 시민운동에서 주요한 역할을 수행한 운동을 영역별로 추출하여 검토하면서 운동의 성취와 더불어 운동이 당면한 과제를 검토해 보자.

(1) 정치참여운동

경실련 운동을 중심으로 시민운동이 엄청난 사회적 호응 속에서 정치적 성과(금융실명제, 부패방지법, 쓰레기 분리수거, 호주제 폐지 등)를 올리게 되자 일부 운동가들은 시민운동의 "정치세력화"를 내세우며 정치개혁을 위한 시민운동을 시도하나 현실정치의 벽에 가로막혀 무산된다.[19] 2000년 총선에서 시도된 낙천낙선운동은 외형적으로는 큰 성공을 거두나 상당한 후유증과 내부 갈등을 초래했다. 결과론적으로 말하자면 여전히 부패하고 국민을 무시하는 정치행태가 반복되는 한국 정치로 인하여 운동의 실효성에 의문이 제기되고 있다. 이후 2003년 시민정치 네트워크 결성, 2004년 총선시민연대 및 노사모가 주축이 된 국민참여 0415와 같은 정치적 서포터스 등이 조직되어 정치참여 활동을 하였으나 시민의 지지가 낮았을 뿐만 아니라 그 성과도 기대에 미흡했다.[20]

그렇지만 국회의원 후보가 제시한 공약의 타당성과 적실성을 검증하고 향후 이것의 수행 여부를 감시하는 메니페스토(Manifesto) 운동은 의회정치의 정책적 효율성을 제고할 수 있다는 점에서 향후 그 파급효과가 주목된다. 아울러 시민운동의 이념적 노선이 한국 사회 자체의 이념적 지형 분화에 따라서 좌파와 우파, 나아가 자유민주주의와 시장자본주의의 틀 내에서 지속 가능한 발전을 모색하는 뉴레프트(New Left)와 합리적 · 비판적 보수를 지향하는 뉴라이트(New Right) 등으로 세분화된 것도 나름대로 의미 있는 진전이다. 그렇지만 2008년 대선에서 특정 후보에 대한 일부 운동단체의 정치적 지지, 그리고 특히 그 후보의 정치적 변신 등은 이미 존재하는 시민운동의 과도하고도 직접적인 정치화에 따른 사회적 비난과 불신을 증폭시키는 것이었다.

(2) 환경운동

한국 환경운동의 역사는 초기의 공해 반대운동에서 생태주의에 입각한 현재의 다양한 지역공동체 운동에 이르기까지 비약적 성장과 많은 성과(환경부, 지속가능위원회 등의 제도적 설립 등)를 거두었다.[21] 이명박 대통령의 공약사항이었던 대운하 건설을 무산시키는 놀라운 저력을 발휘한다.[22] 그렇지만 아직도 환경운동이 도전해야 할 사회적 과제는 도처에 산재하며, 최근의 경기침체에 따른 일자리 감소에 대한 노동계의 우려와 환경운동의 반개발주의적 입장이 서로 타협점을 발견해야 하는 국면이 조성되고 있다.

환경운동은 치열한 투쟁을 전개하여 시민사회의 지지를 획득하고 환경의식을 확산시키는 데 큰 기여를 하였다. 그러나 운동의 지속 가능성이라는 관점에서 볼 때 환경운동은 매스미디어가 주목하는 동안의 일회성 내지 단발성 전시효과에 집착한다는 비판을 경청할 필요가 있다. 왜냐하면 대표적인 환경운동 사례들(예컨대 동강댐 건설 반대, 새만금 간척사업 반대, KTX 천성산 터널공사 반대, 서울외곽순환도로 일부 구간 공사 반대, 방사성폐기물처분장 입지 선정과 부안사태 그리고 주민투표에 의한 경주 입지 결정, 허베이 스피리트 호 서해안 기름유출 사고와 자원봉사 등)은 시간의 경과와 함께 운동에 대한 비판적 여론을 결집시키거나 사후의 지속적 감시와 관리의 부재라는 고질적 문제점을 발생시켰기 때문이다.

극단적 수단에 의거하여 공사기간을 지연시킴으로써 세금을 엄청나게 낭비하고, 철저한 환경보전의 대상되어야 할 터전이 놀이판이나 유원지로 변질되며, 결사반대라는 원칙에 집착하여 폭력적·

불법적 시위를 전개하고, 환경오염의 재발방지를 위한 구조적 · 제도적 개선은 소홀히 하면서 자원봉사라는 감동적 드라마에 휩싸여 운동의 본질을 희석화시키며, 한때는 환경의 보고로 반드시 지켜져야만 했던 대지가 오늘날에는 초대형 개발사업터가 되어 지역의 미래 희망이 되는 가치관의 혼란스런 변화 등의 문제는 운동 내부에서 깊은 반성과 숙고를 요구한다.[23]

(3) 여성운동 : 성매매 반대와 성노동의 합법화와 인권보장

여성운동 또한 엄청난 성과(여성부 신설과 각종 성차별적 법률과 제도의 개선 등)를 거두었다. 고용, 상속, 결혼 등에 있어 남녀차별적 관행이나 가부장적 남성주의를 타파하고 남녀평등의 토대를 구축하였다.[24] 어떤 면에서는 이제 한국의 여성들은 남성을 사회의 각 분야에서 추월하기 시작했다. 이러한 운동의 성과를 배경으로 진보적 여성운동단체인 한국여성단체연합도 초기의 민족민주운동의 성격으로부터 최근에는 자유주의적 민주주의 모델을 수용하면서 개혁주의적 시민운동을 시도한다(김경희, 2003 ; 허성우, 2007).

최근 여성운동은 일종의 딜레마적 상황 혹은 전환기적 지점에 도달해 있다. 왜냐하면 차별과 배제에 의한 여성 특유의 문제가 제도적으로 상당히 해소된 현실에서 운동의 새로운 비전과 아젠다를 개발해야 하는데 그것이 용이하지 않은 것 같기 때문이다. 사실 서구 선진국에서 이미 나타난 현상이지만 어떤 부문에서는 남성의 역차별이나 남성할당이 필요한 상황이고, 직장에서 남성의 성희롱 피해 및 여성에 의한 가정폭력 피해 사례가 발생하기 때문이다. 나아가 성의 문제도 점차 인간의 몸(Body)에 대한 관심이 증가함에 따라서 Gender의 차원에만 머무르지 않고 Sexuality의 문제가 핵심적 이슈로서 부각된다. 동성애자 혹은 동성애-이성애 이중 소유자의 존재는 기존의 남성 대 여성이라는 대각구도 위에서 "불평등에서 평등으로, 차별/배제로부터 인정으로"라는 운동논리로만 해결할 수 없는 복잡미묘한 성적 갈등의 양상을 표출한다.

향후 한국 사회에서 쟁점화될 수 있는 두 가지 핵심 사안은 성노동자(Sex Worker)와 여성의 군복무 문제이다. 현재 성매매방지법에 의해 성노동 판매는 금지되고 있다. 과연 금지가 올바른 정책이냐 아니면 허용이 더욱 적실한 정책이냐 하는 논란과 관련되어 남성본능론, 불가피론, 소수자 생존권론/인권론에 기반을 두는 (자유)성매매옹호론과 성매매의 비윤리성, 범죄성, 확산성 등에 근거하는 금지/규제주의 간의 논쟁은 진행되고 있다. 과거와는 달리 성노동의 합법화를 주장하는 의견과 단체가 여성운동 내부에서도 공식화되고 있으며, 여성 성노동자들 또한 집단적으로 자신의 직업적 지위와 역할에 대한 사회적 이해를 촉구하고 있다.[25]

성노동의 문제가 여성 내부의 문제라면 여성의 군복무 문제는 성적 담론을 다시 여성 대 남성으로 구도화한다. 여성은 평화의 상징이므로 군복무에 부적합하다거나, 여성의 신체적 · 생리적 구조상 부적절하다거나 군의 유지에 필요한 인원이 부족하지 않기 때문에 필요없다거나 하는 여성 군복무 반대론은 더 이상 설득력을 가지기 어렵다. 문제는 군대와 이와 연결된 전쟁이 상징하는 남성적 폭력성과 야만성, 그리고 한국적 현실에서 청춘기에 의무적으로 수행해야 하는 군복무를 더 이상 현재와 같이 성차별적 제도로 방치시킬 것이 아니라, 군복무에 따르는 엄청난 희생을 충분히 보상할 수 있는 각종 제도적 보상장치 및 유인책을 강구하고 그간 꾸준히 증가하고 있는 여성들의 자원입대 추세를 감안하여 단계적으로 지원병 체제로 전환시키거나, 아니면 반전/평화주의의 확산을 통해서 군비와 군축을 통한 군복무 문제의 해결을 적극적으로 시도해야 한다는 것이다. 여성의 군복무 문제는 남녀평등과 관련된 성적 문제이면서 동시에 반전/평화주의를 확장시키는 대안사회적 과제와 연결된다.

(4) 지역운동

한국에서 지역 문제는 매우 심각한 사회 문제로 지속되고 있다. 고전적인 영호남 갈등은 아직도 선거에서 지연주의 정치를 거의 고착화시키고 있고, 지방자치는 막강한 중앙집권주의로 인하여 그 자율적 역량을 온전히 발휘하지 못하며, 수도권과 비수도권 간의 발전 격차는 비수도권 주민들에게는 엄청난 상대적 박탈감을 초래하는 반면 수도권 사람들로 하여금 국가의 부당한 규제와 간섭에 의해서 자신들(과 국가 전체)의 생존기반이 위협받는 것으로 인식하게 만든다. 그러므로 이명박 정부가 추진하는 (현존 지방자치제를 위협하는) 행정구역 개편과 (지방을 더욱 낙후시킬 수도 있는) 수도권 규제완화는 엄청난 반발과 정치적 혼란을 야기할 가능성이 매우 높다.

지역운동은 주민의 삶에 밀착된 이슈를 다루고 주민이 직접 참가하는 운동으로 이해관계가 첨예하게 노출되는 경향이 있어 운동 과정에 격렬한 폭발성이 내재한다. 동일 지역 주민들 간에 분열과 갈등을 조장하는 경우가 적지 않으며, 그 후유증이 오래 지속되어 지역의 공동체성을 파괴하거나 약화시킨 사례도 적지 않다.

한국의 지역운동은 개발 반대와 개발에 따른 피해보상을 요구하는 주민운동의 형태로 1980년대부터 활발히 전개되었다(이시재, 1998). 최근 지역운동의 주된 흐름에는 마을 만들기, 마을 가꾸기 혹은 살기 좋은 고장 만들기 등과 같이 구체적으로 특정 지역의 경제적 · 문화적 발전을 추구하는 운동과 지역분권운동, 영호남 화합운동 등과 같이 전국적 차원에서 지역갈등의 소지를 제거하고 지역 간 평등을 확대하려는 정치적 성향의 운동이 있다.[26] 노무현 정권은 적어도 (특히 비수도권을 위한) 지역정책에 관해서는 어떤 정권보다도 관심과 지원을 아끼지 않았다고 긍정적으로 평가할 수 있다. 행정복합도시의 건설, 지역균형발전법의 제정, 광범한 지방의 인재 등용 등을 통하여 지역 격차를 완화시키고자 하였다. 그러나 참여정부의 지역균형발전은 지방분권운동이 사회운동 과제로 제안한 것을 정책적으로 제도화하였지만 지역 시민사회의 미성숙이라는 조건으로 인하여 국가주도 하에 지역 NGO의 체제내화를 촉진시켜 균형발전을 지역의 새로운 개발과 성장으로 전락시키는 결과를 초래했다(조명래, 2005).

앞으로 지역운동은 기존의 지역발전 및 지역 격차 해소문제와 더불어 외국 지역과의 상호 교류 및 연대를 통하여 세계화 혹은 전지구적 시민사회(Global Civil Society)의 구축에도 적극적인 관심을 쏟을 것이다.

(5) 소수자운동

소수자는 두 가지로 분류할 수 있다. 첫째는 정상적인 신체활동을 할 수 없는 각종 장애인과 장기수이고, 둘째는 정치적 · 문화적 · 경제적 시민권을 제대로 확보하지 못하여 차별과 배제의 대상이 되는 각종 집단들, 예컨대 동성애집단, 국내외 이주노동자와 결혼이주민/혼혈아, 양심적 병역거부자, 양심수 등이다.[27] 소수자운동은 인간으로서의 법적 권리 확보라는 인권 문제,[28] 그리고 특정한 인간집단으로서 자신들의 고유한 삶의 방식을 보장해 달라는 정체성 문제 혹은 다문화주의 문제를 해결하고자 한다.

단일민족으로서의 인종적 · 문화적 순수성을 지켜온 한국 사회는 급격한 세계화의 물결을 맞이하여 이민족 혹은 외국인과 함께 살아가야만 하는 상황이라 자연스럽게 다문화사회를 지향한다. 다문화주의의 등장은 시민사회가 과거 소수자들이 자신을 주류집단에 포함시켜 달라는 인정요구를 넘어서 이제는 "자신들의 방식대로 살아갈 수 있도록 허용해 달라는" 정체성 요구의 단계로 성숙해야 한다는 것을 의미한다. 이와 동일한 역사적 맥락에서 전 지구적 시민사회의 성립이나 사해동포주의의 확산은 보편적 인권의 가치를 전 세계적으로 고양시킨다. 한국의 이주노동자와 이들을 지원하는 시민운동단체는 초기의 저항적 인권투쟁의 단계로부터 점차 연대적 인권확대운동으로 한 단계 발전하면서 이주민을 시혜의 대상으로 보지 않고 운동의 주체로 형성하고자 한다(설동훈, 2005).

"우리는 모두 소수자다", "우리도 내일에는 장애자가 될 수 있다", "우리의 조상도 이주민이었다"라는 구호가 설득력을 지니고 시민사회에 널리 확산되는 추세에서 소수자운동의 전망은 결코 어둡지 않다. 그러나 소수자에 대한 관용적 배려는 불가피하게 정상인으로 하여금 일정한 양보와 희생을 요구하는 측면이 있고(예컨대 일자리 부족문제), 또 기존 사회의 안정성을 유지하는 각종 규범들을 소수자의 독특한 문화나 가치가 혼란시키거나 훼손하는 경우(예컨대 병역거부나 성매매)가 발생하므로 이러한 갈등을 관리할 수 있는 소통적 노력이 필요하다. 소수자는 존재론적으로 들뢰즈(G. Deleuz)와 가타리(F. Guattari)가 언급한 무한한 잠재력을 지닌 특이점(Singularity)이 될 수 있으므로 소수자운동은 기존 사회의 질서를 새로운 욕망의 해방을 통하여 재구성하는 대안운동으로 발전할 수 있다(윤수종, 2005).

(6) 사이버운동 혹은 인터넷 시민운동

정보화에 관한 한 한국을 정보선진국 혹은 정보강국이라고 불러도 결코 과장이 아니다. 정보 인프라의 구축, 정보기술 및 정보 관련 산업분야에서 세계적 우위를 유지하기 때문에 인터넷과 휴대폰을 중심으로 한 사이버 시민운동 또한 매우 활발하게 전개된다. 사이버스페이스에서 정보공유를 통한 각종 공동체 만들기가 운동의 초기에 주류를 이루었다면 이제는 사이버 운동정치라고 불리는 2002년의 붉은 악마와 반미 촛불시위, 그리고 노사모로 대표되는 일련의 정치적 의사표출과 집단행동이 큰 흐름을 형성한다.

한국의 사이버공론장은 아직 숙의민주주의가 안정적으로 활성화되었다고 보기는 어려운 단순 소통의 기능에 치중하고 있으며, 공론의 생산소비자(Prosumer)라 할 수 있는 시민들의 소통역량(Communicative Competency)도 취약한 실정이다(김종길, 2008 : 223). 특히 최근 사이버 폭력이 증가하여 피해자가 자살을 하는 극단적 사태까지 발생하고, 욕설과 비방이 난무하여 공론장으로서의 역할이 제대로 수행되지 못하는 경우가 적지 않아 인터넷 실명제와 같은 국가규제가 제도화될 전망이다.

이 점에 있어서 인터넷을 동원한 현실정치 논리의 사이버정치적 재생산화는 그 반작용으로서 국가권력이 사이버스페이스에 직접 개입하는 위험스런 사태를 초래한다. 적지 않은 인터넷 언론이 현실정치의 특정 정파를 지지하고 반대파를 매도하는 사이버 정치운동은 시민운동의 과도한, 그리고 편향적 정치화가 시민들의 불신을 초래한 것처럼 조만간 그 영향력이 위축될 가능성이 크다.

(7) 대안사회운동

이상에서 논의된 시민운동들이 시민사회가 당면한 현실적 과제들을 주로 직접적으로 그리고 단기적으로 제도적 개선을 통하여 합리적·타협적으로 해결하고자 하는 것이라면, 상대적으로 대안사회운동은 장기적 관점에서 대안적 목표를 가지고 사회를 근본적으로 개조하겠다는 다소 급진적인 혹은 유토피아적인 운동노선을 선택한다.[29]

생산참여형 소비자운동인 우리밀살리기운동과 한살림운동, 생태공동체운동, 지역통화운동, 생명평화운동 등은 한국형 대안사회운동이다.[30] 이 운동들은 철학적·이념적으로 자본주의적 경쟁체제와 국가주의적 지배체제에 대하여 철저히 비판하면서 공유와 협력, 돌봄과 나눔, 생태적 조화, 반폭력과 평화 등을 새로운 사회의 핵심적 가치로 재정립한다. 많은 대안사회운동이 서구적 생활방식이나 가치관 대신에 한국의 전통적 종교(단군사상, 동학, 화랑도 등)나 가치관, 세계관, 인식론(예컨대 천지인 합일 등) 혹은 습속(예컨대 두레, 품앗이 등)으로부터 미래 대안사회를 위한 창조적 잠재력을 발견한다. 동아시아의 시대가 도래하는 21세기에서 새로운 사회질서의 동력을 동아시아 혹은 한국의 전통과 문화에서 발굴하려는 시도는 이론적으로나 실천적으로 매우 유의미한 성과를 거둘 것이다.

Ⅳ. 시민운동의 전환기적 과제

1. 시민사회의 변화와 시민운동의 위기

한국 시민사회는 대내외적으로 엄청난 변화의 물결을 맞이하고 있다. 기존의 정보화, 세계화, 지역화의 파도는 지난 세기말 나름대로 적절히 대응하여 그 조류를 제대로 타고 있다. 그러나 최근 새롭게 일고 있는 더 위험한 파도들, 예컨대 위험사회의 확산, 세계적 경기침체 및 금융위기에 따른 실업의 증가와 사회적 양극화(예컨대 중산층의 소멸, 수도권과 비수도권간의 갈등, 세대 간 가치관의 격차 등)와 같은 새로운 문제들이 시민사회의 당면과제로 대두하고 있다.

물론, 87체제의 성립에 따른 민주화 이후 시민사회 또한 시민운동의 폭발적인 성장을 통하여 비록 시행착오는 겪었지만 성숙을 위한 제도적 · 문화적 토대를 강화시켜 왔다. 시민운동은 구조적으로 복잡하게 분화되고 있는 시민사회의 다양한 이해관계와 욕구를 조정하고 때로는 충족시키기 위하여 이에 상응하는 기능적 분화(예컨대 운동영역의 다변화, 다차원화 및 지역별 분담 등), 이념적 분화(예컨대 좌우의 내적 분화와 주변적 · 대안적 가치 추구, 정치적 초당파성과 자원봉사성의 요구, NGO와 NPO의 분화 및 연계 등), 행위적 분화(예컨대 생활정치, 미시정치 그리고 생체권력 투쟁운동, 미디어 표출전략으로서 운동과 예술/놀이 결합 등)를 진행하고 있다.

최근의 시민운동위기론은 그간 성공한 한국의 시민운동이 전환기적 시대상황을 맞이하여 체질 변화와 조직의 재구성을 필요로 하는 시점에서 자연스럽게 그리고 당연히 제기되어야만 하는 것이다.[31] 시민운동이 자기 합리화나 자기 도취에 빠지지 않고 자신을 비판적으로 성찰할 수 있다는 점에서 한국의 시민운동은 여전히 건강하고, 미래를 개척할 능력을 보유하고 있는 것 같다.

모든 사회운동은 사회적 조건의 변화에 따라서 번영과 침체 그리고 성공과 실패의 순환적 경로를 따른다. 재차 강조하지만 한국의 시민사회운동은 1990년대 문민정권의 등장 이후부터 급속히 성장하면서 놀라운 성과를 거두고 막강한 영향력을 발휘했지만 성공의 덫에 걸려 오늘날 전환기적 위기국면을 맞이하고 있다. 외적으로 그 위기현상은 민중적 · 계급적 운동의 재복귀와 함께 새로운 운동유형의 등장으로 기존 시민사회운동의 지위와 역할이 동요하는 데서 발견할 수 있다. 내적으로는 "시민 없는 시민운동"이라는 사상누각의 조직구조와 이에 따른 취약한 재정기반을 비롯한 각종 문제를 표출하고 있다.[32]

보다 구조적인 차원에서 시민운동의 위기를 이해하자면 시민사회의 변화와 함께 새로운 사회적 요구들, 예컨대 미시적 · 일상적 · 지역적 · 생체권력적 문제가 등장하지만 기존의 시민운동은 거대 담론적 의제설정과 거시적 동원을 통하여 문제를 해결하려는 구태의연한 운동방식 및 소통방식에 의존하기 때문에 사회적 변화욕구에 부응하기 어려운 것이다. 탈근대 사회의 도래와 함께 근대적 운동논리와 운동양식은 비록 그것이 신사회운동(new social movements)의 기치를 내걸었다 할지라도 신선한 생명력을 유지하기 어려운 것이다.

그러나 한국에서 시민운동의 위기가 있다면 그것은 지난 세기말 한국 시민운동을 주도하였던 운동단체와 운동가들에게 우울한 위기적 상황이다. 새롭게 등장하는 일련의 새로운 의제추구형 시민운동들(비정규직 문제, 대안교육과 육아, 이주노동자 및 결혼이주자 등)에게는 즐거운 기회가 될 수 있다. 특히 주목할 만한 사실은 최근 인터넷을 활용한 일련의 매우 성공적인 사이버 시민운동과 현실운동의 결합양식은 그 정치적 편향성과 의도되지 않은 폭력성의 문제점을 극복할 수 있다면 향후 한국의 시민운동 전개방향에 적극적인 시사점을 줄 수 있다는 것이다.

예컨대 2008년 5월 미국산 쇠고기 수입을 반대하며 시작된 촛불시위는 기존의 운동논리나 운동관점으로서는 이해하기 어려운 매우 다양하고 복합적인 성격을 표출한다. 이를 반영하듯 촛불시위에 대한 다양한 해석들(예를 들면 대의제 민주주의의 불신과 직접민주주의 및 직접행동에 대한 열망, 자율성, 집단지성, 자기 조직성의 발현, 해방의 정치로부터 삶의 정치·생활 정치로의 이전, 인터넷 기반의 사회운동 확대, 표출적·상징적 운동방식의 등장, Negri형 다중의 등장 등)이 등장하고 있다. 상기의 모든 해석은 한국 시민사회 자체의 구조적 변화와 시민운동의 변화에 주목하고 있다.

필자는 탈근대 사회의 도래라는 시대적 혹은 문명사적 차원에서 촛불시위의 특성을 탈근대적 잡종화(post-modern hybridation)로 이해하고자 한다. 촛불시위에서 거시적 쟁점과 미시적 요구, 파괴적 폭력성과 생명 중시의 평화, 질서와 혼란, 빈부노소, 자연발생성과 음모주의, 정치적 당파성과 자율성, 진지함과 가벼움이 뒤섞인 하나의 혼잡스런 생성과 균형을 발견할 수 있기 때문이다. 이처럼 다양한 이해관계와 이질적 가치들이 공통의 의제를 통하여 느슨하나 끈질긴 연대를 맺으면서 촛불시위를 지속적으로 유지시킨 것은 이미 한국 시민사회가 어떤 단일의 혹은 보편주의적 절대 기준으로 설명하기 어려운 혼성적·잡종적·유목적 사회로 변화하고 있다는 증거로 간주하고 싶다.

시민사회와 마찬가지로 시민운동도 진화한다. 물론 이전의 시민운동들도 나름대로 존재 이유를 유지하면서 자신의 역할을 새롭게 구성하거나 재발견할 수 있다. 사회는 끊임없이 변화하지만, 그 와중에서도 변화하지 않는 것들 혹은 변화해서는 안 될 것들도 반드시 존재하기 때문이다. 그러므로 현존하는 한국 시민사회의 구조적 불안정성은, 역설적이지만, 한국적 역동성의 근원이기도 하므로 위기의 시민운동은 충분히 새로운 자기 조직성(생명과 평화/반폭력을 추구하는 생태적 대안운동과 지역성을 중시하는 소규모 일상생활 밀착형 주민운동 등)을 발견할 수 있을 것으로 전망한다. 이에 더하여 "전복적인 문제제기와 담론과 일상이 만나는 운동"(하승창, 2008)을 지향한다면 시민운동은 새로운 지평을 개척할 수 있다.

2. 시민운동의 전환기적 과제

한국의 시민운동이 한 단계 질적으로 더욱 고양되고 실천적으로 더욱 생산적인 성과를 거둘 수 있기 위한 개선방안으로 아래의 세 가지 과제가 널리 제안되고 있다.

(1) 정치적 · 이념적 과제 : 시민운동의 내부 민주주의 강화와 법치주의 준수 및 도덕성 확립

중앙과 지방을 막론하고 소수의 명망가들이 운동단체를 사유화하여 장기집권하면서 운동권력을 형성하여 운동기득권을 누리는 비민주성을 보여준다. 진정한 풀뿌리 정신을 함양하고 유지하기 위해서는 내부 민주주의를 철저히 강화해야 한다. 한국적 특수성을 고려할 때 운동 초창기에서는 조직의 공고화를 위하여 명망가적 리더쉽이 필요하고 또 정치적 참여의 필요성이 인정되었지만 더 이상 엘리트 중심의 운동권력 형성은 바람직하지 못하다.

민주주의의 보루로서 시민사회운동은 그 자신이 민주주의의 지속적인 실천자임을 증명해야 한다. 미디어의 주목을 받는 일회성 · 전시성 프로젝트나 이벤트를 추구하기보다는 시민과 함께 시민의 생활 속에서 묵묵히 시민의식을 고양시키고 사회적 약자와 소수자의 시민권을 확대하는 운동을 모색해야 한다.

이를 위해 시민운동은 민주주의의 원칙인 법치주의를 준수하여 폭력과 탈법을 거부하고 각종 부패와는 절연된 도덕성을 정립해야 한다. "양심만으로 먹고 살 수 없다"는 세속인 논리는 시민운동가의 덕목이 결코 아니다. 시민사회가 정치권력을 추구하는 정당보다도 시민운동단체를 더 신뢰할 수 있는 조건이란 시민운동가와 그 단체가 세속적인 정치인이나 권력가들에게 만연된 부정부패나 비도덕적 행위로부터 초연하게 벗어나서 사회적 개선을 실천할 수 있다고 믿기 때문이다. 그렇지 못하다면 정의의 구현자로서 시민운동이나 인간의 자유와 해방의 터전으로서 시민사회 자체가 국가권력이나 자본권력과의 관계에서 어떠한 도덕적 우월성도 유지하지 못한 채 서로 이전투구(泥田鬪狗)의 아수라장을 만들 것이다.

(2) 경영적 · 재정적 과제 : 사회적 기업으로의 재구성

시민운동의 사회적 기업화는 시민운동 발전사의 측면에서 볼 때는 NPO의 발전과정으로 볼 수 있다. 자본주의 사회에서 이미 운동산업(Movement Industry)은 엄연한 하나의 사회적 사실이므로 사회적 약자를 위하여 사회적으로 유익한 일을 하려는 시민운동이 사회적 기업의 형식을 빌려 경영과 기업의 개념을 도입하여 시민운동의 고질적인 재정문제를 해소할 수 있다면 그것은 적극적으로 시도할 만한 일이다.[32] 시민운동이 국가나 기업으로부터 재정적 지원을 받는 과정에서 여러 가지 불미스런 문제점(즉 운동단체가 지원기관의 눈치를 보거나 포섭되어 대리인의 역할을 수행하는 위험성)이 드러났다.

나아가 사회적 기업은 자본주의적 이유추구 방식의 탈자본주의적 진화로 해석할 수 있다. 신자유주의가 전파하는 무한경쟁의 논리와 약육강식이 당연시되는 쟝글의 법칙에 대한 반성으로서 기업의 사회적 책임(Corporate Social Responsibility : CR or CSR)이 세계적으로 확산되는 추세임을 감안한다면 사회적 기업은 일자리 창출과 복지활동 확대라는 두 마리 토끼를 잡을 수 있는 수단이므로 많은 운동단체들이 신중하게 검토하여 적극적으로 활용해야 할 차세대 시민운동 방식이다.[34]

혹자는 사회적 기업을 두고 자본주의의 교묘한 생존논리로 자본주의 체제의 위기를 지연시킬 뿐만 아니라 자본주의 자체를 정당화하는 도구라고 비판할 것이다. 그러나 사회주의자들이 시도하는 혁명적 전환논리에 의거하여 국가권력을 쟁취하여 자본주의 체제를 전복시키는 것은 불가능할 뿐만 아니라 결코 바람직하지 않다는 점(즉 엄청난 전환비용!)을 고려할 때, 자본주의 체제 내부에서 자본주의를 이용하면서 자본주의의 모순점을 완화시켜 나가는 운동전략은 상당한 적실성을 가진다. 더욱이 시민운동의 사회적 기업화 전략은 새롭게 등장할 대안사회 추구형 시민운동과 상호 연계를 모색할 수도 있다.[35]

(3) 사회적 세력화 과제 : 노동자의 시민운동 참여

현재 한국의 노동운동(세력)은 제도화되었을 뿐만 아니라 정당정치와 밀접한 연관을 유지하는 가운데 정치적으로는 당파화, 경제적으로는 이익집단화, 사회적으로는 기득권세력화하는 보수적 성향을 나타내고 있다. 노동조합은 거대한 동원력과 재정기반을 갖춘 하나의 권력기구라고 규정해도 결코 과장이 아니다. 선진국의 경우에는 이미 오래 전에 발생한 사실이다. 과연 현재의 노동운동으로부터 새로운 시민사회의 구축에 필요한 새로운 추진력을 제공받을 수 있을까?[37]

그간 꾸준히 제기되어 온 노동운동과 시민운동의 연대는 조직적 수준에서의 운동단체들 간의 공식적 연대보다는 실천적 차원에서 소위 노동자가 시민운동에 참여하는 형식의 자율적인 연대를 만드는 것이 용이할 뿐만 아니라 더욱 효과적일 것 같다. 왜냐하면 새로운 노동단체를 만드는 것은 매우 어려운 과제이고, 현실적으로 노동자들이 시민운동에 참가하는 경우가 적지 않기 때문이다. 시민사회에는 이미 수많은 이익집단이 사적 이익의 보전을 위하여 활발하게 움직이고 있다. 시민운동의 존재 이유는 사적 이익보다는 공적 이익을 추구하는 것이므로 이익집단화되고 있는 노동단체와 직접 연대하는 것보다는 개별 노동자를 시민으로서 시민운동에 참여시켜 공익적 활동을 전개하도록 하는 것이 더 적절할 것 같다.

V. 결어 : 시민사회와 시민운동의 급진화를 기대하며

최근 (2008년 9월 25일) 매경 이코노미와 매경 리서치의 조사결과에 따르면, 자신을 중산층으로 간주한 사람은 28.7%에 불과하여 10년 전 외환위기 이전의 42.4%보다도 훨씬 적어 시민사회의 계층적 토대라고 할 수 있는 중산층의 붕괴가 심각함을 보여준다. 그러나 10년 후 중산층이 될 수 있다는 희망적 답변이 64.6%로 한국인 강력한 성취의지가 여전히 건재함을 보여준다. 시민사회의 안정적 토대를 구성하는 다수 중산층의 존재 여부는 시민사회와 시민운동의 미래 전망을 평가하는 데 매우 중요한 기준이다.[37] 한국 사회에 고유한 역동성을 제공하는 한국인의 높은 성취의지는 그것이 실현되지 못했을 경우 심한 박탈감과 좌절감에 빠지겠지만 현실의 위기를 극복하자면 사회적으로 필수적인 자원이 아닐 수 없다. 이 점에 있어서 한국 시민사회의 미래를 결코 비관적으로 전망해서는 안 된다.

특히 우리는 위기의 징후라고 부정적으로 평가하는 사실이 다른 차원에서 해석할 경우 긍정적 잠재력이 될 수 있다는 점을 상기할 필요가 있다. 예컨대 2008년 4·19 총선이 46%라는 역대 총선 사상 최저치를 기록했고, 특히 20대는 19%라는 충격적인 총선 불참을 기록했다. 이는 분명히 참여의 위기요, 위임의 위기이지만 현행 한국의 잘못된 국가정치 혹은 파행적인 권력정치에 대한 시민들의 날카로운 비판적 시민의식의 발로요, (소위 국민의 3대 의무의 하나에 대한) 시민불복종이라는 저항적 시민권의 행사라고 파악할 수도 있다.

향후 한국의 시민운동은 시민사회의 성숙을 나타내는 사회적 질(Social Quality)—"투명성, 안전성, 포용성 그리고 역능성"(이재열, 2008)—을 제고할 수 있도록 대안사회에 대한 전망과 열정을 구체화하는 급진성을 재발견해야 할 것이다.[37] 이를 위해 민주주의의 보루로서 한국 시민사회와 시민운동은 형식화 된 선거민주주의나 "공고화는 되었지만 내실 없는 공동화(空洞化) 민주주의(Hollow Democracy)"를 넘어 실질적인 민주주의 혹은 "질 높은 민주주의(Quality Democracy)를 추구해야 한다(임혁백, 2008).[39]

이제 우리는 조희연(2004)의 제안처럼 급진민주주의적 시민운동의 정책역량 강화를 통해서 "비정상성에 대한 저항에서 정상성에 대한 저항"으로 나아가야 하는가? 혹은 그 길도 모든 시민사회적 욕구와 저항들이 잡종화를 이루며 "세계시민이라는 생산적인 정체성 권력을 형성하는 탈국가주의적 탈영토화"(김성국, 2008 : 167)의 지평으로 가는 것은 아닌지?

주

1 "한국 민주주의가 역전 불가능하다"는 믿음은 "가장 근거 없는 생각"(윤상철, 2007 : 299)이라는 신중론은 민주주의의 내용이나 전개과정 혹은 실현방식에 관한 어떤 고정된 신념을 시사하는 것 같다. 민주주의는 문제가 많은 제도이지만 더 나은 것이 없기 때문에 선택되는 것일 뿐이며, 다양한 형태의 민주주의적 제도화와 실천 속에서 부단히 진퇴를 거듭하는 잡종적 실체이자 어쩌면 상상 혹은 환상의 산물이기도 하다. 독재체제나 전제주의를 두고서도 인민민주주의 혹은 민주집중제라고 해석하지 않는가. 모든 문명화된 인간사회가 권력관계의 조건을 회피할 수 없는 것이라면 민주주의나 시민사회의 존재 또한 역사적 조건일 수밖에 없다.

2 역동성을 (저항적) 시민사회의 속성으로, 균형성을 (질서의 수호자인) 국가의 역할로 개념화하지만(김성국, 2006 : 139), 국가위기가 심화되었을 경우나 시민참여에 의해 시민권력이 일상화된 직접민주주의의 조건에서는 시민사회가 역동적 균형의 이중복합적 역할을 동시에 수행할 수 있을 것이다.

3 앞으로 중국에서 시장사회주의가 시민사회의 발전과 어떤 상호작용을 할 것인지 매우 흥미롭다. 천안문 시위의 실패 이후 중국에서 이전까지 활성화되었던 시민사회에 관한 논의가 급속히 퇴조하였다는 사실은 사회주의적 시민사회의 길이 결코 용이한 것이 아님을 시사한다.

4 필자의 개념은 서구 시민사회를 표준으로 하여 규정된 것이지만 한국을 비롯한 비서구 지역에서도 널리 적용될 수 있다. 다만, 도덕적으로 시민사회가 비시민사회보다도 더 선하거나 더 우월다고 가치판단을 내리자면 매우 신중해야 할 것이다.

5 필자는 시민사회라는 하나의 개념을 전혀 상이한 두 의미로 사용하는 마술을 부리는 것이 아니라 한 개념의 두 가지 차원, 즉 동전의 양면을 보여줄 뿐이

다. 그리고 역사적으로 "억압적 · 착취적 국가로부터 저항적 · 자율적 시민사회의 분리"는 결코 "기이한 테제" (서관모, 2003 : 146)가 아니라 정치학 개론 수준의 검증된 명제이다. 그러므로 "정치적 주체로서의 시민(citizen)이 속한 곳은 국가(state)이다. 국가 외부에는 시민이 있을 수 없다. 그런데 우리의 시민사회론자들은 반대로 시민, 시민세력을 시민사회에 귀속시킨다"는 서관모(2003 : 147)의 비난은 자기 모순일 뿐이다. 시민사회는 없고 억압적 국가만 존재하였을 경우 신민(臣民)이 존재하는 것이고 시민사회의 형성과 함께 시민이 등장하는 것이다. 적어도 현 단계에서는 국가와 시민사회는 상호 규정적이다.

6 알렉산더(Alexander, 2006)는 시민사회를 여러 기능을 수행하는 다양한 사회영역의 하나인 시민적 영역(civil sphere)으로 개념화하지만, 동시에 타영역과 갈등을 일으키거나 타영역에 대해 영향력을 미치는 행위단위로서도 파악한다.

7 1920년대부터 한국에서는 민중이라는 개념이 자주 사용되는데, 신채호는 조선혁명선언(1923년)에서 "민중 직접 폭력혁명"을 주창하였다. 당시 민중이라는 개념은 "민족 저항운동이라는 관점을 배경으로 하면서" 광의로는 "피지배집단으로서의 조선 인민 전체"를, 협의로는 "그 중에서 일제의 지배에 저항하는 비특권층"을 지칭하는 것이었다(장상철, 2007 : 30).

8 한국의 학생운동은 조선시대 성균관 유생들의 집단행동으로부터 시작된 세계에서 가장 오랜 전통을 지닌다.

9 군사정권의 삭막한 철책과 무자비한 채찍 아래서 청춘기를 보낸 필자와 같은 세대에게는 그야말로 격세지감을 느끼게 하는 세태의 반전이다.

10 박정희 정권 이전과 이후의 모든 역사를 배제하고 그 기간 내의 사건과 사실에만 초점을 맞춘다면 박정희 정권은 독재체제로서 "나쁜 정권"이라고 단호히 평가할 수 있을 것이다. 그러나 전후의 맥락을 살피고 시야를 넓혀 시공간적으로 확대하여 세계적 공간과 세계적 시간의 차원에서 비교사적 차원에서 박정희 정권을 평가한다면 그것은 "성공한 나쁜 정권" 혹은 심지어 "성공한 좋은 정권"이라고까지 규정할 수도 있다. 끝이 좋으면 그 과정을 정당화 혹은 미화하는 것이 역사의 흐름이 아닌가.

11 이 점에서 87년 6월 항쟁과 87체제의 성립은 노동자로 대표되는 민중세력과 중간 제 계층으로 구성된 시민세력의 연합전선에 의해 이루어진 것이다. 이와 같은 맥락에서 한완상(1992)은 6월 항쟁을 한국적 시민세력의 자기 표현으로 간주하고 시민사회의 확장운동으로 이해한다.

12 그러나 유팔무(2004 : 113-114)에 의하면, 80년대 초반에 성장한 기층민중은 6월 항쟁에 직접적인 동력으로 작용하지 못했고, 민중적 경향은 시민적 경향에 대하여 주도적인 영향을 미치는 수준까지 발전하지 못하였으나, 저항

적인 시민사회는 내적 균열에도 불구하고 민주화라는 담론 하에 광범위한 연대를 형성하여 6·29선언을 이끌어낸다.

13 민중론에는 비주류적인 것으로 한완상(1984)과 한상진(1991)처럼 탈계급적 관점을 지닌 것도 있다. 민중(사회)론도 이후 시대의 변화와 함께 초기의 반체제적 급진성을 순화하면서 좌파 성향의 비판적 관점을 추구하는 패러다임으로 발전한다. 1980년대 민중담론에 관해서는 장상철(2007)을 참고할 것.

14 엄밀하게 말하자면 시민운동가의 정치권 진출은 그 자체로 비난의 대상이 되어서는 안 된다. 정치적 임무를 수행할 수 있는 자격과 능력을 갖추었다면 무방할 것이나 대부분의 경우 편향적인, 즉 연고주의적인 인사를 통하여 특정 단체의 시민운동가를 정치권력이 발탁하는 것이므로 공평한 인사원칙에 위배되는 경우가 발생하기 때문이다.

15 한국의 연고주의가 시민사회의 공동체적 발전에 긍정적 역할을 수행하였고 앞으로도 수행할 수 있다는 적극적 평가(유석춘 편저, 2002 ; 김성국, 1992 : 159-161)도 있다. "문화적 전통"을 비롯한 한국적 특수성(정철희, 2003 : 231) 혹은 "한국 사회에서 고유하게 작동하는 기제"(윤상철, 2005 : 91)는 시민사회를 이해하고 발전시키는 데 매우 중요하다.

16 원문에서는 "정치권력제일주의"로 표기하였으나 수정한다.

17 새롭게 추가된 항목임.

18 이후에도 단체 수는 지속적으로 증가했기 때문에 현재는 그 비중이 더 높을 것이다. 민간단체 총람에 의하면 시민사회운동단체는 2003년 3,937개(2006년은 5,556개) 정도로 이들의 약 57%가 수도권에 집중된 것으로 나타났다(김영래, 2003 : 20).

19 이와 관련된 구체적 내용을 알기 위해서 임현진(2001), 박재묵(2001)을 참고할 것.

20 시민운동가로서 시민운동의 선거참여에 관한 비판적 관점을 제공하는 박병옥(2004)을 참고할 것.

21 생태적 공동체운동은 지역운동과 결합되어 전개된다. 순환형 지역사회 만들기의 관점에서 사례 연구를 실시한 정규호(2008)를 참고할 것.

22 물론 여기에는 환경외적인 경제적 타당성의 여부, 정치적 당파성에 의한 반대 등의 요인도 작용하였다.

23 오늘날 에너지 부족이 점점 심각해지는 현실에서 반핵운동의 중요성도 더욱 증가할 것이다. 원자력발전소 건립의 찬반 여부를 떠나 의사결정 과정에서 전문성과 시민참여성이 먼저 확보되어야 한다(이효선, 1997 : 197).

24 그러나 남녀평등의 정도를 국제적으로 비교하면 그 상황은 매우 우울하다. 스위스 제네바 소재 세계경제포럼(WEF)이 2008년 11월 11일에 발표한 『2008 글로벌 성(性) 격차 보고서』에 따르면 한국은 올해 조사 대상인 130개국 가

운데 108위를 차지해 최하위권에 머물렀다(2007년은 128개국 중 97위). 한국은 교육성취(99위), 건강과 생존(107위), 경제참여 기회/고용(110위), 정치권한 부여(102위) 등 4개 부문에서 불평등 상황을 계량화한 '성 격차 지수'(Gender Gap Index)에서 완전 평등을 1, 완전 불평등을 0으로 볼 때, 작년 0.6409에서 올해 0.6154로 하락하였다. 국가별로는 노르웨이가 1위, 핀란드가 2위, 스웨덴이 3위를 기록했고, 아이슬란드, 뉴질랜드, 필리핀, 덴마크, 아일랜드, 네덜란드, 라트비아가 4-10위를 차지했으며, 미국이 27위, 중국이 57위, 일본이 98위 등이었고 파키스탄, 사우디 아라비아, 예멘 등이 최하위권을 기록했다. 전 세계적으로 부국이나 빈국에 관계없이 교육성취도나 건강과 생존의 항목에서는 거의 평등해졌지만 정치와 경제의 참여에서는 여전히 여성이 남성에 비해 크게 떨어지는 것으로 나타났다.

25 소수자 및 내부자의 관점을 중시하면서 근절 대 규제의 이분법을 넘어서려는 최근의 연구로서 막달레나의 집(2005)과 막달네나공동체 용감한 여성연구소(2007a, 2007b)를 참고할 것.

26 이와 관련된 연구로 장세훈(2002)을 참고할 것.

27 소수자 연구에 관한 사회학과 인류학의 공동 연구인 최협 · 김성국 · 정근식 · 유명기(2004)를 참고할 것.

28 민주화 이후의 인권 문제와 인권운동에 관해서 이재승(2007)을 참고할 것.

29 물론 대부분의 시민운동은 장기적이고 대안사회적인 운동목표를 명목상으로는 추구한다.

30 대안운동에 관한 한국(우리밀 살리기 운동), 일본(대안무역운동), 네덜란드(Clean Clothes Campaign)의 사례를 비교 연구한 이정옥(2002)을 참고할 것.

31 시민운동의 위기를 나타내는 지표로서 시미운동단체에 대한 신뢰도 저하를 제시할 수 있다. 시민운동단체는 집단별 신뢰도 조사에서 2004년의 1위에서 2005년 3위로, 파워집단의 대상조사에서 참여연대의 신뢰도는 8위에서 15위로 하락한 것으로 나타나고 있다(경향신문특별취재팀, 2007 : 143-144). 아울러 시민운동단체의 정부비판적 성향 혹은 정치적 비당파성을 함축하는 표현으로서 사용된 Non-Governmental Oraganization 대신에 최근 Near, Next, New Governmental Organization이라는 희화적 용어가 등장하고 있다. 2000년 시사저널(2000년 11월 9일)이 실시한 여론조사, "한국을 움직이는 가장 영향력 있는 집단 혹은 세력(대통령 제외)"에서 시민단체(25%)는 정치권 (27%)에 이어 2위를 차지하였으며 3위 민주당(16.2%), 4위 한나라당(14.9%)을 압도하고 있었다.

32 한국 시민운동을 이념적으로 상이하게 대표한다고 간주되는 두 단체인 경실련과 참여연대를 다양한 차원에서 경험적 자료를 토대로 비판적으로 평가하는 유석춘 · 김용민(2002)을 참고할 것. 이미 1999년의 경우, 서울시민을

대상으로 한 여론조사에서 "시민운동에 대해 매우 잘 알고 있다"고 응답한 사람은 2.1%에 불과하고, 60%에 가까운 사람들은 "시민운동이 무엇을 하는 것인지 모른다"고 응답하였다(조대엽, 1999 : 292). 시민운동에 참여하는 사람은 전 국민의 1% 정도로 추산되었다.

33 한국 시민운동 선구자의 하나라 할 수 있는 YWCA는 일찍부터 경영적 관점을 운동방식에 접목시켜 재정적 안정을 확보하는 성공을 거두었다. 2002년부터 2004년에 걸친 윤상철(2005a)의 조사에 의하면 시민운동에는 경제적 어려움으로 인한 인적 재생산(즉 상근활동가 체제 유지)의 위기가 매우 심각하여 직업으로서 사회운동가의 전망이 매우 불투명한 상황이다.

34 불행히도 사회적 기업의 지속 가능성을 보장하는 생존률(5% 정도로 추산)은 매우 낮다. 모든 시민운동단체가 사회적 기업화를 시도할 필요는 없을 것이다.

35 그러나 권력정치에 대한 꿈을 버리지 못하는 기존의 "정치화된 시민운동"은 급속히 다원화, 잡종화되고 있는 시민들의 이해관계를 제대로 반영하지 못할 것이다.

36 대안사회에 관한 기대를 포기하지 않는 필자와 같은 시민사회론자는 21세기의 변화된 경제여건에 적합한 새로운 탈근대적 생활정치형 · 경제공동체형 노동운동의 출현을 기다리고 있다.

37 여기서 필자가 중산층 주도의 시민사회나 시민운동만을 주장하는 것은 아니다. 소수자운동과 같이 사회적 약자가 중심이 되는 운동도 얼마든지 가능하다. 다만 한 사회가 경제적으로 중산층사회로 진입할 경우에만 시민사회와 시민운동이 활성화될 수 있는 인적 · 물적 토대가 안정적으로 제공될 수 있다는 점을 강조하고자 하기 때문이다.

38 필자가 상정하는 시민운동의 급진화는 기존의 민중주의적 실천논리를 따라서 (이미 주류를 형성하거나 기득권을 확보한) 진보이념–진보정당과의 연대형성으로 나아가는 것이 아니다. 21세기에도 지속 가능한 새로운 진보를 모색하면서 탈권력추구형 운동노선 위에서 새로운 대안적 가치들을 제도화와 내면화의 끊임없는 긴장 속에서 심화 · 확장시키는 사회적 잡종화에 먼저 주력하는 것이다. 총체화의 논리로서 진보 개념은 더 이상 급진적이 아니다. 잡종화는 총체화의 분화–해체–전화의 자기 조직적 혹은 자동생산적 과정이다.

39 진보적 관점에서 87년 이후 민주화 과정 20년을 비판적으로 검토하는 김정훈(2007 : 60–63)에 의하면, 정치와 경제민주주의의 한계에도 불구하고 사회문화적 민주주의가 성숙했지만, 최근 후자 또한 후퇴하는 징후가 있다면서 "기로에 선 한국 민주주의"를 재도약시키기 위해서 "한국의 시민사회, 보다 정확히는 진보적 시민의 힘"을 기대한다. 보다 구체적으로 홍성태(2007)

는 민주주의의 지평을 단순히 확대하는 것이 아니라 "더욱 완전한 민주주의를 추구"하기 위해서는 기존의 자유민주주의, 사회민주주의의 축적 위에서 생태적 민주주의를 발전시킬 것을 제안한다. 21세기와 더불어 생태환경적 혹은 생명평화적 관점은 모든 시민사회운동의 핵심적 가치로 수용될 것 같다. 이와 관련된 필자의 입장과 가장 친화적인 내용은 촘스키(Noam Chomsky)의 리버테어리언 사회주의(libertarian socialism, 아나키스트 시각에서 보다 정확하게 규정하면 syndicalist anarchism) 혹은 고진(Katarani Kojin)의 어소시에이션(association)을 활용하고자 하는 구도완 · 여형범(2008)에게서 발견할 수 있다. 탈근대 아나키스트들은 "국가의 강고함과 불가피성을 간과하는 순진함" 대신에 "권력의 생산성과 국가의 급진적 재구성을 기획하는 실용성"을 추구한다.

참·고·문·헌

구도완 · 여형범. 2008. “대안적 발전 : 생태적 공동체와 어소시에이션을 넘어.” 『경제와 사회』 78 : 83–106.

김경희. 2003. “한국 여성운동의 참가의 정치 : 1990년대 이후의 여성운동을 중심으로.” 『NGO연구』 1–1 : 121–146.

김성국. 1992. “한국 자본주의 발전과 시민사회의 성격.” 한국사회학회 · 한국정치학회 편. 『한국의 국가와 시민사회』. 한울. pp. 149–169.

______. 1998. “국가와 시민사회의 변화.” 안계춘 편. 『광복 50년 한국 사회와 사회학』. 나남출판. pp. 339–365.

______. 1999. “한국 시민사회의 구조적 불안정성과 시민권력 형성의 과제.” 김일철 외. 『한국 사회의 구조론적 이해』. 아르케. pp. 299–343.

______. 2006. “역동적 시민사회와 균형적 국가발전.” 한상진 외. 『민주정치와 균형외교』. 나남출판. pp. 133–166.

______. 2008. “아나키스트적 시각에서 본 5 · 18.” 성공회대 민주주의와 사회운동연구소 · 전남대 5 · 18연구소 주최 심포지엄 자료집. 『5 · 18정신을 다시 생각한다 : 새로운 성찰적 시각에서』. pp. 154–168 (근간 예정).

김영래. 2003. “한국 시민사회운동의 현황과 발전과제.” 『NGO연구』 2–1 : 23–33.

김정훈. 2007. “민주화 20년의 한국 사회 : 기로에 선 한국 민주주의.” 『경제와 사회』 74 : 34–65.

김종길. 2008. 『사이버트렌드 2.0』. 집문당.

막달레나의 집 편. 2005. 『용감한 여성들, 늑대를 타고 달리는』. 삼인.

막달레나공동체 용감한 여성연구소. 2007a. 『경계와 차이 사이 틈새 : 성매매 공간의 다면성과 삶의 권리』. 그린비.

막달레나공동체 용감한 여성연구소. 2007b. 『붉은 벨벳앨범 속의 여인』. 그린비.
박재묵. 2001. “한국 시민운동의 정치세력화 방향.” 권태환 외. 『신사회운동의 사회학』. 서울대학교출판부. pp. 437-461.
박병옥. 2004. “17대 총선, 시민운동과 경실련.” 『NGO연구』 1-1 : 121-146.
진덕규. 1992. “미군정 시대 정치사회의 시민사회적 함의성에 대하여.” 한국사회학회 · 한국정치학회 편. 『한국의 국가와 시민사회』. 한울.
서관모. 2003. “시민사회 담론의 혼란과 문제점.” 한국산업사회 편. 『김진균 교수 정년기념논총 1 : 사회이론과 사회변혁』. 한울. pp. 136-155.
설동훈. 2003. “한국의 외국인 노동자 운동, 1992-2002년.” 김진균 편. 『저항, 연대, 기억의 정치 2』. 문화과학사. pp. 76-99.
______. 2005. “한국의 이주노동자 운동.” 윤수종 편. 『우리 시대의 소수자 운동』. 이학사.
여성문화이론연구소. 2007. 『성노동 운동』. 여이연.
유석춘 편저. 2002. 『한국의 시민사회, 연고집단, 사회자본』. 자유기업원.
유석춘 · 김용민. 2002. “한국 시민단체의 목적전치 : 경실련과 참여연대를 중심으로.” 유석춘 편저. 『한국의 시민사회, 연고집단, 사회자본』. 자유기업원. pp. 33-78.
유팔무. 2004. 『한국의 시민사회와 새로운 진보』. 논형.
윤상철. 2005a. “1990년대 한국 사회운동 : 분립과 중앙집중성.” 『경제와 사회』 66 : 39-71.
______. 2005b. “현실 사회운동의 분출과 연구의 상대적 지체(2000-2004).” 『경제와 사회』 65 : 73-95.
______. 2007. “어떤 민주주의를 어떻게 이룰 것인가?” 『경제와 사회』 66 : 290-300.
윤수종. 2005. “소수자 운동의 특성과 사회운동의 방향.” 『경제와 사회』 67 : 12-38.
이시재. 1998. “한국의 사회운동.” 안계춘 편. 『광복 50년 한국 사회와 사회학』. 나남출판. pp. 309-338.
이재승. 2007. “민주화 이후 인권 문제의 전개양상.” 학술단체협의회 · 민주화운동기념사업회 편. 『한국 민주주의의 현실과 도전 : 6월 항쟁 그 이후』. 한울. pp. 97-123.
이재열. 2008. “성장사회에서 성숙사회로 : 사회의 질 제고를 위한 비전.” 건국 60주년 기념 한국 사회학회 특별심포지움 1 발표논문집. 『한국 사회 : 어제, 오늘, 내일』. pp. 5-39.
이정옥. 2002. “세계화와 대안운동의 전개 : 생산참여형 소비자 운동의 사례를 중심으로.” 시민사회포럼 중앙일보시민사회연구소 편. 『시민사회와 시민운동』.

아르케. pp. 373–409.
이효선. 1997.『현대 한국의 시민운동』. 집문당.
임혁백. 2008. “선진 한국 정치의 비전과 리더십.” 한국행정학회 · 학국정치학회 공동주최 건국 60주년 기념 학술세미나 발표논문.
임현진. 2001. “사회운동의 정치세력화는 가능한가? : 국제경험에 비춘 한국의 현실과 전망.” 권태환 외.『신사회운동의 사회학』. 서울대학교출판부. pp. 407–435.
장상철. 2007. “1970–80년대 민주화운동과 민중담론.” 정철희 외.『상징에서 동원으로 : 1980년대 민주화운동의 문화적 동학』. 이학사. pp. 27–55.
장세훈. 2002. “지방자치 시대 지역운동의 현실과 전망.”『경제와 사회』53.
정규호. 2008. “생태적 (지역) 공동체 운동의 의미와 역할 및 과제.”『경제와 사회』78 : 57–82.
정철희. 2003.『한국 시민사회의 궤적 : 1970년대 이후 시민사회의 동학』. 아르케.
조대엽. 1999.『한국의 시민운동』. 나남출판.
조명래. 2005. “지역균형발전과 NGO역할의 가능성과 한계.”『NGO연구』3–1 : 219–248.
조희연. 2004.『비정상성에 대한 저항에서 정상성에 대한 저항으로』, 아르케.
주성수. 2002. “정부와 NGO의 새로운 관계 설정.” 시민사회포럼 중앙일보시민사회연구소 편.『시민사회와 시민운동』. 아르케. pp. 245–264.
최협 · 김성국 · 정근식 · 유명기 편. 2004.『한국의 소수자, 실태와 전망』, 한울.
한상진. 1991.『중민이론의 탐색』, 문학과 지성사.
한완상. 1984.『민중사회학』. 종로서적.
______. 1992. “한국에서 시민사회와 국가 그리고 계급 : 과연 시민사회운동은 개량주의적 선택인가.” 한국사회학회 · 한국정치학회 편.『한국의 국가와 시민사회』. 한울. pp. 7–25.
허성우. 2007. “민주화 이후 자유주의 개혁주의적 젠더정치학의 성과와 한계.” 학술단체협의회 편.『한국 민주주의의 현실과 도전』. 한울. pp. 187–227.
홍성태. 2007. “민주화의 민주화 : 생태적 복지국가를 향하여.”『경제와 사회』74 : 10–33.

Alexander, Jeffery C., 2006, *The Civil Sphere*, New York : Oxford University of Oklahoma Press.
Huntington, Samuel P., 1991, *The Third Wave : Democratization in the Late Twentieth Century*, Norman : University of Oklahoma Press.

건국 후 한국의 산업 및 직업구조 변동

유홍준_ 성균관대학교 사회학과

우리나라는 1948년 건국 후 곧바로 전쟁의 참화를 겪게 되었다. 이에 따라 일제 강점기의 부산물로서 그나마 존재하던 산업기반과 사회간접자본이 거의 파괴되면서 전형적인 '가난한 농업국가'의 모습을 띠게 되었고, 농업 이외의 산업은 보잘 것 없는 형편이었다.

그러던 중 박정희 정권의 등장에 따라 1960년대 초반 산업화를 시작한 이후 경제발전이 진행되면서 빠른 속도로 산업구조의 변화를 겪어 왔으며, 이에 따라 노동시장에도 커다란 구조변동이 초래되어 직업구조의 변화를 낳게 되었다.

I. 산업구조의 변화

1. 산업별 구성의 변화

한 사회의 산업구조를 확인하는 가장 개괄적인 방법은 1, 2, 3차 산업으로 분류되는 방식을 따라 각 산업별 경제활동 인구의 구성이나 각 산업의 국민총생산(GNP)에 대한 기여도를 확인하는 것이다. 〈표 1〉은 우리나라의 해당 연도별 취업자, 실업률과 제1차 산업(농림어업), 제2차 산업(광공업), 제3차 산업(사회간접자본 및 기타 서비스업)의 취업자 구성비를 보여주고 있고,[1] 〈그림 1〉은 구성비의 추세를 보여준다.

우리나라의 경제활동 인구와 취업자는 지속적으로 그 규모가 증가해 왔고, 산업화 이후 실업률은 많이 떨어져서 외환위기 전까지는 비교적 낮은 수준에서 안정적인 양상을 보였다. 산업별 취업자 구성비를 살펴보면, 산업화의 영향으로 제1차 산업의 구성비는 급격하게 감소해서 1970년까지도 50%를 넘던 구성비가 현재 8% 아래로 떨어진 상태이다. 산업화는 제조업의 팽창을 초래하였기 때문에 제2차 산업의 취업자 구성비는 꾸준히 상승하여 1966년에 10.8%였다가 1980년대 후반에 28%대로 정점을 이루었고, 1990년에는 27.6%였다가 이후 감소 추세를 보이고 있다. 본격적인 산업화에도 불구하고 제조업을 근간으로 하는 제2차 산업의 구성비가 30%에도 미치지 못한 점이 뜻밖으로 여겨질 수도 있으나, 선진 산업사회들의 경우에도 제조업의 노동력 구성비가 30%를 넘은 경우는 일반적이지 않다.[2]

표 1_ 산업별 취업자 구성 변화

(단위 : %)

	취업자 (천 명)	실업률	농림어업	광공업	사회간접자본 및 기타 서비스업
1943	9,022	4.7	85.7	6.2	8.1
1963	7,653	8.1	63.0	8.7	28.3
1966	8,326	7.2	57.8	10.8	31.4
1970	9,618	4.5	50.4	14.3	35.3
1980	13,684	5.3	34.0	22.5	43.5
1990	18,085	2.5	18.0	27.5	54.4
2000	21,061	4.1	10.9	20.2	68.9
2005	22,856	3.5	7.9	18.6	73.5

출처 : KLI DB에서 재구성. 1943년 자료는 통계청 DB에서 재구성.[4]

그림 1_ 산업별 노동력 구성률 변화 추세

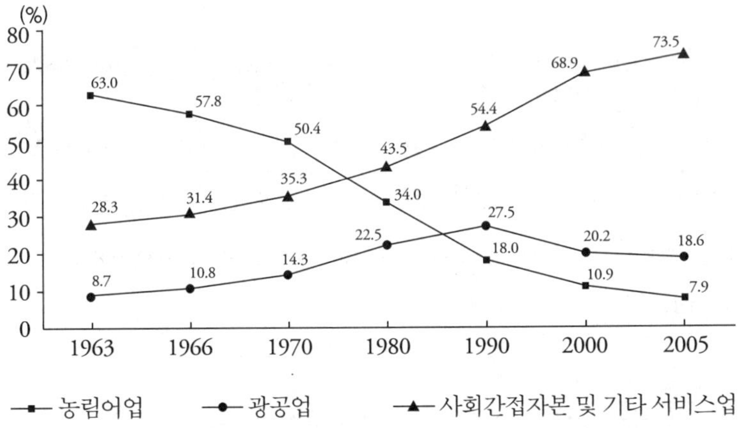

한편, 제3차 산업의 구성비는 제1차 산업의 감소율을 대부분 수용하는 추세로 지속적인 상승을 해왔다. 1985년에는 그 구성비가 50%를 넘어서게 되었고, 현재는 75% 가까운 구성비를 나타낸다.

이러한 제3차 산업의 비중 증대가 '탈산업사회' 혹은 '정보사회'의 등장을 나타내는 한 지표로 이해되기도 한다.[3]

2. 실업률과 경제활동 참가율의 변화

(1) 실업률

한국 경제는 지난 40여 년간 고도 성장을 이룩하여 1963-1997년까지 연평균 경제성장률이 7.5%에 달했으며, 이에 따라 많은 일자리가 창출되어 높은 고용흡수력을 유지해 왔다. 그러나 경제위기 이후 실업률이 높아졌으며, 산업화 단계별로 실업률의 변화는 일정한 유형을 나타내기 때문에 이를 상세히 살펴보면 다음과 같다(〈표 1〉 참조).

① 제1기(1963-1972년) : 고성장 고실업기

1963-1972년 기간 중 연평균 실업률은 5.8%를 기록하였다. 그러나 수입대체 산업화 및 경공업을 중심으로 한 고도 경제성장에 따른 높은 노동수요의 증가로 인해, 실업률은 1963년 8.1%에서 1972년에는 4.5%로 급격하게 낮아졌다.

② 제2기(1973-1978년) : 고성장 중실업기

1973-1978년 기간 동안 연평균 실업률은 3.8%로 전기에 비해 낮아졌다. 이는 경제개발 5개년계획이 본격적으로 궤도에 접어들고 경공업 및 70년대 중반 이후 중화학공업 위주의 경제성장이 이루어짐에 따라 노동수요가 지속적으로 증가하여 고용규모가 크게 확대되

었기 때문이다. 하지만 인구증가, 이농(離農)과 경제활동 참가율의 증가로 인해 노동공급 측면에서도 큰 증가를 보였던 시기이다.

제1기와 제2기의 높은 취업자 증가는 주로 제조업 중심으로 이루어졌다. 정부 주도의 경제개발계획에 따른 급속한 산업화의 진전이 제1기의 경우 경공업 부문 중심으로, 그리고 제2기의 경우 중화학공업과 건설업 부문 중심으로 이루어진 결과이다.

③ 제3기(1979-1986년) : 중성장 중실업기

1979-1986년 기간 동안 연평균 실업률은 3.9%로 제2기와 비슷한 수준을 기록하는데, 이는 경제성장률이 연평균 7%로 전기에 비해 크게 낮아졌기 때문이다. 이 기간은 전반적으로 고성장 기조가 유지되기는 하였지만 산업구조가 노동집약적 산업에서 자본집약적 산업으로 변화하는 과도기이며, 당시의 정치 · 사회적 불안정과 오일쇼크의 여파 등으로 경제성장률의 부침이 심했던 시기이다. 제3기의 경우 제조업 부문의 취업증가율은 크게 둔화되는 반면, 주로 제3차 서비스업 중심으로 취업증가가 이루어져서 고용구조가 서비스 산업 중심으로 급속히 재편되었다.

④ 제4기(1987-1997년) : 중성장 저실업기

1987년의 노동자 대파업 이후 외환위기 이전까지에 해당하는 이 기간 동안 연평균 실업률은 2.4%로 거의 완전고용 상태를 기록하였다. 이 기간의 초기에는 소위 3저(저환율, 저유가, 저금리) 호황으로 두 자리 수의 성장률을 기록하기도 하였지만, 노사관계의 변화와 대외 경제환경의 급변으로 말미암아 경제의 구조조정이 필요한 상황이 전개되었다.

⑤ 제5기(1998년 이후) : **안정성장 하 고실업기**

1997년 말의 외환위기로 인해 노동시장 여건이 급격하게 악화되고 8.5%에까지 이르는 고실업상황이 전개되기도 하였다. 취업자 증가율이 1984년 이후 처음으로 마이너스 성장을 기록하였고 경제활동 인구도 감소하였다. 경제 전반에 걸친 구조조정에 따라 경제성장률도 이전에 비해 낮아지고 상당한 수준의 실질적인 고실업이 지속될 전망이다.

(2) 경제활동 참가 추세의 변화

2005년 현재 우리나라의 노동력 인구(15세 이상 인구)는 38,055천 명이며, 이 중 경제활동 인구는 23,743천 명으로서 경제활동 참가율은 62.0%이다. 〈표 2〉와 〈그림 2〉는 제1차 경제개발 5개년계획이 시행되면서 경제 관련 통계조사가 시작된 1963년 이후 우리나라 인구의 경제활동 참가 변화 추이를 성별로 비교하여 보여주고 있다.

표 2_ 경제활동 인구의 변화

(단위 : 천 명, %)

	1963	1970	1980	1990	2000	2005
총 인구	27,262	32,241	38,124	42,869	47,275	48,294
15세 이상 인구	14,551	17,468	24,463	30,887	36,139	38,055
경제활동 인구	8,230	10,062	14,431	18,539	21,950	23,743
(참가율)	56.6	57.6	59.0	60.6	60.7	62.0
남 성	78.4	77.9	76.4	73.9	74.0	74.6
여 성	40.0	39.3	42.8	47.0	48.3	50.1

출처 : KLI DB에서 재구성.

그림 2_ 남성과 여성 경제활동 참가율 변화 추세

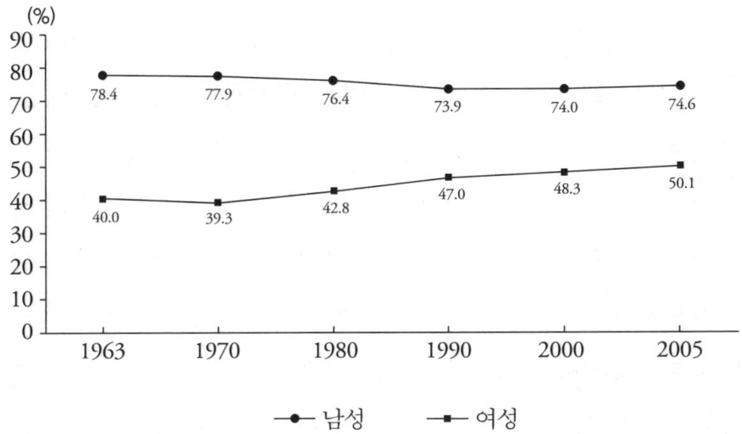

〈표 2〉와 〈그림 2〉에 나타난 주요한 변화의 경향을 정리하면 다음과 같다.

첫째, 총 인구는 1963년 27,262천 명에서 2005년 48,294천 명으로 77%가 늘었는데, 이 중 15세 이상의 인구는 1963년의 14,551천 명에서 2005년에는 38,055천 명으로 2.6배가 되었다. 따라서 총 인구가 동 기간 중 꾸준히 증가해 오는 가운데 노동력 인구가 훨씬 빠른 속도로 증가해 왔음을 알 수 있다.[5]

둘째, 우리나라 노동력 인구의 경제활동 참가율은 80년대 초·중반의 몇 해와[6] 1997년 말 IMF 구제금융 신청에 따른 경제위기 기간을 제외하면 지속적으로 약간씩 증가해 왔다. 2005년 현재의 경제활동 참가율은 62.0%로서 45년 전인 1963년에 비해 약 5.4% 가량 증가한 것이다.[7]

셋째, 2005년 현재 우리나라 남성의 경제활동 참가율은 74.6%이고 여성의 경제활동 참가율은 50.1%이다. 경제활동 참가율에 있어서 남성과 여성 간의 격차가 뚜렷하게 유지되고 있기는 하지만 여성의 경제활동 참가율이 35년간 약 10% 포인트 증가하고 있음을 보여준다. 구체적으로 살펴보면 남성의 경제활동 참가율이 1970년의 최고 77.9%와 1985년의 최저 72.3% 사이에서 등락을 하고 있는 반면에 여성의 경우 1985년과 외환위기 이후의 감소를 제외하고는[8] 꾸준히 상승했다. 이러한 시계열적(時系列的) 추이로 볼 때 남성의 경제활동 참가율은 거의 포화상태에 이른 반면에 지난 30년간 이루어진 경제활동 참가율의 증가가 주로 여성 경제활동 참가율의 증가를 반영하는 현상이라는 것을 알 수 있다.[9] 이러한 추세는 장래의 노동력 공급도 주로 여성 노동력의 활용을 통해 이루어질 여지가 크다는 점을 시사하고 있다.

II. 직업구조의 변화

1960년대 이래의 급격한 산업화는 직업구조를 크게 변화시켰다. 공업화와 도시화는 1차산업(농림어업) 인구의 절대 수와 비율을 감소시키는 한편 2차 및 3차 산업 인구의 비율을 증가시켜 왔고, 교육 수준의 향상에 따라 노동력의 질과 구성에도 변화를 초래했다. 여성들의 경제활동참여가 증대하면서 성별 직종분리 현상이 나타나기도 하였고, 근래에는 남성들에 의해 독점되어 왔던 직종에 여성들의 진출이 현저하게 늘면서 전통적으로 성별로 분리되어 왔던 직종에도 성별 혼재(混在)현상이 나타나고 있기도 하다.

1. 한국의 직업구조

1992년에 이루어진 '한국표준직업분류' 제4차 개정에서는 담당업무와 직업별 직능 수준에 따라 대분류 10개로 분류하였고, 1995년 인구 센서스에 처음 적용하였다.[10]

2005년 현재 대분류 수준에서의 직업범주별 분포는 〈표 4〉에서 확인할 수 있다. 2005년 현재 가장 큰 비중을 차지하고 있는 직업범주는 24.7%를 차지하는 '서비스 근로자 및 상점과 시장판매 근로자' 이며,[11] 그 뒤를 이어 '사무직' (14.3%), '장치, 기계조작원 및 조립원' (11.2%) 등의 순서로 나타난다.

직업범주별로 성별 구성을 보면 거의 대부분의 직업범주에서 남성의 비중이 크지만 '서비스 종사자' 중에는 69.8%가 여성이고, '판매 종사자' 의 54.4%, '사무직' 의 50.6%가 여성으로서 반 이상의 구성비율을 보이는 직업범주들이다. 남성의 구성비가 특히 높은 범주는 군인(98.0%), '입법공무원, 고위임직원 및 관리자' (92.2%), '장치, 기계조작원 및 조립원' (86.4%), '기능원 및 관련 기능 근로자' (84.1%), '기술공, 준전문가' (67.4%) 등이다.

표 3_ 대분류 직업별 취업자 수와 구성비율(구직업분류) : 1963-1990

(단위 : 천 명, %)

		1963	1966	1970	1980	1990
0/1	전문직 기술직	247 (3.3)	257 (3.1)	462 (4.8)	549 (4.0)	1,307 (7.2)
		21.5	16.7	18.4	32.1	42.5
2	행정직 관리직	–	–	–	183 (1.3)	268 (1.5)
					4.7	4.1
3	사무직	266 (3.5)	396 (4.8)	575 (6.0)	1,268 (9.3)	2,352 (13.0)
		11.3	9.8	13.4	32.7	39.9
4	판매직	765 (10.1)	982 (11.8)	1,194 (12.4)	1,984 (14.5)	2,627 (14.5)
		44.8	44.1	42.6	43.7	47.5
5	서비스직	393 (5.2)	465 (5.6)	615 (6.4)	1,078 (7.9)	2,017 (11.2)
		43.0	44.9	56.7	58.0	60.9
6	농림 수산업직	4,760 (62.9)	4,833 (58.1)	4,827 (50.2)	4,648 (34.0)	3,216 (17.8)
		38.1	38.7	42.3	43.8	46.3
7/8/9	생산운수 장비운전 단순노무직	1,131 (15.0)	1,391 (16.7)	1,944 (20.2)	3,974 (29.0)	6,298 (34.8)
		19.6	22.1	23.3	27.6	30.2
전체		7,563	8,325	9,617	13,684	18,085

(음영)는 여성 비율.

출처 : 통계청 DB에서 재구성.

표 4_ 대분류 직업별 취업자 수와 구성비율(신직업분류) : 1993-2005

(단위 : 천 명, %)

		1995	2000	2005
1	입법공무원, 고위 임직원 및 관리자	524(2.6)	485(2.3)	574(2.5)
		4.4	4.9	7.8
2	전문가	972(4.8)	1,369(6.5)	1,839(8.0)
		35.3	42.7	46.8
3	기술공, 준전문가	1,841(9.0)	2,028(9.6)	2,363(10.3)
		30.2	27.7	32.3
4	사무직	2,520(12.3)	2,409(11.4)	3,269(14.3)
		50.9	50.5	50.6
5	서비스, 판매직	4,484(21.9)	5,505(26.1)	5,625(24.7)
		59.0	54.9	62.5
6	농림어업	2,382(11.7)	2,155(10.2)	1,708(7.5)
		46.6	46.3	44.8
7	기능원	3,227(15.8)	2,666(12.7)	2,436(10.7)
		24.4	23.4	15.9
8	장치, 기계 조작원 및 조립원	2,187(10.7)	2,284(10.8)	2,563(11.2)
		14.2	13.4	13.6
9	단순노무직	2,296(11.2)	2,159(10.3)	2,479(10.8)
		52.1	46.9	47.7
전체		20,433	21,061	22,856

(음영)는 여성 비율.

출처 : 통계청 DB에서 재구성.

그림 3_ 직업별 구성비 변화 추세

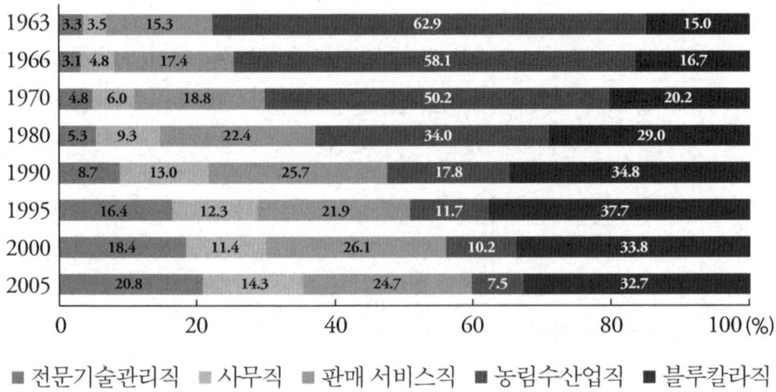

2. 한국 직업구조의 변화

〈표 3〉, 〈표 4〉 및 〈그림 3〉을 참조하여 산업화의 진전에 따라 대분류 직업별 구성비율의 변화 추이를 살펴보면 다음과 같다.

첫째, 우리나라는 공업화의 진전에 따라 농 · 임 · 어업직 종사자가 급격하게 감소해 왔다. 1963년에 전체 취업자의 62.9%를 차지했으나 70년대에는 50% 밑으로 떨어지고 80년대 중반에는 30% 밑으로 급속히 감소하였고, 90년대 들어서는 20%에도 미치지 못하는 구성비율을 보이고 있다. 최근 5년간의 구성비는 10% 미만이다. 이 직업군의 여성 취업자 비율은 1966년에 38.7%였으나 70–80년대에는 40% 초반대로 구성비가 증가했으며, 90년대 들어서는 45–47% 선의 구성비를 나타내고 있다. 2005 현재 여성 비율은 44.8%이다.

둘째, 제조산업의 팽창에 따라 생산직 종사자(대분류 7, 8 및 9 직업군)가 1963년 15.0%에서 1990년에는 34.8%까지 팽창하여 취업인구 중 가장 높은 비율의 직업군이 되었다가 이후 약간의 감소 추세를 보이고 있다. 이 직업군에 속하는 여성 취업자 비율은 대체로 20%선을 유지해 왔는데, 1995년 이후 '장치, 기계조작원 및 조립원'의 여성 비율은 13-14%선으로 감소하고 있다.

셋째, 사무직 종사자는 1963년의 3.5%에서 2005년 현재 14.3%로 약 4배 이상 성장하였다. 산업화에 따른 조직의 팽창으로 인해 빠른 속도로 증가해 온 사무직은 1990년대 들어서 완만한 감소 추세를 보였고, 외환위기 이후 2000년대 초반까지 감소 추세였으나 이후 다시 크게 증가추세를 보이고 있다. 사무직에서 여성의 구성비율은 직업 대분류상의 어떤 직종보다도 빠르게 증가해 온 양상을 보이고 있다. 즉 1966년에는 사무직 종사자 중 여성 비율이 9.8%에 불과했으나 1975년과 80년, 90년에 각각 20%, 30%, 40%를 넘어섰고, 1995년에는 전체 사무직의 반 이상을 차지하게 되었으며, 경제위기로 인해 그 구성비가 약간 떨어졌다가 다시 상승하여 2000년과 2005년 현재 각각 50.5%, 50.6%의 구성비를 나타낸다.

넷째, 판매직과 서비스직은 1992년에 표준직업분류체계가 개정되기 이전까지는 대분류 4, 5로 구분되었다가 이후 통합 산정되었기 때문에 변화 추이를 완벽하게 비교하기는 곤란하다. 2005년 현재 서비스직의 구성비는 전체 취업자의 13.0%, 판매직의 구성비는 11.7%로서 두 직업범주를 합치면 24.7%이다. 구직업분류에 따르면 1985년에 서비스직 10.8%, 판매직 15.5%의 구성비를 보이고 있어서 지난 15년간 서비스직이 상대적으로 약간 더 증가하고 판매직이 약간 감소한 추세를 보이지만 두 직업범주를 합친 구성비는 대체로 별 변화가 없다고 볼 수 있다. 동기간 중 정보사회로의 진전이 중요한 논의의 초점이었던 점을 생각하면 의외의 현상으로 여겨질 수도 있다.

1966년에도 이미 서비스직의 구성비는 5.6%, 판매직은 11.8%로서 합치면 17.4%의 구성비를 차지하고 있었다.[12] 직종 내 여성 구성비율은 농림어업보다도 높아서 그 비율이 가장 높은 직업군에 해당한다. 1963년에 판매직과 서비스직의 44% 정도가 여성이었으며, 그 비중은 1980년경에 50%선을 넘었고, 현재는 60%가 넘는다.

다섯째, 전문·기술직, 행정·관리직 종사자의 비중은 1963-2005년 기간 중 그 절대 비중은 별로 크지 않지만 대체로 그 비율이 지속적으로 커진 양상을 보이고 있다. 구·신 직업분류체계에서 범주가 새로이 구성되었기 때문에 단순비교는 어렵지만 전문가와 기술직 종사자는 꾸준히 증가하고 있으며, 그 추세는 1990년 이후에도 지속되고 있다. 산업화 초기와 비교해서는 그 구성비가 약 2배 정도 증가한 직업군이다. 주목할 만한 점은 여성 취업자의 구성비율이 상당히 증가해 왔다는 점이다.

다음의 〈표 5〉는 1965년부터 40년간의 종사상 지위별 취업자 구성비를 보여주고 있다. 취업자의 종사상 지위는 농·임·어업직 종사자의 급격한 감소로 인해 가족 종사자의 비중이 빠르게 축소되고 자영업주도 완만하게 감소된 반면, 상시고의 비중이 증가된 것을 보여준다.

여성이 대다수를 차지하는 가족 종사자의 구성비는 지속적으로 하락하여 1965년의 31%에서 2005년의 6.6%로 떨어졌고, 자영업주의 경우는 IMF 경제위기 직후 약간 증가경향을 보이긴 하였으나 전반적으로 축소되어서 1965년의 36.8%에서 2005년 현재 27.0%로 감소된 양상이다.

상시고(상용직과 임시직)의 구성비는 1965년의 21.8%에서 꾸준히 증가하여 경제위기 이후 약간의 감소 추세를 보였으나 1990년

표 5_ 종사상 지위별 취업자 수와 구성비율 변화 추이

(단위 : 천 명, %)

연도 지위	1965	1970	1980	1990	2000	2005
상시고 (상용직 · 임시직)	1,765 (21.8)	2,728 (28.4)	5,164 (37.7)	9,110 (50.4)	10,233 (51.1)	12,973 (56.8)
	21.9	25.3	31.3	36.0	37.7	40.9
일고(일용직)	844 (10.4)	1,018 (10.6)	1,300 (9.5)	1,840 (10.2)	2,289 (11.3)	2,212 (9.7)
	24.5	31.1	31.8	52.0	52.0	48.8
자영업주	2,984 (36.8)	3,286 (34.2)	4,651 (34.0)	5,068 (28.0)	5,841 (28.5)	6,172 (27.0)
	23.8	22.5	26.2	26.6	28.6	29.3
가족종사자	2,516 (31.0)	2,586 (26.9)	2,569 (18.8)	2,067 (11.4)	1,918 (9.1)	1,499 (6.6)
	65.3	68.4	76.1	87.0	88.4	88.7
취업자 합계	8,112 (100)	9,617 (100)	13,684 (100)	18,085 (100)	20,281 (100)	22,856 (100)

(음영)는 여성비율.
출처 : 통계청 DB에서 재구성.

대에는 대체로 50%를 상회하고 있다. 2005년 현재 상시고의 구성비는 56.8%이다. 일고(일용직) 종사자의 구성비는 경기변동에 따라 10%선에서 완만한 증감을 보이고 있으며, 2005년 현재 그 비율은 9.7%이다.

여성의 경제활동 참여가 활발해지면서 상시고 부문에서 여성의 구성비가 꾸준히 증가해 왔다. 임시직을 포함한 상시고의 여성 구성비는 1965년의 21.9%에서 2005년 현재 40.9%로 증가했다. 한편, 일용직의 여성 구성비도 동 기간 약 2배 가량 증가했다.

III. 변동의 취약점

산업화 이후 우리나라의 산업구조와 직업구조가 급격하게 변동해 왔지만 이러한 변동의 결과는 몇 가지 취약성을 드러내고 있는 것이 현실이다.

우리나라는 건국 후 반세기 정도의 짧은 시간 동안에 산업구조상에서 농업사회에서 산업사회를 거쳐 포스트 산업사회(post-industrial society)로 진입했다고 볼 수 있다. 다니엘 벨(Bell, 1973)이 70년대 초반에 'post-industrial society'를 주장했던 지표에 의하면 우리나라도 1985년부터 이미 이 단계에 해당한다. 하지만 제3차 산업의 내부 구성이 아직은 후진적이라는 점에서 '정보사회'나 '지식기반경제'의 본격적인 도래를 주장하기에는 한계가 있는 것이 사실이다.

첫째, 제3차 산업의 내부 구성이 취약하다. 2005년 기준으로 우리나라 제3차 산업의 내부 구성비를 산업 대분류 범주별로 살펴보면, 부동산 및 사업 서비스가 18.9%로 그 비중이 가장 크고, 도소매숙박 14.9%, 운수창고통신 13.1%, 건설 12.6%, 금융보험 11.9%, 공공행정국방 및 사회보장 8.0%, 교육 서비스 7.4%, 기타 서비스 5.1%, 전기가스수도 4.5%, 보건 및 사회복지 서비스 3.6%의 순서이며, 이러한 순위는 2000년과 비교해서 순위에 변동이 별로 없다. 순서대로 앞의 네 가지 산업분야의 비중이 60%에 이르는데, 이들 산업분야의 내용은 통신산업 분야를 제외하고 실질적으로 정보사회와 직접적인 연관이 높다고 보기는 어렵다.

둘째, 직업구조는 산업구조의 변동에 연계되어 있어서 역시 커다란 변동을 겪어왔는데, 1990년대 이후의 직업구성은 선진 산업사회들의 직업구성과 유사한 패턴을 따라가고 있지만, 서비스 판매직의 비중이 상대적으로 큰 반면, PTM 직업(전문직, 기술직, 관리직 ; Professional, Technical, Managerial)의 비중은 여전히 낮은 것이 취약점이다. 미국이나 일본 같은 선진 산업사회의 직업구조에서 PTM 직업군의 비율은 이미 30%를 넘어선 지 오래인 반면에 우리나라에서는 최근까지도 그 비율이 22% 수준에 머물고 있다. 또한 종사상 지위로 볼 때 자영업주와 가족 종사자의 빠른 감소가 상시고로 연결되고 있는 점은 다행스러운 점이지만, 최근 상시고 내부의 구성상 상용직보다는 임시직의 비중이 높아지고 있는 점은 고용안정성 측면에서 해결해야 할 과제이다.

세 번째 취약점은 가장 중요한 문제인데, 산업구조상 그 비중이 점점 커지고 있는 제3차 산업의 부가가치 생산비율이 2000년대 들어서면서 빠르게 축소되고 있다는 점이다. 여기서 부가가치 생산비율이란 GDP 기여도를 노동력 구성비로 나눈 값을 의미한다. 따라서 이것이 1이라면 특정 비율의 노동력이 동일한 비율의 국내총생산(GDP)을 산출하고 있는 것이며, 1보다 크다면 적은 노동력으로 더 큰 GDP 생산을 담당하고 있는 것인 반면에, 1보다 작다면 노동력의 국내총생산 기여도가 떨어진다는 것을 의미하는 것이다. 〈표 6〉을 보면 우리나라에서 제1차 산업의 부가가치 생산비율은 0.5수준에서 큰 변동이 없는 것을 볼 수 있다. 제2차 산업의 부가가치 생산비율은 산업화 이후 1990년경까지는 점점 감소하다가 2000년대 들어와서는 빠르게 증가하며, 그 비율도 항상 1을 넘은 상태로서 2005년에는 1.76에 이르는 것을 알 수 있다. 그런데 제3차 산업의 부가가치 생산비율은 1990년까지만 하더라도 1을 넘은 상태로 제2차 산업과 비교해서

표 6_ 산업별 국내총생산 기여도, 노동력 구성비 및 부가가치 생산비율

(단위 : %, 비율)

	제1차 산업			제2차 산업			제3차 산업		
	GDP 기여도	노동력 구성비	부가가치 생산비율	GDP 기여도	노동력 구성비	부가가치 생산비율	GDP 기여도	노동력 구성비	부가가치 생산비율
1970	29.2	50.4	.58	19.6	14.3	1.37	1.2	35.3	1.45
1975	27.1	–	–	23.5	–	–	49.4	–	–
1980	16.2	34.0	.48	26.4	22.5	1.17	57.4	43.5	1.32
1985	13.5	–	–	28.7	–	–	57.8	–	–
1990	8.9	18.0	.50	28.1	27.5	1.02	63.0	54.4	1.16
1995	6.3	12.4	.51	28.2	23.6	1.19	65.5	64.0	1.02
2000	4.9	10.9	.45	29.8	20.2	1.48	65.3	68.9	0.95
2005	4.0	7.9	.51	32.7	18.6	1.76	63.3	73.5	0.86

출처 : 국가통계포털(KOSIS) 및 한국은행 경제통계 DB에서 재구성.

도 오히려 그 비율이 높은 양상을 보였지만, 1990년대 중반경부터는 그 비율이 1 밑으로 떨어지면서 제2차 산업과 그 격차를 점점 더 벌리고 있는 것을 볼 수 있다. 예를 들어 2005년에 제2차 산업의 부가가치 생산비율은 1.76인 데 반해서 제3차 산업의 부가가치 생산비율은 0.86으로 그 반 정도의 수준이다. 다시 말해 제3차 산업에 종사하는 노동력의 평균 GDP 기여도가 제2차 산업 노동력의 평균 GDP 기여도에 비해 절반이라는 것이다.

이러한 취약성은 이미 시작된 현상이지만 앞으로 한국 경제의 발전을 가로막는 가장 큰 장애요인이라고 볼 수 있다. 따라서 산업구조의 변동 속에서 서비스 산업의 생산성을 높이는 일이 가장 시급한 한국 경제의 문제로 대두된 셈이다.

주

1 우리나라에서 산업 관련 통계조사는 제1차 경제개발 5개년계획이 실시되기 시작한 1963년 이후에야 이루어지기 시작했기 때문에 그 이전의 자료는 전무한 형편이며, 노동 관련 자료는 1957년부터 일부 조사가 시작되었으나 현재 60년대 초반까지의 자료는 망실되어 확인할 방법이 없는 형편이다.

2 선진 산업사회에서 제2차 산업 구성비는 독일의 경우가 예외적으로 높아서 1980년에 50%로 정점을 이루었고, 미국은 1970년에 35%선을 정점으로 하여 이후 지속적으로 그 비율이 하락하였다.

3 그러나 제3차 산업은 실질적으로 그 내부 구성이 다양한 업종을 포함하고 있기 때문에 단순히 그 고용비중이 정보사회의 등장을 대변하는 것으로 보기는 어렵다. 1985년의 한국 사회가 정보사회라고 보기 어려운 것도 마찬가지 이유이다. 따라서 정보사회의 진전 정도를 확인하기 위해서는 제3차 산업 내부의 구성에 대한 보다 정교한 분석이 필요하다.

4 1943년 총 인구는 17,839천 명으로 이 중 조선인은 17,787천 명(99.7%)이고, 일본인 28,933명, 외국인 23,119명이다. 직업별 취업자를 보면 농업(7,573천 명), 수산업(162천 명), 광업(175천 명), 공업(380천 명), 상업(375천 명), 교통업(96천 명), 공무원및자유업(261천 명)이다. 무직은 556천 명이고, 기타 유업자 2,352천 명으로 경제활동 참가율은 11,930천/17,787천=67.1%이다. 3대 산업별 구성은 무직과 기타 유업자를 제외한 취업자를 모수로 계산한 결과이다.

5 노동력 인구 중 여성의 구성비는 전 기간에 걸쳐 남성보다 약 2% 정도 많다.

6 1980년의 경기위축에 따른 고용감소와 대학정원 증가에 따른 비경제활동 인구증가 추세를 반영한 결과로 여겨진다.

7 경제활동 참가율이 가장 높았던 연도는 1997년으로서 62.2%로 정점을 기록

했으나 외환위기로 인해 실업이 급증하고 비경제활동 인구가 늘면서 이듬해(1998년)에는 60.7%로 떨어졌다.

8 1997년에 49.5%로 정점을 기록했던 여성 경제활동 참가율은 98년에 47.0%로 하락하였다가 다시 회복세에 있다.

9 그러나 이 기간 중 경제활동 참가자의 절대 수 증가는 남성이 여성을 약 100만 명 가량 상회하고 있다. 다시 말해 1963년에 경제개발이 시작된 후 2000년까지 여성 경제활동 참가자 수는 284만 명에서 900만 명으로 늘어나서 약 620만 명의 증가를 보이고 있지만, 동 기간 중 남성 경제활동 참가자 수의 절대 증가 수는 약 750만 명에 이른다.

10 2005년 현재 한국표준직업분류의 직업분류 체계는 5단계로 되어 있으며, 내용상 대분류 11개(서비스 종사자와 판매 종사자를 다시 분리), 중분류 46개, 소분류 162개, 세분류 447개, 세세분류 1,404개로 구성된다.

11 2000년부터 다시 두 범주로 구분하여 산출하며, 2005년에 '서비스 종사자'는 전체의 13.0%, '판매 종사자'는 11.7%의 구성비를 보인다

12 흔히 서비스직 중심의 제3차 산업 취업자 구성비의 증가 자체로 정보사회로의 진전을 논의하는 것이 오류일 수 있음을 보여주는 지표이다.

참·고·문·헌

통계청. 통계청 데이터베이스.

한국노동연구원. 한국노동연구원 데이터 베이스(KLIDB).

한국은행. 한국은행 경제통계 데이터 베이스.

Bell, Daniel. 1973. *The Coming of Post Industrial Society*. New York : Basic Books.

가족제도의 다원화와 미완의 양성평등

함인희_ 이화여자대학교 사회학과

I. 들어가는 글

대한민국 건국 60주년을 맞이하면서 개인의 생애주기에서 60년의 의미를 기억하듯 한국 현대사 속 가족의 발자취를 정리해 보는 작업은 나름대로 큰 의미가 있으리라 생각된다. 이 글은 지난 60여 년 동안 진행되어 온 가족제도의 변화에 초점을 맞추어 가족은 어떠한 변화를 경험해 왔는지, 더불어 가족의 변화가 여성의 삶에 미친 영향은 무엇인지를 살펴보면서 가족제도의 수동적 적응과 능동적 저항의 역동성을 개관해 보고자 한다.

가족의 변화과정을 지켜본 가족학자들은 동서고금을 막론하고 가족의 "적응력"에 새삼 경탄을 보내고 있다. 가족은 변화가 요구되는 역사적 계기마다 제도 자체의 생존을 최우선 목표로 하여 변화의 요구를 "스펀지같이" 흡수함으로써 사회적 도전에 유연하게 대처해 왔다는 것이다(Berardo, 1990 ; 이동원 외, 1996 ; Skolnick ed., 1997).

물론 이 과정이 순조롭게 아무런 상처 없이 진행되어 온 것은 아니다. 사회가 급격한 변동을 겪는 시기일수록 가족의 변화에 대한 저항이 증가해 온 것은 사실이기 때문이다.[2] 곧 사회적 통합 기반이 흔들린다고 생각될수록 사회적 결속과 통합을 가능케 하는 것은 가족밖에 없다는 전통회귀적 의식이 사회를 지배해 왔다. 압축성장으로 인한 "농축적 사회변동"을 경험해 온 한국 사회에서 가족의 변화를 바라보는 시각에는 이러한 정서가 전형적으로 표출되고 있다. 즉 가족 이외의 영역에서 진행된 변화에 대해서는 '전근대에서 근대로 진보되었다'는 긍정적 평가를 내리고 있는 반면, 가족의 변화에 대해서는 위기의식을 느끼고 사회적 통합을 저해하는 병리적 현상으로 간주하는 경향이 강하게 나타나고 있는 것이다(김홍주, 1993 ; 안호용 외, 2000).

가족의 변화를 둘러싼 위기의식은 가족의 변화와 사회의 변화 사이에 나타나는 일종의 지체현상과 밀접한 관계가 있다. 이는 두 차원으로 나누어 생각해 볼 수 있는데, 하나는 가족의 변화가 진행되는 시기와 가족성원들이 그 변화를 실생활 속에서 인지하는 시기 간의 괴리이다. 곧 가족성원들이 가족의 변화를 피부로 감지하고 그로 인한 긴장과 갈등 부작용 등을 문제로 인식할 때는 이미 가족은 사회변화의 와중에서 변화를 경험한 이후의 일이라는 것이다. 오늘날 주요한 쟁점으로 등장하고 있는 가족 문제들, 이를테면 맞벌이 부부 가족의 자녀양육, 저출산 및 고령화, 이혼율의 증가, 빈곤의 여성화 등은 모두 이러한 예에 속한다(Stacey, 1991 ; Nelson, 1997 ; 케인, 2003).

또 다른 차원은 가족의 변화속도와 사회의 변화속도 간에 나타나는 지체현상이다. 여기에는 가족이 사회변화에 미처 대응하지 못함으로써 나타나는 가족지체 현상과 역으로 사회가 가족의 변화를 미처 수용하지 못하는 데서 나타나는 사회지체 현상이 포함된다(이동원 외, 1993 ; 이재경, 2002). 가족지체의 예로는 기혼여성 취업률이 충분히 증가했음에도 불구하고 여전히 전통적인 성역할 이데올로기에 입각하여 가족 내 성역할 분업이 이루어짐으로써 여성이 이중역할의 부담을 지게 되는 것을 들 수 있다. 반면, 사회지체의 예로는 이제 더 이상 현재 가족의 재원만으로는 노인부양을 책임지기 어려움에도 불구하고 사회는 여전히 전통적인 효 관념에 입각하여 '핵가족 책임론'을 고수하는 경우를 들 수 있다(장경섭, 1992 ; 김미경, 2000).

확실히 가족의 변화과정을 정리하는 작업은 그리 간단한 일이 아니다. 앤더슨은 고백하기를 "지난 20년간 가족사(家族史) 연구자들에 의해 밝혀진 한 가지 명백한 사실이 있다면 그것은 16세기 이래 서구 역사 속에서 단일한 가족체계란 존재한 적이 없었기 때문에 단선적 가족사를 구성하는 일은 불가능하다"는 것이다(앤더슨, 1984). 뿐만 아니라 가족은 같은 사회 안에서도 계급이나 사회경제적 지위, 인종이나 민족, 지역적 특성, 종교적 배경 등에 따라 다양한 모습을 보이게 마련이며, 같은 가족성원들이라 해도 성과 세대 혹은 가족주기 등에 따라 가족 경험에는 다양한 차이가 나타나게 마련이다.

나아가 가족의 변화를 해석하는 문제는 변화의 메커니즘을 규명하고 이를 평가하는 과정[1]과 관련해서 더욱 미묘하고도 난해한 문제를 제기한다. 곧 산업화가 가족의 변화를 야기했다는 명제를 두고 보다 구체적으로 산업화의 어떠한 요인이 가족의 변화를 야기하는 추동력이 되었는가를 검증하는 문제와 과연 가족의 변화를 야기한 원인이 산업화인가 하는 문제를 놓고 학자들 간에 많은 이견이 노출되고 있다. 나아가 가족은 사회로부터 일방적으로 영향을 받기만 하는 수동적이며 소극적인 집단인가에 대해서도 의문이 제기되고 있다(이효재, 2003).

이러한 가족 연구상의 어려움[2]을 전제로 건국 60주년을 지나오는 동안의 사회구조적 격변에 따른 가족제도와 여성 삶의 변화를 정리하고자 하는 본 논문에서는 첫째, 6·25 전쟁을 전후한 혼란기 가족과 여성의 삶을 점검해 본 연후에 둘째, 산업화 및 도시화에 따른 가족제도의 변화로서 핵가구화의 진전과 가족주기의 세대별 차이, 그리고 가족기능의 전문화를, 이로 인한 여성 역할의 변화로서 모성의 과학화와 전업주부의 주변화를 탐색해 본 다음 셋째, 최근 가족위기론의 등장과 관련된 이슈를 다루어 보고자 한다.

II. 사회구조적 격변에 따른 가족제도와 여성 삶의 변화

1. 6·25 전쟁이 가족과 여성 삶에 미친 영향

해방 이후 1960년대 초에 이르기까지 우리의 가족과 여성의 삶에 대한 기록은 매우 희소하다. 분단과 전쟁, 정치적 혼란과 경제적 궁핍을 헤쳐오면서 그 누구보다도 가족의 생명과 안전을 지켜온 여성들의 삶이 치열하게 전개되었음이 확실함에도 불구하고 당시의 기록은 주로 정치적 격변과 사회적 혼란을 증언하는 데 치중하고 있다.

전쟁과 사회적 혼란기 최대의 피해자는 가족이요, 그 가운데서도 특별히 가족의 생명과 보호를 일시적이나마 책임져야 했던 여성들에게 있어 전쟁으로 인한 인명피해는 단순한 숫자상의 인구감소를 의미하는 것이 아님은 자명하다. 이는 가족성원 가운데 누군가가 사망하였거나 실종 또는 납치되지 않았으면 부상당했음을 의미한다. 이로 인해 가족, 그 가운데서도 여성들이 경험했을 고통과 한(恨), 그리고 피해는 그 누구보다 컸을 것이다.

전쟁의 소용돌이 속에서 많은 여성들은 남성이 사라진 현실에 직면해 가족의 생계를 유지하기 위해 노동전선에 나서야 했고, 남편과 아버지를 대신하여 자녀들의 생계와 교육을 담당해야 했으며, 가족의 대표자가 되어 사회와 직접 대면했다. 이처럼 전쟁과 더불어 여성에게 주어진 도전은 한편으로는 혹독한 시련이기도 했지만, 다른 한편으로는 여성들 스스로 새로운 역할을 향해 자신들의 잠재력을 키울 수 있는 계기가 되기도 했다.[3] 이 자리에서는 해방 이후부터 6·25 전쟁을 전후한 시기의 사회적 혼란이 가족과 여성의 삶에 미친 영향을 제한된 범위의 자료를 동원해 복원해 보고자 한다.

해방 직전 남북한을 합한 총 인구 수는 2,512만 174명으로 이 가운데 여자가 50.2%를 차지하고 있다. 해방 이후 통계는 남한만을 대상[4]으로 하게 되는데, 1947년 남한 인구는 1,700만 187명으로 이 중 여성 비율이 47.9%이다. 여기서 해방을 전후하여 남한 사회 내 여성 비율이 급격히 낮아지는 이유는 북한으로부터 남한으로 이주한 인구 가운데 남성이 압도적으로 많았음을 의미한다.

1950−1953년 동안의 6·25 전쟁은 가족과 여성의 삶에 심대한 영향을 미쳤으며, 오늘날에도 그 상흔이 각 가정과 여성의 삶 속에 각인되어 있을 것이다. "전쟁이 나면 남자들은 조국을 지키기 위해 용감하게 전쟁터로 나가고, 여자들은 집에 남아 아이들을 돌보며 남

자들이 돌아오기만을 기다리는 모습"은 현실에 대한 정확한 서술이라기보다는 현실을 단순화한 고정관념의 요소가 강하게 담겨 있다. 특히 국가가 위기상황에 처할수록 국가와 가족, 그리고 여성이 어떠한 관계를 갖게 되는지가 여실히 드러나게 된다. 국가는 남자들을 전쟁터로 끌어내기 위해 "우리 조국과 가족 그리고 자녀를 지켜야 한다"는 명분을 내세우며 남자들의 애국심과 민주주의에 호소하게 된다. 덕분에 그 내용은 매우 남성중심적이고 가부장적인 이론으로 가득 차게 마련이다. 이로 인해 많은 남자들은 전쟁에 대한 공포와 저항에도 불구하고 호전적이고 공격적인 남성다움을 내세우며 자신의 가족과 자녀들을 지킨다는 명분 하에 전쟁에 참여하게 되는 것이다.

남자들이 전선으로 나가 집을 비운 동안 가정전선(home front)을 지켜야 했던 여성들은 자신의 삶에서 매우 역설적이고 모순적인 변화를 경험하게 된다. 하나는 전쟁으로 인해 공백이 생긴 남성적 활동영역에 여성들이 대거 참여함으로써 전통적 성역할의 가변성 및 허구성을 몸으로 체험하게 된다는 사실이다(Hignot et al., 1987 ; 이임하, 2004).

다음으로는 남성 가장을 대신하여 가족의 생계를 책임져야 하는 역할이 부과된 여성들은 생활전선에 뛰어들지 않으면 안 되는 상황에 직면하게 된다. 한데 전시상황은 식량을 위시한 각종 물자의 부족에 허덕일 뿐만 아니라 물가 급등 등으로 인해 여성의 삶은 매우 고달프게 마련이다. 덧붙여 수시로 전쟁의 포화를 피해 이삿짐을 싸고 아이들을 챙겨 피난을 떠나야 했던 것도 여성의 몫이며, 성폭력을 위시한 각종 사회폭력으로부터 자신과 자녀들을 보호해야 하는 것도 여성 자신의 몫이었다.

 그럼에도 불구하고 전시 하에서 전통적인 남녀(gender)관계가 근본적으로 변화되었던 것은 아니다. 오히려 전시는 특수상황임이 강조되면서 국가정책의 우선권이 일차적으로 전쟁 수행에 부여됨으로써 여성과 아이들은 국가의 보호를 필요로 하는 부담으로 인식되고, 여성의 생산활동 참여는 위급한 상황에서 일시적으로 남성을 대신하여 행해지는 현상으로 간주되었다.[5] 이에 따라 애국심과 국가적 결속이 강조되는 전시상황에서 여성의 권리를 논하는 것은 이기적이고 분열을 조장하는 태도로 여겨짐으로써 오히려 이데올로기적으로는 여성의 종속적 지위가 더욱 강조되는 역설적 결과를 가져왔다 하겠다.

한편, 6·25 전쟁과 분단이 가족의 삶에 미친 영향으로는 이산가족과 미망인 문제를 들 수 있다. 먼저 이산가족이라 함은 "부모, 자녀, 형제·자매 및 조손 등의 직계 가족관계와 숙질 간 및 4촌 이내의 방계 근친관계에 있는 사람들이 외세에 의한 민족주권의 강탈, 분단 및 전쟁 등의 민족 수난과정에서 이산된 경우를 지칭"(이효재, 1985)하기에 현재 남한에 정착한 북한 출신 월남인들은 모두 이산가족 범주에 든다 할 수 있다.

남북분단으로 인한 이산가족의 발생은 공산주의를 피해 38선을 넘어 월남해 온 피난민으로부터 시작된다.[6] 해방 이후 1949년 8월 25일까지 북한에서 남한으로 월남한 피난민 수는 328만 3천 명으로 월 평균 3천 명에 이르며, 6·25 전쟁 직전까지 그 수는 350만에 이르렀던 것으로 추정되고 있다. 한편, 해방 직후 중단되었다가 1946년 3월 15일 개성역에서 재개된 우편물 교환은 6·25 전쟁 발발 1주일 전까지 계속되었다고 한다. 남북으로 흩어진 친지들 안부를 전하는 유일한 통로였던 이 시기에 총 30만 2,209통의 우편물이 북으로 발송되었고 1만 4,560통이 남한으로 전달되었다는 기록이 있다.

이들 이산가족의 경우 월남한 시기와 무관하게 직계가족과 함께 내려온 경우가 단신으로 내려온 경우보다 많았으나 30%가 단신 월남했다는 사실도 주목할 만하다. 이들 가족의 이산을 둘러싼 사연과 이산 이후의 정착과정 등에 대해서도 체계적 연구가 진행된 적은 없으나 단편적 자료를 통해 추정하건대 전쟁 중 가족에게 미처 알릴 사이도 없이 피난민 대열에 오른 경우, 가족과 함께 남하하다가 생이별하거나 사별한 경우, 곧 통일이 되리라 믿고 다시 만날 것을 기약하며 가족과 헤어진 경우 등 매우 다양하리라 생각된다. 남한 주민들 가운데도 전쟁과 공산당을 피해 피난길에 나섰다가 이산을 경험한 가족도 상당수에 이른다(한국방송공사, 1984 ; 박명선, 1991 ; 김귀옥, 2008).

이들 월남인들은 주로 도시에 정착[7]하게 되는데, 지역적 · 친족적 유대가 희소한 상황에서 상대적으로 일자리를 구하기가 용이했기 때문이다. 대도시 지역은 상공업에 대해 비교적 개방적인 가치관을 가지고 있었고, 실제로 상공업이 발달했던 북한지역에서 내려온 이들은 대도시 시장을 중심으로 자영업을 통한 상권을 확대해 갔으며, 교회를 중심으로 한 독특한 공동체적 생활을 조직하기도 했다.

이산가족[8]과 더불어 기억해야 할 또 하나의 현상은 6·25 전쟁으로 인한 인명피해이다. 전쟁으로 인해 가족 누군가를 잃었다는 고통은 가족성원들에게 영원히 지워지지 않는 상처를 남겼을 것이다. 먼저 전쟁으로 인해 발생한 인명피해를 보면 국군 전사자 14만 1,011명, 국군 전상자 71만 7,083명, UN군 전사자 3만 6,772명, 민간인 사망자 24만 4,763명, 민간인 부상자 22만 9,625명, 행방불명자 36만 3,212명, 전쟁고아 5만 9,000명, 북한군 전사자 29만 4,931명, 중공(당시)군 전사자 18만 4,128명에 이르는 것으로 집계되고 있다(내무부,

1952 ; 이임하, 2004).

실제로 1950-1953년간 조(粗)사망률을 보면 인구 1,000명당 36-47명에 이르러 1945-1950년 기간의 거의 2배에 이르는 수치를 보이고 있다. 더불어 이 시기에 20-34살의 남성들이 집중적으로 피해를 입음으로써 이들 연령대의 성비가 심한 불균형을 이루게 되었다. 이는 남한의 인구구조에 치명적 영향을 미치는 동시에 계속해서 사회구성원들의 생애주기에 결정적인 영향을 미치는 결과를 가져왔다.[9] 나아가 전쟁으로 인한 인명피해는 결과적으로 15-49세 여성 가운데 "사별한 미망인"의 비율 증가를 가져와 한국전쟁 직전의 6%에서 1955년에는 16.1%로 급증하는 결과를 가져왔다.

1952년 당시 남편을 잃고 혼자된 여성이 29만 3,852명, 이 가운데 전쟁으로 인한 경우가 10만 1,845명, 자연사인 경우가 19만 2,007명이다. 이들 가운데 13세 이하 자녀의 수가 51만 6,668명임을 고려해 볼 때 전후 혼자된 여성들[10]의 경제적 고통과 심리적 부담이 얼마나 컸던가를 짐작해 볼 수 있다.

설상가상으로 전쟁은 주거기반마저 파괴하여 가족의 생활고[11]를 더욱 부채질했다. 주택 피해상황을 보면 1952년 3월 기준 전파되었거나 전소된 가구가 41만 4,825호, 반파되었거나 반소된 가구가 10만 120호로 나타나고 있는바, 이는 6·25 전쟁 이전 가구 수 328만 3,529호의 각각 12.6%, 3.0%에 이른다.

전쟁 기간 중의 급격한 사회이동으로 인해 가족의 사회적·경제적·심리적 기반을 상실하는 위기상황에서도 가족의 응집력[12]을 유지할 수 있었던 것은 이처럼 의식주 생활의 극심한 어려움을 극복하면서 억척스럽게 삶을 헤쳐온 할머니, 어머니 세대의 강인한 생활력 덕분임을 역사 속에서 정당하게 평가해야 할 것이다.

2. 산업화 및 도시화에 따른 가족제도 및 여성 역할의 변화

(1) 핵가구화의 진전과 가족구성의 "다양성" 감소

해방 이후 오늘날까지 한국 사회의 변화를 조망해 볼 수 있는 지표를 보면, 한국 사회는 1950년대를[13] 지나 1962년부터 본격적인 산업화가 추진된 이후에도 1970년대 초반까지는 농업에 종사하는 인구가 과반수를 넘는 농경사회의 성격이 그대로 유지되고 있음을 볼 수 있다. 한국 사회가 명실공히 산업사회로 진입하는 시점은 1970년대 후반에 들어서면서 제조업과 3차 산업 부문에 종사하는 인구의 비율이 농업인구를 압도하게 되면서부터라 할 수 있을 것이다. 더불어 도시에 거주하는 인구 수[14]를 통해 도시화의 정도를 간접적으로 살펴보면, 도시화 역시 1970년대 후반부터 본격화되어 1980년에 들어서면서 도시에 거주하는 인구수가 약 57%를 넘어서게 되고 1990년에는 4 대 1의 비율로 도시 인구가 압도적 다수를 차지하게 되었음을 볼 수 있다(통계청, 해당 연도).

경제개발 과정은 1인당 국민소득의 증가 및 고도 소비사회의 진입을 가져옴으로써 가족의 삶에 결정적인 영향을 미쳤음은 물론이다. 먼저 전통적인 농경사회로부터 시장 자본주의의 논리에 따라 움직이는 사회로 변화해 감에 따라 가족의 경제적 토대 변화를 수반하였다. 곧 산업화는 직업구조의 변화를 가져옴으로써 가족의 경제적 재원의 토대를 변화시켰다.

취업구조의 변화[15]는 가족성원 가운데 누군가는 근대화된 부문에 취업하게 됨을 의미하며, 그로 인해 가족과 일터의 관계도 농업을 기반으로 하여 가족이 하나의 생산 공동체를 이루는 경우와는 질적으로 다른 관계를 형성하게 됨을 의미한다. 즉 근대화된 부문의 취업으로 인해 가족과 일터의 분리가 진행되며,[16] 공사영역의 분리가 뚜렷해지고 가족의 경제적 기능도 전문화되어 생산기능은 기업이나 공장으로 이전되고 가족에게는 소비의 기능이 남겨진다. 아울러 이러한 분리는 가족=여성영역, 생산=남성영역이라는 성역할 분업의 강화를 가져온다(Kenter, 1977 ; 조은 · 조옥라 외, 1992).

산업화와 더불어 진행된 도시화는 사회적 이동의 폭을 확대함으로써 지역사회공동체의 영향력과 친족유대를 약화시키는 결과를 가져왔다. 아울러 익명성을 특징으로 하는 도시적 생활양식은 개인주의화를 촉진시켰고, 시장경쟁체제는 경쟁주의적 인간관계에 출세지향적이고 물질만능주의적인 가치관을 확대시켰다.

그러나 이농이 활발히 이루어지던 시기에 농촌 청소년들이 "무작정 상경"하여 도시 빈민층을 형성하였다는 주장에 대해서는 이견이 있다. 실제로 산업화 과정에서 소외된 농민들이 일자리를 찾아 도시로 이동하는 과정에서 가족과 친족 관계망은 매우 중요한 매개역할을 하였음이 경험적 연구를 통해 밝혀지고 있다. 즉 먼저 도시에 자리를 잡은 친척이나 친지들이 일자리를 알선해 주거나 취업정보를 나누어 주고 도시에서 새로운 거주지에 정착할 때까지 일시적이나마 함께 기거하는 등 가족전략의 차원에서 친족 관계망을 효율적으로 활용했음을 볼 수 있다. 그리하여 산업화 초기에는 도시로 이주한 농민들의 경우 오히려 친족유대가 강화되는 현상이 나타나고 있다(여성한국사회연구회 편, 1990 ; 조은 · 조옥라 외, 1992).

여기서 산업화가 핵가족화를 초래하였는가 하는 문제는 가족연구가들에게 뜨거운 논쟁의 대상이 되고 있다.[17] 따라서 1960년 이후 가족의 변화를 규명함에도 단순히 산업화 및 도시화가 핵가족화를 촉진시켰으리라는 주장은 다시 한 번 신중히 검토해 볼 필요가 있다. 일부에서는 가구구성이나 가족구조는 생산수단 및 생산양식과 밀접한 관계가 있으므로 산업화나 도시화보다는 가족구성원의 임노동화가 핵가족화와 밀접한 관계가 있다고 주장하고 있다. 동시에 가족의 조직원리가 무엇인가, 가족성원들 간에 서구적 가치에 입각한 정서적 유대가 자리하고 있는지 등을 통해 핵가족화를 입증해내야 한다는 주장도 제기되고 있다.

한편, 핵가족화 논의와 관련해서 가족의 세대별 구성을 보면, 시부와 군부의 차이는 있으나 2세대 핵가족의 비율이 3세대 이상 확대가족보다 항상 높게 나타나고 있다(〈표 1〉 참조). 흥미로운 변화는 3세대 이상 확대가족의 비율이 꾸준히 감소하고 있는 데 반해 이것이 그대로 2세대 핵가족의 비율 확대로 이어지지는 않고 있다는 점이다. 오히려 1980, 1990년대는 핵가족의 비율이 감소하고 있음을 볼 수 있다. 특히 군부지역의 경우 핵가족의 감소가 두드러지는 대신 1세대 가족과 단독가구가 급격히 증가하고 있음을 볼 수 있어 1980-2000년 기간 동안 1세대 가족은 7.2%에서 27.6%로, 단독가구는 4.9%에서 15.8%(1995년 기준)로 증가했다. 이는 농가의 고령화 현상에 따른 노부부 가족의 증가를 반영하는 지표라 생각된다.

한편, 세대구성의 단순화와 더불어 가족규모는 꾸준히 감소되는 현상을 보여주고 있다. 〈표 2〉에 따르면 1960년에는 전국적으로 6인 이상 가구의 비율이 48.1%로 약 절반을 차지하는 가운데 시부의 경우 44.9%, 군부의 경우 49.4%로 나타났다. 이후 6인 이상 가구의 비율은 1975년 40.7%로 감소한 이후 1980년의 29.8%를 지나 1990년에는 9.8%로 급락하였고, 2000년에는 3.3%에 불과한 것으로 나타났다.

표 1_ 가구의 세대별 구성과 평균 가구원 수

(단위 : %, 명)

세대 연도	1세대		2세대		3세대		4세대 이상		단독 가구		비혈연 가구		평균 가구원	
	시부	군부	시부	군부	시부	군부	시부	군부	시부	군부	시부	군부	시부	군부
1950														5.83
1955													5.42	5.99
1960	9.3	6.7	71.6	61.0	18.5	30.3	0.6	2.0					5.08	6.22
1966	8.1	4.3	74.3	64.1	15.9	28.5	1.7	3.1					5.10	5.70
1970	9.2	5.0	75.4	66.0	14.9	27.4	0.5	1.6	4.5	3.9*			4.90	5.50
1980	9.0	7.2	71.4	64.3	12.7	21.8	0.3	0.9	4.7	4.9	1.0	0.9	4.40	4.70
1990	9.6	14.1	69.4	57.2	10.6	16.8	0.2	0.6	8.6	10.3	1.6	1.1	3.76	3.78
1995	10.7	20.8	66.7	49.6	9.2	12.2	0.2	0.3	11.8	15.8	1.4	1.3	3.38	3.12
2000#	14.3	27.6	76.5	59.1	9.1	12.9	0.1	0.4					3.10	2.90
2005													3.20	3.00

* 단독가구는 1970년부터, 비혈연가구는 1980년부터 새로운 범주로 분류됨.
# 2000년 수치는 일반가구에서 단독가구 및 비혈연가구를 제외한 것임.
출처 : 1950년대 자료는 『대한민국통계연감』, 1960년대 이후는 통계청. 해당 연도 『한국의 사회지표』.

반면, 1960-2000년 기간 중 4인 가구는 14.6%에서 31.1%로 2배 이상 증가했고 3인 가구 또한 같은 기간 중 11.4%에서 20.9%로 증가했다. 2인 및 1인 가구의 증가는 더욱 두드러져 1960-2000년 기간 중 2인 가구는 7.2%에서 19.1%로 약 2.5배, 1인 가구는 2.5%에서 15. 5%로 약 5배 이상 증가했음을 보여주고 있다.

가족규모의 축소에 기여한 요인으로는 일단 단독가구의 증가, 서구식 부부 중심 가족의 증가 그리고 탈양육기의 노부부 가족(일명 빈 둥지 가족)의 증가를 들 수 있을 것이다. 이들 가족규모의 양적 축소가 가족관계의 질적 측면에 미치는 영향에 대해서도 다양한 해석

표 2_ 전국 가구원수별 가구 분포

연도	가구총수 (1,000)		1인 가구	2인 가구	3인 가구	4인 가구	5인 가구	6인↑ 가구	7인 가구	8인 가구	9인 가구	10인↑ 가구
'60	전국	4,340	2.5	7.2	11.4	14.6	16.3	15.3	12.6	8.7	5.6	5.9
	시부	1,249	2.2	8.4	12.6	15.2	16.6	14.7	11.7	8.3	5.1	5.1
	군부	3,091	2.6	6.7	10.9	14.3	16.2	15.6	13.0	8.9	5.7	6.2
'75	전국	6,648	4.2	8.3	12.3	16.1	18.3	40.7				
	동부	3,331	4.5	9.0	13.5	17.9	19.5	35.5				
	읍면부	3,317	3.9	7.6	11.0	14.4	17.1	46.0				
'80	전국	7,969	4.8	10.5	14.5	20.3	20.0	29.8				
	동부	4,670	4.7	10.7	15.3	22.3	20.8	26.1				
	읍면부	3,299	4.9	10.3	13.3	17.5	18.9	35.1				
'90	전국	11,355	9.0	13.8	19.1	29.5	18.8	9.8				
	동부	8,463	8.6	12.2	19.5	31.9	19.1	8.6				
	읍면부	2,892	10.3	18.3	17.6	22.4	18.1	13.3				
'00	전국	14,312	15.5	19.1	20.9	31.1	10.1	3.3				
	동부	11,229	14.6	16.8	21.5	33.6	10.3	3.0				
	읍면부	3,082	18.9	27.3	18.4	21.7	9.2	4.5				

출처 : 경제기획원. 1962 : 23 ; 통계청. 2002 : 123.

이 가능할 것인바, 이에 대한 연구가 필요하리라 생각된다.

세대구성의 단순화 및 규모의 축소와 더불어 우리나라에서도 가족구성 및 형태가 과거에 비해 다양화되고 있다고 볼 수 있는가? 이 질문에 대해서는 신중한 해석이 요구된다. 실제로 조선 시대 말엽이나 산업화 초기의 가족 연구를 보면 가족구성이 매우 다양하게 나타나고 있다. 곧 다양한 종류의 비친족구성원들을 포함하는 경우가 많이 나타나며 가족을 떠나 고용살이를 하는 것, 하숙인이 되는 것,

친척과 함께 사는 것 등의 다양한 형태가 나타나고 있다.

일례로 1960년의 가족구성을 보면(〈표 3〉 참조) 직계 존비속 이외의 친족이나 친척과 함께 생활하는 경우가 185만 2,500명에 이르고 있어 가구원 총수의 9.1%를 차지하고 있고 타인과 거주하는 경우가 65만 6,000명, 기타 집단 가구원에 속하는 경우가 36만 8,000명에 이르고 있어 현재의 가족구성보다 다양성의 정도가 높게 나타남을 볼 수 있다.

표 3_ 가구주와의 관계별 인구

지역	가구주	가구주와의 관계									가구원 총수**
		배우자	아들	딸	손*	부모	조부모	친족#	타인	기타@	
전국	4,351	3,490	6,196	5,333	1,206	961	49	1,825	656	368	20,084
시부	1,237	980	1,740	1,558	211	176	6	438	296	208	5,613
군부	3,113	2,510	4,456	3,775	995	785	43	1,387	361	160	14,472

* 증손자녀 포함 # 직계 존비속 이외 친족 및 친척 @ 집단가구원 ** 가구주 제외
출처 : 경제기획원. 1962 : 23.

물론 당시 가족구성의 다양성은 직계가족의 원리를 고수하는 상태에서 가족전략의 차원[18]에서 일시적으로 이루어진 경우가 많다는 점에서, 더불어 가족구성원의 사망 등 상황적 요인에 의해 형성되었다면 오늘날 가족구성의 다양화는 개인의 의지에 의한 선택 폭이 넓어졌음을 의미한다는 점에서 과거 가족의 다양성과는 다른 의미를 지닌다 할 것이다.

한편, 가족변화의 내면에는 서구의 '부부 중심 가족'과는 구별되는 한국의 독특한 가족현상이 나타나고 있다. 먼저 개별 가족의 주기를 시계열적(longitudinal)으로 추적해 보면 우리나라의 가족은 많

은 경우 핵가족과 확대가족을 반복적으로 경험하고 있다. 장남의 분가가 늘고 있고 노부부 가족이 증가하고 있음에도 불구하고 노부모가 경제적으로 자립할 능력이 없거나 노부모 가운데 한 사람만 살아 있는 경우는 대개 장남(혹은 형편 닿는 자녀)이 부모를 모시게 됨으로써 가족주기상 언젠가는 확대가족을 경험하게 된다는 점에서 그러하다.[19]

가까운 친족 간 유대의 성격도 서구의 양계제와는 구별된다. 서울시 중산층 주부들을 상대로 한 친족관계 조사결과(이동원, 1981 ; 한남제, 1994 ; 이동원 외, 2002) 과거에 비해 친정과의 유대가 빈번해지고 강화되었다는 점에서는 변화가 눈에 띄나 여전히 가부장적 가족의례 및 경제적 측면에서는 부계제의 전통이 강하게 남아 있다. 즉 친정과의 관계는 주로 정서적인 관계나 일상생활 속에서의 유대, 일손의 도움을 주고받는 관계 등을 통해 유지되고 있는 데 반해 시댁과는 경제적 도움을 주고받는다거나 제사나 재산상속시 전통적인 부계제의 관례를 따르고 있는 데서 친족 간 유대의 성격이 잘 나타나고 있다. 명절 때마다 고향을 찾는 '민족 대이동'의 반복적인 현상 역시 부계제적 전통의 일단을 엿보게 한다.

한편, 산업화로 인한 이동성의 증대 및 여성 취업률의 증가, 그리고 가족 공리주의에 입각한 교육열이 낳은 '별거가족'은 한국 가족이 서구의 부부 중심 가족과 뚜렷이 구별되고 있음을 보여주는 또 하나의 현상이다. 이미 1984년 전국을 대상으로 한 「한국의 부부관계」 조사에서도 부부 가운데 6개월 이상 별거한 경험이 있는 경우가 30%가 넘는 것으로 나타나고 있다. 단 우리나라의 경우는 부부 간의 갈등이나 부적응으로 인해 이혼을 실행하기 전 단계로서의 별거보다는 '직업상의 이유'로 '주말부부'가 되는 경우 아니면 '자녀교육을 위해' 부부가 떨어져 사는 희생을 감수하는 경우가 대부분이라는 점에서 "별거"의 특성을 새롭게 조망해 볼 필요가 있으리라 생각된다.

이처럼 부모-자녀관계가 부부관계 못지않게 중요한 가족의 축을 이루는 관계로 한국의 가족은 서구의 부부 중심 가족에 비해 상대적으로 높은 안정성을 보여왔다. 그러나 1990년대 후반 이후부터는 가족의 불안정성이 급격히 증가하면서 1980년 5.7%에 불과하던 조이혼율/조결혼율이 2004년에는 47.4%로 급증함으로써 한국 가족의 유동성 및 "우발적 다원주의" 경향을 강화시키는 요인으로 작용하고 있다(〈표 4〉 참조).

표 4_ 결혼의 불안정성 : 조혼인율/조이혼율

(인구 : 1,000명당)

연도	조혼인율 (인구 천 명당)	조이혼율 (인구 천 명당)	조이혼율/조혼인율 (인구 천 명당)	재혼율 재혼건수/이혼건수
1980	10.6	0.6	5.7%	
1985	9.2	1.0	10.9%	
1990	9.3	1.1	11.8%	41.2%
1995	8.7	1.5	17.2%	37.6%
2000	7.0	2.5	35.7%	26.7%

출처 : 통계청. 해당 연도.

(2) 가족주기의 변화 : "제도가족"으로부터 "우애가족"으로

한국에서는 사회적으로 구조화되고 구성원들에 의해 공통적으로 인식되는 사회적 시간표(social time table)로서의 "적령기"가 매우 중요한 의미를 갖는다. 대표적 사회적 시간표의 하나인 가족주기[20]란 가족도 개인과 마찬가지로 탄생과 죽음을 반복해서 이어간다는 것을 전제로 부부가 결혼해서 사망할 때까지 가족이 겪게 되는 주요한 경험을 중심으로 단계를 설정한 것이다. 정상가족의 주기는 결혼, 출산, 단산(斷産), 자녀가 독립할 때까지의 자녀양육과 교육, 탈(脫)양육기의 빈 둥우리 가족, 그리고 배우자 사망, 본인 사망으로 이어진다.

가족주기에 나타나는 사회적 시간은 역사적 시간(historical time)을 의미한다. 식민지 시대와 해방, 한국전쟁을 경험한 세대, 경제개발의 혜택을 입은 근대화 세대, 유신 말기 정치적 격변을 경험한 민주화 세대, 그리고 고도 소비사회 및 정보통신 혁명을 온몸으로 체험하고 있는 N세대 등은 각각 역사적 시간과 사회적 시간표가 만나는 교차점이 다름은 물론, 이에 따른 개개인의 삶의 의미도 다르게 규정되고 있다(박길성 외. 2004).

다음의 〈표 5〉는 가족주기를 결정하는 사회적 시간이 각 세대별로 어떻게 변화되어 왔는지 요약한 것이다. 먼저 결혼을 보면 한국은 여전히 "보편혼(普遍婚) 사회"이기에 결혼 적령기를 넘어서면 결혼율[21]은 대체로 90% 이상을 넘어선다. 평균 결혼연령은 계속 증가하여 1955-2005년 기간 중 여자는 20.4세에서 27.7세로, 남자는 24.5세에서 30.9세로 각각 7.3년, 6.4년씩 늦추어졌다. 이처럼 만혼(晩婚)이 보편화되고 있는 것은 전반적으로 교육 정도가 높아지고 경제적 자립이 결혼의 선행조건으로 등장하게 되면서 나타난 현상이다.

그러나 최근 들어서는 미혼남녀의 결혼율이 눈에 띄게 감소하고 있다. 일례로 1983년에는 36만 9,140쌍이, 1993년에는 40만 2,593쌍이 결혼하였으나 2003년에는 30만 4,932쌍이 결혼한 것으로 기록되었고, 이에 따라 인구 1,000명을 기준으로 하는 조결혼율도 1983년의 9.2%에서 1993년의 9.0%, 2003년에는 6.3%로 급락했다. 이에 영향을 미치는 요인으론 결혼을 필수로 생각하던 인식에서 결혼을

표 5_ 가족주기의 변화

(단위 : 연령)

구분	'35	'55	'75	'06	'35-44년 결혼한 부인	'55-64년 결혼한 부인	'75-85년 결혼한 부인	95-'00년 결혼한 부인
결혼	17.1	20.4	23.6	27.8	16	20	23	26
첫 자녀 출생	21.2	23.2	25.3	29.2	20	22	24	28
막내 자녀 출생	31.9	33.2	30.8	33.4	36	31	26	30
첫 자녀 결혼	46.0	48.8	50.7	55.3	45	49	50	54
막내 결혼	56.7	58.8	56.2	58.8	60	58	52	56
배우자 중 1명 사망	55.5	58.9	63.6	73.0	55	59	67	72
나머지 배우자 사망	60.8	66.7	72.2	80.5	61	66	75	79
평균 자녀 수(명)	6.2	6.0	3.4	1.2	6	4	2	1.3
혼자 사는 기간(년)	5.3	7.8	8.6	6.5	6	7	8	7

출처 : 한국여성개발원. 1992.『여성백서』; 통계청. 2006.『한국의 사회지표』.

선택으로 생각하는 비율이 증가함과 더불어 청년실업이 주범으로 지목되고 있다.

한편, 결혼 이후 가족주기상의 획기적 사건은 출산이다. 가족주기상 출산율의 저하와 출산 패턴이 여성의 삶에 미친 영향은 가히 혁명적이라 해도 과언이 아닐 것이다. 오늘날 출산율의 급격한 감소는 가족계획정책의 영향 및 산업화·정보화로 인한 자녀의 효용가치 감소의 직접적인 결과로 해석되고 있다. 자녀의 효용가치 감소란 농경사회에서는 자녀가 노동력이었다면 산업사회 이후의 자녀는 소비재로 변화했음을 의미한다. 더불어 전통사회의 자녀는 노후보험의 성격이 강했으나 현재에는 자녀의 노후 부양기능이 극히 약화되었음을 의미한다.

실제로 첫 자녀 출산 이후 막내 자녀를 출산하기까지의 기간을 코호트(동일 연령집단)별로 추적해서 살펴보면, 1935-1944년에 결혼한 여성의 경우(2000년 기준 82-76세) 16년, 1955-1964년에 결혼한 여성의 경우(65-59세) 9년, 그리고 1975-1984년에 결혼한 여성의 경우(49-40세) 2년으로 줄어들었다. 단, 여성들의 단산 연령은 만혼의 경향으로 인해 비교적 서서히 감소되었는데, 앞으로는 출산파업으로 인해 출산기간은 2년 이내로 줄어들 전망이다.

이로 인해 앞서 예시한 80대, 60대, 40대 여성들이 결혼생활 중 자녀양육 및 교육에 들이는 비중은 각각 88.9%, 78.3%, 53.8%로 줄어들었고, 출산기간만을 비교해 보면 각각 35.6%, 19.6%, 3.8%로 감소했다. 20, 30대 여성들의 경우는 출산파업 및 선택적 무자녀 가족의 증가로 인해 출산기간이 더욱 단축될 것으로 보인다.

그럼에도 한 가지 주목할 만한 사실은 부모가 자녀양육 및 교육에 들이는 기간은 출산율의 감소에 비례해서 전격적으로 감소되지는 않았다는 사실이다. 곧 자녀양육 및 교육에 들이는 기간은 80대 여성의 경우 6인 출산에 40년, 60대 여성의 경우는 4인 출산에 36년, 그리고 40대는 2인 출산에 28년을 소비하고 있다. 이처럼 자녀 한 사람에 들이는 양육 및 교육기간의 연장은 자녀의 교육 수준이 높아지고 결혼연령이 높아지면서 나타난 현상이요, 또한 여전히 부모-자녀 관계가 가족생활의 중심을 이루는 한국 가족의 특성을 잘 반영한 지표라 볼 수 있다.

이러한 특성은 역설적으로 출산파업의 직접적 원인이 되고 있는데, 고비용 저효율의 대표적 예로 지목되고 있는 사교육비 부담과 입시위주의 교육제도가 그대로 지속된다면 출산파업 또한 장기화될 가능성이 높음은 물론이다.

자녀 수의 감소는 한편으론 전업주부의 기회비용을 증가시킴으로써 맞벌이 부부의 규범화를 가져오는 동시에, 다른 한편으론 한국 가족의 중심축을 부모–자녀에서 부부 중심으로 이동하는 계기를 마련해 주었다. 1990년대 이후 이혼율 급증의 주범 가운데 하나는 이혼에 대한 사회적 인식이 보다 관용적으로 변화하는 가운데 결혼의 의미가 역할 중심의 제도가족에서 관계 중심의 우애가족으로 전환되는 과정에서 남편의 변화 속도와 부인의 변화 속도 사이에 심각한 괴리가 나타났기 때문이란 해석이 있다.

1997년 IMF 외환위기 이후 한국에서 가장 이데올로기의 실종 내지 약화가 두드러지는 상황에서 남편 세대가 계속 자신의 아버지 세대를 준거집단으로 삼는다면 부부 간 갈등과 불만족은 더욱 심화될 것이며, 불행한 결혼관계를 해소하고 대안을 모색하는 시도가 꾸준히 증가할 것으로 보인다. 그 결과 결혼–이혼–재혼이 반복되면서 다양한 유형의 "복합가족(blended families)"이 등장하게 되고(〈표 3〉 참조), 이와 더불어 100쌍 중 15쌍이 다문화 가족을 구성하게 됨에 따라 혼인유형의 다양화 또한 빠른 속도로 확대될 전망이다.

표 6_ 혼인구성의 다원화

연도	초혼남–초혼녀	재혼남–초혼녀	초혼남–재혼녀	재혼남–재혼녀
1990	89.3	3.6	2.3	4.7
1996	85.9	3.6	3.8	6.7
2002	79.0	3.8	5.6	11.6

출처 : 통계청. 해당 연도.

마지막으로 평균 기대수명의 증가는 배우자가 해로하는 기간을 꾸준히 증가시키면서 자녀를 키우는 일에서 벗어나 배우자와 함께 노년기를 보내는 "탈양육기의 노부부 가족"을 출현시켰다. 과거의 부부는 막내를 결혼시키기도 전에 배우자의 사망을 경험했으나 이제 미래의 부부는 그 어느 세대보다 오랜 기간 "빈둥지 가족 단계"를 지나게 될 가능성이 높아졌다. 이러한 변화는 부부문화가 부재한 한국 가족의 아킬레스건으로 등장하게 될 것이며, 동시에 노년기의 삶의 질을 유지하는 과제가 생애주기상의 새로운 과제로 출현하게 될 것이다.

이들 가족주기의 변화가 가족의 기능 및 역할에 대해 이중의 의미를 지닌다는 점은 주목할 만하다. 즉 출산율 감소는 자녀교육의 강화 및 가족 공리주의의 심화로 연결되고, 가족관계의 친밀성에 대한 기대상승은 가족관계의 불만족 내지 갈등의 증가로 연결된다. 나아가 부부관계의 중요성 증대는 가족 안정성의 약화로 인한 부부의 해체 증가로 연결되고, 평균수명의 연장 역시 한편으로는 축복이자 다른 한편으로는 심각한 노인문제를 야기하게 되었음을 상기할 필요가 있다.

(3) 가족기능의 전문화

한국 가족의 기능에 관한 연구는 기능론적 시각의 보편성을 전제로 한국의 가족도 산업화의 영향을 받아 서구의 가족과 동일한 기능을 하는 방향으로 변화해 가고 있음을 보여주는 데 집중되었다(최재석, 1983 ; 한남제, 1997). 그러나 산업화 과정에서 나타난 한국 가족의 기능은 전통적 요소와 서구적 요소의 충돌, 사회구조적 변화속도와 가족의 변화속도 간의 괴리 등으로 인해 서구의 가족과는 다른 양상으로 변화되어 왔으며, 그 과정에서 한국 가족의 특수한 기능이 부

표 7_ 가족기능의 변화

가족기능	기능의 변화내용	가족기능	기능의 변화내용
경제공동체의 기능	생산기능 상실/ 약화, 소비기능 강화	사회보장 기능	기능 왜곡 (핵가족 책임론) 사회보장 기능 국가와 공유
성행위와 출산통제 기능	성 출산 통제기능 약화 부부 간 성생활 기능 강화	지위계승 (계급 재생산) 기능	지위계승 기능 강화
자녀양육 및 교육기능	자녀양육 및 교육기능 강화, 국가와 공유 사회화 기능 왜곡, 성차별적 사회화 약화	가사노동	가사노동의 사회화, 상품화 및 기계화
		정서적 유대 및 여가기능	정서적 유대 및 여가기능 강화

각되고 있기도 하다(이동원 외, 2002 ; 함인희, 2005). 위의 〈표 7〉은 가족기능의 변화를 요약해 놓은 것이다.

먼저 가족의 경제적 기능은 산업화로 인해 가족과 일터가 공간적으로 분리됨에 따라 생산기능은 약화 혹은 상실되고 소비기능은 강화 되었다고 본다. 가족의 소비기능이 강화되었다 함은 가장이나 가족성원의 직업 및 수입 정도에 따라 가족이 누릴 수 있는 생활기회나 생활양식이 결정됨을 의미하며, 나아가 이러한 소비생활 수준이 가족생활 만족도 및 가족구성원의 정체성에 직접적인 영향을 미치게 되었음을 의미한다. 농촌가족이나 자영업자의 경우는 가족의 생산과 소비기능의 경계가 분명하지는 않으나 교환을 위한 생산이 주를 이루는 사회구조 하에서는 가족의 자족적 생산기능이 약화되고 있음은 분명하다(한국가족학회, 1992 ; 남은영, 2007).

둘째, 가족의 출산 및 성행위 규제 기능을 보면 현대 사회에 들어와서도 이는 여전히 가족의 주요 기능으로 남아 있다. 그러나 성행위 및 출산과 관련된 사회구조 및 가치관이 빠른 속도로 변화하고 있어[22] 통제기능은 약화되고 있는 반면 부부 간 성생활의 중요성은 점차 증대되고 있다. 즉 의학기술의 발달로 인한 임신·출산의 자유, 피임방법의 개발로 인한 성생활의 자유, 향락산업 및 성과 관련된 각종 서비스 산업의 발달 등은 가족의 성 규제기능을 약화시키는 데 기여하는 동시에 성에 대한 규범 및 가치관의 변화를 가져왔다. 이제 성은 출산을 위한 수단으로서의 수동적 의미에 머물기보다는 인간의 자연스런 욕구의 표현으로 만족스런 성생활이 곧 결혼생활의 만족도를 증가시키는 주 요인이 되고 있다(여성부, 2005).

셋째, 자녀양육 및 사회화의 기능은 그 어느 때보다 강화되어 가족에게 큰 부담으로 작용하고 있다. 우리나라 가족은 전통적으로 부모-자녀관계가 부부관계보다 중시되어 온바, 서구의 부부 중심 가족과는 다른 특성을 나타내고 있음은 주지의 사실이다. 오늘날 자녀는 '효용가치의 감소'에도 불구하고 가족 내에서 여전히 중요한 자리를 점하고 있다.

그러나 급격한 사회변화 과정에서 가족은 자녀양육 및 사회화 기능에 많은 혼란을 초래하고 있다. 핵가족화 현상은 자녀양육 방식에 관한 지혜가 부모 세대로부터 자녀 세대로 전수되는 기회를 차단하여 새로이 가족을 구성하는 자녀 세대는 시행착오를 겪을 뿐만 아니라 설혹 부모 세대의 도움을 받을 수 있을 때조차도 양육방법을 둘러싸고 세대 간의 갈등을 보이고 있다. 오늘날 젊은 세대는 부모 세대의 지혜와 경륜에 의존하기보다는 과학적이고 전문적인 지식을 더욱 신뢰하기 때문이다. 그러나 자녀양육에는 왕도가 없기에 전문가들도 일관성 있고 체계적인 양육방식을 제안하지 못함으로써 자녀양육을 둘러싸고 많은 혼란과 시행착오가 계속되고 있다(Margolis, 1984 ; 여성한국사회연구회, 1992 ; 이여봉, 2007).

또한 사회가 다원화, 이질화, 전문화되면서 자녀에게 무엇을 어떻게 사회화시켜야 할 것인가에 대한 판단도 점차 어려워지고 있다. 부모의 가정교육과 자녀가 학교, 친구, 대중매체 등을 통해 습득하는 내용 사이에 괴리가 커지면서 부모-자녀 간의 갈등이 심화되고 있다. 급격한 사회변화는 부모 세대의 성장경험과 자녀 세대의 경험 사이에 심각한 단절을 초래한 결과 오늘날 가족은 성원들의 의식 · 가치관에서부터 행동양식, 언어, 생활습관 등에 이르기까지 세대 간에 심각한 갈등과 소외를 경험하고 있다(한완상, 1991 ; 이동원 · 조성남, 1991 ; 이동원 외, 2002).

세대 간 갈등에 더하여 가족의 사회화 기능을 왜곡시킨 주범은 입시위주의 교육제도이다. 자녀가 성장하면서 부모-자녀관계도 변화하고 발전해야 한다는 당위에도 불구하고 오늘날 한국의 가족은 자녀의 대학합격을 최우선의 과제로 삼고 있다. 입시위주의 교육제도는 부모로 하여금 조기교육열과 과잉교육열을 불러일으키면서 자녀의 과잉보호 및 가정교육 부재현상을 가져온 주범이다(김재은 외, 1993).

넷째, 가족의 정서적 유대 기능과 여가의 기능은 점차 중시되고 있다. 서구의 경우는 부부 간에 사랑이 식으면 굳이 함께 살아야 할 이유가 없기에 헤어진다. 그러나 한국 가족은 여전히 '제도가족'의 특성이 강하게 남아 있다. 즉 아내에게는 경제부양자 및 아버지로서의 역할에 대한 기대가 부부 간의 사랑이나 성생활에 대한 기대보다 우선하고, 남편에게는 알뜰한 살림꾼이자 어머니로서의 역할에 대한 기대가 우선한다(한국부인회, 1984 ; 한정자, 1985). 이는 부부 둘만의 사랑이나 정서적 유대, 성생활의 만족이 중시되는 서구의 가족과는 구별되는 우리나라 부부관계의 독특한 양상이다. 그러나 이 역시도 변화를 예측케 하는바, 젊은 세대로 갈수록 부모-자녀관계보다 부부관계가 중요하다고 생각하는 비율이 늘고 있다(이동원 외, 2002 ; 여성부, 2005).

다섯째, 가족의 사회보장 기능을 보면 가족구조 및 의식변화와 사회적 대응 간의 괴리로 인한 가족의 딜레마를 볼 수 있다. 지금까지 가족은 노인과 환자 등을 보살피는 사회보장제도로서의 기능을 수행해 왔다. 그러나 오늘날 가족의 사회보장 기능은 심각한 위기에 봉착하고 있다. 이제 가족은 사회보장 기능을 담당할 인적 자원을 보유하고 있지 않다. 더욱 가족의 노후 부양 및 노후 의존도가 동시에 약화된 시점에서 현실적으로 사회보장제도가 미비한 우리나라의 경우 개별 가족에게 경제적 부담은 물론이요, 심리적 부담까지 안겨주고 있다.

여섯째, 가족의 지위계승 기능은 자녀교육과 결혼, 그리고 재산상속 등을 통해 계속 강화되고 있다. 특별히 '동류혼'과 혼인거래 관행(혼수)은 가족의 지위계승 기능의 주 통로이다. 곧 결혼 당사자 및 양가의 사회경제적 배경(부모-자녀대의 직업, 수입, 교육 정도 등)과 인구학적 배경(연령, 고향, 종교 등)이 동질적인 사람들끼리의 결혼과 혼인거래 관행(신랑은 집 마련, 신부는 살림장만 등)을 통한 가족의 지위계승 기능은 사회계층의 구조화가 진행되면서 더욱 강화되고 있다. 앞으로 계층이동의 폭이 축소되면서 점차 계층의 구조화 현상이 지속되면 우리나라에도 가족배경이나 직업, 거주지역, 문화생활 등에 따라 뚜렷이 구별되는 가족 생활양식이 대두될 가능성이 있다(Coontz, 2005).

끝으로 여권론적 가족론의 시각에서는 생물학적 성(sex)을 사회문화적 성(gender)으로 연결시키는 성역할 사회화의 기능과 가사노동의 성격 등에 주목하고 있는데, 이들 기능은 사회변화에 소극적으로 대응해 왔음을 볼 수 있다. 곧 부모는 성차별적 사회화 과정을 통해 자녀들로 하여금 기존의 성역할 고정관념과 여성다움·남성다움의 행위규범 및 가치관을 내면화하도록 함은 물론 부모의 차별적인 기대와 상벌과정을 통해 남성다움과 여성다움을 강화하고 있다.

가사노동의 성격에 대한 재인식은 가족에 대한 신화(myth), 곧 '가족은 치열한 경쟁사회에서 지친 몸과 마음을 편히 쉴 수 있는 안식처'라는 보편적 믿음에 대해 '가족은 과연 누구를 위한 안식처인가'라는 문제를 제기하면서 시작되었다. 여기서 가사노동의 책임과 부담이 일차적으로 주부에게 부여된다는 점, 가사노동은 부불(不拂)노동이요 불가시적인 노동으로서 사회적인 가치를 인정받지 못하고 있다는 점 등으로부터 가사는 특별한 범주의 노동으로 여성을 억압하는 하나의 기제로 간주되기 시작했다(쏘온·얄롬 편, 1982 ; 한국여성개발원, 1991).

이상에서 살펴본 가족기능의 변화는 가족과 사회의 역동적 관계에서 파생되는 다양한 결과를 예시하고 있다. 한 가지 주목할 만한 사실은 특정한 가족기능이 강화되는 경우 가족성원들의 기대가 높아짐으로써 실제 강화된 기능에 대한 충족도나 만족도는 오히려 낮아질 수도 있다는 점이다. 이는 특별히 여성들에게 커다란 부담으로 작용할 수 있다. 왜냐하면 가족성원들의 기대를 충족시켜 주는 일은 여성의 고유한 몫이라는 인식이 지배적인 한, 여성에게 기능수행의 일차적인 책임이 주어질 가능성이 높기 때문이다. 더불어 예상되는 변화는 개별 가족의 힘으로는 감당하기 어려운 기능, 곧 기혼여성의 취업률 증가로 인한 자녀양육의 문제라든가 노인부양과 같은 제반 사회보장 기능은 국가, 사회단체 및 지역사회가 적극 개입하여 가족의 부담을 덜어주리라는 것이다(Sommervile, 2000).

이러한 국가기능의 확대가 여성의 가족지위 향상에 어떠한 영향을 미칠 것인가 하는 데 대해서는 몇 가지 이견이 있다. 국가의 복지기능 확대는 서구 복지국가의 경험에 비추어 볼 때 여성의 취업영역을 확대하고 전통적으로 여성이 담당해 왔던 서비스 기능을 국가가 대체함으로써 여성의 부담을 경감시켜 주는 기능을 하리라 예측된다. 동시에 여성의 의존관계가 남성과의 사적 관계로부터 국가에 대한 공적 의존관계로 전환되면서 새로운 통제의 영향력 하에 놓일 가능성과 더불어 국가의 복지혜택을 둘러싸고 여성들 간에 갈등과 분열이 야기될 가능성도 제기되고 있다(Walby, 1991 ; Gilbert, 2008).

(4) 모성의 과학화와 전업주부의 주변화

산업사회의 특성 가운데 하나는 새로운 이데올로기로서의 가정중심성(domesticity)에 터하여 주부로서 어머니로서의 여성 역할을 "찬미"하기 시작했다는 점이다.[23] 가정중심성이 강조되고 여성의 가족 역할이 전일제 역할로 확대되기 시작한 것은 출산율의 감소와 밀접히 연관되어 있다. 즉 출산율의 감소는 한편으로는 주부의 취업률을 증가시키는 방향으로 작용한 반면, 다른 한편으로는 자녀양육 및 교육의 비중을 강화시키고 가사노동의 질을 정교화함으로써 실제로는 "할 일이 없어진 주부"의 역할을 "전문화"시키는 방향으로 작용했다.

이러한 변화는 1975-1991년 기간 중 전업주부의 가사노동 시간이 8.4시간에서 15.4시간으로 거의 2배 가까이 증가한 것에서 잘 드러나고 있다. 실제로 식생활 관리와 주생활 관리에 드는 시간이 2배 이상 증가했고, 가정경영 및 장보기에 드는 시간은 1975년의 0.6시간에서 1991년에는 1.6시간으로 확대되었다(Oakely, 1974 ; 김혜경 외, 1992). 즉 식생활 영역에서는 상품대체 현상, 곧 부식의 상품화, 인스턴트 식품의 다양화, 외식산업의 확대 등이 부분적으로 진행되어왔고 전기 보온밥솥, 냉장고, 가스레인지, 전자레인지 등의 내구제 보급이 확대되어 왔으나 이들이 주부의 가사노동을 덜어주는 효과는 제한적이라 본다. 왜냐하면 중류층 주부에게는 전업주부로서의 의식과 가사노동의 정교화 경향이 식생활의 상품화를 저해하며, 저소득층 여성들의 경우는 상품을 구입하는 경우 비경제적이기 때문에 상품화의 확대가 어렵기 때문이다(김혜경 외, 1992). 따라서 식생활 관리는 주부들의 가사노동에 대한 비중을 높이는 데 오히려 기여하고 있다.

의생활의 경우는 거의 100% 상품화가 진행되었으며, 세탁도 부분적으로는 기계화되어 주부들의 부담을 덜어주고 있다. 단 주생활 영역에서는 가옥구조의 간편화와 주생활 노동의 간소화로 인해 부담이 덜어진 반면, 집안 관리의 수준이 보다 높아짐에 따라 주생활 영역에서의 가사노동 부담은 더욱 확대되고 있는 것으로 나타났다.

제2차 세계대전 이후 여성의 취업률이 꾸준히 증가하게 된 것은 가사 보조기구의 보급으로 인해 주부들이 집안에서 할 일이 없어졌기 때문이라는 신화가 있다. 그러나 서구의 경우는 여성의 취업률이 증가한 시점과 가전제품의 대량보급 시기 사이에는 약 20여 년의 시차가 있다. 우리나라의 경우도 가전제품의 개발 및 보급은 1980년대 이후의 일로서, 이를 소비할 수 있는 수준에 이른 중류층 가족의 확대, 가사 관련 서비스 업종 종사자의 감소 및 인건비의 증가 등과 보다 밀접한 관련이 있다. 동시에 누가 이들 가전제품을 활용하느냐 하는 문제를 생각해 볼 때 가사 보조기구는 항상 보급의 초창기에는 중상류층 여성의 전용품이었음을 기억할 필요가 있다(Degler, 1980 ;

Margolis, 1984). 아울러 가전제품의 개발방식이 기업의 이윤추구전략과 맞아떨어진다는 점을 고려한다면 가사 보조기구의 보급이 주부의 가사노동 시간을 절감해 주었느냐에 대한 의문이 해소될 것이다.

한편, 가족의 소비를 어떻게 관리하느냐 하는 문제도 소비의 내용이 점차 정교해지고 기준이 점차 높아감에 따라 주부의 시간과 노력을 요하는 중요한 일이 되었다(Margolis, 1984 : 131). 일견 소비는 주부들에게 "새로운 자유"를 주는 듯하다. 실제로 무엇을 어디서 살 것인가를 결정하는 일은 주부들에게 큰 기쁨을 준다. 덕분에 소비에 들이는 시간과 에너지는 가사노동 시간의 연장으로 연결됨에도 불구하고 광고는 가사 보조기구 덕분에 시간이 남아 "여가를 즐기는 레이디"로서의 주부 이미지를 더욱 강하게 부각시키고 있다.

결국 가사 보조기구의 보급이나 가정생활의 편의로움의 확대가 가정주부를 가사로부터 자유롭게 한 것이 아님은 분명하다. 이는 마치 기계의 도입이 노동 강도를 낮추기 위함이 아닌 것과 같은 논리로 가사 보조기구의 시장화는 여성을 가정주부의 자리에 더욱 단단히 옭아매는 결과를 가져왔다고 봄이 타당하다(Margolis, 1984 : Hochschild, 2003 ; Gilbert, 2008).

다음으로 출산율의 감소는 역설적으로 모성의 중요성을 증가시키는 방향으로 영향을 미쳤다는 사실도 주목할 만하다. 산업사회는 숙련노동에 대한 수요 증가로 인해 충분한 자질을 갖춘 인력을 요구함에 따라서 자녀양육의 수준이 높아지게 되었다. 경쟁의 강화 역시 자녀교육의 질적 수준에 대한 사회적 기대를 증가시켰다. 여성의 출산능력이 더 이상 사회적 의미를 갖지 못하게 되면서 대신 여성의 시간을 점유하기 시작한 것이 모성이라는 점도 아이러니이다(Margolis, 1984 ; 케인, 2003).

자녀에 대한 과학적 연구가 축적되면서 "모성의 전문화(professionalization of motherhood)"가 진행되기 시작했다. 이제 어머니가 된다는 것은 단순히 모성본능이나 고도의 도덕성 때문에 가능한 것이 아니라 그 역할을 공부하고 훈련받아야 함을 의미한다. 더불어 모성역할은 전문직인 만큼 여성의 취업과 모성은 결코 양립할 수 없는 것으로 인식되었다(Margolis, 1984 ; Gilbert, 2008).[24]

그러나 취업주부가 전업주부의 비율을 넘어 하나의 규범으로 자리 잡아 가기 시작하면서 어머니 역할 수행은 상당한 역할 긴장과 갈등에 직면하게 된다. 그럼에도 여성 취업 시대에 전문가들의 충고는 단순하고 명쾌하기까지 하다. 즉 여성들은 가족주기의 요구에 따라 취업문을 들락날락하는 것이 가장 이상적이라는 것이다. 이에 따라 전일제 일보다는 시간제 일이 두 가지 역할을 양립하는 데 보다 좋고 직업적 성공이 여성 본연의 의무를 저해해서는 안 된다는 것이다.

끝으로, 부인으로서 자신을 관리하는 역할이 확대되고 있음도 주목할 만하다. 이는 특별히 결혼생활에서 부부관계의 정서적 유대와 애정이 중요한 기반으로 떠오르고 있는 현실과 무관하지 않다. 자아의 확대와 친밀성의 욕구 충족을 선호하는 새로운 가치체계의 등장은 '애정적 개인주의'를 확대해 가고 있는 것이다. 그러나 소비주의와 서구화의 영향이 부인으로서의 정체감 및 역할과 관련해서 성적 매력을 지나치게 강조한다거나 유약하고 의존적인 여성 이미지를 강조하고 있음은 경계해야 할 것이다(Johson, 1988).

여성은 늘 일을 해왔다. 다만 일의 형태가 바뀌어 산업화 초기에는 "모성의 제도화" 및 "가사의 전문화"를 경험하다 지금은 다시 "취업의 규범화"를 경험하고 있는 것이다. 이제 취업주부가 다수가 되고 전업주부가 소수가 되어가고 있는 상황에서는 파슨즈식의 역할 분업 이데올로기는 더 이상 설득력을 잃게 되었다.

기혼여성의 취업률 증가는 득과 실을 동시에 가져왔다. 득으로는 자신들이 일정한 경제력을 가지고 있다는 사실에 대한 만족감, 자신의 삶에 대해 통제력을 갖게 되었다는 점, 그리고 일을 통한 경험의 폭 확대 등을 들 수 있을 것이다. 그러나 "일하는 엄마"들은 자신들이 전통적인 방식의 역할 수행에 실패했다는 관념 때문에 상당한 죄책감과 불안감을 느낀다. 하루 종일 일하면서 동시에 좋은 엄마가 된다는 것은 거의 불가능하다는 것이다. 자신의 아이덴티티의 핵심은 어머니와 아내라 믿고 있는 "일하는 엄마"들은 자신이 과연 좋은 엄마(혹은 아내)인가를 되묻게 된다(Rubin, 1994).

한데 우리나라에서는 남편은 바깥일을 하고 부인 자신은 집안일을 할 때 보다 "공평한 역할 분업"이 이루어지고 있다고 생각하며, 맞벌이 부부의 경우 역할 분업의 불공평성에 대해 더욱 날카롭게 인지하고 있다(김은희, 1993 ; 박민자, 1995).

이처럼 "공평한 결혼의 패러독스" 현상이 나타나고 있음은 여성 역할에 대한 가치관과 물적 토대 간에 존재하는 괴리현상과 밀접한 관계가 있다. 여성의 역할에 대한 규범이나 믿음, 신념체계는 여성의 역할을 규정하는 삶의 토대가 이미 충분히 변화했음에도 불구하고 변화된 현실에 적응하는 것을 강력히 거부한다. 이로 인해 여성들은 자신들의 역할을 수행하는 과정에서 상당한 불만을 느끼기도 하고, 부당한 현실에 저항하는 과정에서 희생자가 되기도 하며, 정작 희생자인 여성을 비난하는 분위기가 광범위하게 확산되기도 한다(Faludi, 1991 ; Skolnick ed., 1997).

 문제는 오늘날 여성의 취업이 규범화되어 가고 있는 현실에서도 가사와 양육은 여전히 여성의 일이라는 규범이 그대로 강하게 남아 있다는 점이다. 이로 인한 문제는 취업주부의 과중한 역할부담과 더불어 다양한 가족 문제를 야기함으로써 제도 자체의 기반에 대해서도 심각한 도전이 되고 있다(Hochschild, 1989 ; Rubin, 1994 ; 한국여성개발원, 2002 ; 여성부, 2005).

III. 가족위기론의 등장 : 가족의 해체인가 재구조화인가?

이제 우리 가족도 핵가족화를 넘어 새로운 가족분열 및 융합의 시대를 맞고 있는 듯하다. 결혼-혈연-공간의 공유가 가족의 필요충분 조건을 구성하던 시대를 지나 신(新)가족을 향해 나아가고 있는 것이다. 신(新)가족이란 한마디로 다양한 형태의 "대안가족"의 출현을 의미하는데, 앞으로는 대안가족이라는 말 자체가 필요없는 시대가 올지도 모르겠다.

우선, 전형적인 가족을 벗어난 곳에서 나름대로 새로운 가족유형을 모색하는 "나홀로 가족"의 증가가 주목된다. 독신은 이제 더 이상 문제적 독신이 아니다. 2005년 현재 25-34세 인구 중 미혼의 비율이 남자 10명 가운데 4.2명, 여자 10명 가운데 2.5명에 이르고 있고, 이는 계속 증가할 전망이다.

노인 단독가구의 급증도 대세이다. 2005년 현재 65살 이상 노인 가운데 혼자 사는 노인의 비율이 15.7%, 부부끼리만 사는 경우가 18.4%에 이른다. 3세대 확대가족의 이상이던 효도와 존경이 부모 부양에 대한 부담으로 치환되면서 나타난 노인 단독가구는 앞으로 고령사회가 진행되면서 더욱 보편화될 전망이다.

이혼의 증가로 인한 "한부모 가족"의 확산도 10년 전에 비해 30% 이상 증가했다. 이들 가족의 최대 현안으로서 부모와 자녀의 성이 불일치하는 문제가 사회적 쟁점이 되면서 2007년 호주제가 폐지되었고, 2008년부터는 가족관계 등록부제도가 도입되었다. 부모의 이혼은 가족의 세포분열을 더욱 가속화시켜 조부모-손자녀 가족 및 재혼가족 등 다양한 조합의 "복합가족" 등을 구성하게 될 것이다.

한편, '살아보고 결혼합시다'를 외치는 동거(living together)[25]도 빠른 속도로 번져가고 있다. 결혼의 장점을 유지하면서도 결혼으로 인한 부담을 최소화한다는 점에서 기존 제도의 매력적 대안으로 등장해 온 이들 동거양식에도 변화가 감지되고 있어 주목을 끈다. 즉 1990년대 이전까지만 해도 경제적 이유나 부모의 반대로 결혼을 미룬 미혼(未婚) 동거가 대부분이었으나 최근의 양상은 비혼(非婚) 동거의 증가가 두드러진다. 미혼 동거가 비자발적으로 결혼을 유예한 것이라면 비혼 동거는 일정기간 함께 살아본 후 결혼 여부를 결정하자는 자발성이 두드러진다. 여기서의 관건은 서로에 대해 조금 더 깊이 알아보고 결혼을 결정하자는 것이요, 커플 공히 독립채산제 및 철저한 가사분담에 입각한 평등한 관계 유지에 중점을 둔다는 것이다.

이 이외에도 여러 가족이 모여 하나의 공동체를 이루고 생활해 가는 종로구의 자율학교-물꼬 모임, 경기 화성군의 야마기시 마을, 전북 부안군의 한울공동체, 전국 귀농운동본부의 생태마을 등의 공동체 실험도 주요 신가족의 하나로 주목된다. 또한 우리에겐 여전히 낯설지만 미스 맘, 동성애 가족도 서서히 그 모습을 드러내고 있고, 결혼 이민자 가족의 확산이 향후 한국 사회에 미칠 다양한 영향도 주목의 대상이 되고 있다.

이들 변화와 더불어 출산파업, 이혼율 급증, 고령사회 진입이 진행되면서(〈각주 표〉 참조) 우리 가족을 향해 강도 높은 도전[26]이 시작됨에 따라 한국 가족의 상황을 놓고 해체적 위기로 규정할 것인가, 아니면 재구조화 과정으로 진단할 것인가가 흥미로운 논쟁의 축으로 떠오르고 있다. 다만 이에 답하는 작업은 연구자의 가족 이데올로기에 따른 변화 실태에 관한 관찰에서는 대체로 일치하면서도 그 해석에 있어서는 가족이 해체위기에 직면해 있다는 우려와 가족이 새로운 환경에 적응하여 재구조화되고 있다는 논의가 맞서고 있다. 나아가 재구조화에 주목할 경우에도 단절과 새로운 구조의 형성을 강조하는 입장이 있는가 하면 구조의 변형임을 강조하는 입장도 있다.

실제로 안호용 · 김홍주(2000)는 지난 40여 년간 급격히 변화해 온 한국의 가족이 해체 혹은 쇠퇴과정을 겪는 것이 아니라 새로운 원리에 의해 재구조화되고 있다는 입장에 서 있는 반면, 변화순(2000)은 다양한 가족유형의 등장을 가족해체의 관점에서 조망하면서 이들 가족의 복지지원 대책의 시급함을 역설하고 있다. 현재 한국 가족의 변화를 둘러싸고 이를 해체로 보느냐 재구조화로 보느냐 하는 논쟁의 담론구조는 핵가족화[27] 내지 다원화를 둘러싼 해석의 차이에 터한 논쟁구도로 이루어져 있다. 지나친 단순화의 위험을 무릅쓴다면, 서구의 가족위기 논쟁의 축[28]이 근대와 탈근대적 현상 사이에 놓여 있다면 우리의 경우는 전통과 근대가 논쟁의 축에 놓여 있다는 해석이 가능할 것이다.

가족의 전통성과 근대성의 충돌은 무엇이 정상가족인가 하는 신념의 차이에서 기인한다. 전통가족을 중시하는 입장에서는 전통가족=정상가족이라는 신념을 고수하면서 외부 사회의 변동과정, 특히 산업화 및 도시화 과정에서 정상적인 전통가족이 문제가 있는 핵가족으로 변화함으로써 가족이 위기에 처해 있다고 진단한다. 이로 인해 가족에 의한 노인 부양이 방기되고, 가장의 권위가 약화되며, 가정의 교육기능이 실종되고, 청소년의 일탈 문제가 심각해지고 있다는 것이다. 이러한 상황을 장경섭(1992)은 '가족위기의 핵가족 책임론'으로 규정한다. 곧 전통가족 원리를 대신해 새롭게 형성된 근대적 가족원리와 그로 인한 근대적 가족의식과 행동이 가족 문제의 주범이라는 논의를 일컫는 것이다. 이들은 전통가족의 회복이라는 도덕적 복고주의가 바로 현재의 가족위기를 헤쳐나갈 수 있는 유일한 통로로 인식하고 있다.

한편, 근대의 가족을 지지하는 측면에서는 개인의 자유 내지 성 평등을 지향하는 '근대 핵가족'이 정상가족이라는 믿음을 가지고 있다. 이들은 전통가족의 위계성과 불평등성, 그리고 비민주성을 강하게 거부하는 동시에 민주와 평등이라는 근대적 가치의 확산이 가족의 위기를 극복할 수 있는 대안이라고 확신한다. 이러한 맥락에서 여성의 지위 변화와 성별 역할분담 구조의 해체, 나아가 아동 및 노인 부양의 사회적 책임을 강조한다.

이러한 위기 논쟁은 특정한 한계를 보이고 있다. 곧 양측 모두 다양한 가족신화로부터 자유롭지 못한 결과 가족해체를 논하는 경우는 전통가족에 대한 향수가 전제되어 있을 뿐만 아니라 정상가족 내지 전형적 가족의 신화를 고수하고 있으며, 아울러 가족과 사회의 이분법을 무비판적으로 수용한 상태에서 고전적 가족기능의 중요성에 집착하는 성향을 보이고 있다.

반면, 가족의 재구조화에 주목할 경우는 가족 내부의 경험이 성과 세대에 따른 권력관계의 축을 따라 구성되는 방식에 대해 지나치게 낙관적인 전망을 담고 있으며, 동시에 전통가족의 구조 원리에 대치되는 재구조화의 원리에 대한 규명을 결여하고 있는 한계를 보이고 있다. 다시 말해서 어떠한 조직원리에 따라 가족이 재구조화되고 있는지에 대한 논의가 현실보다는 당위에 기울어 연구자들의 이상적·도구적 가족관에 지나치게 의존하는 경향을 보이고 있다.

나아가 논쟁의 축이 전통 대 근대 가족의 대결구도에 모아지면서 가족의 부양 문제 및 가장(남성)의 지위에 대한 해석의 차이 등에 관심이 집중된 결과 최근 급격히 증가하고 있는 다양한 가족생활에 대한 진지한 검토를 소홀히 하고 있다. 그런가 하면 양측의 신념이 지나치게 강한 나머지 가족위기의 본질에 대한 진지한 탐색 내지 이에 대한 대응방식의 사회적 합의를 유도하기 위한 노력이 부재한 상태에서 자신의 것만을 강조하는 정치운동으로 변질되고 있다. 이에 따라 가족의 위기 논쟁은 변화에 대한 진지한 성찰과 이의 해법을 찾아가는 과정이라기보다는 정치적·사회적 목적을 달성하기 위한 수단이 되고 있다는 평가를 받기도 한다.

결국 한국 가족이 해체적 위기상황에 놓여 있는지 재구조화를 진행해 가고 있는지 여부를 규명하고자 하는 작업은 구체적 현실에 대한 귀납적 검증을 거치기보다는 암묵적 합의에서 출발하여 동일한 현상에 대한 해석의 차이로 귀결됨으로써 순환적 논쟁에 빠지는 한계를 드러내 왔다고 할 수 있다. 따라서 정작 문제는 가족이 위기상태에 있느냐 아니냐에 있다기보다는 무엇이 가족의 위기인가, 나아가 특정 위기는 왜 나타났는지 그 원인을 진단해 보고 어떻게 이를 헤쳐나가야 하는가에 대한 사회적 합의를 이루는 작업이 보다 중요하리라는 절충안(함인희, 2002)이 나오고 있다.

Ⅳ. 맺는 글 : 가족의 정치적 의미 확대

현대 사회의 '가족'은 중요한 정치적 쟁점을 야기시키는 장으로 부각되고 있다. 가족이 정치적 관심사의 전면에 등장하게 된 이유는 여러 가지 측면에서 생각해 볼 수 있다.

첫 번째 가능성은 현대 사회의 가족이 스스로의 힘으로는 해결할 수 없는 많은 문제들을 안고 있다는 위기의식의 발로에서 정치적 조명을 받게 되었다고 볼 수 있다. 오늘날 동서를 막론하고 가족이 안고 있는 제반 문제들, 이를테면 취업여성의 자녀양육 문제, 이혼율의 증가로 인한 가족 불안정성의 문제, 고령사회 진입에 따른 노후부양의 문제, 이와 더불어 저출산의 문제 등은 개별 가족의 힘으로는 도저히 해결이 불가능한 문제들이다. 이러한 문제들은 가족이 사회변화에 직면해서 경험하게 되는 긴장과 갈등이 표출되는 것으로써 정부도 더 이상 가족 문제를 방치해서는 안 되겠다는 문제의식을 갖게 된 현실을 반영하는 것이다.

두 번째 가능성은 가족과 사회의 관계를 보는 시각의 변화이다. 이제 가족은 더 이상 사회로부터 고립된 지극히 사적인 공간이라든가 '피곤에 지친 몸과 마음을 편히 쉴 수 있는 휴식처'만은 아니라는 인식이 증가하고 있다(쏘온 · 얄롬 편, 1982 ; 현실문화연구회 편, 1994). 가족과 사회를 분리된 영역으로 보는 관점은 가족과 사회의 관계를 왜곡해서 파악하는 하나의 이데올로기로 간주된다. 즉 가족과 사회를 분리된 영역으로 간주하는 이유는 성역할 이데올로기를 정당화하기 위한 분석틀이요, 가족 안에서는 사회에서 있었던 일을 잠시 보류해두고 사회에 나가서는 가족 안에서 있었던 일을 잠시 잊고 일에 전념하도록 두 영역을 분리된 공간으로 보기 위해서라는 것이다(Kanter, 1977).

세 번째로 생각해 볼 수 있는 가능성은 현대 산업사회에서의 가족의 의미 및 역할변화와 관련되어 있다. 과거 전통사회에서는 다른 사람들로부터 존경을 받는 일에 많은 가치를 두었다. 그러나 현대인들은 보다 내면적이고 자기중심적인 것에서 만족감을 느끼고 가치의 근원을 찾는다. 즉 인생의 의미를 '친밀한 인간관계에서 오는 순수한 기쁨'에서 찾는 경우가 늘고 있다(Skolnick ed., 1997 ; Giddens, 1992). 사회적 성공을 위해 비인간적인 삶을 선택하기보다는 개인의 행복과 보람을 위해 부와 명예 대신 소박한 삶을 선택하는 사람이 늘고 있는 것이다. 이 과정에서 가족과 부부관계는 개인의 삶에 매우 중요한 의미를 부여해 주는 장이 되고 있다.

한데 현실은 가족에 대해 다양한 신화와 "문화적 위선(cultural conspiracy)"을 보이고 있다. 무엇보다도 가족의 중요성이 증대될수록 가족의 안정성은 오히려 약화되는 아이러니를 보이고 있다. 가족성원들, 특히 부부 간의 애정과 정서적 유대에 기초한 가족은 부부 간의 충실한 역할수행에 기초한 제도가족에 비해 가족의 안정성을 확보하기 어렵다(Skolnick ed., 1997 ; Coontz, 2005). 그 이유는 가족을 묶어주는 요인으로서의 정서적 유대 자체가 불안정성을 특징으로 함은 물론 사회적 인간관계 자체가 부부 간의 친밀한 유대를 지속하기 어려운 방향으로 변화하고 있기 때문이다.

가족기능의 전문화와 가족규모의 축소가 결과적으로 지역공동체와의 유대 및 사회관계(sociability)를 희생하고 핵가족만의 친밀한 관계, 자녀 중심의 가족을 지향해 가는 방향으로 변화해 온 결과 핵가족은 사회변화에 대한 적응력이 떨어지고 다양한 역할 모델을 가지고 성장할 수 있는 가능성이 떨어진 셈이다. 그럼에도 가족은 계속해서 불확실성(uncertainty)과 유동성(fluidity)을 증가시킬 것이라는 전망이 우세한 가운데 견고한 제도로서 부부와 그들의 자녀로 구성된 핵가족만을 정상가족이라 고집하기보다는 개인의 선택 폭이 확대된 다양한 생활양식 하나하나를 가족의 범주로 포섭하는 과정을 거치게 될 것이다.

주

1 가족의 변화를 인정한다 하더라도 변화를 긍정적으로 해석할 것이냐 부정적으로 평가할 것이냐 하는 문제가 또 남는다. 예를 들면 지난 50여 년간 이혼율이 꾸준히 증가해 온 현상을 어떻게 해석할 것이냐를 놓고 이를 가족의 해체로 보아 사회 문제시할 것이냐, 아니면 불행한 결혼의 해소로 보아 개인(특히 여성)의 권리가 신장되었다고 볼 것이냐 하는 문제는 판단하기가 매우 어려운 문제이다. 실제로 이혼은 가족 교과서에서 1970년대까지는 가족문제의 하나로 다루어져 왔으나 1980년대 중반 이후부터는 재혼과 더불어 규범적인 가족현상의 하나로 다루어지고 있음을 관찰할 수 있다. 이는 가족의 변화에 대한 해석이 사회구조적 상황의 변화에 따라 가변적일 수 있음을 보여주는 좋은 예라 하겠다(Skolnick ed., 1997 ; 여성한국사회연구회, 1995).

2 우리의 일상적 삶을 구성하는 장으로서의 가족은 우리에게 매우 친근하고 익숙하게 여겨진다. 가족의 친근성 및 일상성은 우리들로 하여금 가족을 일정한 거리를 두고 객관적으로 탐구하는 것을 어렵게 함으로써 연구자의 개별적 경험이 편견으로 작용할 가능성을 높인다. 뿐만 아니라 우리들로 하여금 가족을 필연적인 것, 자연스러운 것으로 인식하도록 하는 경향이 강하다. 우리 자신과 밀착되어 있기에 우리 자신에게 그 모습이 제대로 드러나지 않는 것이 가족인 셈이다. 그런 만큼 우리는 가족규범으로부터 이탈된 것에 대해서는 관심을 가지나 가족규범 자체를 문제삼지는 않는다. 더불어 가족의 보편성과 규칙성, 전형성을 규명하려는 노력이 초지일관 진행되어 온 반면 변화에 대해서는 이를 부인하고 합리화하는 노력이 끊임없이 진행되어 왔음도 같은 연장선상에 놓여 있는 현상이라 하겠다(Skolnick 외, 1997). 변화가 진행되는 상황에서는 규범으로부터 이탈한 사람들보다 전통적 규범 내지 전형성을 고수하려는 사람들의 정당화 · 합리화 논리가 중요한 쟁점으로 떠오르는 것은 흥미롭다(Rubin, 1976, 1994 ; Faludi, 1991 ; Conntze, 2005).

3 특히 한국전쟁을 여성의 시각에서 조망해 본다면 여성 징병을 전혀 고려하지 않았던 일본과는 달리 일찍부터 여성을 병사로 동원했다는 점이 눈에 띈다. 근대 국민국가에서 국민이 되는 자격 가운데 하나가 군복무의 의무라 한다면 우리는 대한민국 수립과 한국전쟁을 계기로 여성도 병사가 됨으로써 국민으로서의 위치를 부여받았다 할 수 있다. 단 여성을 병사로 동원하는 과정에는 젠더 이데올로기가 그대로 투영되어 "여성은 군문으로"라는 슬로건 아래 여성을 병사로 동원하면서도 전선은 전방과 후방으로 나뉘고, 후방은 병사의 어머니와 아내로 표현되는 여성의 자리로 규정되는 동시에 "총후부인(銃後婦人)"으로 표방되는 후방의 역할은 시종일관 유지되었다. 뿐만 아니라 한국전쟁 동안 여성을 동원하는 과정에서 주로 구원의 손길을 제시하거나 위안을 담당하는 등의 전통적 여성 역할이 강화되었음도 주목을 요한다. 곧 여성들은 병사들을 간호하고, 피 묻은 군복을 빨며, 주먹밥을 해 나르는가 하면 병사들의 무훈과 승리를 염원하는 위문대를 만들고, 일선 병사의 노고를 위로하고, 경우에 따라서는 병사들을 성적으로 "위안"하는 역할을 담당하기도 했다(이임하, 2005).

4 해방 이후 1960년까지의 통계자료는 주로 『대한민국통계연감』을 참고하였다. 『대한민국통계연감』은 1952년 공보처 통계국 주관으로 창간호가 발행되었다.

5 전시 여성의 고용은 여성 스스로도 "일시적" 경험이자 애국심의 발로로 인식했기에 오늘날의 "자아실현"과는 거리가 먼 이야기임은 재론의 여지가 없다.

6 다만 이산가족의 규모와 관련해서 정확한 통계가 없음은 유감이다. 남한 정부는 이산가족의 수를 약 1,000만 정도로 추산하고 있고, 북한에서도 주민의 약 2/3가 월남한 사람들과 근친관계에 있다고 발표한 바 있다(박명선, 1991). 정부는 1945년부터 6·25 이전까지 남한으로 이입해 온 인구 350만 명과 6·25 전쟁 중 월남한 피난민 100만 명을 합쳐 전쟁 후까지 남한으로 이동해 온 인구를 500만 정도로 추산하고 있다. 여기에는 그동안 사망했거나 다시 북한으로 이동해 간 인구 수는 고려하지 않았으므로 전쟁이 끝난 후 남한에 정착한 북한 출신 월남인들의 수는 500만 명에는 미치지 못하는 것으로 추정되고 있다.

7 실제로 북한 출신 월남인들은 거의 절반 정도가 서울로 진입하였고 대도시에 집중적으로 정착하는 경향을 보였다. 1949-1955년 기간 중 남한의 도시 인구는 약 105만 9천 명이 증가하게 되는데, 이는 같은 기간 동안 전체 인구 증가의 79%에 해당하는바 북한 출신 월남인의 압도적 다수가 도시에 정착했음을 의미한다 하겠다. 한편, 1949-1955년 기간 중 부산 인구 역시 47만 1천 명에서 104만 9천 명으로 2배 가량 증가했는데, 이 가운데 절반은 피난민이었음 또한 월남인의 도시 정착화를 보여주는 지표라 하겠다.

8 1983년 7월 전국적으로 대대적인 관심을 불러일으켰던 KBS 방송의 이산가

족 찾기에서는 약 11만 건이 접수되어 18만 4천 명을 찾고자 했는데, 형제를 찾는 비율이 43.3%로 가장 높았고, 다음은 부모자식이 24.6%, 그 밖에 친척 및 기타 친지를 찾는 경우가 29.4%, 그리고 부부가 배우자를 찾는 경우는 2.7%로 나타났다. 40여 년이 지난 후에도 잃어버린 가족을 찾으려는 열망이 그토록 강렬했음은 우리의 가족주의적 정서를 웅변적으로 보여준 셈이다. 특별히 여기서 전쟁 중에 가족의 생계와 보호를 책임져야 했던 여성들의 한과 죄책감은 남달랐으리라 짐작된다.

9 1955년 인구 센서스를 통해 남녀 간 연령별 결혼 지위를 비교해 보면 25-39세 연령층에서 여성 사별인구 수가 남성 사별인구 수의 10배에 이르고 있다. 40세 이상부터는 남녀 간 사별인구가 약 5배 정도 차이가 난다. 이는 기대수명의 차이로 인해 일정 연령층 이상에서는 여성 사별인구가 증가할 수밖에 없음을 고려해 볼 때 전쟁으로 인한 가족형태의 왜곡현상을 짐작해 볼 수 있다.

10 1957년 미망인 수는 42만 5,090명으로 나타나고 있는데, 이들의 취업현황을 보면 농업이 48.7%로 절대 다수를 점하고 있고 광업이 0.2%, 제조업 0.5%, 상업 금융 및 부동산업 8.1%, 운수보관 및 통신업 0.2%, 서비스업 1.2%, 기타 직업이 10.5%, 무직이 30.7%로 나타나고 있다. 이들 미망인의 생활 정도는 상 4.3%, 중 21.9% 하 73.2%로 대다수가 생활고에 시달리고 있었음을 알 수 있으며, 특히 미망인 가운데 45% 정도는 글을 전혀 모르는 문맹자였다.

11 전쟁 당시 생활전선에 뛰어들었던 여성들의 생활고를 엿볼 수 있게 해주는 자료가 있다. 전쟁을 전후한 시기 전국의 소매물가 지수를 보면 1947년을 100으로 했을 때 1946년 55.9, 1948년 158.3, 1949년 197.8이었다가 전쟁 기간 중에는 급증하여 1950년 531.5, 1951년 2128.5, 1952년 5243.6, 1953년에는 7618.8로 치솟고 있음을 알 수 있다. 참고로 전쟁 이후의 소비자 물가지수를 보면 1955년을 100으로 했을 때 1956년 122.9, 1957년 151.3, 1958년 146.7로 나타나고 있다(내무부, 1959 : 188-89). 서울의 주요 상품 도매물가 지수를 보면 쌀 1등품 200리터가 1945년 21환이던 것이 1949년에는 191.08환으로 증가했다가 1951년에는 2,570환으로, 그리고 1952년에는 9,300환으로 급등하고 있다. 쇠고기는 100근에 15환(1945)이던 것이 1949년에는 378.75환, 1952년에는 7,520환으로 증가하고 있고, 달걀은 100개에 1.5환(1945)에서 708환(1952)으로 뛰고 있다.

12 그럼에도 불구하고 제한적이긴 하지만 전쟁 중 가족의 불안정성이 상대적으로 높았음을 보여주는 지표가 있다(각주 표 참조). 표에 따르면 1955-1960년 기간 중 이혼 및 사별의 비율이 감소하고 있음을 볼 수 있다.

각주 표_ 15세 이상 인구의 혼인상태

혼인상태 / 연도	혼인상태 : 전체					혼인상태 : 남자					혼인상태 : 여자				
	미혼	유배우	이혼	사별	미상	미혼	유배우	이혼	사별	미상	미혼	유배우	이혼	사별	미상
1955	24.8	63.4	1.3	10.5	–	31.5	63.6	1.0	3.9	–	18.5	63.3	1.5	16.7	–
1960	29.3	60.2	0.7	9.4	0.4	36.3	59.9	0.5	2.7	0.0	22.6	60.4	0.9	15.6	0.5

13 1949년 당시의 직업별 인구를 보면 비경제활동 인구[당시에는 무업(無業)으로 분류됨] 1천 220만 6,221명을 제외하고는 농업 종사자가 압도적으로 많아서 78.8%를 차지한다(내무부, 1952). 농업을 제외하고는 이렇다 할 산업이 발달되지 않은 상황에서 수산업 종사자의 비율이 1.1%, 광업 0.4%, 공업 3.3%, 상업 4.7%, 교통업 0.9%, 공무자유업 5.2%, 가사 1.8%, 그리고 기타 직업이 3.7%를 차지한다. 한 가지 특기할 만한 사실은 직업 항목에 '가사'가 따로 분류되어 남자 5만 6,887명, 여자 8만 5,849명이 이에 종사하는 것으로 나타나고 있다.

14 1949년 5월 남한 인구 총 2,016만 6,756명 가운데 도시에 거주하는 사람은 약 17.1%에 이른다. 당시 남한 전역에는 서울특별시를 위시하여 모두 15개의 도시가 있었는데, 도시지역의 인구집중 현상은 완만하여 서울 거주자가 전체 인구의 7.1%, 부산이 2.3%를 차지하고 있었다.

15 직업별 취업자 구성비의 변화를 보면 1970년까지만 해도 농림수산업 종사자의 비율이 과반수를 넘었으나 80, 90년대를 지나면서부터는 소위 근대화된 부문의 직업이 팽창하면서 1차 산업 종사자의 비율은 10.6%로 감소하고 있음을 볼 수 있다. 반면, 근대화된 부문이라 할 수 있는 전문기술 · 행정관리직 및 사무관련직은 꾸준한 증가 추세를 보여 1960년대에 비해 약 4.5배 가량의 증가추세를 보이고 있다.

16 단 가족과 일터의 관계는 일의 종류에 따라 다양한 형태로 전개된다. 곧 가족과 일터의 분리가 공간적으로나 시간적으로 확연히 일어나는 직업은 전문기술 · 행정관리직이나 사무직, 일부 서비스직, 생산직 등에 한정되게 마련이다. 특별히 우리나라와 같이 자영업의 비중이 높은 계층구조 하에서는 일터와 직업의 공간적 분리가 확연하지 않은 경우가 많다(여성한국사회연구회 편, 1990).

17 오늘날 서구의 가족학자들은 산업화되기 이전 사회에서도 핵가족이 지배적인 형태였다는 사실을 밝혀냄으로써 '전산업사회=확대가족'의 등식에 대해 의문을 제기하고 있다. 우리나라에서도 조선 시대의 호적을 통해 가구 및 가족형태를 연구한 논문에서 조선조에 이미 소수의 가족과 2세대 핵가족이 지배적이었음을 들어(최재석, 1983) 산업화가 핵가족화를 가져온 것은 아니라는 지적이 나오고 있다. 물론 여기서 의미하는 바는 전통사회 가족의 조직원리가 핵가족이었다고 주장하는 것은 아니다. 그보다는 어느 시기든 피

지배계층은 핵가족일 수밖에 없었다는 '핵가족 보편설' 에 입각하여 핵가족의 비율이 가장 높았다는 견지에서 그러한 주장이 나오고 있는 것이다.

18 가족전략 개념은 최근 가족사 연구와 생애주기 사회학에서 중요하게 부각되고 있다. 이는 산업화 근대화가 가족변화에 미치는 영향이 계급과 성, 연령에 따라 매우 다양하다는 인식을 전제로 한다. 특히 Hareven(1992), Tilly(1987) 등은 다음과 같은 점에서 가족전략 개념의 유용성을 강조하고 있다. 곧 가족전략은 가족이 거시적인 사회변화를 수용하기도 하고 변화를 유도하기도 하는 사회변화의 적극적 적응체계로 이해하는 데 유용한 개념이며, 가족이라는 집단을 유지하기 위해 가족 내 성별 및 지위에 따라 개별 가족원의 선택과 양보, 그리고 희생을 가정하기 때문에 일련의 협상과정과 강제 및 갈등을 내포하는 점에서도 유용하다는 것이다.

19 최재석 교수(1983)는 이에 주목하여 장남이 일단 분가하긴 하지만 언젠가는 부모님을 모시겠다는 생각이 남아 있어 장남의 분가는 분거로 보자고 제안하기도 한다. 한편, 노부모 부양 책임에 대한 의견을 물은 1979년, 1991년 조사결과(통계청, 1991)를 비교해 보면 '장남이 모셔야 한다' 는 견해는 30.6%에서 18.3%로, '형편 닿는 아들이 모셔야 한다' 는 22.7%에서 13.8%로 감소된 반면에 '아들 딸이 모두 모셔야 한다' 는 6.4%에서 46.2%로 증가했다. 아울러 '자립해야 한다' 는 견해는 36.6%에서 15.4%로 감소되고 '사회가 책임져야 한다' 는 의견은 3.6%에서 5.9%로 다소 증가했다.

20 가족주기 모델은 가족이 정적 집단이 아니라 변화를 경험해 가는 집단임을 부각시키는 데는 성공하였으나 몇 가지 문제를 내포하고 있다. 가족주기는 개념적으로 각 단계가 고정되어 있으며 순서대로 진행되리라는 것을 상정하고 있다. 그러나 실제로는 졸업과 취업, 결혼과 출산 등의 순서는 충분히 다양할 수 있다. 또한 가족주기는 '전형적 가족' 모델에 입각하여 단계를 설정하였기 때문에 다양한 가족유형, 곧 확대가족을 위시해서 이혼가족, 재혼가족, 이혼 혹은 사별로 인한 한부모 가족, 미혼모 가족, 무(無)자녀 가족 등의 가족주기를 연구하는 데는 한계가 있다. 친족역할의 중요성이 간과되고 있음도 가족주기 모델의 한계로 지적되고 있다.

21 결혼율과 관련해서는 흥미로운 데이터가 있다. 1995년 UN이 발표한 자료에 의하면 45세 이상 연령층 가운데 결혼한 경험이 없는 독신자의 비율이 우리나라의 경우 여자 0.3%, 남자 0.4%로 전 세계에서 독신 비율이 가장 낮은 것으로 나타났다. 중국의 경우 여자 0.2% 남자 3.5%로 나타났으며, 일본은 여자 3.6%, 남자 3.3%로 나타났다. 독신자의 비율은 아시아 지역이 대체로 낮고 라틴아메리카 지역과 아프리카 일부 지역에서는 20-30%로 높게 나타나고 있다.

22 지금까지 우리나라에서 남성이 결혼을 하는 중요한 이유 가운데 하나는 '대를 잇기 위함' 이었다. 이에 따라 가족의 출산 기능은 주요한 기능으로 남는

동시에 한두 자녀만을 낳다 보니 아들을 낳으려는 욕구가 강해져 의학기술을 이용한 선택출산으로 인해 남아 대 여아의 성비(sex ratio)가 깨지는 부작용에 대한 우려가 컸으나 최근 들어서는 심각한 저출산으로 인해 가족의 출산기능에 대한 패러다임 전환이 요구되고 있는 실정이다.

23 가정중심성은 산업화 초기에는 중류계급의 이상이었으나 점차 전 계급으로 확대되어 갔다(Hareven, 1992 : 35). 가족성원들 스스로가 자신들을 심리적으로는 중류층과 동일시하기 때문에 가족의 계급적 기반은 가족연구에서 불가시적인 경우가 많다. 이러한 태도는 단기적으로는 하류계급 가족성원들의 심리를 어루만져 줄지는 모르나 장기적으로는 자신들의 이상과 현실에 대한 괴리 및 주관적 박탈감과 객관적 현실에 대한 불만이 증가함으로써 가족생활에 미치는 부정적 효과는 더 클지도 모른다(Rubin, 1994).

24 모성 역할 수행의 기준 역시 사회구조적 변화에 따라 다양한 변화를 거듭해 왔다. 모성예찬(the cult of motherhood)은 어린이에 대한 발견과 보조를 맞추어 진행되었다. 어린이는 그들만의 욕구를 가지고 있으며, 어린이의 성장과 발달을 위해서는 특별한 양육이 이루어져야 한다는 전문가들의 충고는 어머니의 역할에 상당한 책임을 부과하는 결과를 가져왔다. 만일 자녀양육에 실패한다면 그것은 일차적으로 어머니에게 책임이 돌려졌다. 이제 어린이의 양육은 특별한 지식을 요하는 특수한 전문직으로서 24시간 헌신을 요하는 전일제 직업이 되었다. 어머니는 자녀의 정서와 성격, 습관 등을 형성함에 있어 아버지보다 중요한 영향을 미치는 것으로 인식되었다.

25 물론 비혼 동거에도 함정은 있다. 동거를 하다 문제가 생기면 대개 문제 해결을 위해 결혼을 선택하는데, 문제는 그 결혼이 백발백중 이혼으로 끝난다는 사실이요, '성적 무책임 및 방만함', 나아가 원치 않는 임신도 동거 커플의 난제로 지적되고 있다. 현재 유럽에서는 동거를 합법적 결혼양식으로 인정해 주고 이들을 지원하기 위한 법적 · 제도적 지원책을 강구하는 추세이고, 미국에서는 누구나 결혼하기 전 들르는 정류장으로서 자연스럽게 동거에 들어감을 관찰할 수 있다.

26 이들 도전의 징후는 서구 선진국에서는 이미 100여 년 전부터 나타나면서 완만한 속도로 진행되어왔음에 비해, 한국 사회에서는 변화의 속도가 지나치게 빨라 전통-근대-탈현대적 요소들이 충돌하면서 한국 가족은 "누구의 잘못도 아니지만 아무도 행복하지 않은" 역설적 공간으로 변화하고 있다는 지적이 있다.

각주 표_ 인구학적 지표의 3대 반란

연도	출산율	이혼율	고령화율(65세 이상 인구)
1980	2.83	5.9	3.8
1985	1.67	10.3	4.3
1990	1.59	11.4	5.1
1995	1.65	17.1	5.9
2000	1.47	32.5	7.2
2006	1.13	43.5	9.5
10년 후 추계	1.50 소폭 반등	40–50% 현재 비율 유지	12–13% 초고령사회 준비

27 물론 핵가족화의 구조적 특질은 사회에 따라 동일한 형태를 띄지 않을 가능성이 있다. 다만 서구 핵가족의 특질을 분석의 도구로서 하나의 비교 척도로 사용할 경우 장경섭(1991 : 191)은 우리의 가족 변동상황을 "불균형 핵가족화"로 규정하고 있고, 장현섭(1993)은 이념적 형태와 실제적 행동의 차이를 강조하면서 한국의 핵가족화에 강한 의문을 제기하고 있다.

28 가족의 변화를 두고 위기로 보는가 적응으로 보는가는 서구에서도 활발한 논쟁의 대상이 되고 있다. 서구에서도 가족위기에 대한 관심은 경제적 불황기나 인구 구조가 급격히 변화할 때, 그리고 정치적 불안과 격변기에 수시로 나타나는 현상이라 한다(기든스, 1997 : 225). 특히 서구에서는 1960년대 이후 기혼여성의 적극적인 노동시장 진출과 맞물려 출산력의 약화, 이혼율의 증가, 가족 크기의 감소, 미혼모의 증가, 무자녀 가족의 증가 등을 두고 많은 논자들은 가족의 위기라 진단하고 있다. 그러나 이러한 위기 진단에 대해 다른 한편에서는 변화 그 자체를 개인, 특히 여성의 자유와 평등이 증가하고 있다는 사실을 들어 긍정적으로 평가하기도 한다. 이들은 특별히 가정 내 성별 역할 분업의 변화와 여성의 지위 향상을 긍정의 준거로 삼고 있다. 이들 서구의 가족위기 논쟁은 양측 모두 가족의 적극적 가치를 인정하고 있다는 공통점을 보이고 있다. 곧 가족의 아동양육과 사회화 기능, 요보호 가족원에 대한 보호기능, 그리고 복잡성과 예측불가능성이 증가하는 사회환경에서 서로 의지하고 신뢰할 수 있는 가족관계의 가치를 인정하고 있는 것이다. 다만 현재의 가족은 이러한 기능이 약화되고 있다는 점에서 문제이니 국가와 사회적 차원의 정책적 지원이 요구된다는 데에는 양편이 합의를 하고 있다(안호용 · 김홍주, 2000).

참·고·문·헌

경제기획원. 1962.『1960 人口住宅國勢調査速報 : 抽出集計結果』.

_________. 1979.『한국의 사회지표』.

김귀옥. 2008.『전쟁의 기억, 냉전의 구술』. 도서출판 선인.

김모란. 1995. "한국 사회의 혼인 거래 관행의 의미에 관한 연구."『한국사회학』 29(3) : 48-71.

김미경. 2000. "노인복지에 대한 가족사회학적 접근 : 노인 부양 문제를 통해 본 노인복지와 여성복지의 관계에 대한 시론적 고찰."『한국사회학』 34(1) : 63-82.

김은희. 1993. "일, 가족 그리고 성역할의 의미 : 한국의 산업화와 신중산층의 가족 이념." 한국사회사연구회 편.『한국 근현대 가족의 재조명』. 문학과 지성사. pp. 81-120.

김현주. 2001.『장남과 그의 아내』. 새물결.

김혜경 외. 1992. "자본주의적 산업화와 한국 가족의 역할 변화."『여성과 사회』 3 : 278-314.

김홍주. 1993. "한국 가족 문제의 특징." 한국사회사연구회 편.『한국 근현대 가족의 재조명』. 문학과 지성사. pp. 172- 213.

남은영. 2007.『소비양식을 통해 본 중산층 연구』. 서울대 박사학위 논문.

내무부. 해당 연도『대한민국통계연감』.

다이애너 기텐스(Giltins, Diana). 1997. 안호용 외 역.『가족은 없다』. 일신사.

박길성 외. 2004.『현대 한국인의 세대 경험과 문화』. 집문당.

박명선. 1991. "월남가족의 경제생활사."『여성 가족 사회』 창간호 : 100-121.

박수미. 2002. "한국 여성들의 첫 취업 진입, 퇴장에 미치는 생애사건의 역동적 영향."『한국사회학』 36(2) : 149-180.

쏘온 배리 · 매릴린 얄롬(Throne, Barry · Marilan Yalom) 편. 1982. 권오주 외 옮김. 1991. 『페미니즘의 시각에서 본 가족』. 한울.
안호용 · 김홍주. 2000. "한국 가족변화의 사회적 의미." 『한국사회』 3 : 89–132.
앤더슨(Anderson, M.). 1994. 『서구 가족사의 세 가지 연구방법: 1500–1914』. 김선미 · 노영주 역. 한울아카데미.
양현아. 2000. "호주제도의 젠더 정치 : 젠더 생산을 중심으로." 『한국여성학』 16 (1) : 61–89.
여성부. 2005. 『한국 가족 리포트』.
여성한국사회연구회 편. 1990. 『한국 가족론』. 까치.
________________. 1992. 『한국 가족의 부부관계』. 사회문화연구소.
________________. 1995. 『한국 가족문화의 오늘과 내일』. 사회문화연구소.
이동원. 1987. "가족 가치관에 관한 조사연구." 『논총』 59(2) : 229–254.
이동원 · 함인희. 1993. "산업화에 따른 가족 문제의 실태 및 유형에 관한 연구." 『논총』 62(2) : 5–28.
__________. 1996. "한국 가족사회학 50년의 성과와 반성." 『가족과 문화』 1집(창간호) : 1–58.
이동원 외. 2002. 『한국 가족의 현주소』. 학지사.
이영자. 1996. "소비사회와 여성문화." 『한국여성학』 12(2) : 42–76.
이임하. 2004. 『여성, 전쟁을 넘어 일어서다』. 서해문집.
_____. 2005. "한국전쟁과 여성생활세계의 변화." 한국여성사학회 추계 심포지엄 발표문.
이재경. 1995. "정의의 관점에서 본 가족." 『한국여성학』 제11권. pp. 41–65.
_____. 2002. 『가족의 이름으로』. 또하나의 문화.
이현송. 1996. "가족의 생애주기와 기혼여성의 경제활동." 『한국사회학』 30(4) : 25–43.
이효재 편. 1988. 『가족연구의 관점과 쟁점』. 까치.
이효재. 1985. 『분단시대의 사회학』. 경문사.
_____. 2003. 『조선조 사회와 가족』. 한울아카데미.
장경섭. 1992. "핵가족 이데올로기와 복지국가 : 가족부양의 정치경제학." 『경제와 사회』 제15호.
조은. 1991. "역사적 형태로서의 가족과 계급." 한국사회사연구회 편. 『한국 사회의 여성과 가족』. 문학과 지성사. pp. 11–41.
조은 · 조옥라. 1992. 『도시 빈민의 삶과 공간』. 서울대학교 출판부.
조주은. 2004. 『현대 가족 이야기』. 이가서.
조형. 1997. "도시 중산층 전업주부의 권력 : 구조적 무권력화와 구성적 권력화." 『한국여성학』 13(2) : 189–230.

조혜선. 2003. "결혼 만족도의 결정 요인 : 경제적 자원, 성역할관, 관계성 모델의 비교." 『한국사회학』 37(1) : 93–118.
조혜정. 1985. "한국의 사회변동과 가족주의." 『한국문화인류학』 17 : 79–96.
______. 1988. 『한국의 여성과 남성』. 문학과 지성사.
최재석. 1983. 『한국 가족연구』. 일지사.
케인 매들린(Cain, Madelyn). 2003. 이한중 역. 『무자녀 혁명』. 북키앙.
통계청. 해당 연도 『한국의 사회지표』.
한국가족학회. 1992. 『가족과 사회정책』, 한국가족학회.
한국방송공사. 1984. 『이산가족을 찾습니다』. 한국방송공사.
한국부인회. 1984. 『변화하는 부부관계』. 보이스.
한국사회사연구회 편. 1990. 『한국 사회의 여성과 가족』. 문학과 지성사.
__________________. 1993. 『한국 근현대 가족의 재조명』. 문학과 지성사.
한국여성개발원. 1991. 『여성백서』.
_____________. 2001. 『여성의 일과 삶에 관한 국민 체감 보고서』.
한남제. 1994. "가족가치관의 변화." 한남제 외. 『한국 가족관계의 문제』. 다산출판사.
한완상. 1991. "세대 연구의 사회학적 전망." 『계간 사상』 3(가을호) : 5–33.
______. 1997. 『한국 가족제도의 변화』. 일지사.
한정자. 1985. "도시 중산층 주부의 생활의식 연구." 『여성학논집』 2 : 130–155.
함인희. 1993. "변화하는 가족과 여성의 지위." 한국여성개발원 '93 학술세미나 보고서. 『21세기와 여성』. pp. 119–145.
______. 1999. "가족주기의 변화와 주부역할의 딜레마." 『가족과 문화』 11(2) : 47–72.
______. 2002. "한국 가족의 위기 : 해체인가, 재구조화인가?" 『가족과 문화』 14(3) : 1–25.
______. 2005. "가족사회학 연구 : 쟁점의 희소화, 영역의 주변화." 이화여대 한국문화연구원 편. 『사회학 연구 50년』. 혜안. pp. 311–354.
현실문화연구회 편. 1994. 『결혼이라는 이데올로기』. 현실문화연구회.
울리히 벡 외. 1999. 강수영 외 옮김. 『사랑은 지독한 그러나 너무나 정상적인 혼란』. 새물결.

Berardo, Felix M. 1990. "Trends and Directions in Family Research in the 1980s." *Journal of Marriage and the Family* 52(4) : 809–17.
Charles, Nickie. 2000. *Feminism, the State and Social Policy*. NY : Macmillan Press.
Clausen, John. 1986. *The Life Course : A Sociological Perspective*. New Jersey : Prentice-Hall.

Coontz, Stephanie. 2005. *Marriage, a History : How Love Conquered Marriage*. Penguin Books.

Degler, Carl. N. 1980. *At Odds : Women and the Family in America from the Revolution to the Present*. London : Oxford University Press.

Faludi, Susan. 1991. *Backlash : The Undeclared War Against American Women*. New York : Doubleday Anchor Books.

Giddens, Anthony. 1992. *The Transformation of Intimacy*. California : Stanford UniversityPress.

Gilbert, Neil. 2008. *A Mother's Work : How Feminism, the Market, and Policy Shape FamilyLife*. New Haven : Yale University Press.

Goode, William J. 1963. *World Revolution and Family Patterns*. New York : The Free Press.

Hage, Jerald and C. H. Powers. 1992. *Post–Industrial Lives*. Sage Publications.

Hareven, Tamara K. 1992. *Family History at the Crossroads*. Princeton Universicy Press.

Higonnet, M. et. al., eds. 1987. *Behind the Lines : Gender and the Two World Wars*. New Haven : Yale University Press.

Hochschild, Arlie. 1989. *The Second Shift*. New York : Avon Books.

______________. 1997. *The Time Bind*. Owl Books.

______________. 2003. *The Commercialization of Intimate Life*. LA : University of California Press.

Johnson, Miriam. 1988. *Strong Mothers Weak Wives*. Berkeley : University of California Press.

Kanter, Rosabeth M. 1977. *Men and Women in the Organization*. New York : Vintage.

Lasch, Christopher. 1997. *Women and the Common Life*. New York : W. W. Norton & Co.

Margolis, Maxine. 1984. *Mothers and Such*. Berkeley : University of California Press.

Nelson, Hilde. ed. 1997. *Feminism and Families*. New York : RKP.

Oakley, Ann. 1974. *Woman's Work : The Housewife, Past and Present*. NY : Vantage Books.

Rubin, Lilian. 1976. *Worlds of Pain : Life in the Working Class Family*. New York : Basic Books.

___________. 1994. *Families on the Fault Line*. Harper Collins Publishers.

Skolnick, Arlene. ed. 1997. *Family in Transition*. 9th. New York : Longman.

Somerville, J. 2000. *Feminism and the Family : Politics and Society in the UK and USA*, London : Macmillan Press.

Stacey, Judith. 1991. *Brave New Families*. Basic Books.

Tilly, Louis A. 1987. *Women, Work and Family*. New York : Methuen.

United Nations. 1995. *The Worlds Women 1995 : Trends and Statistics*. New York : UN.

교육입국에서 교육부국으로

김규원_ 경북대학교 사회학과

I. 머리말

금년은 대한민국 정부 수립 60주년이 되는 해이다. 우리나라는 그 당시 이른바 '약소국'의 위상으로부터 벗어나서 오늘날 국제무대에서 나름대로 '강소국'을 표방할 수 있는 지점에 이르렀다. 이처럼 국가 위상의 비약적인 발전은 무엇보다도 경제성장에 기인하였다고 할 것이며, 그리고 그 눈부신 경제성장은 우리 국민들의 높은 교육열에 힘입은 바가 컸다고 본다.

과거와 현재를 막론하고, 또 미개국이나 문명국을 불문하고 모든 사회는 끊임없이 태어나는 새 세대를 교육한다. 바로 이 교육하는 행위가 있으므로 해서 인간사회는 제도적인 안정성뿐만 아니라 구조적인 역동성을 지닌다. 사회학적인 시각에서 볼 때 교육이란 어른들의 문화를 젊은이들에게 의도적으로 전수하는 과정이라고 할 수 있다. 여기서 참고로 구별지운다면 사회화(socialization)라는 말은 흔히 교육(education)보다도 더 넓은 의미를 지닌 것으로서 구체적이거나 현시적인 학습과정이 없는 상태에서 일어나는 배움 전체를 가리킨다. 교육은 그와 다르게 특정의 태도, 가치, 지식, 기술 등을 의도적으로 또는 체계적으로 선택하는 것을 포함하는 말이다. 그리고 더 좁은 의미로 사용되는 학교교육(schooling)이란 말은 의도적이고 체계적으로 선택된 학습과정이 학교라는 공식적인 기관을 통해서 제도화한 것을 가리킨다. 현대 사회에서는 거의 모든 학습이 학교라는 조직체를 중심으로 이루어지고 있으므로 실제로는 교육과 학교교육이란 말은 서로 별 뜻 차이 없이 함께 쓰고 있다. 이 글에서도 크게 구별하지 않고 쓴다.

아무튼 한 사회의 교육부문이나 학교영역에 대한 서술은 한정된 범위 안에서 가능하다. 이 글에서는 주로 대한민국 정부 수립 이후 지금까지 학교교육 제도와 관련된 중요한 양적 변화를 다루고자 한다.[1] 이러한 통계치 기술에 이어서 시도하려는 것은 그동안 각종 주요 교육정책의 도입과 시행이 갖는 사회적 함의를 간략하게나마 정리해 봄으로써 한국 교육의 특징과 속성을 짚어내는 일이다. 전자의 양적 변화는 통계자료에 의존하여 살펴볼 것이며, 후자의 정책평가는 다소 시험적이지만 하나의 단순한 분석표에 의거하여 시도할 참이다.

다시 말해서 이 글의 목적은 우리나라 교육에 대한 개괄적인 이해를 돕는 데 있다. 먼저 정부 수립 전후를 기점으로 삼아 각급 학교의 증감과 학생 수 및 교원 수의 변화, 그리고 교육재정 등에 관련한 통계치를 통시적인 시각에서 연차별로 살펴볼 것이다. 그 다음으로 학력별로 나타난 직종 간 및 산업 간 구성비 차이, 또한 학력 간 임금 차이, 진학률, 취업률, 고등교육 규모, 지역별 학교 수 및 학생 수 등에 주목하여 역시 그 추이를 점검해 볼 것이다. 물론 동일한 수치라 하더라도 접근하는 각도에 따라서 여러 가지 해석을 낳기 마련이지만 우리나라 교육의 양적 변화가 지니는 의미와 한계를 도출해내려는 의도를 분명히 갖고 있다. 마지막으로 정책변화를 살펴보는 일은 우리나라 교육의 질적 전환을 구조적 차원에서 접근하고자 한 것인데, 정치경제적 변혁과 사회문화적 변동에 대응해서 전개되어 온 여러 교육제도의 정비를 시기별로 나누어 그 의미를 파악해내고자 한 것이다. 여기서 시기 구분은 자의적인 색채를 띠지 않을 수 없다는 점을 인정하면서 크게 세 시기로 구분하여 산업화 이전 단계, 고도 산업화 단계, 산업화 이후 단계로 나누어 보았으며, 산업화 이전 단계는 제1·2공화국이 해당하고 고도 산업화 단계는 제3공화국부터 제6공화국까지, 그리고 산업화 이후 단계는 문민정부 즈음해서 시작된 세계화 추세와 궤를 같이 하는 것으로 제시한 셈이다.

II. 한국 교육의 양적 변화

1. 각급 학교와 학생, 그리고 교원

우리나라는 초·중·고·대학 등 대부분의 학교 수가 지난 60여 년 동안 엄청나게 증가하였다. 전체 학교 수가 해방 무렵 3,029개

표 1_ 학교 수(1945-2008)

(단위 : 교)

	전체 학교 수	계	유치원	초등학교	중학교	고등학교	전문대학	대학교
1945	3,029	3,019		2,834	166			
1952	4,960	4,936		3,938	607	342		49
1955	5,818	5,779		4,220	949	557		53
1960	6,252	6,241		4,496	1,053	640		52
1965	8,339	7,575	423	5,125	1,208	701	48	70
1970	9,792	9,078	484	5,961	1,608	889	65	71
1975	10,939	10,270	611	6,367	1,967	1,152	101	72
1980	11,550	11,054	901	6,487	2,100	1,353	128	85
1985	17,391	16,954	6,242	6,519	2,371	1,602	120	100
1990	19,585	19,070	8,354	6,335	2,474	1,683	117	107
1995	19,775	19,521	8,960	5,772	2,683	1,830	145	131
2000	19,031	18,768	8,494	5,267	2,731	1,957	158	161
2005	19,586	19,311	8,275	5,646	2,935	2,095	158	202
2008	20,051	19,768	8,344	5,813	3,077	2,190	147	197

주) ① 전체 학교 수에는 공민학교, 고등공민학교, 기술학교, 고등기술학교, 각종학교(중, 고), 방송통신고, 방송통신대학, 교육대학, 산업대학(개방대학), 각종학교(전문, 대학), 대학원, 사내대학, 원격대학 및 대학원대학 등 모든 학교를 포함함.

② 1945년, 1952년, 1955년 자료는 문교부(1956). 『문교행정통계일람』.

출처 : 『교육통계연보』; 『문교행정통계일람』.

교에서 1952년 6·25전쟁의 참화에도 불구하고 4,960개교로 늘어난 사실에서 우리 국민의 교육 열망이 무척 강함을 알 수 있다. 정부 수립 무렵에 비해서 오늘날 전체 학교 수는 5배 이상 늘었다(〈표 1〉 참조). 오늘날 우리나라 전체 학생 수는 해방 당시에 비해서 약 8배 가량 증가했고, 특히 대학생 수는 약 270배 증가했다. 1952년도에 비해

표 2_ 학생 수(1945-2008)

(단위 : 명)

	전체 학생 수	계	유치원	초등학교	중학교	고등학교	전문대학	대학교
1945	1,462,900	1,454,731	–	1,366,024	80,828	–	–	7,879
1952	2,847,590	2,836,315	–	2,369,861	312,071	123,041	–	31,342
1955	3,711,586	3,692,009	–	2,877,405	475,342	260,613	–	78,649
1960	4,522,131	4,517,642	–	3,622,685	528,593	273,434	–	92,930
1965	6,376,931	6,267,585	19,566	4,941,345	751,341	426,531	23,159	105,643
1970	8,008,147	7,860,659	22,271	5,749,301	1,318,808	590,382	33,483	146,414
1975	9,236,092	9,052,798	32,032	5,599,074	2,026,823	1,123,017	62,866	208,986
1980	10,634,680	10,461,254	66,433	5,658,002	2,471,997	1,696,792	165,051	402,979
1985	11,466,563	11,280,420	314,692	4,856,752	2,782,173	2,152,802	242,117	931,884
1990	11,421,575	11,206,600	414,532	4,868,520	2,275,751	2,283,806	323,825	1,040,166
1995	11,511,211	10,831,711	529,265	3,905,163	2,481,848	2,157,880	569,820	1,187,735
2000	11,923,964	11,075,932	545,263	4,019,991	1,860,539	2,071,468	913,273	1,665,398
2005	11,934,863	11,264,599	541,603	4,022,801	2,010,704	1,762,869	853,089	2,073,533
2008	11,765,542	11,056,901	537,822	3,672,207	2,038,611	1,906,978	771,854	2,129,429

주) ① 전체 학교 수에는 공민학교, 고등공민학교, 기술학교, 고등기술학교, 각종학교(중, 고), 방송통신고, 방송통신대학, 교육대학, 산업대학(개방대학), 각종학교(전문,대학), 대학원, 사내대학, 원격대학 및 대학원대학 등 모든 학교를 포함함.

② 1945년, 1952년, 1955년 자료는 문교부(1956). 『문교행정통계일람』.

출처 : 『교육통계연보』; 『문교행정통계일람』.

서도 대학생 수는 약 68배 늘어났다(〈표 2〉 참조).

각급 학교의 교원 수 역시 많이 증가하여 전체 교원 수는 해방 당시에 비해서 약 25배, 그리고 1950년도에 비해 약 9배 늘어났다(〈표 3〉 참조). 그런데 교원의 증가 양상은 학교급에 따라 달리 전개되어 교원 1인당 학생 수를 살펴보면 초등학교는 1945년도에 69.2명에서 2008년도 21.3명으로, 중학교도 68.2명에서 18.8명으로 상당히 양호

표 3_ 교원 수(1945-2008)

(단위 : 명)

	전체 학생 수	계	유치원	초등학교	중학교	고등학교	전문대학	대학교
1945	20,915	20,915	–	19,729	1,186	–	–	–
1950	58,617	58,617	–	47,248	9,100	2,269	–	–
1955	63,779	63,779	–	44,096	10,594	6,669	–	2,420
1960	87,918	87,724	–	61,605	13,053	9,627	–	3,439
1965	125,079	119,056	1,402	79,164	19,067	14,108	771	4,544
1970	169,429	161,727	1,660	101,095	31,207	19,854	1,385	6,526
1975	213,524	203,710	2,153	108,126	46,917	35,755	2,284	8,475
1980	253,736	244,871	3,339	119,064	54,858	50,948	4,866	11,796
1985	312,935	300,335	9,281	126,785	69,553	69,546	5,362	19,808
1990	384,692	369,189	18,511	136,800	89,719	92,683	6,139	25,337
1995	426,766	405,307	25,576	138,369	99,931	99,067	8,426	33,938
2000	427,337	418,602	28,012	140,000	92,589	104,351	11,707	41,943
2005	484,612	435,396	31,033	160,143	103,835	79,158	12,027	49,200
2008	518,673	468,422	34,601	172,190	108,700	86,500	12,100	54,331

주) 전체 교원 수에는 공민학교, 고등공민학교, 기술학교, 고등기술학교, 각종학교(중, 고), 방송통신고, 방송통신대학, 교육대학, 산업대학(개방대학), 각종학교(전문, 대학), 사내대학 및 원격대학 등 모든 학교를 포함함.

출처 :『교육통계연보』.

해진 반면에 대학교는 1955년도에 32.5명에서 2008년도에 39.2명으로 오히려 열악해졌으며, 전문대학의 경우는 사정이 더 나쁜 형편이다(〈표 4〉 참조).

표 4_ 교원 1인당 학생 수(1945-2008)

(단위 : 교)

	유치원	초등학교	중학교	고등학교	전문대학	대학교
1945	–	69.2	68.2	–	–	–
1955	–	66.8	44.9	39.0	–	32.5
1960	–	58.8	40.5	28.4	–	27.0
1965	14.0	62.4	39.4	30.2	30.0	23.2
1970	13.4	56.9	42.3	29.7	24.2	22.4
1975	14.9	51.8	43.2	31.4	27.5	24.7
1980	19.9	47.5	45.1	33.3	33.9	34.2
1985	33.9	38.3	40.0	31.0	45.2	47.0
1990	22.4	35.6	25.4	24.6	52.7	41.1
1995	20.7	28.2	24.8	21.8	67.6	35.0
2000	19.5	28.7	20.1	19.9	78.0	39.7
2005	17.5	25.1	19.4	22.3	70.9	42.1
2008	15.5	21.3	18.8	22.0	63.8	39.2

주) 전문대학에는 각종 학교(전문)와 사내 대학이, 그리고 대학교에는 교육대학교, 산업대학교, 기술대학교, 방송통신대학교, 각종학교(대학), 원격대학 등이 각각 불포함.
출처 : 『교육통계연보』.

2. 교육재정

2008년 현재 교육과학기술부 예산은 총액 규모로는 35조 897억 원에 달하지만 우리나라 정부예산에서 차지하는 비율은 19.6%로서 1990년 이래 감소해 가는 수치를 보여준다(〈표 5〉 참조). 연간 학생 1인당 공교육비를 산출해 보면 산업화 초기 단계인 1970년도에 비해

표 5_ 교육재정 규모(1965-2008)

(단위 : 십억 원)

구분	1965	1970	1975	1980	1985	1990	1995	2000	2005	2008
교육부 예산	15	78	227	1,099	2,492	5,062	12,495	19,172	27,982	35,897
정부예산 대비(%)	16.2	17.6	14.4	18.9	19.9	22.3	22.8	20.4	20.8	19.6

출처 : 『교육통계연보』.

표 6_ 연간 학생 1인당 공교육비

(단위 : 천 원)

구분	초등학교	중학교	고등학교	대학
1970	12	25	32	157
1975	27	40	73	313
1980	119	157	150	1,036
1985	319	300	398	1,210
1990	566	699	787	1,906
1995	1,412	1,380	1,785	4,227
2000	2,023	2,690	2,840	5,591
2005	3,601	4,158	5,474	7,270
2006	3,798	4,210	5,873	7,632

주) ① 학생 1인당 공교육비 = 공교육비 [국 · 공 · 사립학교 교비 + 기성회비 (학교운영지원비)]/재적 학생 수.
② 예산을 기준으로 함.
③ 경상가격임.
출처 : 교육인적자원부 · 한국교육개발원. 각 연도 『교육통계연보』.

서 초등학교는 2006년도 기준으로 316배, 중학교는 168배, 고등학교는 184배, 그리고 대학은 49배로 드러나 고등교육기관에 대한 지원의 증가 추세가 상대적으로 미약함을 알 수 있다(〈표 6〉 참조). 실제로

표 7_ 고등교육기관 학생 1인당 교육비(주요 국가 비교 ; 2003년 기준)

구분 국가	총 교육비 지출		총 교육비 대비 단계별 교육비 지출				
	GDP 대비	GNP 대비	취학 전 교육	초등 교육	중등 교육	고등 교육	기타
한국	4.6	4.6	1.2	35.2	41.4	13.6	8.6
말레이시아	8.0	8.5	0.7	29.3	34.1	35.0	0.3
이스라엘	7.3	7.5	9.9	35.9	28.9	18.5	6.6
일본	3.7	3.6	2.6	35.4	39.0	16.8	6.3
키프로스	7.4	7.6	4.9	27.9	45.9	21.3	
핀란드	6.5	6.6	5.3	21.6	41.0	32.0	
미국	5.9	5.8	5.6	31.7	36.5	26.2	
프랑스	6.0	6.0	11.3	18.8	48.9	20.3	0.5
아이슬란드	8.0	8.2	7.5	34.9	32.7	17.3	7.6
영국	5.5	5.4	6.5	25.5	48.3	19.8	

출처 : 통계청. 2006.『국제통계연감』.

고등교육기관 학생 1인당 교육비를 주요 국가와 비교해 볼 때 2003년도 기준으로 우리나라는 아주 열악한 수준임을 알 수 있다(〈표 7〉 참조).

참고로 GDP 대비 학교 교육비의 추이를 살펴보면 우리나라는 민간재원에 대한 공교육 의존도가 높은 편임을 알 수 있다(〈표 8〉 참조). 우리나라가 민간재원에 대한 공교육 의존도가 높은 것은 고등교육의 높은 사학 비중이 주된 이유로 파악된다. 고등교육 민간 부담률이 OECD 평균은 0.4%인데 우리나라는 1.8%에 이른다. 또한 4년제 국·공립 재학생 비율은 2006년도에 OECD평균은 76.6%인 데 비해, 우리나라는 22.5%에 불과한 것으로 나타난다. 우리나라의 경우

표 8_ GDP 대비 학교 교육비 비율

	1998	1999	2000	2001	2002	2003	2004
계	7.03	6.80	7.10	8.20	7.10	7.50	7.20
정부	4.07	4.10	4.30	4.80	4.20	4.60	4.40
민간	2.96	2.70	2.80	3.40	2.90	2.90	2.80

주) ① 학교교육비(공교육비)는 총 교육비에서 학부모가 학교 외 교육, 즉 사교육에 지출하는 비용을 제외한 비용으로, 주로 정부 및 민간이 공교육내에서 이루어지는 모든 교육 및 관련 행정지원을 위하여 지출하는 비용.

② OECD. 2007. *Education at a Glance*에는 3년전 자료가 게재되므로 2004년 자료가 최근 자료임.

출처 : OECD. 2007.

2004년도 GDP 대비 7.2%를 정부와 학부모가 학교교육에 투자한 것으로 나타나서 GDP 대비 총 학교 교육비 투자는 OECD 국가 평균에 비해 높은 수준을 차지한 것 같지만, 이 가운데 정부투자 금액은 GDP 대비 4.4%로 OECD 평균 5.0%에 비해 낮은 수준임을 알 수 있다(〈표 9〉 참조).

표 9_ GDP 대비 총 학교 교육비 투자

(단위 : %)

구분	한국	미국	영국	일본	프랑스	핀란드	OECD 평균
정부	4.4	5.1	5.0	3.5	5.7	6.0	5.0
민간	2.8	2.3	1.0	1.2	0.4	0.1	0.7
계	7.2	7.4	5.9	4.8	6.1	6.1	5.7

출처 : OECD. 2007. *Education at a Glance*.

3. 양적 변화의 의미와 한계

앞서 보았듯이 우리나라는 국민의 학력 수준이 빠르게 신장해 왔다. 〈그림 1〉에서 우리나라 국민의 평균 교육년수를 살펴보면, 1970년도에 5.7년(초등학교 5학년 수준)이던 것이 2005년도에는 11.2년(고등학교 2학년 수준)으로 상승했음을 알 수 있고, 여성의 경우가 남성에 비해 증가속도가 빠른 것으로 나타난다.[2] 연령대별로는 20-30대가 1970년도에 중 1-2학년 수준에서 2005년도에는 대학 2학년 수준으로 상승하여 고학력화가 빠르게 진행되고 있음을 알 수 있다. 그런데 학력신장에 비해서 우리나라 국민의 평생학습 참여율은 대부분 OECD 국가에 비해서 매우 낮은 수준이고, 특히 직무관련 평생학습 참여율은 가장 낮은 수준으로 나타난다(〈그림 2〉 참조). 이렇게 보면 우리나라 국민은 학습 그 자체보다는 학력을 위해 학교교육에

그림 1_ 성별 평균 교육년수

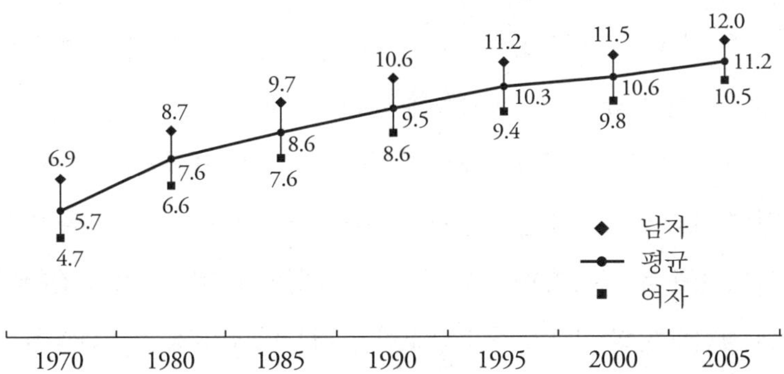

주) ① 국민평균 교육년수 = (국민의 총 교육년수)/(6세 이상 인구-학생).
② 각 학교급별 중퇴자의 경우 초등중퇴 3년, 중학중퇴 7.5년, 고교중퇴 10.5년, 전문대중퇴 13년, 대학중퇴 14년, 석 · 박사 중퇴는 17년으로 계산.
출처 : 교육인적자원부. 2007. 『통계로 본 인적자원 동향』. 창간호 : 22에서 재인용.

그림 2_ OECD 회원국의 평생학습 참여율

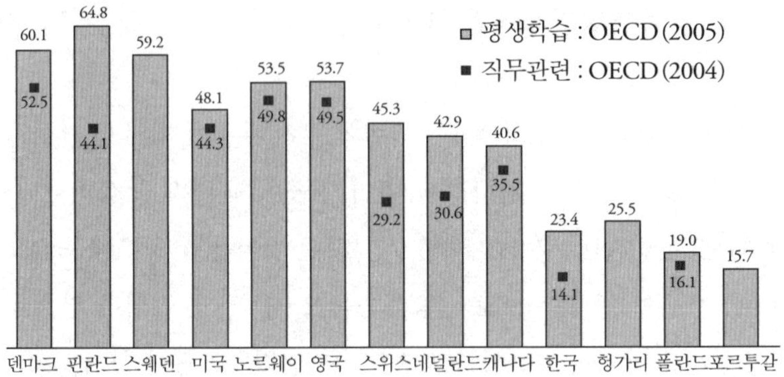

주) 25-64세 기준 국제성인문해력조사(IALS) 결과로 우리나라의 경우는 2004년 사회통계조사 결과.
출처 : 교육인적자원부. 2007. 『통계로 본 인적자원 동향』 창간호 : 23에서 재인용.

참여하고 있음을 짐작케 한다. 바꾸어 말하면 배우는 과정에 즐거움을 추구하기보다는 취업이나 지위 획득을 위한 수단으로서 교육에 투자하는 경향이 강하다고 본다. 바로 이러한 경향은 학력 인플레이션을 초래하여 이른바 '과잉교육(over-education)'의 문제를 낳는다고 할 것이다. 과잉교육이란 맡겨진 직무에 비해서 학력 수준이 지나치게 높은 경우를 의미하는데, 이는 사회 전체적으로 고비용 저효율적인 교육투자의 악순환에 빠져들게 한다.

학력 인플레이션의 간접적인 증거를 살펴보면 과거에 주로 중등학력 이하의 소지자들이 종사하던 직종에 점차 대졸학력자들이 진출하고 있음을 〈표 10〉에서 알 수 있다. 고등교육의 보편화가 진행되면서 고학력자의 희소가치가 감소함과 더불어 취업경향이 하향화하고 있는 것이다(이정규, 2003). 〈표 11〉을 살펴보면 저학력자는 농촌 지역에서 주로 1차 산업에 종사하고 있거나 도시에서 단순기능의 서비스 근로자로 생활하고 있는 반면에 고학력자는 주로 도시에서 전

표 10_ 학력에 따른 직종별 취업자 수

(단위 : 1,000명)

학력 / 직종	총수			중졸 이하			고졸			대졸		
	1995	2001	2005	1995	2001	2005	1995	2001	2005	1995	2001	2005
총수	20,377	21,362	22,856	7,693	6,761	5,660	8,861	9,288	9,791	3,824	5,313	7,406
입법공무원, 고위임직원 및 관리자	525	546	574	45	32	25	204	192	169	276	323	381
전문가	971	1,449	1,839	5	5	5	83	100	86	883	1,344	1,748
기술공 및 준전문가	1,840	2,008	2,363	81	66	48	760	740	758	999	1,202	1,557
사무직원	2,510	2,529	3,269	115	111	79	1,569	1,255	1,355	826	1,163	1,835
서비스 근로자 및 상점과 시장 판매 근로자	4,464	5,647	5,625	1,807	1,990	1,561	2,213	3,001	3,051	444	746	1,014
농업 및 어업 숙련 근로자	2,389	2,073	1,708	2,031	1,693	1,346	313	329	297	45	51	66
기능원 및 관련 기능 근로자	3,219	2,608	2,436	1,425	1,008	692	1,615	1,378	1,397	179	222	347
장치, 기계조작원 및 조립원	2,175	2,314	2,563	734	663	613	1,348	1475	1,654	93	176	296
단순노무직 근로자	2,284	2,188	2,479	1,450	1,284	1,292	756	818	1,025	78	86	163

주) 2001년 및 2005년도 자료에서는 '서비스 종사자'와 '판매 종사자'를 합쳐 '서비스 근로자 및 상점과 시장판매 근로자'로 나타냄.
출처 : 이정규. 2003 : 150 ; 통계청. 2006.『경제활동인구연보 2005』.

문직 등 대부분 3차 산업에 종사하고 있음을 알 수 있다. 다만 도소매 및 음식숙박업에 대졸자들이 2000년대 무렵에 많이 진출하고 있는 것은 IMF 환란 이후 기업체의 구조조정으로 인한 강제적인 직업 전

표 11_ 학력에 다른 산업별 종사자 수

(단위 : 1,000명)

학력 \ 산업		총수	농림어업	광업	제조업	전기가스수도사업	건설업	도소매음식숙박업	운수창고통신업	금융보험부동산사업서비스업	사회개인서비스업
총수	1985	14,934	3,722	154	3,500	41	908	3,370	698	561	1,980
	1990	17,513	3,418	93	4,841	59	1,140	3,754	866	859	2,483
	1995	20,377	2,541	27	4,773	69	1,896	5,358	1,068	1,635	3,010
	2001	21,362	2,193	19	4,199	56	1,575	5,820	1,322	2,244	3,932
	2005	22,856	1,815	17	4,234	71	1,814	5,806	1,429	2,783	4,886
중졸이하	1985	2,201	3,292	114	1,914	9	553	1,850	293	122	650
	1990	2,235	2,992	63	2,279	8	610	1,745	314	184	610
	1995	7,693	2,156	16	1,649	8	761	1,898	321	302	581
	2001	6,761	1,787	10	1,260	3	515	1,763	322	379	725
	2005	5,660	1,431	5	884	5	464	1,453	307	437	675
고졸	1985	4,604	383	35	1,251	20	270	1,243	341	319	744
	1990	6,383	382	25	2,061	34	411	1,587	455	173	955
	1995	8,861	332	9	2,388	39	848	2,685	587	821	1,152
	2001	9,288	350	7	2,087	25	739	2,988	731	915	1,446
	2005	9,791	311	8	2,130	22	882	3,013	762	986	1,679
대졸	1985	1,529	42	3	336	12	85	277	66	121	586
	1990	2,292	43	5	500	16	119	421	99	202	887
	1995	3,824	54	1	736	22	287	775	160	512	1,277
	2001	5,313	56	3	852	28	322	1,073	268	950	1,761
	2005	7,406	74	4	1,221	44	468	1,341	360	1,361	2,533

주) ① 1995년도 자료는 '도 · 소매 · 소비자용품수리업' 항목과 '음식 · 숙박업'을 합쳐 '도소매 · 음식 · 숙박업'으로 나타냄.

② 2001년 및 2005년도 자료에서는 '도소매업'과 '음식 · 숙박업'을 합쳐 '도소매 · 음식 · 숙박업'으로, '금융 · 보험업'과 '부동산 임대 · 사업 서비스업'을 합쳐 '금융 · 보험 · 부동산 · 사업 서비스업'으로 나타냄.

출처 : 이정규. 2003 : 152 ; 통계청. 2006. 『경제활동인구연보 2005』.

 환에서 기인한 현상이라고 본다.

표 12_9급 행정직 공채 학력별 합격자 현황

(단위 : 명)

학력별 연도	합격자 수	중졸 이하	고졸	전문대	대학	대학원	기타
1970	3,878	185	2,165	221	241	–	51
1975	2,723	55	2,332	106	146	–	84
1980	866	17	722	14	69	–	–
1985	321	1	165	30	124	–	–
1990	500	–	229	19	150	2	–
1995	100	–	6	10	84	–	–
1999	161	–	–	4	155	2	–
2004	148	–	–	3	144	1	

출처 : 총무처.『총무처연보』; 행정자치부.『행정자치부연보』.

학력 인플레이션의 좀 더 직접적인 증거는 9급 일반행정직 공개채용 시험의 합격자들의 학력 수준 상승에서 찾아볼 수 있다. 〈표 12〉에 잘 나타나고 있듯이 1970년대에는 합격자들 대다수가 중등교육 이하의 학력을 보여주고 있으나 1990년대에는 대졸자가 대부분을 차지하고 있다. 이런 현상은 30여 년 전에는 상상하기 힘든 것으로 학력경쟁으로 인한 학력상승의 결과라고 할 것이다(이정규, 2003).

이렇게 보면 1990년대부터 우리나라는 고학력사회로 진입했음을 알 수 있는데, 25세 이상 인구의 학력 구성비를 보더라도 확인할 수 있다. 대졸 이상의 경우가 1990년대 후반부터 20%를 넘어서기 시작하여 2005년도에는 3할을 상회한 것으로 나타난다(〈그림 3〉 참조).

우리나라 국민의 고등교육에의 열망은 진학률의 변화에서도 나타나는데, 일반계 고등학교 출신자뿐만 아니라 실업계[전문계] 고등학교 출신자들의 대학 진학률도 2000년대에 들어와서 급격하게 증

그림 3_ 25세 이상 인구의 학력 구성비

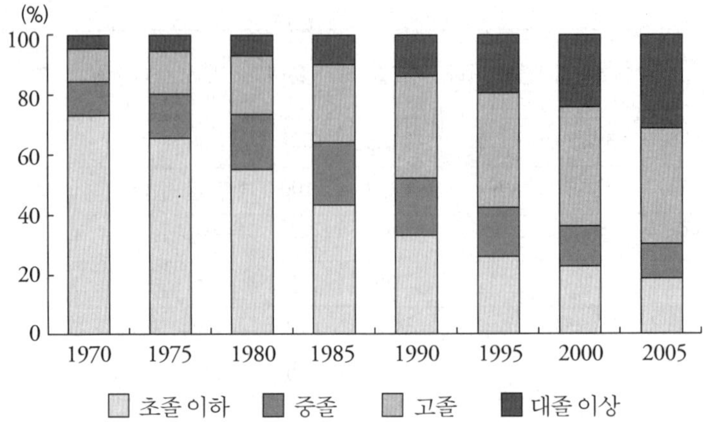

주) ① 25세 이상 인구의 학력 구성비=(교육단계별 졸업자 수(중퇴자, 재학생 포함)/25세 이상 성인 인구)×100.

② 각 교육단계별 중퇴자와 재학생은 이전 교육단계 졸업자 수에 포함됨.

출처 : 통계청. 각 연도『인구주택총조사보고서』.

그림 4_ 진학률(1965-2008)

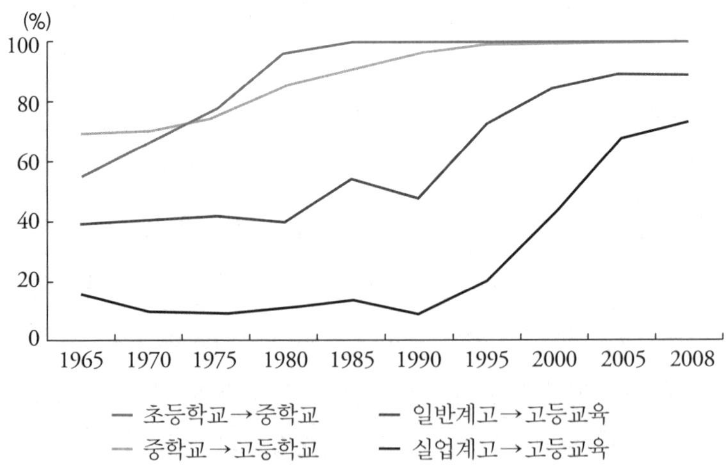

주) 진학률=(진학자/졸업자)×100

출처 :『교육통계연보』.

그림 5_ 취업률(1965-2008)

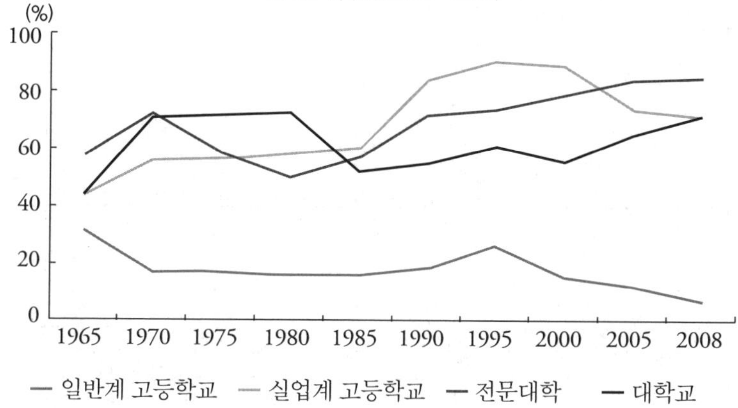

주) ① 진학률 = {취업자/졸업자-(입대자+진학자)} ×100
② 전문대학에는 각종학교(전문)과 사내대학이, 대학교에는 교육대, 산업대, 기술대, 방송통신대학교, 각종학교(대학), 원격대학 등이 불포함.
출처 : 『교육통계연보』.

가하는 추세이다(〈그림 4〉 참조). 물론 실업계 고교 출신자의 대학으로의 진학은 최근 이들의 취업률 하락에서 어느 정도 영향을 받은 것이라고도 할 수 있으나, 전문대를 포함한 고등교육 이수자들의 취업률이 최근 들어 나아지고 있는 점도 감안해서 따져보는 것이 타당할 줄 안다(〈그림 5〉 참조). 이는 고졸자의 평균 임금 수준을 100으로 기준 삼았을 때 고등교육 이수자들의 임금 수준이 상대적으로 1997년 IMF 환란시까지 계속 하락하다가 2000년대에 접어들면서 전문대 졸업자의 경우 고졸자들에 비해 1.5배 수준으로 급상승하였고, 대졸 이상의 학력자 경우에도 1.5배 수준을 유지하는 것으로 나타나고 있는 사실을 보더라도 이해 가능하다(〈그림 6〉 참조).

우리나라 국민들의 고등교육에 대한 수요가 증가함에 따라 고등교육의 규모도 팽창 추세에 있다. 〈표 13〉에 따르면 2008년 현재 대학원의 수가 1,000개를 넘어섰고, 대학원 재적학생 수도 30만을

그림 6_ 학력별 임금격차의 추이

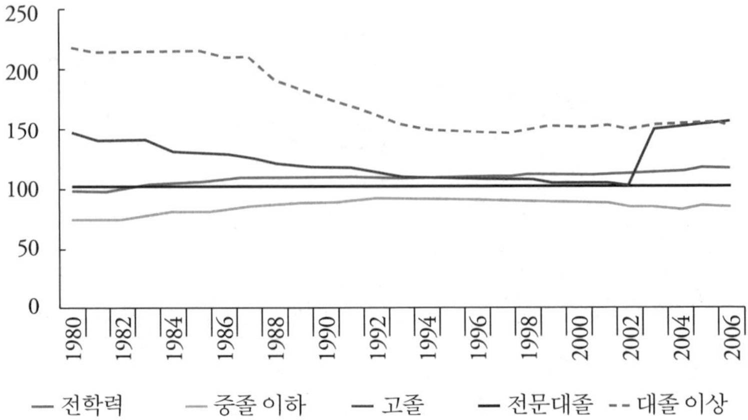

출처 : 노동부.『임금구조 기본통계조사보고서』.

표 13_ 대학(원)현황

(단위 : 개, 명)

	학교 수		재적학생 수		교원 및 조교의 수	배출된 박사학위자 수
	대학	대학원	대학	대학원		
1965			105,643	3,842	5,305	
1970	71	64	146,414	6,640	7,779	137
1975	72	82	208,986	13,870	10,080	994
1980	85	121	402,976	33,939	14,458	528
1985	100	201	931,884	68,178	26,047	1,400
1990	107	303	1,040,116	87,163	33,340	2,747
1995	131	427	1,187,735	113,836	45,087	4,429
2000	161	829	1,665,398	229,437	60,166	6,558
2005	173	1,051	1,859,639	282,225	73,780	9,029
2008	174	1,055	1,943,437	301,412	79,930	9,710

출처 : 각 연도『문계통계연보』및『교육통계연보』.

넘어서고 있다. 그리고 2008년 1년 동안 배출된 박사 학위자 수도 9,710명으로 1만 명에 가까운 숫자이다.

고등교육에 대한 수요 충족을 위해 우리 국민들은 해외 유학에 대한 선택도 망설이지 않는 편이다. 미국 국토안보부 이민 · 세관국 2006년 발표자료에 따르면, 미국 내 학교(중학교에서 대학원까지)에 재학 중인 외국인 학생 수는 한국이 86,626명으로서 전체 13.5%를 차지할 정도로 가장 많았다.[3] 여하튼 조기유학까지 마다하지 않는 것은 결국 양질의 고등교육에 대한 염원을 반영하는 것으로 해석해도 무방하다고 본다. 시카고 대학의 전국 리서치센터가 연방교육부, 미 항공우주국, 국립과학재단의 자료를 토대로 파악한 2000년에서 2005년 사이 6년간 미국에서 박사학위를 취득한 외국인 박사학위 취득자는 74,416명으로 그 가운데 중국인이 17,763명(23.9%)이고 한국인이 7,723명(10.4%)으로 나타나 두 번째로 많다. 2005년 한 해 동안 1천명 이상 미국 박사를 배출한 국가는 중국과 한국뿐인 것으로 나타났다.

양질의 고등교육기관으로의 진학을 위해서 우리 국민들이 투자하는 사교육비는 1990년대 들어 급증하다가 IMF 환란 이후 잠시 주춤했지만 계속 증가하는 추세인데, 2007년 현재 총액이 20조 400억 원에 이르는 것으로 추정되고 있다(〈표 14〉 참조). 이러한 추정치는 교육과학부의 1년 전체 예산보다 더 많은 액수인데(〈표 5〉 참조), 사교육비로 인해 국민의 고통이 적지 않을 것임을 미루어 짐작케 한다.

이렇게 보면 우리나라 교육이 안고 있는 고질병의 하나가 과다한 사교육비의 지출에 기인한다고 할 것이다. 중등교육 과정까지 학부모는 사교육비 때문에 경제적으로 기진맥진하고, 학생은 학습량 때문에 정신적 · 신체적 고통을 당하여 역시 학습의욕을 쇠진한 채

표 14_ 사교육비 규모의 변화

(단위 : 백만 원)

구분	초등학교	중학교	일반계 고등학교	실업계 고등학교	계
1994	2,900,045	1,848,887	693,486	203,499	5,645,917
1998	7,546,457	2,951,220	1,524,472	223,325	12,245,474
2001	6,519,495	2,584,171	1,339,819	219,932	10,663,417
2003	7,164,264	4,076,909	2,232,563	174,769	13,648,505
2007	10,209,800	5,612,000	3,865,500	352,600	20,040,000

주) ① GDP 디플레이터 사용함. 2003년의 경우 1/4, 2/4분기로 추정함.
② 1994, 1998, 2001년 사교육비는 공교육비와 달리 공공회계를 거치지 않고 학부모나 학생이 교육을 위하여 직접 지출하는 경비를 의미함. 교재 구입비, 부교재 구입비, 학용품비, 수업 준비물비, 학교 지정 의류비, 입시학원비, 개인 과외비, 특기 재능 학원비, 단체활동비, 교통비, 급식비, 하숙비 등이 포함됨.
③ 2003년 사교육비는 학교 이외의 공간에서 자녀의 교육에 지출되는 과외 학습비용을 의미하며, 이전 연도의 사교육비 범주 중에서 개인과외비, 입시학원비, 특기 재능 학원비, 통신 및 학습지 과외비만이 포함됨.
④ 경상가격을 표시한 것이며, 2007년은 억 원 단위에서 절사됨.

출처 : 한국교육개발원. 2003. 『사교육비 실태 및 사교육비 규모 분석 연구』; 통계청. 2007. 『사교육비실태조사 결과』.

고등교육에 임하는 실정이다. 그런 만큼 고등교육에 대한 투자부담에는 인색하거나 힘겨워하는 측면이 강하여 결국 최종 교육의 산물인 대졸자에 대한 사회적 수요자 측의 만족도나 신뢰도가 상승하지 못하는 것이 바로 고비용 저효율형의 사회문제를 확대재생산하고 있다고 본다.

그리고 또 다른 문제는 막대한 투자에도 불구하고 지역 간 교육격차는 개선되지 않고 있는 현실이다. 1958년도 『문교행정통계일람』의 '도시 및 농촌별 각급 학교 설치상황' (26-29쪽)에 따르면 각급 학교 수 전체에 대한 도시 설치 비율이 국민[초등]학교 5.31%, 중학교 21.5%, 고등학교 35.3%, 사범학교 44.4%, 대학(교) 87.2%로 나타나

표 15_ 지역별 초등학교 수 및 학생 수

(단위 : 교, 명)

연도 시도별	학교 수					학생 수				
	1958	1978	1988	1998	2008	1958	1978	1988	1998	2008
서울	96	271	441	527	578	241,011 (8.2)	1,056,347 (18.8)	1,113,868 (23.1)	748,978 (19.5)	633,486 (17.3)
경기 (인천)	469	719	780	972	1,318	70,304 (2.4)	608,997 (10.9)	787,761 (16.3)	1,037,088 (27.0)	1,126,367 (30.8)
충북	269	394	357	272	256	204,257 (7.0)	242,190 (4.3)	159,825 (3.3)	119,409 (3.1)	116,711 (3.2)
충남 (대전)	400	655	659	576	567	320,008 (10.9)	470,147 (8.4)	351,237 (7.3)	264,264 (6.9)	271,263 (7.4)
전북	393	601	572	462	420	342,616 (11.7)	423,861 (7.6)	261,686 (5.4)	153,952 (4.0)	143,293 (3.9)
전남 (광주)	666	1,002	948	679	592	451,011 (15.4)	733,114 (13.1)	434,086 (9.0)	276,234 (7.2)	269,182 (7.3)
경북 (대구)	764	1,033	1,030	780	708	496,071 (16.9)	758,135 (13.5)	578,868 (12.0)	422,435 (11.0)	376,894 (10.3)
경남 (부산 · 울산)	754	1,017	1,044	892	907	520,086 (17.7)	922,380 (16.5)	870,509 (18.0)	650,342 (17.0)	575,973 (15.7)
강원	469	621	518	422	361	249,942 (8.5)	313,737 (5.6)	203,940 (4.2)	119,423 (3.1)	110,747 (3.0)
제주	87	113	114	106	106	40,882 (1.4)	75,257 (1.3)	57,077 (1.2)	42,435 (1.1)	48,291 (1.3)

주) ( )는 전체 학생 수 대비 해당 지역의 학생 비율임.
출처 : 문교부. 1958. 『문교행정통계일람』; 교육인적자원부. 해당 연도 『교육통계연보』.

며, 전체 학생 수로 보면 도시지역은 11.9%에 지나지 않고 있다.[4] 그동안 산업화로 인해 도시화가 급속하게 진행된 사실을 반증하기도 하지만, 고등교육기관이 처음부터 서울을 비롯한 대도시지역에 주로 설치된 것이 지역 간 교육 격차에 영향을 미친 점을 간과할 수 없을 것 같다. 인구증감을 잘 반영해 주는 초등학생 수 추이를 지역별로 살펴보면 서울 · 인천 · 경기 지역이 1958년에 전체 초등학생 수의 10.6%였는데 2008년 현재 48.1%를 차지하여 크게 상승한 것으로 나

표 16_ 지역별 대학(교) 수 및 학생 수

(단위 : 교, 명)

연도 시도별	학교 수					학생 수				
	1958	1978	1988	1998	2008	1958	1978	1988	1998	2008
서울	29	37	34	39	37	45,697 (59.7)	144,163 (51.9)	292,796 (29.2)	381,331 (25.8)	440,846 (22.7)
경기 (인천)	1	4	13	27	31	206 (0.3)	13,541 (4.9)	130,114 (13.0)	204,896 (13.9)	293,305 (15.1)
충북	2	3	4	7	8	2,062 (2.7)	8,914 (3.2)	44,635 (4.4)	66,810 (4.5)	87,220 (4.5)
충남 (대전)	3	5	9	18	21	1,643 (2.1)	12,635 (4.5)	80,171 (8.0)	169,136 (11.4)	263,510 (13.6)
전북	2	3	5	7	9	3,713 (4.8)	13,146 (4.7)	63,105 (6.3)	89,600 (6.1)	94,823 (4.9)
전남 (광주)	4	3	8	15	17	5,907 (7.7)	16,252 (5.9)	67,557 (6.7)	101,464 (6.9)	129,958 (6.7)
경북 (대구)	6	5	11	18	21	7,417 (9.7)	27,738 (10.0)	125,518 (12.5)	166,685 (11.3)	223,545 (11.5)
경남 (부산 · 울산)	7	9	14	16	20	8,421 (11.0)	31,344 (11.3)	149,861 (14.9)	219,872 (14.9)	298,006 (15.3)
강원	1	4	5	7	8	616 (0.8)	7,790 (2.8)	4,0491 (4.0)	65,200 (4.4)	95,734 (4.9)
제주	1	1	1	2	2	592 (0.8)	2,260 (0.8)	9,220 (0.9)	12,721 (0.9)	16,490 (0.8)

주) ① ( )는 전체 학생 수 대비 해당 지역의 학생 비율임.
② 분교 수는 제외함.
출처 : 문교부. 1958.『문교행정통계일람』; 교육인적자원부. 해당 연도『교육통계연보』.

타나서 수도권으로의 인구집중 현상이 잘 드러나고 있다(〈표 15〉 참조). 이와 대조적으로 대학생 수는 수도권 대학증설 규제조치로 인해서 비록 경기지역의 비중이 상승했음에도 불구하고 수도권은 50여 년 전보다 차지하는 비중이 낮아졌으며, 상대적으로 충청권과 영남지역의 비중이 상승했음을 알 수 있다(〈표 16〉 참조).[5]

우리 국민들이 지닌 양질의 고등교육에 대한 높은 수요를 겨냥

표 17_ 1958년도 주요 대학의 대학원 현원표

(단위 : 명)

구분 교명	설치학과수	제1학년			제2학년			제3학년			제4학년			합계		
		남	여	계	남	여	계	남	여	계	남	여	계	남	여	계
서울대학교	51	162	8	170	208	5	113	8	2	8	2		2	278	13	291
전북대학교	16	85	2	87				5		5				90	2	92
전남대학교	14	40		40	14		14	2		4				58	2	60
경북대학교	17	26		26	24	1	25							50	1	51
부산대학교	19	23	1	24	28	2	30							51	3	54
부산수산대학교	5															
충남대학교	5															
고려대학교	8	77	1	78	21	2	23							98	3	101
숙명여자대학교	3		1	1		1	1								2	2
이화대학교	17		25	25		31	31		2	2					58	58
신흥대학교	4	24		24	3	1	4							27	1	28
중앙대학교	9	29	2	31	6		6							35	2	27
동국대학교	14															
성균관대학교	12	76	2	78	8		8							84	2	86
조선대학교	8	22	1	23	22		22	22		22				66	1	67
연세대학교	16															
한국신학대학	5															
한양공과대학	5															
청주대학교	2															
국립	122	336	11	347	174	8	8	15	2	17	2		2	527	21	548
공립	5															
사립	103	228	32	260	60	35	35	22	2	24				310	69	379
합계	230	564	43	607	234	43	43	37	4	41	2		2	837	90	9

출처 : 문교부. 1958 : 630-633.『문교행정통계일람』.

해서 교육투자의 효율성을 제고할 뿐만 아니라 연구개발기술의 국가 경쟁력을 향상시키는 노력이 절실히 아쉬운 시점이다. 참여정부 시절에 추진한 바 있듯이 국가 균형발전은 지역 대학을 혁신 주체의 한 축으로 삼되 전국을 광역 경제생활권으로 나누어서 해당 지역 내의 거점 대학을 세계적인 명문 대학 수준의 경쟁력을 갖추도록 중점 육성하여 지역 대학들이 지식기반경제 사회의 신성장동력 창출을 위한 허브 기능을 수행할 수 있도록 정책방향을 다잡을 필요가 있다고 본다.

III. 한국 교육의 정책변화 해석

아주 짧은 기간에 우리나라가 교육의 양적 측면에서 세계적으로 괄목할 만한 팽창을 전개할 수 있었던 것은 정부의 정책과 국민의 열망이 실질적인 교육투자를 낳는 데 상호작용한 결과이다. 물론 교육정책의 잦은 변화가 정부에 대한 신뢰를 훼손하는 데 기여한 바도 없지 않지만, 우리 국민 대다수는 스스로 교육전문가라고 인식하고 행세하는 데 별로 주저함이 없을 정도로 교육문제에 대하여 관심이 매우 높은 편이다. 그런 만큼 다양한 이해관계를 조정하고 조율하는 역할을 정부가 떠안을 수밖에 없는데, 구체적인 정책의 도입과 시행은 이러한 세력관계의 역동적인 산물임에는 분명하다. 따라서 특정의 교육정책을 일관성 있게 집행하는 데 한계점이 노정되며, 또한 그 기대한 성과를 실제 얻어내는 데에도 제한성이 있다고 할 것이다.

이와 같은 한계점과 제한성 때문에 한국 교육의 질적 측면에서 그 성격을 규명하려는 어떠한 시도라도 설득력을 획득하는 일이 결코 쉽지 않다고 본다. 실증적인 학문적 분석이 요청됨에도 불구하고 여기서는 사회학적인 상상력을 동원하여 시험적 성격의 논의를 전개하는 선에서 정리해 보고자 한다. 그런즉 향후 이 주제에 관한 학문적 담론을 생성하는 데 조금이나마 보탬이 되려는 바람을 지니고 있다.

〈표 18〉은 우리나라 교육정책이 진화해 온 단계를 세 시기로 구분하여 제시한 것이다. 시기 구분은 자의적인 측면이 없지 않지만 대략 우리나라 교육의 정초기라고 할 수 있는 제1·2공화국 시기를 산업화 이전 단계로 보았으며, 산업화가 본격적으로 진행되면서 급속한 경제성장을 이룬 제3공화국에서부터 제6공화국까지를 우리나라 교육의 성장기로 보았고, 세계화 담론이 득세한 문민정부 이후 지금까지의 교육개혁기를 산업화 이후 단계로 설정하고 있다.[6]

산업화 이전 단계의 우리나라는 전통 농경사회라고 할 수 있다. 건국이념을 통치수단의 중요한 자원으로 삼았으며, 정부의 교육정책이 지향하는 보편적인 목표는 신생국가의 국민교육에 두었던 것이다. 그런 만큼 교육정책이 지향하는 가치는 대중화에 두었다. 따라서 학교교육의 목적은 교양인으로서 갖춰야 할 [서구적인] 문화함양에 있었다고 할 것이며, 교사의 바람직한 역할은 존경받는 스승상에 있었다고 할 것이다. 국가가 교육을 통해서 궁극적으로 성취하고자 했던 것은 국민교육을 통하여 국가 건립의 정체성을 형성하고, 나아가서는 이념적 통치를 위해 국민 동원의 수단을 제공하는 일이었다고 본다. 말할 것도 없이 국민 대중은 국가이념이나 정권의 정당성 확보 못지않게 교육을 자기 자신의 새로운 지위획득 수단으로서 학력신장을 받아들이는 경향이 강했기 때문에 가산을 처분하더라도 자식 교육을 위한 투자비용을 마련하려고 애썼으며, 일부 학생들은 학업 연장수단으로서 이른바 '생계형' 과외지도에 참여하는 것을 마다할 수 없었다고 본다.

고도 산업화 과정의 우리나라는 도시산업사회라고 할 수 있는

표 18_ 교육정책의 단계별 진화

시기 구분	산업화 이전	고도 산업화 과정	산업화 이후
사회유형	전통농경사회	도시산업사회	지식정보사회
생산체계	전(前)포디즘	포디즘	포스트포디즘
정치양식	건국이념 통치	개발군부 독재	민주개혁 협치
교육정책의 가치 지향	대중화	평준화	자율화
교육민주화의 이념	박애	평등	자유
교육정책의 보편적 목표	국민교육	직업교육	평생교육
학교교육의 목적	교양인으로서의 문화성	전문가로서의 기능성	연구자(탐구자)로서의 창의성
국가적 단위의 바람직한 교육기능	교육입국(立國)	교육부국(富國)	교육복국(福國)
교사의 역할 전범	존경 받는 스승	실력 있는 선생	도움 주는 지기
주요 정책 및 제도 도입	• 학제개정안(1950) • 대학설치기준령 공포(1955)	• 교육자치제도 폐지(1962) • 사립학교법(1963) • 학사등록제와 대학정원령(1965) • 중학교 무시험제(1968) • 대입예비고사제도(1969) • 실업계고교 확대개편 및 전문대학 승격화(1977) • 고교평준화제도(1974) • 학도호국단 출범(1975) • 대학졸업정원제(1980)	• 세계화를 위한 신교육 선언(1995) 및 교육개혁방안 제시(1995) • 교육정보화 및 평생학습법(1996) • BK21사업 시행(2000) • 누리사업 시행(2003) • 의 · 치의학전문대학원제도(2006) • 법학전문대학원제도(2009)
일부 국민의 대응양상	'우골탑' : 입주과외(생계형 과외)	'과외열풍' : 학원과외(지역 마켓형의 군소 학원), '아르바이트' 병존	'조기교육 광풍' (조기유학 포함) : 교육산업(전국 마켓형의 학원과 학습교재), 고액과외

데, 포디즘적인 생산체계를 통해서 소품종 대량생산방식이 시장경쟁력을 확보하는 데 주된 관건이었다. 이를 위해 정부는 개발군부독재의 정치양식을 취하였고, 여타 사회제도와 마찬가지로 교육제도 역시 경제개발의 하위 목표를 달성하는 수단이었다. 그리하여 교육정책이 지향하는 가치는 획일적이고 표준화된 노동자를 양성하는 데 부합하는 평준화에 두게 되었다. 그만큼 교육의 이념은 평등을 강조하였고, 교육정책을 통해 달성하고자 했던 것은 직업교육이었다. 바람직한 교사의 역할은 실력 있는 선생상에서 찾았으며, 이 시기의 학교교육은 국가적 단위의 부국강병을 위한 기능을 수행했던 셈이다. 그만큼 학교교육의 목적이 개인으로 하여금 각자의 영역에서 전문가로서의 기능을 수행하는 역량을 배양하는 데 있었다. 하지만 이 급속한 산업화 단계에서 교육기회의 확대 제공은 교육비 마련을 위해 해당 개인뿐만 아니라 형제자매를 포함한 가족 차원의 집단 노력을 자극한 시기라고 할 수 있다. 늘어난 가구소득은 '과외열풍'을 낳았으며, 특히 1980년도의 대학증설 및 입학정원 증원은 '아르바이트' 성격의 과외지도를 확대재생산하는 계기가 되었다.

어느 정도 산업화가 달성된 이후에 우리 사회는 1990년대 이후부터 점차 지식정보사회로 이행하는 노정에 들어섰다. 생산체계는 이른바 포스트포디즘형으로서 다품종 소량생산이 중시되고 있다. 정치양식도 여러 이해집단들의 세력을 조정하는 협치가 중시되고 있다. 시민사회 영역이 성장하면서 교육정책이 지향하는 가치도 그만큼 시장원리에 의존하는 자율화를 표방하고 있다. 그리고 교육정책의 강조점은 평생교육에 있으며, 학교교육의 목적은 연구자로서의 창의성을 함양시키는 데 두고 있다. 그만큼 교사의 역할도 권위에 의존하기보다는 자기주도적인 학습을 하는 교육 수요자에게 안내하고 도움을 주는 지기로서의 역할이 강조되고 있다. 국가적 단위가 교육을 통해서 얻고자하는 바는 교육이 새로운 고부가가치를 창출하는 연구개발 활동의 토대가 됨으로써 궁극적으로 기대되는 생산성 향상에 있다. 따라서 교육역량 제고가 곧 국가 경제력의 첩경이라는 인식이 확산하게 되어가는 편이다.

그럼에도 불구하고 국민 개개인 수준에서는 무한생존경쟁에 살아남는다는 구실을 앞세워서 조기유학을 포함하여 '조기교육 광풍'에 현혹되어 가는 추세이다. 일부 계층에 한정된 현상이지만 고액과외가 성행하고 교육산업이 흥할 정도로 우리나라는 교육부국을 달성하였으나 교육 그 자체가 행복을 의미하기보다는 고통을 안겨다 주는 것이 작금의 우리 현실에 가깝다. 하지만 최근 들어 우리나라 대다수 국민의 일상생활에서 웰빙문화가 점차 자리 잡아 가는 추세가 엿보이듯이 앞으로는 학교생활과 교육활동 속에서 배움의 즐거움을 찾는 분위기가 확산되어 '행복한 삶을 위한 지속 가능한 교육'이 자리 잡아 가기를 기대한다.

IV. 맺음말

하위 문화가 다양하고 경제혜택이 고르지 못하며 또 정치참여와 의사결정이 불공정할수록 제도 교육의 학습내용과 교과과정에 대한 의도적인 선택을 둘러싸고 많은 논란이 생긴다. 누가, 무슨 내용을, 얼마만큼, 왜 선택하느냐, 그리고 이미 취해진 선택을 어떻게 바꿀 것인가라는 문제에 대해 집단 간 이해 대립이 첨예해질 수 있다.

특히 사회구조가 복잡해지고 그 변동이 급격할수록 '바람직한 교육'에 적합한 선택을 두고 합의점에 도달하기가 더욱 더 어려워지는 것이다.

한마디로 우리나라는 저학력 · 빈(貧)교육 국가에서 고학력 · 과(過)교육 국가로 급변모해 왔으나 체격 성장에 따른 체력 보강이나 체질 개선이 제 때 행해지지 않았다고 할 수 있다. 일제하에 벗어나서 새로운 건국을 위한 정부 수립과 더불어 교육을 통해서 국가의 정체성과 이념적 무장을 확보하는 것이 중요했기 때문에 이른바 교육입국의 가치가 강조될 수밖에 없었다. 그렇지만 교육입국의 이념은 사회 전체적으로 학력이 지위획득의 새로운 수단이 되면서 학력에 대한 과잉경쟁을 유발하게 되었고, 이는 아주 짧은 기간에 학교교육의 유별난 양적 팽창을 경험케 하였다. 그 결과 학교 간 위계서열화 현상은 계층 간, 지역 간 경제력 격차에 힘입어 사회통합을 저해할 만큼 심각한 수준에 이르렀다.

최근 들어 신자유주의적 시장경쟁논리가 교육부문을 지배하기 시작하면서 기초학문의 위기와 고학력자 실업의 문제에 대한 우려를 낳고 있으며, 교육비 투자에 대한 가계 부담이 과중되고 있는 현실이다. 빈약한 토대의 교육입국에서 우리나라는 벌써 양적 팽창을 구가하는 교육부국으로 전환된 지 오래지만 질적 다양성 자체가 중요한 교육복국으로 나아가지 못한 처지에 놓여 있다. 곧 고도의 산업화 이후 단계에 도래한 지식정보사회에 필요한 정책에 대한 국민적 대응을 제대로 담보해내지 못한 것이다. 이렇게 본다면 우리나라는 디지털혁명에 부합하는 유비쿼터스 교육체제를 구축하여 누구나 언제 어디서든지 교육하는 것이 일상적인 행복이 되는 교육복국의 단계로 나아가는 데 국민적 관심을 유도할 뿐만 아니라, 실현 가능한 정책적 대안을 강구할 것이 절실히 요청되는 지점에 이르렀다.

이 글은 60여 년간의 시기 동안 전개되어 온 우리나라 교육에 대해서 짧은 지면으로 그 특성과 성격을 정리해내기 위하여 나무보다는 숲을 조망한다는 입장에서 접근을 시도했다. 향후 과제는 나무 하나하나에 해당하는 구체적인 정책과 사건들에 대한 사회적 의미를 해석해내고 재구성하는 작업이 필요할지도 모른다. 하지만 단편적이고 조각난 퍼즐들을 하나의 그림으로 꿰맞추기 위해서는 전체적인 조망과 비전의 도움 없이는 훨씬 더 어려운 일이라고 할 것이다.

주

1 여기서 양적 변화 앞에 '중요한'이라는 수식어를 단 것은 활용 가능한 통계치 가운데 필자 나름대로의 주관적인 판단이 선별하는 작업 중에 배제될 수 없었다는 점을 의미한다고 할 것이다.

2 1963년도에 대학의 재적학생 수 가운데 여대생 비율은 18.8%였는데 2007년도의 경우는 그 비율이 37.1%를 차지한 것으로 나타났다. 대학원 재적학생 수 가운데 여자 대학원생이 차지하는 비율은 1963년도에 9.7%였는데 2007년도에는 46.2%로 증가했다. 이렇게 보면 전반적으로 여성들 사이에 고등교육 진학자가 많이 늘어난 추세임을 알 수 있다. 다른 한편, 여대생의 비율이 2000년도 이래로 지금까지 36-7%대에서 정체하고 있는 것과는 대조적으로 여자 대학원생의 비율은 계속해서 증가일로에 있다. 이런 현상은 사회 전체적으로 여성의 교육기회 상승뿐만 아니라 동시에 경제력의 차이에 의해서 교육 양극화 현상이 진행되는 것으로 유추 가능하다. 딸을 대학원까지 진학시킬 정도로 경제적인 여유가 있는 계층이 있는 반면에 아들을 대학까지만 다니게 하는 것도 힘든 계층이 있다는 사실을 반증한다고 보기 때문이다.

3 이는 정식 유학 비자를 받은 경우에 해당하는 수치이다. 유학이 아닌 다른 비공식적인 루트로 입국하여 재학하는 학생들의 수치는 더 많은 줄 안다. 미국의 민간단체인 국제교육연구소의 2004-2005학년도 조사에 따르면, 대학과 대학원에 재학 중인 외국인 학생수를 보면 한국이 53,358명으로 전체 9.4%를 차지하여 인도와 중국 다음으로 많다. 이 두 가지 수치를 함께 고려해 보면 우리나라에 강하게 일었던 이른바 '조기유학' 붐을 짐작케 하는 통계자료라고 본다.

4 그 당시 도시지역으로 범주화된 기준은 인구 15만 명 이상인데, 서울, 부산, 대구, 인천, 광주, 대전, 전주가 해당되었고, 더불어 청주는 다른 도시에 비해

교육기관이 많아서 소도시지만 포함되었다.

5 〈표 17〉은 1958년도 『문교행정통계일람』에 실린 자료인데, 주요 대학의 대학원 현원에 관한 일부 정보를 제공하고 있다. 이에 따르면 수도권 지역은 서울대학교가 유일한 국립대이고 사립대가 가장 많은 것으로 나타난다. 그리고 비수도권 지역에서는 강원, 경남, 제주, 충북에 국립대 대학원이 전무한 형편이다. 오늘날 현황과 비교해서 판단해 보면 고등교육 기회 제공이라는 양적 측면에서는 지역 간 격차가 최근 들어 상당히 해소된 것 같은데, 21세기 들어와서 추진된 BK21사업 등에 의해서 고등교육 기회의 질적 차별화는 더 심해지고 있음을 부인하기 힘든 실정이라고 본다.

6 〈표 18〉에 나타난 시기 구분은 김규원(2005)의 교육 패러다임 전환 논의를 토대로 한 것임. 1980년대까지의 한국 교육에 관한 필자의 또 다른 시기 구분은 김규원(1990) 참조.

참·고·문·헌

국가통계포털(KOSIS).
교육부[교육인적자원부/교육과학기술부]. 각 연도『교육통계연보』.
교육인적자원부. 2007.『통계로 본 인적 자원 동향』. 창간호.
김규원. 1990. "한국의 학교 교육과 사회 구조." 권오훈 외.『한국 사회의 구조와 변동』. 한나라.
______. 2005. "지식정보사회의 교육혁신." 김성국 외.『21세기 한국 사회의 구조적 변동』. 민음사.
문교부. 1958.『교육행정통계일람』.
윤정일 외 5인. 2003.『교육개혁론』. 한국교육행정학회.
이정규. 2003.『한국 사회의 학력학벌주의 : 근원과 발달』. 집문당.
통계청. 2006.『국제통계연감』.
______. 2007.『사교육비실태조사결과』.
한국교육개발원. 2003.『사교육비 실태 및 사교육비 규모 분석 연구』.

OECD. 2007. *Education at a Glance*.
http://std.kedi.re.kr/index.jsp.

아파트 주거문화의 보편화

전상인_서울대학교 환경대학원

I. 서론

집은 결코 단순한 물리적 공간이 아니다. 그것의 존재 여하는 개인의 자아감과 사회적 정체성에 직결된다. '주소'는 이름과 더불어 개인정보 가운데 가장 기초적인 것이다. 지리학자 투안(Tuan, 2005 : 15)에 의하면 집이란 "오래된 가옥이며 오래된 이웃이고, 고향이며 조국이다." 사람을 알기 위해서는 "찻집에서 세 시간 이야기를 듣느니 살림집에 30분 가보는 편이 훨씬 낫더라"—이는 신문이나 잡지 등에서 인물 인터뷰를 오래 한 김서령(2006 : 5–8)의 경험담이다.

오늘날 지구상에는 수많은 종류의 '거처(living quarters)'가 있다. 거처의 일종인 '주택(housing unit)'의 형태도 역사적으로 매우 다양했다. 단독주택이 있는가 하면 연립주택도 있고 다세대주택도 있다. 여관이나 호텔과 같은 '비주택 거처(non-housing living quarters)'도 거주 공간의 일종으로 결코 빼놓을 수 없다. 그런데 오늘날 한국 사회의 주거양식은 아파트먼트 하우스(apartment house) 혹은 아파트가 대표한다. 아파트는 "적층(積層)의 집합주택" 혹은 "공동 주택양식의 하나로서 5층 이상의 건물을 여러 집으로 일정하게 구획하여 각각의 독립된 가구가 생활할 수 있도록 만든 주거형태"이다.

2007년 현재 우리나라의 도시화는 행정구역 인구를 기준으로 하여 89.42%에 이르렀다. 도시계획 구역 인구 기준으로 한 도시화율은 2007년 현재 90.54%이다.[1] 지리학자 최창조(2007 : 97)에 의하면 우리나라에서 "이제 모든 국토는 도시다." 하지만 사실인즉 이제 우리나라의 모든 도시는 아파트이고, 따라서 이제는 모든 국토가 곧 아파트라고 해도 과언이 아닐 정도가 되었다. 물론 아파트가 도시생활의 전형적인 주거형태로 자리 잡고 있긴 하지만 도시 사람들만 아파트에 살고 도시 사람들만 아파트를 좋아하는 것은 결코 아니다. 농어촌지역에서도 아파트 거주 인구는 계속 증가하고 있다.

우리나라의 전체 주택 가운데 아파트 비율은 1985년 13.5%, 1990년 22.7%, 1995년 37.5%, 2000년 47.7%에 이어 2005년에는 52.7%로서 과반수를 넘겼다.[2] 서울특별시의 경우를 보면 1985년에 26.1%였다가 20년 뒤인 2005년에는 54.2%로 배증(倍增)했다. 2007년 현재 서울 시민 가운데 55.7%가 아파트에 살고 단독 및 다가구주택 거주자는 18.6% 정도다.[3] 전국에서 아파트 보급률이 가장 높은 지역은 서울이 아니다. 2005년 현재 광주시가 아파트 비율 70%로 수위를 차지하고 있는 가운데 울산(64.1%), 대전(63.8%), 대구(60.1%)가 그 뒤를 바짝 따르고 있다.[4] 2007년의 경우 전국적으로 아파트 공

그림 1_ 전체 주택 대비 아파트율 비교

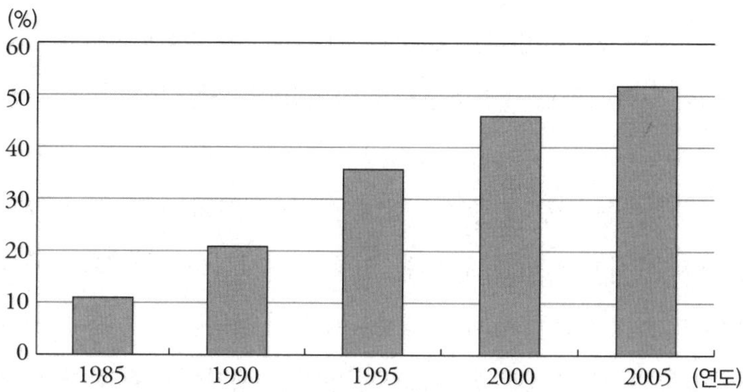

그림 2_ 7대 대도시 아파트율 비교

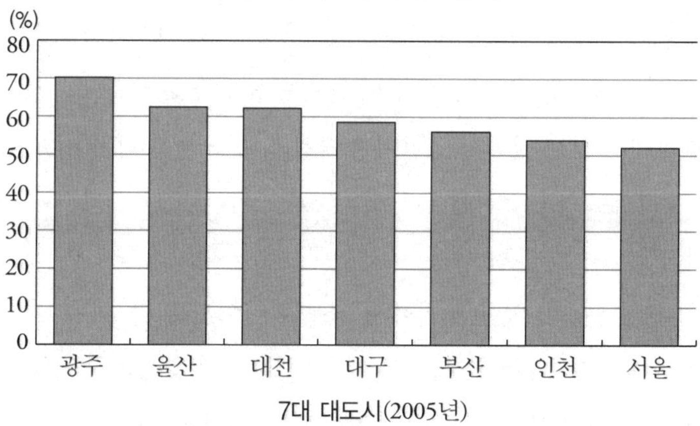

급은 47만여 가구였지만 단독주택은 5만여 가구에 그쳤다.[5]

목하 대한민국은 아파트의 나라로 변해가고 있다. 그런데 아파트에 대한 학문적 연구는 의외로 부실하다. '아파트 공화국'의 현실을 안타까워할 뿐, 그것에 대한 분석은 뒷전인 경우가 많았다. 서구에서 아파트는 주로 서민층이 거주하는 곳인 데 비해 한국에서는 그것이 중산층은 물론 상류층의 선호대상이 되어 있는 '특이한' 현상에 대해 정작 최초의 연구를 수행한 쪽은 우리 스스로가 아니라 프랑스 출신 지리학자였다. 줄레조(Gelzeau, 2004 : 264)에 의하면 아파트는 "한국 사회가 현대화로 돌입하면서 쏟아낸 가장 독창적인 산물의 하나"다.

아파트는 단순한 주거시설이나 주거공간의 의미를 넘어서 현대 한국 사회를 분석할 수 있는 일종의 내시경(內視鏡)이다. 아파트를 알면 오늘날 한국 사회의 특성과 추이가 보인다는 뜻이다. 아파트는 주거문화에 관련된 한국인의 일상적인 생활에서부터 한국 사회의 보다 총체적이고도 구조적인 측면까지 다양하고도 심도 깊게 바라볼 수 있는 가장 유력한 창구(窓口) 가운데 하나다. 물론 우리나라의 모든 사람들이 아파트에 사는 것도 아니며, 누구나 아파트를 좋아하는 것은 더더욱 아닐 것이다. 그럼에도 불구하고 아파트는 시나브로 한국인의 삶에 있어서 일상이자 습관 혹은 중독이 되어버렸다.

아파트는 사회학 연구자에게 지적 자극과 도전이 되기에 실로 손색이 없다. 아파트에 대한 기존 연구는 건축학이나 주거학, 도시계획학 혹은 부동산 연구 분야에서 일부 이루어져 왔다. 이에 비해 아파트에 대한 '사회학적' 접근은 매우 드물다. 이 글은 사회학적 개념 및 이론, 그리고 사회학적 상상력에 바탕을 둔 일종의 아파트 주거사회학(sociology of residence)을 시도한다. 아파트는 역사사회학, 정치사회학, 경제사회학, 문화사회학, 도시사회학, 비교사회학, 공간사회학, 가족사회학 등 사회학의 거의 전 영역을 가로지르며 한국 사회의 많은 비밀을 간직하고 있다.

II. 한국의 아파트 역사

우리나라에서 아파트와 유사한 형태의 집합주택이 등장한 것은 일제 시대였다. '요(寮)'는 한일합방 직후 조선에 대거 유입된 일본인 육체노동자들의 집단생활을 위한 일종의 기숙사와 같은 것으로 서울 시내 신당동, 장충동, 회현동, 내자동, 용산 등지의 공장 주변에 주로 세워졌다(전남일 외, 2008 : 144). 아파트라는 이름을 정식으로 내건 집합주택이 건설된 것은 1930년이었다(전남일 외, 2008 : 145-146). 그것은 일본인 화이트컬러 노동자를 위한 주택으로서 가장 널리 알려진 것은 '미쿠니(三國) 아파트'였다.

우리나라 사람들이 아파트에 살기 시작한 것은 1950년대 후반 이후의 일이었다. 1956년에 준공된 중앙아파트 등 민간업체에 의해 소규모 아파트가 서울 시내에 속속 들어섰다(박철수, 2006 : 7-8). 특히 대한주택영단은 머지않아 우리나라에서 보편화될 새로운 주택형태로서 아파트 건설을 구상했는데, 그 결과가 1958년에 준공된 성북구 종암동의 종암아파트였다(임창복, 1994 : 204). 1950년대 후반에 아파트가 단독주택의 유력한 대안으로 등장하기 시작한 것은 한국전쟁 이후의 도시과밀화에 따라 주택의 양적 부족 문제가 심각하게 제기되었기 때문이다.

우리나라 아파트 역사의 획기적 전기는 1960년대 초였다. 당시는 5·16 군사 쿠데타 이후 박정희 정부에 의해 경제개발 5개년계획이 시작될 무렵이었다. 박정희 정부는 만성적인 주택난 해소를 경제개발계획의 일환으로 간주하면서 적극적인 주택정책을 구상했다. 우리나라 최초의 주택 관련 법령인 '공영주택법'이 제정된 것도 이 무렵이었다. 대한주택공사가 1964년에 준공한 마포아파트는 오늘날 한국 사회 전역에 걸쳐 보편화된 단지형 아파트의 전형이었다(전남일 외, 2008 : 192-194 ; 박철수, 2006 : 8 ; 줄레조, 2004 : 44-50 등 볼 것). 그럼에도 불구하고 우리나라에서 아파트 시대의 전도(前途)가 그저 밝기만 한 것은 아니었다. 사람들은 아파트 방식의 주거생활을 문화적으로 망설이고 주저했다.

1960년대 중반에 이르러 주택사정은 보다 절박한 국가적 과제가 되었다. 한국전쟁 이후 서울 시내 산중턱 곳곳에 들어선 무허가 판자촌은 심각한 도시빈민 문제를 야기하고 있었다(손정목, 2005 : 85). 게다가 경제개발계획이 본격적으로 추진됨에 따라 농촌인구의 대도시 유입이 급속히 늘어나고 있었다. 1960년대 중반에 이르러 이미 '서울은 만원'이었다. 이에 대한 대책 가운데 하나가 시민아파트의 대대적 건설이었다. 하지만 1970년 4월 와우아파트 붕괴사건이 발생하자 서민을 대상으로 하는 아파트 건립은 수정이 불가피해졌다. 그 이후 정부의 아파트 건설은 서민층이 아니라 중산층을 보다 확실한 대상으로 삼기 시작했다(줄레조, 2004 : 50-55 ; 박철수, 2006 : 32-34 등 볼 것).

중산층용 대단위 단지 아파트 건설은 1971년 동부이촌동에서 본격화되었다. 여기에는 당시 정부의 강남개발계획도 크게 가세했다. 1972년에서 1974년 사이에 반포아파트 단지 완성에 이어 1975-1979년에는 잠실지역에 초대형 단지 아파트가 들어섰다. 정부주도의 아파트 건설이 성공을 거두면서 점차 민간기업의 참여도 늘어났다. 그것의 견인차 역할을 한 것은 압구정동에 현대아파트를 지은 현대건설이었다(손정목, 2005 : 288). 그 이후 정부의 주택정책과 민간건설업체의 이익, 그리고 신흥 중산층 주택수요자의 이해가 일치함으로써 고층아파트가 강남의 대표적인 주거양식이 되었다(이옥희, 2006). 그리고 노태우 정부가 1988년에서 1992년까지 추진한 주택 200만 호 건설계획은 서울 및 수도권, 나아가 전국 방방곡곡을 아파트 천지로 만드는 결정적인 계기로 작용했다.

III. 아파트-부의 원천, 신분의 상징

아파트의 한국적 특징은 무엇보다 중산층 내지 상류층이 선호하는 주거양식이라는 점이다. 그렇다면 서구와는 달리 왜 이런 현상이 나타났을까? 이는 일차적으로 우리나라의 아파트가 임대 위주가 아니라 소유 중심이라는 사실에서 기인한다. 일반적으로 주택정책은 정부가 주택시장에 대해 아무런 혹은 거의 아무런 개입도 하지 말아야 한다는 시장주의 모델, 주택 문제에 대해 공적 개입과 사적 시장이 병존해야 한다는 이른바 사회민주주의 모델, 그리고 보다 광범위하게 통제되는 사회화된 주택시장에 정부가 포괄적인 역할을 수행해야 한다는 사회주의 모델로 구분된다(Lansley, 1979 : 18). 이 가운데 우리나라에서는 시장 모델에 입각한 주택정책이 근간을 차지했고, 그 결과 주택의 상품성이 두드러졌다.

그런데 우리나라의 주택정책은 시장 모델 가운데서 '파행적' 시장 모델로 분류되기도 한다. 그것은 분양가의 통제나 원가연동제, 주택상환사채 등과 같은 제도가 존재하고 주택공사 등 공공부문이 사실상 민간부문의 역할을 담당했다는 의미에서이다(하성규, 2006 : 487-507). 따라서 정부 주택정책의 주된 수혜자는 주택의 소유를 지향하는 중상층 계급이 될 개연성이 높아지게 되었다(하성규 · 김연명, 1991). 임대가 아닌 매매 중심의 한국 주택정책이 아파트에 중상층을 끌어들인 것이다(줄레조, 2004 : 123-124). 게다가 지역별 혹은 평수별로 아파트의 가격차이가 크게 벌어짐으로써 최상류층에게도 아파트 소유는 여전히 매력적인 선택일 수 있게 되었다.

한 걸음 더 나아가 아파트 소유는 축재의 수단이라는 동태적 의미까지 내포하고 있다. 아파트 자체가 재산증식의 가장 유력한 방편이었던 것이다. 이러한 현실은 1960년대 이후 국가 주도 경제개발 과정의 직접적인 부산물이었다. 아파트가 이른바 '재(財)테크'의 도구가 되는 전조는 1960년대 후반에 최초로 발생한 토지부동산 투기였다(임서환, 2005 : 47). 제1차 경제개발 5개년계획에 따라 각종 개발사업이 추진되면서 물가상승이 만성화되자 중산층 계급 일부가 인플레이션에 대비하여 여유자금을 부동산에 투자하기 시작한 것이다. 1970년대 이후 아파트 공급을 위주로 하는 정부의 주택보급 정책이 본격화되자 재산증식을 위한 투자대상으로서 아파트의 가치가 급부상하게 되었다. 이른바 '부동산 불패 신화'가 계속 이어지면서 아파트는 가장 보편적인 재테크 수단으로 자리 잡았다.

우리나라에서는 아파트가 사회적 신분의 상징으로 기능하는 경향이 있다. 서구에서와는 달리 우리나라에서 계급과 직업을 초월하여 보편적으로 나타나는 아파트 선호현상은 주택시장에서의 경제적 이익이나 합리성의 관점에서만 간단히 파악할 수 없다. 한국에서 아파트에 산다는 것은 일종의 '기호의 소비'로 보아야 한다(보드리야르, 1999 참조). 서구에서는 아파트가 대개 영세민 혹은 노동자 계급을 위한 임대주택이며, 그곳의 상류계급은 교외에 단독주택 중심의 주거문화를 교외에 정착시켰다. 그런데 우리나라의 중산층 혹은 상류사회는 도심의 아파트 공간에서 주거문화를 발전시켜 왔다. 이런 점에서 우리나라에서 고가의 아파트에 거주한다는 것은 '구별짓기(distinction)' 행위의 일환으로 볼 수 있다(보드리야르 1984 참조).

이는 전통적 신분사회의 소멸 이후 경제발전과 함께 시작된 새로운 지위집단의 형성, 곧 지배계급의 '양반화' 추세와도 무관하지 않다(Lett, 1998 : 217-222). 현대 한국 사회의 전형적인 중산층 계급 및 그 이상은 지역적으로는 강남 주거, 그리고 형태적인 측면에서는 아파트단지 거주를 필수조건으로 삼고 있다(Lett, 1998 : 114). 이로써 강남지역 내 고급 아파트 생활은 도시 중산층 계급에 있어서 이를테면 '아비투스(habitus)'와 같은 것이 되어버린 것이다. 실제 생활에 있어서도 현재 고급 아파트에는 과거 신분사회에서 양반계급들이 영위했던 삶의 유산과 자취가 자주 발견된다. 파출부를 고용하는 관행이나 아파트 경비를 '하인'처럼 다루는 태도가 대표적이다(강춘달, 2002 ; 줄레조, 2004 : 80-89 ; Lett, 1998 : 114-115 등 볼 것).

아파트는 높은 지위를 과시하는 상징이기에 그것의 외형과 외관은 우리나라에서 각별히 중요해진다. 그리하여 우선 부자가 사는 고급 아파트일수록 눈에 띄는 것이 중요하다. 조망권의 가치가 매우 높은 곳이 우리나라이고, 최근에는 이른바 '로열층'이 일제히 최상위층으로 올라갔다. 아파트의 광고 모델 또한 대부분 대중문화 '스타'들이다. 고급 아파트 거주의 신분적 상징화는 브랜드 아파트 시대의 개막과 더불어 더욱 심화되었다. 중산층 혹은 상류층이 주로 입주해 있는 아파트의 경우 일단 낯선 외국어 사용 내지 다(多)언어 혼용이 많고, 아파트 이외의 특별한 범주명을 사용하는 일이 대부분이다. 예컨대 왕족이나 귀족 거주지라는 의미의 팰리스, 하임, 스위트, 카운티, 캐슬 등이 바로 그것이다(채완, 2004a, 2004b).

Ⅳ. 아파트와 사회공동체

주거환경은 인간이 살아가는 데 대단히 중요한 요소다. 주거위치와 형태에 따라 삶의 질이 크게 달라지기 때문이다. 일반적으로 아파트는 인간이 서로 연결된 존재로 살기에 부적절한 공간으로 인식되는 경향이 있다. 특히 우리나라에서 한동안은 아파트가 인간소외의 현장처럼 여겨졌다. 1971년 작가 최인호는 『타인의 방』에서 아파트에 사는 인간의 외롭고 고독한 내면의 세계를 묘사했다(최인호, 1983). 1990년대까지도 소설가 이외수는 아파트를 "인간 보관용 콘크리트 캐비넷"이라며 핍박했다(이외수, 1994 : 96). 아파트 입주민들 사이에 사회적 접촉이 활발하지 않고 공동체 관념이 희박하여 결과적으로 전통적인 이웃 개념을 상실하고 있다는 비판은 학계에서 더 이상 놀라운 것도 새로운 것도 아니다(신용재 · 김종인, 1984 ; 신언학, 1985 등 볼 것).

그럼에도 불구하고 우리나라에서 아파트는 계속 확산되어 왔고 아파트 선호 또한 지속되어 왔다. 여기에는 주택수요자의 입장에서 아파트 이외에 대안적 선택이 별로 없다는 점도 물론 중요하다. 그러나 익명성이 높아지고 인간관계가 메말라지며 공동체 문화가 약화되는 현상을 반드시 싫어하거나 불편해하지 않는 인간심리가 존재한다는 사실도 결코 간과되어서는 안 된다. 사람이란 가까운 이웃이나 지역공동체의 필요성을 항상 절감하고 사는 존재가 아니다. 적어도 이런 점에 있어서 아파트는 매력적인 공간이다. 아파트는 프라이버시 보호를 위한 '방어적 공간(defensible space)' 개념이 우세할 뿐만 아니라(Newman, 1973 참조), 구조적으로 "생활을 위한 작업의 협동을 상대적으로 필요로 하지 않는 특성"을 갖고 있는 곳이다(박철수, 2000 : 85). 아파트 생활은 그 자체로서 자기완결적인 것에 가깝다.

그러므로 아파트가 갖고 있는 장점 가운데 하나는 여차하면 고립된 섬처럼 살다가 필요하면 섬을 연결시킬 수 있는, 말하자면 '개폐식 삶'의 개연성이다. 아파트에는 이웃을 나름대로 '선택'할 수 있는 이점이 있다. 이웃에 산다고 무조건 사촌이 되어야 하는, 다시 말해 '이웃사촌'을 규범화하는 공동체의 무게나 압력으로부터 상대적으로 자유로울 수 있는 곳이 바로 아파트이다. 결국 아파트는 본인이 남의 사생활을 침범하지도 않고 자신의 사생활이 남에 의해 침범받지도 않은 채 "각자 자신의 고치 속에서 살아가기를 택한 사람들"을 위한 최적의 생활공간이 아닐 수 없다(임봉길, 1992 : 120-121). 오늘날처럼 "개인적 가치를 중시하는 경향성은 아파트라는 주거형식의 폐쇄성과 구획성의 측면에 맞아 들어가는 것"이다(임봉길, 1992 : 120).

많은 연구결과에 의하면 아파트 생활이 반드시 비(非)공동체적이고 반(反)공동체적인 것도 아니다. 아파트라는 주거양식에서도 근린관계가 나름대로 형성되고 있다. 어떤 점에서 아파트는 이웃공동체를 형성시킬 수 있는 조건이 풍부하다. 아파트는 기본적으로 "동질적인 사회경제적 속성을 가진 사람들을 일정한 공간에 집중으로 배치"하고 있기 때문이다(홍두승, 1991 : 581). 아파트는 공동생활을 필요로 하는 공동주택인데다가 공간적 범위가 분명하며, 또한 공동규약 등을 통해 자치기능을 수행한다는 점에서 지역공동체 형성을 위한 잠재적 가능성이 높은 편이다(임석회 외, 2003 : 316-317). 일반적으로 아파트에서는 자가소유자일수록, 거주기간이 오래될수록, 또한 아파트 단지의 규모가 상대적으로 작을수록 서로 이웃관계에 보다 적극적인 것으로 나타났다(김정선 · 박순진, 1993 : 50).

일반적인 예상과는 달리 최상류층이 살고 있는 고급 아파트 역시 사회경제적 동질성에 입각하여 나름대로 근린공동체를 형성하는 것으로 알려지고 있다. 물론 정도가 지나쳐 동질적 집단의 공간적 폐쇄성과 배타성이 유난이 두드러지는 경우도 있다. 이른바 '요새공동체(Fortress Communities)' 혹은 '폐쇄적 공동체(Gated Communities)' 가 바로 그것이다. 하지만 이런 현상을 우리나라만의 병폐나 문제점으로 부각시킬 필요는 없다. 싫든 좋든 그것은 이미 오늘날 주거문화의 세계적 경향 가운데 하나다(Blakely, 1999 ; Rifkin, 2001 : 171–188 ; 남영우, 2006 ; 남영우 · 김정희 2007 등 참조).

문제는 사회문화적 동질성에 입각한 아파트 근린관계가 폐쇄적 내지 배타적 공동체를 지향하게 되면 보다 거시적인 차원에서의 사회통합이 무망(無望)해진다는 점이다. 말하자면 '분파적 사회자본' 은 존재하고 풍부하나 '사회적 총자본' 이 감소한다는 우려이다. 이와 관련하여 나온 정책적 발상이 '소셜 믹스(social mix)', 곧 사회계층 간 주거혼합이다. 그러나 그것의 현실적 효과에 대해서는 대체로 부정적이다. 대형 분양 아파트에 거주하는 사람들만 소형 임대 아파트에 사는 사람들과 반강제적으로 이웃이 되는 것을 원하지 않는 것이 아니다. 막상 저소득층의 경우에도 굳이 부자들과 위화감을 느끼면서 같은 공간에서 살고자 하지는 않기 때문이다.

계층적 지위에 상관없이 사람들은 대체로 서로 비슷한 평수만으로 아파트 단지가 구성되기를 원하고 있다(김정선 · 박순진, 1993 : 60). 특히 이른바 '단지 내 혼재방식' 은 쾌적한 사회심리적 환경의 측면에서 별로 바람직하지 않은 것으로 조사되었다(박현정 · 홍두승, 1993). 오히려 그런 곳에서는 비단 지역사회 현안만이 아니라 사회현실 전반에 대해서도 불만이 크게 늘어나는 것으로 나타났다. 집단 이기주의를 해소하기 위한 방법으로 '소셜 믹스'가 제안되었지만 말처럼 쉽지 않고 오히려 더욱 더 깊은 갈등의 골을 만드는 경우가 많다(이재열, 2003). 이처럼 소셜 믹스가 구체적인 현장에서는 부작용이나 역효과를 초래하는 측면이 있음에도 불구하고 우리나라에서는 이념적으로서 사회통합적인 주거환경을 규범적 가치로 받아들이는 경향이 존재한다.

V. 아파트와 이데올로기

근대 산업사회의 등장 이후 노동자 계급의 양적 증가와 도시밀집에 의해 '주택소요(housing needs)'가 폭발적으로 늘어났다. 이에 따라 주택은 사회 문제로 심각히 대두하기 시작했고, 그것의 해결을 위해 주택공급은 개인 문제로 방치되거나 시장원리에 방임되기보다는 '공공재(public good)' 내지 '집합적 소비재(collective consumption good)'의 성격을 띠면서 국가적 관리와 도시계획의 대상이 되는 경향이 있다. 이런 점에서 주택 문제는 자연스레 정치사회학적 의미를 내포할 수밖에 없다.

자본주의 체제 하에서 주택정책이 갖고 있는 이데올로기적 성격 가운데 하나는 가족주의이다. 산업화 이후 출현한 근대적 주거공간은 동서양을 막론하고 대체로 가족만의 내밀한 영역으로 귀결되었다. 널리 알려진 것처럼 18-19세기 유럽의 산업화 과정에서 사회문제로 대두한 노동자 계급의 주택사정에 대해 부르주아 계급은 이른바 '박애주의(philanthropism)' 전략으로 대처했다. 그 골자는 주택의 대량공급을 통해 노동자 계급을 위한 주거복지를 적절히 제공하되 계급형성을 고무시키는 사회적 공간은 최소한으로 줄이는 것이다(이진경, 2000 : 261-313). 실제로 노동자들 또한 그와 같은 과정에서 점차 주거공간의 '가정화(domestication)'를 스스로 수용하고 욕망하게 되었다. 자본주의와 가족주의의 이데올로기적 결합이었다.

현대 사회의 주택은 전반적으로 사적 공간인 주거전용 건물이다. 오늘날 주거에 대한 가장 강력한 사회철학은 "주택은 항상 사사화(私事化)되어야 한다(Housing is always privatised)"는 것이다(King, 2003 : 95). 그 중에서도 특히 아파트는 주거전용으로서 가장 가족중심적인 공간이다. 아파트는 건축학적으로 방과 발코니(베란다)를 중심으로 생활공간을 축소시키는 가운데 삶의 무대 자체를 내향적으로 인식시키는 구조이다(박철수, 2006 : 35). 아파트는 본질적으로 이웃의 문제와 사회적 관심사로부터 멀어지게 만드는 주거형태인 것이다.

아파트가 입주민들을 자기 세계에 가두는 경향은 우리나라의 경우 이른바 '모델하우스'에 의해 그 정도가 특히 심한 편이다. 모델하우스를 통한 아파트 분양 촉진은 외국에서 유례를 찾기 어렵다. 집이 지어지기 전에 판매되는 우리나라 분양제도의 특성에 따라 주택 내부정보를 사전에 제공하기 위한 목적으로 등장한 것이 바로 모델하우스이기 때문이다. 우리는 아파트 구매를 결정할 때부터 아파트 현관 바깥이 아니라 안쪽 '내부공간'만 중시하는 주택관념의 내향화를 경험하고 있다. 게다가 우리나라에서는 전반적으로 아파트 거실공간의 이른바 '극장성(劇場性, theatricality)'이 두드러진다. 아파트 거실을 흔히 텔레비전이나 오디오, 혹은 요즘에는 홈시어터가 점령하여 가족구성원의 내부 몰입효과를 극적으로 높이고 있는 것이다.

실제로 1970–1980년대 우리나라의 각박한 사회현실 속에서도 노동자들은 아파트를 장만하는 과정에서 개인적 성취와 가족적 행복을 곧잘 느끼곤 했다. 예컨대 울산 현대자동차에서 일하는 노동자 가족은 특별한 경우를 제외하고는 남편의 봉급만으로 결혼 후 7–8년 만에 울산에 있는 20평대 아파트와 자동차를 마련할 수 있었다고 한다. 그 결과 노동자 가족 주부들은 남편의 노동자 정체성을 부분적으로 공유하면서도 상대적 고임금을 경제적 배경으로 하여 중간계층 지향의식도 함께 갖고 있는 것으로 조사되었다(조주은, 2004 : 214). 이른바 가산계급의 상대적 보수성이다. 특히 중산층의 경우 아파트는 한국 사회의 이념적 보수화에 적지 않은 효과를 발휘한 것으로 보인다. 아파트야말로 "한국 경제발전의 주역이자 가장 큰 수혜자인 중간계급의 일반적 주거공간"이기 때문이다(줄레조, 2004 : 152).

1970년대 이후 고도 산업화 과정에서 아파트는 중산층 이데올로기의 최대 거점이 되었다. 그리고 그와 같은 중산층 이데올로기의 기반은 문화 혹은 문화주의였다. 일반적으로 아파트 입주자들은 '문화'라고 하는 것에 대해 다소 과민반응하는 속성이 있다. 지리적 인접성이나 사회경제적 유사성이라는 아파트 특유의 공간적 조건이 자연스럽게 문화적인 측면에서 경쟁과 모방을 부추기기 때문이다. 어차피 비슷비슷한 사람들이 같은 곳에 모여 산다면 '튈 수' 있는 영역은 문화밖에 없는 것이다. 문제는 그것이 역설적으로 문화적 평준화 내지 평등주의로 귀결된다는 사실이다(손상희, 2005 : 173–174).

아파트에 사는 사람들에게 문화를 표출하고 표현할 수 있는 기회는 베란다 쪽에 화분 몇 개 갖다놓는 것을 빼고 나면 거의 전부 실내에 제한되어 있다. 게다가 새시에 의해 대부분의 베란다는 더 이상

실외가 아니다. 그런 만큼 아파트 실내는 '전시성'의 공간이 될 공산이 높다. 다시 말해 아파트 외부는 똑같은 모습으로 주어진 조건 하에서 남에게 드러낼 수 있는 문화적 '쇼 윈도우(show window)' 역할은 아파트 내부가 수행할 수밖에 없는 것이다. 이럴 때 중요한 기준은 이웃이나 남의 집에 비교하여 최소한 뒤처지거나 뒤떨어져서는 안 된다는 점이다. 그 결과 아파트 내부는 점차 가족 특유의 개성과 상관없는 공간이 되어 실내장식의 획일화를 경험하게 된다(은난순, 2004 : 64-65). 아파트 내부공간의 실내장식에 필요한 물품을 구매할 경우 성능이나 효율성 또는 경제성 대신 위세와 사회적 신분이 더 중요한 판단기준으로 작용하는 것도 이 때문이다(임봉길, 1992 : 115, 139).

아파트에서 사람들은 문화생활을 하거나 아니면 문화생활을 한다고 생각함으로써 스스로 중산층으로 여기는 경향이 있다. 그리고 이것이 가족주의를 심화하고 소비주의를 촉진시켜 궁극적으로는 자본주의의 확대재생산에 필요한 이데올로기적 기능을 수행하는 측면이 있다. 아파트 내부공간에서 발현되고 실천되는 중산층 내지 부르주아 가족주의와 문화주의에는 외부의 사회현실이나 모순을 외면하고 망각하게 만드는 요소가 존재한다. 그럼에도 불구하고 아파트 공화국의 현실을 이데올로기적 관점에서 일방적으로 부정하거나 매도할 필요는 없다. 자본주의의 발전과정에서 정부는 아파트 위주의 주택정책을 선택했고, 많은 경우 아파트는 한국의 산업화 과정에서 주어진 개인적 기회이자 성취이기도 했기 때문이다.

VI. 아파트의 한국적 토착화

의심할 나위 없이 아파트는 한국의 전통적 가옥이 아니다. 그것은 서양에서 수입된 주택 모델일 뿐이다. 그럼에도 불구하고 대한민국이 아파트의 나라가 된 것은 아파트가 지금까지 부단히 한국적 토착화의 길을 밟아왔기 때문이다. 아파트는 한국의 역사적 전통과 한국인의 문화적 특성을 반영하기 위해 나름대로 노력해 왔다. 아파트 면적을 척근법에 따라 평(坪)으로 계산하는 관행부터 그렇다. 2007년 7월부터 이른바 비법정계량단위(예컨대 자, 평, 되, 근, 돈 등)의 사용이 전면 금지되었지만 아직도 아파트를 평으로 계산하는 관행이 강하게 남아 있어 예컨대 31평 대신 '31타입' 따위의 국적이 불명한 표기법이 등장하고 있는 실정이다.

1970년대까지만 해도 우리나라 사람들이 아파트라는 서양식 건축양식에 대해 적응하는 것은 결코 쉽지 않았다. 1950-1960년대의 아파트는 유럽에서 직수입된 설계수법을 사용하여 내부구조가 지금과는 사뭇 달랐다(서윤영, 2007 : 115-118). 유럽의 아파트는 실내를 '공동공간 대(對) 개인공간' 혹은 '주간사용 대(對) 야간사용'으로 엄격히 양분하는 경향이 있다. 다시 말해 낮에 공동으로 사용하는 거실과 주방, 그리고 식당을 하나의 구역으로, 그리고 밤에 개인이 혼자 사용하는 침실을 또 하나의 구역으로 나눈다. 그리하여 현관문을 열면 홀이 있고 그곳에서 거실과 식당이 있는 공동공간 쪽으로 갈 것인지, 아니면 침실이 있는 개인공간 쪽으로 갈 것인지 결정한다.

1970년대에 들어와 우리나라 아파트는 내부 설계방식에 있어서 서양식으로부터 점차 벗어나기 시작했다. 현관문을 열면 바로 거실과 연결되고 거실에서 침실, 주방, 화장실로 가는 이른바 '한국식 아파트' 구조가 등장한 것이다. 전 세계에서 거실이 센터 역할을 하는 경우는 한국의 아파트가 유일하다고 한다. 여기에 대해서는 과거에 대문을 열면 문간을 거쳐 바로 안마당과 연결되고 마당에서 안방, 대청, 건넌방, 부엌, 문간방 등으로 갈 수 있는 가회동식 개량한옥의 동선형식이 아파트에서 재현되었다는 평가가 유력하다. 다시 말해 우리나라 전통 주거에서 안마당을 중심으로 여러 방이 마치 '해바라기' 처럼 몰려 있는데, 아파트의 거실이 바로 그 안마당의 역할을 수행하게 된 것이라고 한다. 거실을 통해 마당은 아파트에서 실내화되었고, 결과적으로 가정생활의 초점으로서 마당은 지금도 살아 있다 (최재필, 1991).

아파트의 이러한 내부 공간구조는 역사적으로 볼 때 기원이 좀 더 소급되어 조선 후기에서 시작된 겹집화 및 내향화의 결과로 해석되기도 한다(서윤영, 2007 : 116). 한 칸으로 이루어진 외줄배기 홑집이 두줄배기 집이 되고, 그것이 'ㄱ자 집'이나 'ㄴ자 집'으로 변형되었다가 1930년대 가회동 한옥으로 대표되는 'ㅁ자집'으로 정착된 다음 현재의 아파트에까지 그 유형이 지속되고 있다는 것이다. 현재 한국에서 가장 대표적인 아파트 평면도에는 우리의 전통 주거인 네 칸 겹집 혹은 다섯 칸 겹집의 유산이 고스란히 담겨져 있다. 아파트 내부만이 아니라 아파트 단지의 경우에도 상황은 비슷하다. 옛날 전통사회에서 씨족마을 입구에 장승과 도당나무를 두는 것처럼 오늘날 우리나라 아파트 입구에도 'OO 마을 OO 아파트'라고 쓰인 커다란 돌을 갖다놓고 그 옆에 나무 몇 그루와 정자를 세우는 경우가 많다.

 이런 현상을 두고 서양 학자들은 한국의 아파트를 '전통공간의 재공식화' 개념으로 설명하기도 한다(줄레조, 2004 : 216–231). 가령 우리나라 아파트에는 '다용도실'이라 불리는 공간이 반드시 있는데, 이는 식료품을 저장하던 과거의 '헛간'이나 '다락'의 유산이라는 것이다. '베란다' 혹은 '발코니'에는 빨래를 널고 장독을 비치하던 '마당'의 잔재를 발견할 수 있다는 주장이다. 비록 새시에 의해 발코니가 실내화된 것이 대부분의 현실이지만 관념적으로는 마당과 같이 바깥으로 간주되는 경향이 있다. 대개의 경우 담배 피우러 베란다에 '나간다'고 표현하는 것이 그 증거이다.

나무가 아닌 아파트 거실 바닥을 마루라고 말하는 것도 꽤 한국적이며, 신발을 벗고 신는 현관이 거실보다 반드시 높이가 낮은 것도 옛날 댓돌을 밟고 마루에 올라서던 기억의 재연이다. 식탁을 놔두고 상을 차려 밥을 먹는 것도, 침대가 있는데도 그 옆에 이부자리를 깔고 자는 풍경도 다분히 전통적이다. 렛(Lett, 1988 : 97–158)은 한국의 아파트가 외관상으로만 서양식일 뿐이라고 말한다. 하긴 메주 띄우기를 포함하여 아파트에서 얼마나 충분히 한국식으로 살 수 있는지를 소개하는 책까지 나와 있는 나라가 바로 대한민국이다(최순덕 · 최종덕, 2005).

VII. 아파트 공간의 미시정치학

공간에서 권력관계는 항상 존재한다(마크스, 2006 : 32). 공간은 결코 권력과 무관하지 않은 것이다. 공간인류학 내지 공간사회학적 관점에서 볼 때 "공간은 모든 생명체, 특히 인간에게 있어 기초적이고 근원적으로 조직화된 체계의 하나"이다(홀, 2002 : 33). 공간적 패턴이란 이동의 임의성 혹은 자의성을 제한하는 것으로서 '공간적 형태(spatial form)'와 사람들 사이의 만남이 이루어지거나 통제되는 방식 사이에는 강력한 상관성이 존재하기 때문이다(Hillier and Hanson, 1984 : 11, 18, 34). 공간은 탄생하는 것이 아니라 생산된다. 모든 공간은 따라서 '사회적 공간(social space)'이다(Lefebvre, 1991 : 38-39). 주택의 내부공간 역시 권력관계와 무관하지 않은 가족정치(domestic politics)의 무대이다.

가령 조선 시대의 전통 한옥은 성리학적 사회질서를 공간적으로 재현하고 있었다. 사랑채, 안채, 별당채, 행랑채, 부속채 등으로 구분되어 있는 내부공간에서 으뜸은 역시 사랑채다. 그것은 집안 전체를 관장하는 일종의 '파놉티콘'이자 외부와의 소통을 전담하는 정치적·문화적 공간이었다(김종헌, 2005 ; 한옥공간연구회, 2004 : 51-57 ; 최상헌, 2006 : 88-95 볼 것). 일제 시대에 들어와 이와 같은 전통 한옥공간의 성리학적 위계구조는 가족 내 미시정치적 갈등의 요인이 되기도 했다(백지혜, 2005 : 77-78 참조).

불과 몇십 년 전만 해도 대부분의 단독주택에서는 같은 방 안에서조차도 남성과 여성의 공간적 분리가 뚜렷하고 엄격했다. 1960년대 무렵 한국의 전형적인 가옥에 대한 전인권(2003 : 23-28)의 기억에 의하면 큰 방 하나가 안과 밖이라는 가상의 금을 기준으로 '아버지 공간'과 '어머니 공간'으로 엄격히 구분되어 있었다. 전자는 책상을 중심으로 책이나 라디오, 신문, 도장 등이 놓여 있던 '질서의 공간'이었고, 후자는 식당, 거실, 응접실, 간이화장실(요강) 등 모든 기능을 수행하던 '만능의 공간'이었다. 이러한 공간구획은 한 집안의 정보

 수집권 및 분석권과 의사결정권 등이 아내가 아닌 남편에게 편중되

고 있었다는 점을 상징적으로 보여주고 있다.

이에 비해 오늘날 아파트 내부공간은 가족구성원 사이의 보다 평등한 사회관계를 지향하고 있다. 이때 가장 먼저 눈에 띄는 것은 남자 성인 공간의 축소다. 우선 안방이 부부 공용의 공간으로 변했고, 남성 전용 공간인 사랑방은 접대 및 가족 단란공간인 거실로 흡수되었다(전남일, 2002 : 7). 아파트에서 입식생활이 보편화된 것도 양성평등의 관점에서는 일단 진보다. 과거에는 사람은 붙박이고 밥상이나 다기와 같은 가구가 이동했는데, 대체로 붙박이는 남성이었고 운반자는 여성이었다. 아파트에서 소파나 식탁, 의자와 같은 소위 '신체가구'가 일상화된 것에도 여성학적 의미가 담겨져 있다. 왜냐하면 신체가구 앞에서 가족구성원 모두가 남녀노소 불문하고 상대적으로 평등해졌기 때문이다(전남일, 2002 : 7–9).

전통적 주택의 내부공간에 있어서 성적 불평등 감소를 가장 극적으로 드러내는 곳은 다름 아닌 부엌이었다. 주로 여성의 몫이었던 부엌은 위치나 크기의 측면에서 대단히 열세에 있었다. 하지만 1970년대 초 아파트 주거양식에서 부엌은 '주방'으로 승격했다(함한희, 2005 : 54–60). 주방은 입식으로 설계되어 주택 내 다른 공간과 높이가 동일해졌다. 또한 주방에서 난방이 분리되어 취사전용 공간이 되었고, 급배수가 합쳐진 싱크대도 설치되었다. 지저분했던 부엌은 "실험실처럼" 정리되었고(함한희, 2005 : 57), 식사공간도 따로 분리되었다. 이로써 부엌도 어엿한 주택의 내부공간 가운데 하나로 자리 잡게 되었고 가족구성원 모두에게 평등하게 열린 공간이 되었다.

1980년대 이후 부엌은 '시스템 키친'으로 진화하는 추세다. 부엌은 더 이상 단순한 조리공간이 아니라 과학과 예술이 만나서 기능과 미를 추구하는 장소로 변신하기 시작한 것이다(함한희, 2005 : 72–

73). 최근에는 주방을 햇빛과 바람이 많은 전면에 배치하는 아파트도 있고, 주방 한쪽에 컴퓨터를 놓거나 가계부를 정리할 수 있는 '주부 공간' 을 별도로 설치한 아파트도 생겼다. 오늘날 고급 아파트의 주방은 초현대식 테크놀로지를 장착한 가전제품으로 가득하고, 그것들은 실내장식으로서의 예술성까지 가미하고 있다. 부엌은 기능과 역할의 변모에 따라 더 이상 주부만의 공간도 아니고 가족구성원만의 영역도 아니다. 대신 그것은 남성은 물론 외부인에게까지 개방되는 마지막 실내공간으로 격상되고 있다.

부엌 못지않게 흥미로운 변화를 보여주는 공간은 화장실이다. 최근 우리나라에서는 24평 정도의 소형 아파트에도 화장실이 두 개 정도 설치된다. 1980년대에는 40평 정도의 중형 아파트에, 그리고 1990년대에는 30평 정도의 중소형 아파트에 두 개의 화장실이 설치되었다가 2000년대에 들어와서는 소형 아파트에도 모두 화장실이 두 개씩 설치되고 있는 것이다(서윤영, 2007 : 47). 화장실뿐만이 아니라 과거에는 대형 아파트에도 있을까 말까 하던 '드레스 룸(dress room)' 이라든지 화장대를 따로 두는 '파우더 룸(powder room)' 을 설치한 30평대 아파트도 결코 적지 않다.

아파트 화장실 숫자의 증가는 일차적으로 여성들의 경제활동이 늘어났다는 사실의 방증이다. 맞벌이 부부가 늘어나면서 아침에 동시에 화장실을 사용해야 하는 상황이 일반화된 것이다. 게다가 아파트에서는 화장실이 대개 목욕탕 겸용이다. 생활 수준의 향상에 따라 샤워나 목욕의 횟수가 늘어나게 된 것도 아파트에서 화장실 겸 목욕탕의 숫자를 증가시킨 또 다른 요인이라 볼 수 있다. 몸이나 건강의 중요성이 강조되는 웰빙 문화와도 물론 연관이 있을 듯싶다. 몸을 위하고 몸을 편하게 하는 공간으로서 화장실과 목욕탕은 아파트 내부에서 날로 지위를 높이고 있다. 낮에 가족 모두가 집을 비우는 일이 일반화되면서 최근에는 현관문에 냉장기능을 갖춘 물건 보관함을 설치한 아파트까지 등장했다.

문제는 이와 같은 아파트 공간의 미시정치에 담긴 인간적 의미이다. 남녀노소를 불문하고 이제는 각자 프라이버시가 중요해짐에 따라 아파트는 개인 공간을 확보하는 데 주력하고 있다. 그 결과 각 개인들의 독립적 영역이 유례없이 증가한 대신 가족 내부 간에도 공유공간은 점차 감소하고 있다. 그러나 이처럼 '자기만의 방(a room of one's own)'을 성역화하는 작금의 추세가 막상 가족의 단란에 얼마나 기여하는지는 의문이다. 가족이 각자의 공간에서 가전제품이 아닌 '개전(個電)제품'에 몰입하는 오늘날의 세태에 대해 보다 진지한 문명사적 성찰이 필요한 시점이다. 아파트에서 부엌과 식당이 크게 업그레이드되었다고 하지만 가공식품의 발전과 외식의 증가 때문에 그것을 이용하는 빈도는 오히려 감소했다(함한희, 2005 : 72-82). 부엌의 공간혁명 시대가 '패밀리 레스토랑'의 번성과 공존하고 있다는 사실이 아이러니하게 느껴질 따름이다.

VIII. 아파트와 미래 한국

줄레조는 한국의 아파트에 대해 대단히 부정적이다. 특히 그는 서울의 고급 단지 아파트가 머지않아 각종 도시문제의 온상으로 자라날 것으로 예견한다. 현재의 도시 중산층들도 아파트가 더 이상 그들의 '구별짓기'에 도움을 주지 못한다고 확신하는 순간 아파트를 버리게 될 것이라고 주장한다(줄레조, 2004 : 262-263). 요컨대 대단지 아파트 중심의 현재 서울의 주택문화는 오래 지속될 수 없는 하루살이에 가깝다는 것이다.

하지만 실제로 그럴 가능성은 별로 높지 않다고 볼 근거가 많다. 우선 한국의 아파트는 줄레조가 익숙한 프랑스의 그것과 다르다. 한국의 아파트는 대부분이 자가 소유 형태라 재산으로서의 경제적 가치의 하락이 그대로 방치될 리가 없다. 이미 시작되고 있는 것처럼 리모델링이나 개보수, 재건축 등을 통해 아파트는 현재의 고가를 계속 유지할 공산이 높다. 아파트의 왕성한 번식력과 기민한 적응력도 주택시장에서의 경쟁력 강화를 위해 더욱 더 놀라워 질 것이다. 지금까지 한국의 아파트가 사회 환경변화에 맞서 효율적으로 진화해 왔듯이 말이다.

게다가 한국의 보통사람들은 아직도 아파트에 배가 고프다. 아파트는 경제적인 측면에서나 사회적인 차원에서 최고 인기 주거공간으로서 뿌리를 이미 내린 상태다. 아파트 거주라는 것은 현대 한국인에게 있어서 중산층 이상이 되기 위한 일종의 자격증 내지 통과의례와도 같은 것이 되어 버린 셈이다. 또한 향후 한국 사회가 직면하게 될 인구정체 내지 감소, 고령화 시대의 본격적 개막, 그리고 저성장 경제체제의 도래 등은 교육, 문화, 복지, 교통 등의 제반 측면에서 주택시장을 도심 아파트로 쏠리게 할 공산이 높다. 이런 맥락에서 도심 내부 초고층 주상복합 아파트의 부상이 두드러질 것이라는 전망은 눈여겨 볼 만하다(윤준선 · 이창석, 2007 볼 것).

아닌 게 아니라 아파트는 지금 현재 전 세계적으로 강세다. 홍콩, 싱가포르가 그러한 데다가 일본에서도 도쿄 등 대도시에서는 아파트 공급이 점차 확대 중이다. 중국 역시 비약적인 경제성장과 함께 아파트 건설 붐이 폭발적이다. 세계화 역시 아파트 거주문화를 부추긴다. 이동성이 높아짐에 따라 아파트 생활의 '편리함'이 돋보이는 것이다. 실제 이른바 세계 도시(global cities)에서는 수퍼 부자들의 아파트 선호가 최근 두드러지고 있다. 그들은 교외 전원주택이 아니라 런던이나 뉴욕 시내 도심 아파트가 보안성이나 업무, 문화, 쇼핑 등의 측면에서 우월하다고 판단하기 때문이다.

하지만 작금의 아파트 전성 시대를 바람직하다고 보는 것은 이 글의 결론이 아니다. 먼저 한국의 건축문화와 관련하여 단독주택이 목하 멸종위기에 처한 현상은 매우 우려스러운 일이다. 이는 앞으로 100년이나 200년 뒤 우리 시대 한국의 주택문화를 대표할 수 있는 대저택 걸작품이 존재하지 않을 것이라는 불길한 예감 때문이다. 지금 우리들은 강릉 선교장이나 해남 녹우당, 담양 소쇄원처럼 훗날 귀한 문화유산이 될 수 있는 고급저택을 생산하고 있지 않다. 실로 우리는 빈한하기 짝이 없는 주택 건축문화 시대를 살고 있는 것이다.

이보다 훨씬 더 심각한 것은 '아파트 공화국'이 부담해야 하는 사회적 및 정서적 비용이다. 현재 우리나라의 주택가격은 특히 아파트의 경우 '미쳤다'고 표현해도 좋을 정도로 너무 비싸다. 한 개인이 살아가는 과정에서 자신의 힘을 통한 정상적인 방법으로 주거 문제를 해결하는 것이 사실상 불가능해진 상태다. 그러므로 학교를 졸업하고 사회에 진출하는 젊은이들에게 있어서 주택 문제는 엄청나게 높은 '진입장벽'으로 다가온다. 이는 결국 사회 전반에 대한 불만의 만연으로 이어질 수밖에 없다. 이런 면에서 청년 세대를 위한 안정적 주거복지 제공은 한국 사회의 건강성 회복을 위한 첫 단추가 되어야 한다. 살인적인 아파트 가격 앞에 미래 세대는 좌절하며, 좌절하는 미래세대에서 한국은 미래 자체를 찾을 수 없다.

주

1 http://www.mltm.go.kr/DataCenter/StatisticData/07sta/statlist.htm?MID=MM066 건설교통통계연보 〉도시및주거 〉도시화 추세.

2 http://www.kosis.kr/domestic/theme/do01_index.jsp 건설주택토지 〉 주택총조사 〉주택의 종류별 주택-읍면동(각 해당 연도).

3 http://www.seoul.go.kr/v2007/publicinfo/statistics/data/4_03_4.html 서울시 통계연보 〉주택건설.

4 http://www.mltm.go.kr/DataCenter/StatisticData/07sta/statlist.htm?MID=MM066 건설교통통계연보 〉도시 및 주거 〉주택현황.

5 http://www.mltm.go.kr/DataCenter/StatisticData/07sta/statlist.htm?MID=MM066 건설교통통계연보 〉도시 및 주거 〉주택현황.

참·고·문·헌

강춘달(가명). 2002. "아파트 파수꾼의 밤과 낮." 『신동아』 2002년 1월호. pp. 560-598.

김서령. 2006. 『김서령의 家』. 황소자리.

김정선 · 박순진. 1993. "근린관계와 지역공동체." 홍두승 · 이동원 편. 『집합주거와 사회환경』. 서울대출판부. pp. 37-65.

김종헌. 2005. "한옥공간의 문화정치학." 『호남문화연구』 36 : 1-29.

남영우. 2006. "폐쇄적 공동체의 성립과 발달." 『한국도시지리학회지』 9(1) : 81-90.

남영우 · 김정희. 2007. "선진국과 개발도상국 폐쇄적 공동체의 생태와 특성 비교 : 미국과 한국을 중심으로." 『한국도시지리학회지』 10(1) : 51-61.

대한주택공사. 1992. 『대한주택공사 30년사』. 대한주택공사.

리프킨, 제레미(Rifkin, Jeremy). 2001. 이희재 역. 『소유의 종말』. 민음사.

마크스, 토머스(Marcus, Thomas). 2006. 유우상 외 역. 『권력과 건축공간』, 시공문화사.

문옥표 외. 1992. 『도시 중산층의 생활문화』. 한국정신문화연구원.

문옥표. 1992. "도시 중산층의 가족생활과 주부의 역할." 문옥표 외. 『도시 중산층의 생활문화』. 한국정신문화연구원. pp. 57-103.

박철수. 2006. 『아파트의 문화사』. 살림.

박현정 · 홍두승. 1993. "사회경제적 상황과 계층의식." 홍두승 · 이동원 편. 『집합주거와 사회환경』. 서울대출판부. pp. 101-127.

백지혜. 2005. 『스위트 홈의 기원』. 살림.

보드리야르, 장(Baudrillard, Jean). 1999. 이상률 역. 『소비의 사회』. 문예출판사.

손상희. 2005. "집, 삶, 그리고 소비 : 소비사회에서의 주거소비문화 분석." 『소비문화연구』 8(4) : 163-182.
손정목. 2005. 『한국 도시 60년의 이야기 2』. 한울.
서윤영. 2003. 『세상에서 가장 아름다운 집』. 궁리.
______. 2007. 『우리가 살아온 집, 우리가 살아갈 집』. 역사비평사.
신언학. 1985. "집합주거에서 처소감과 공동체의식." 『건축문화』 49 : 10-12.
신용재 · 김종인. 1989. "아파트 주부의 이웃관계 : 생활 수준에 의한 비교를 중심으로." 『대한건축학회논문집』 5(1) : 15-20.
윤준선 · 이창석. 2007. "새 주거문화 변천의 이론적 접근과 미래주거의 전망." 『부동산학보』 31 : 255-264.
윤혜정 · 장성수. 2003. 『주거와 주택』. 다락방.
은난순. 2004. "1980년대 이후 한국 주거문화에 나타난 근대화의 재평가." 『한국가정관리학회지』 22(5) : 59-73.
이옥희. 2006. "서울 강남지역 개발과정의 특성과 문제점." 『한국도시지리학회지』 9(1) : 15-32.
이외수. 1994. 『감성사전』. 동숭동.
이재열. 2003. "'강남 저주 현상' 의 사회학적 고찰." 『신동아』 2003년 12월호.
이진경. 2000. 『근대적 주거공간의 탄생』. 소명출판.
임봉길. 1992. "도시중산층의 생활유형과 정치의식." 문옥표 외. 『도시 중산층의 생활문화』. 한국정신문화연구원.
임서환. 2005. 『주택정책 반세기 : 정치경제환경 변화와 주택정책의 전개과정』. 기문당.
임석회 · 이철우 · 전형수. 2003. "아파트 거주공간에 기초한 지역공동체 형성에 관한 연구." 『한국지역지리학회지』 9(3) : 314-328.
임창복. 1994. "도시주택의 변천." 한국건축가협회. 『한국의 현대건축, 1876-1990』. 기문당. pp. 199-216.
전남일. 2002. "한국 주거내부공간의 근대화요소에 관한 연구 : 주거사회학적, 문화인류학적, 페미니즘적, 공간구조적 관점에서 본." 『한국가정관리학회지』 20(4).
전남일 · 손세관 · 양세화 · 홍형옥. 2008. 『한국 주거의 사회사』. 돌베개.
전상인. 2009. 『아파트에 미치다 : 현대 한국의 주거사회학』. 이숲.
전인권. 2003. 『남자의 탄생』. 푸른숲.
조주은. 2004. 『현대가족 이야기』. 이가서.
채 완. 2004a. "아파트 이름의 사회적 의미." 『사회언어학』 12(1) : 231-252.
_____. 2004b. "아파트 상표명의 구성과 조어." 『한국어의미학』 14 : 1-29.
천현숙. 2004. "대도시 아파트 주거단지의 사회자본." 『한국사회학』 38(4) : 215-247.

최상헌. 2006. 『조선 상류주택의 내부 공간과 가구』. 이화여대출판부.
최순덕 · 최종덕. 2005. 『최씨 부부의 어처구니 있는 아파트살이』. 당대.
최은영. 2004. "학력자본 재생산의 차별화와 빗장도시의 형성." 『대한지리학회지』 39(3) : 374–390.
최인호. 1983. 『타인의 방』. 민음사.
최재필. 1991. "우리나라의 근대화와 아파트 문화의 성공적인 정착요인." 『주택』 52 : 87–95.
최창조. 2007. 『도시풍수 : 도시, 집, 사람을 위한 명당이야기』. 판미동.
투안, 이-푸(Tuan, Yi-fu). 2005. 구동회 · 심승희 역. 『공간과 장소』. 대윤.
하성규. 2006. 『주택정책론(제3전정증보판)』. 박영사.
하성규 · 김연명. 1991. "한국의 주택정책과 이데올로기." 『국토계획』 59 : 23–41.
한옥공간연구회. 2004. 『한옥의 공간문화』. 교문사.
함한희. 2005. 『부엌의 문화사』. 살림.
홀, 에드워드(Hall, Edward). 2002. 최효선 역. 『숨겨진 차원 : 공간의 인류학』. 한길사.
홍두승. 1991. "계층의 공간적 분화, 1975–1985 : 서울시의 경우." 서울대 사회학연구회 편. 『사회계층 : 이론과 실제』. 다산출판사.
홍두승 · 이동원 편. 1993. 『집합주거와 사회환경 : 소형 아파트단지 과밀의 사회적 함의』. 서울대출판부.
줄레조, 발레리(Gelzeau, Valrie). 2004. 길혜연 역. 『한국의 아파트 연구 : 서울지역 7개 아파트 단지 경관분석을 중심으로』. 고대 아연출판부.

Blakely, Edward J. 1999. *Fortress America : Gated Communities in the United States*. Brookings Institution Press.
Bourdieu, Pierre. 1984. *Distinction : A Social Critique of the Judgement of Taste*. Harvard Univ. Press.
Hillier Bill and Julienne Hanson. 1984. *The Social Logic of Space*. Cambridge Univ. Press.
King, Peter. 2003. *A Social Philosophy of Housing*. Ashgate.
Lansley, Stewart. 1979. *Housing and Public Policy*. Croom Helm.
Lefebvre, Henry. 1991. *The Production of Space*. (trans. by Donald Nicholson–Smith). Blackwell.
Lett, Dennis P. 1998. *In Pursuit of Status : The Making of South Korea's 'New' Urban Middle Class*. Harvard Univ. Press.
Newman, Oscar. 1973. *Defensible Space : Crime Prevention Through Urban Design*. Macmillan Pub. Co.

IT와 한국 사회

넷(NET)의 사회학

배영_ 숭실대학교 정보사회학과

I. 들어가는 말

현대인들, 그 중에서도 한국인들의 사회적 삶(social life)을 설명하는 데 있어 이제 인터넷은 필수적이다. 인터넷을 비롯한 IT기술이 가져다 준 다양한 차원에서의 변화는 개인들의 일상적 삶과 가치관을 전면적으로 달라지게 하였다. 도구적인 목적 속에서 인터넷의 이용이 이루어지던 도입 초기의 양상이 이제는 인터넷 이용 그 자체가 일상이라고 할 정도로 보편화된 것이다. 아울러 전통적인 사회의 개인들이 변화하는 제도나 환경에 대해 어떻게 적응하고 수용할 것인가에 행위의 우선 순위가 있었다면, 정보사회의 개인들은 향상된 정보수집 능력을 기반으로 주요한 제도적·사회적 이슈에 대해 적극적이고 능동적인 행위자로서의 면모를 나타내고 있다.

개인들은 인터넷업체가 제공하는 서비스를 통해 엄청난 양의 지식과 정보를 갖추게 되었고, 아울러 같은 필요(needs)에 의해 연결되어 조직에 대한 정보의 비대칭성을 상당부문 해소할 수 있었다. 또한 다양한 커뮤니케이션을 기반으로 사회참여도 다각화하며, 시장에서의 거래를 관장하는 능동적인 구매자로서의 모습도 나타나고 있다. 이렇듯 인터넷이 일반화되어 이용이 보편화된 지 15년도 채 되지 않았지만 인터넷으로 인한 개인과 사회의 변화는 전면적으로 나타나고 있다.

이제까지의 인터넷으로 인한 사회의 변화를 한마디로 규정하면 '네트워킹의 전면화와 편재화' 라고 할 수 있다. 인터넷 자체가 '네트워크의 네트워크' 라고 불리고 있지만 인터넷은 인적 주체인 개인들을 포함하여 다양한 대상과 현상, 나아가 공간까지도 네트워킹한다. 물론 이전에도 사회적 · 물리적 네트워크는 존재해 왔지만 현재와 같이 전면적인 양상으로 네트워크의 이용이 보편화되고 부각된 것은 다양하고 획기적인 인터넷 서비스의 등장에서 기인한 바가 크다.

앞으로의 논의를 통해 먼저 IT발전의 기반이 되는 정보화 인프라 구축을 위해 국가 정책적인 차원에서의 노력은 어떤 과정을 거쳐 이루어졌는지를 먼저 살펴본 후 본격적인 정보화 환경에서 인터넷이 사회변화에 미친 영향을 4가지 영역으로 구분하여 파악해 보고자 한다.

II. 정보화와 한국의 국가

한국의 산업발전 모델이 국가주도적인 발전국가(developmental state)에 의존하는 모델이었듯이 정보화의 초기 모델 역시 여기에서 크게 벗어나지 않았다. 정보화의 과정에서 국가에 의한 방향설정과 인프라 구축은 'IT강국 코리아'로 나아가는 데 기반으로 작용했고, 관련 산업의 성장에도 중요한 밑거름이 되었다.

1. 국가기간전산망 사업의 추진

세계적으로 1980년대 말-1990년대 초 정보산업이 급속히 발전하고 이것이 국가경쟁력의 지표로 대두되자 우리나라 역시 정부주도의 IT정책을 적극적으로 추진하였다. 특히 1960년대 초부터 시작된 경제개발 5개년계획으로 산업사회의 경제성장을 이룬 우리나라는 1983년을 '정보산업의 해'로 선포하고, 3월에 정보산업 육성방안을 대통령에게 보고하는 한편, 효율적인 정보산업 육성을 위한 정보산업육성위원회를 구성하는 등 본격적인 정보화를 추진하게 된다. 정보산업육성위원회는 그해 12월에 국가기간전산망 계획을 수립하여 대통령에게 보고하고, 1970년대부터 추진된 행정전산화 사업을 비롯하여 개별적으로 추진되던 국가전산망 사업을 종합적으로 추진하였다(정보통신부, 2003).

국가기간전산망 사업은 행정망, 금융망, 교육연구망, 국방망, 공안망 등 5대 망 구축과 운영의 합리화를 위해 추진된 사업으로 정보통신산업의 발전을 통한 산업경쟁력 향상과 함께 정보화를 통한 국민 생활편의를 도모함으로써 사회발전을 이루려는 목표가 동시에 어우러졌는데, 공급 측면에서의 정보기술 발전 및 정보산업 경쟁력 향상이라는 목표와 사용자 측면에서의 생활편리성, 효율성을 동시에 추구하는 정보화 전략을 마련하여 추진하였다.

국가기간전산망 사업은 그동안 수작업으로 이루어지던 많은 행정업무를 전산화하여 효율적 행정의 기반을 마련했으며, 국가기관 간 네트워크를 통한 정보공유의 기반을 마련했다는 점에서 큰 의의를 가진다. 또한 기술적인 차원에서의 국산 주전산기 및 소프트웨어의 개발뿐만 아니라 법제도의 차원에서도 전산망 보급 확장과 이용 촉진에 관한 법률 등을 마련하여 효과적인 정보화 전략을 뒷받침했다.

2. 초고속 정보통신기반 구축 및 고도화

국가기간전산망 사업이 성공적으로 완료될 무렵인 1990년대 들어오면서 세계 선진 각국은 정보통신을 국가경쟁력의 핵심 요소로 인식하게 되었다. 이에 미국, 일본, EU 등은 21세기 정보사회의 주도권을 선점하기 위한 국가전략으로 초고속정보통신망 구축계획을 경쟁적으로 수립·추진하였다. 우리 정부도 국내외적 필요성과 환경에 대응하여 21세기 정보사회에서의 국가 경쟁력을 확보하기 위해 1994년부터 '초고속 정보통신기반 구축 종합계획'을 수립하기 시작했고, 이듬해인 1995년 계획을 완성하였다(정보통신부, 2003).

초고속 정보통신기반은 국가기간전산망의 전산화 수준을 한층 높여 정보 공유 및 공동 활용의 범위를 높이고 효율화하기 위해 중앙부처와 시도, 시군구 및 읍면동을 연결하는 효율적인 정보통신망 구축방안과 이를 이용 및 관리하는 기관들을 가장 안정적이고 저렴하고 효율적으로 연결하기 위해 추진되었다. 초고속 정보통신기반 구축사업은 크게 ① 공공기관에 저렴한 통신 서비스를 제공하고 신기술을 적용하여 경쟁력을 향상시키기 위한 초고속국가망, ② 전국단위의 초고속망 확산 및 상용 서비스 제공을 위한 초고속공중망 , ③ 신기술 개발 · 검증 및 고속 · 대용량의 연구망을 제공하는 초고속선도망 구축사업으로 구분하여 추진되었다. 초고속 정보통신기반의 구축으로 전자정부 기반 확립과 전국 읍면동까지의 인터넷 보급 활성화는 물론 관련 장비산업 등 IT산업의 경쟁력을 강화했으며, 초고속 정보통신을 활용한 콘텐츠 산업의 발전과 지능형 고부가가치 정보서 비스의 개발을 촉진하는 계기가 되었다.

3. IMF 위기 극복과 IT산업

1990년대 이후 한국의 IT산업은 부가가치와 고용창출 면에서 타부문에 비해 상대적으로 기여도가 급속히 성장했으며, 내수시장 확대뿐만 아니라 수출 측면에서도 전체 국민경제 성장을 견인해 왔다. 이러한 추세는 IMF 위기에서도 큰 변화 없이 지속되었다. 전통적인 주력산업 생산액이 대부분 감소하는 상황에서도 1998년 IT산업 생산액은 16.7%나 증가하여 IMF 위기 극복의 가장 중요한 원동력의 역할을 하였다(정보통신부, 2003).

IMF 위기를 극복하는 데 IT산업이 커다란 역할을 할 수 있었던 원인은 대외적으로 환율의 평가절하와 해외 수요의 지속적 증대에 따른 수출 증가, 그리고 대내적으로는 초고속 인터넷 확산, 이동통신 시장의 확대와 닷컴 붐에 따른 내수 확대 등을 꼽을 수 있다. 특히 앞에서 언급한 대로 1980년대부터 지속적으로 행해진 통신 및 정보화 부문의 투자 확대와 이에 따른 IT산업의 경쟁력 강화 등도 중요한 요인이 되었다.

IT산업이 무역에서 차지하는 중요성은 더욱 두드러진다. IT산업 수출액은 1990년 92억 불에서 2000년 512억 불로 증가했는데, IMF 위기였던 1998년의 경우 전년도에 비해 약간 감소하기는 했지만 305억 불의 수출을 기록했다. 그리고 1998년 IT산업 부문의 무역수지 흑자는 123억 불을 기록했는데, 이는 IT산업의 수출증가율 하락보다 수입증가율 하락이 두드러졌기 때문이다. 이러한 추세는 그 후로도 지속되어 2000년 전체 수출에서 IT가 차지하는 비중이 29.7%로 증가했고, IT산업 무역수지 흑자 규모는 전체 무역수지 흑자를 39억 불이나 초과했다.

수출 및 무역수지에서 IT산업의 중요성이 두드러지게 된 데는 해외 부문의 국내 IT제품에 대한 지속적인 수요 증가가 큰 역할을 했지만, IT산업으로의 자원이동이 원활히 이루어지고 지속적으로 수출시장을 개척하도록 지원한 정보통신정책의 역할도 매우 컸다고 할 것이다.

4. 앞선 IT 인프라에 기반한 정보사회의 성숙

우리나라가 정보화 강국으로 부각된 것은 효과적인 IT 인프라 구축의 결과이다. 초고속 정보통신기반 구축계획을 통해 2000년에 이미 전국적인 초고속정보통신망 구축을 완료하여 144개 주요 도시를 광케이블로 연결하여 읍면지역까지 초고속 인터넷을 보급했다. 이와 동시에 저렴한 요금체계를 통해 구축된 인프라의 활용을 촉진해 왔다.

그 결과 한국인터넷진흥원의 조사에 의하면 2007년 12월을 기준으로 가구 내 컴퓨터 보유율은 80.4%, 유선 인터넷 가능 여부는 79.8%로 전국적으로 80%의 가구에 컴퓨터가 보급되고 보급된 컴퓨터의 대부분이 인터넷 연결이 되고 있다. 이러한 결과는 국제적으로도 매우 앞선 것으로 우리나라는 경제협력개발기구(OECD)에서 조사한 초고속인터넷 보급률에 있어 2001년 1위를 차지한 데 이어 2004년까지 연속 4년 동안 1위 자리를 지켰다. 이후 2005년 2위, 2006년 4위, 2007년 7위로 초고속인터넷 보급률 순위가 다소 밀리기는 하였지만 세계적으로 앞선 인프라를 갖추고 있음에는 부인할 수 없다.

OECD의 초고속인터넷 보급률 조사결과 외에도 정보화 관련 국제지수에서 우리나라는 상위권을 기록하고 있다. ITU에서 전 세계 206개국을 대상으로 조사한 'Internet Report 2006' 결과(2005년 기준)에 따르면 우리나라의 초고속인터넷 가입자 수 세계 2위(1위 아이슬란드), 인터넷 이용자 수 세계 5위(1위 아이슬란드), 초고속인터넷 이용요금 2위(1위 일본)로 나타났다. 그러나 ITU 조사결과 역시 2007년 말을 기준으로 한 조사에서는 인터넷 이용률은 12위, 인터넷 이용자 수는 8위로 순위가 다소 떨어진 것으로 나타났다.

아래의 표에서도 잘 나타나듯이 우리의 정보화 수준은 현재 세계에서 최상위급에 속할 정도로 훌륭한 인프라 및 이용행태를 보이고 있다. 다만 이제는 양적인 성장에서 질적인 성숙으로 나아가야 할 시기라는 점에서 정보화와 함께 나타나고 있는 다양한 폐해에 대해서도 사회적 관심이 이루어져야 할 것이다. 또한 정보 리터러시에 대한 대처는 새로운 불평등을 양산할 수 있는 정보 격차를 좁히는 데 있어 매우 중요하다는 점에 주목하여 정부 차원에서의 보다 적극적인 노력이 필요한 상황이다.

표 1_ 정보화 관련 주요 지표(순위, 2002-2007)

지수내용	2002	2003	2004	2005	2006	2007
WEF (World Economic Forum) 국가경쟁력지수(기술준비도 분야)	19	11	18	11	12	7
전자정부준비지수 (e-governement readiness Index)	15	13	5	5	5	6
IMD 국가경쟁력지수 (World Competitiveness Ranking)	17	27	8	2	6	6
ITU디지털기회지수				1	1	1

출처 : 『국가정보화백서』, 2008.

III. 4가지 영역을 중심으로 본 인터넷과 사회변화

본절에서는 인터넷을 중심으로 한 IT가 한국 사회에 미치는 영향을 살펴봄에 있어 사회적 영향의 범위와 추상적인 차원에서의 논의를 보다 구체화하기 위해 4가지 소주제로 분류하여 분석을 진행한다. 4가지 영역은 다음과 같다. 첫째는 일상과 여가의 변화이다. 인터넷 서비스의 이용과 함께 개인들의 생활시간과 여가는 그 구성과 소비에 있어서 큰 변화가 나타나게 되었는데, 이에 대한 실질적 추이와 함의를 분석한다.

두번째로는 관계방식의 변화이다. 인터넷 서비스 도입 이전에는 상호 인지를 기반으로 한 대면적 관계가 주로 이루어졌다면, 현재는 인터넷 서비스에 기반하여 익명적 환경에서의 다양한 차원의 새로운 관계형성이 가능해졌다. 특히 관계에 대한 관심과 의존이 높은 우리 사회의 경우 관계 중심의 특화된 서비스가 인터넷의 확산에도 중요한 역할을 담당했다. 이러한 차원에서 관계를 중심으로 인터넷 서비스의 내용과 효과에 대한 검토를 시도해 본다.

다음은 지식과 정보의 변화이다. 인터넷에서 이루어지는 대표적 서비스인 검색 서비스는 현대인들의 지식에 대한 기본적인 가치관을 바꾸어 놓았다. 향후 분석을 통해 인터넷 서비스 도입 이후 일반인들에게 지식의 성격과 내용이 어떻게 변화하게 되었는지, 또 지식창출과 축적은 어떤 메커니즘을 통해 이루어지고 있는지, 경험적 지식의 증가로 인한 문제점은 없는지 등등에 대한 논의와 효과를 정리할 것이다.

마지막으로는 미디어 채널의 변화에 대한 내용이다. 인터넷을 매개로 한 커뮤니케이션 채널의 변화는 개인을 단순한 미디어 수용자와 소비자의 입장에서 생산자의 역할까지 확장시켰다. 채널의 변화는 새로운 서비스의 개발과 긴밀한 관계 속에서 기존 매스미디어의 지형도 변화시키며 개인에 내재된 프로슈머로서의 면면을 보여주고 있다. 이러한 변화 속에서 네트워크화된 개인의 의미에 대해 생각해 보고 향후의 전망에 대해서도 논의하기로 한다.

그림 1_ 인터넷의 사회적 영향

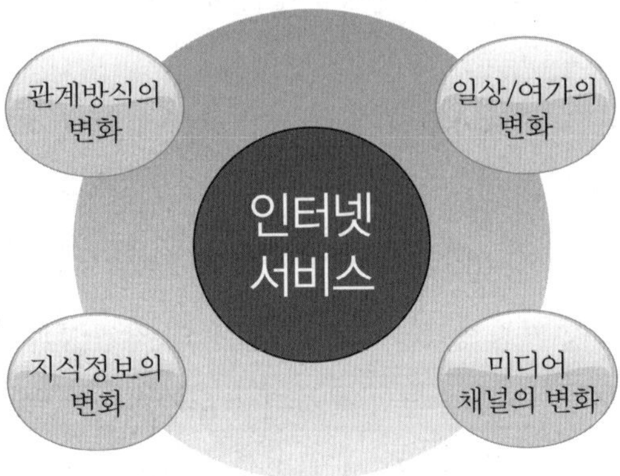

1. 일상/여가의 변화

'날마다의 생활', '평소 생활' 이라는 국어사전의 의미에서처럼 일상생활은 우리가 살아가는 지금의 모습이라고 할 수 있다. 일상생활은 한편으로는 너무나 사소하고 진부하여 일반인들의 관심영역에서 벗어나 있으며, 또 다른 한편으로는 어떠한 시대적 상황에서도 꿋꿋이 견뎌온 지속적이고 견고한 생활공간이라는 이중적인 성격을 내포하고 있다. 이러한 일상생활세계는 우리들의 구체적이고 개별적인 삶의 모습이기에 특정한 한 가지 기준으로 측정 및 분석하는 데 어려움이 따르고 있다.

그림 2_ 인터넷 이용률 및 이용자 수 변화 추이

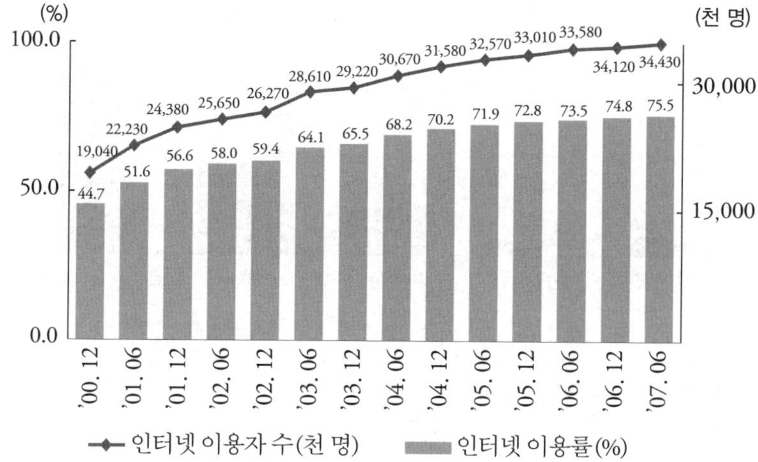

주) 만 6세 이상의 인터넷 이용률(2001. 12월까지는 만 7세 이상).
출처 : 한국인터넷진흥원. 2007.

한국인터넷진흥원(2007)에서 발표한 『2007 상반기정보화실태조사』 보고서에 따르면 우리나라의 인터넷 이용은 이제 성숙 · 안정기에 접어들고 있다. 2000년 이후 현재까지의 인터넷 이용률 및 이용자 수의 변화 추이를 통해 살펴보았을 때 현재 만 6세 이상의 인터넷 이용자 수는 3,440여 만 명에 이르러 전 국민 대비 75.5%가 인터넷을 이용하고 있는 상황이고, 이용시간도 주평균 13.7시간에 이른다. 내용적인 측면에 있어서도 인터넷 이용자의 80% 이상이 기본적인 목적이라고 할 수 있는 '자료 및 정보습득(88.7%)'과 함께 '음악, 게임, 영화 등 여가활동(86.0%)'을 위해 인터넷을 이용하고 있는 것으로 나타났다(한국인터넷진흥원. 2007).

이렇듯 인터넷은 더 이상 단순한 정보탐색과 교환을 위한 도구가 아니라 이용자들의 상호작용과 개개인들의 일상생활이 영위되는 삶 그 자체로 자리매김되고 있는 상황이다(박수호 · 유승호, 2005). 다

그림 3_ 주평균 인터넷 이용시간

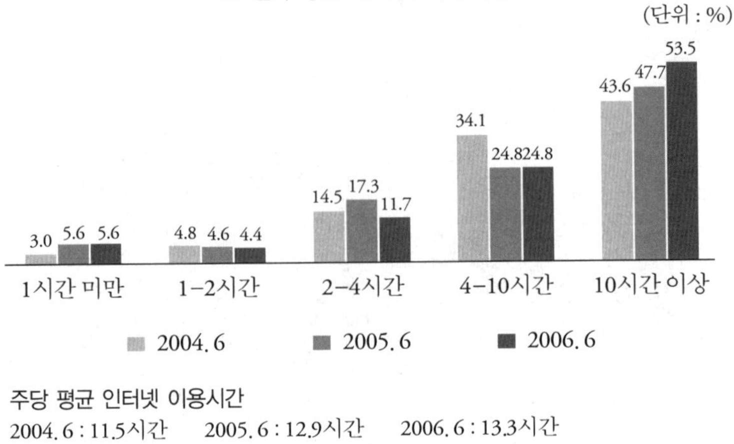

출처 : 한국인터넷진흥원. 2006.

시 말해 특정한 목적을 달성하기 위한 수단적인 의미와 함께 우리들의 생활세계의 일부로서 간주되고 있고, 이는 업무를 위한 도구적인 측면뿐만 아니라 개인의 여가와도 밀접한 관계 속에 이용이 이루어지고 있다고 할 것이다. 인터넷 이용의 목적 속에서도 드러나지만 인터넷의 등장은 기존 생활세계에 새로운 활동의 영역을 만들어냈다는 의미에서 개인들의 생활시간에 있어서의 변화에도 큰 영향을 미치게 되었다.

2007년에 조사된 한국문화관광정책연구원의 『국민여가생활조사』의 결과를 보면 특히 10대 청소년은 TV시청 및 라디오 청취(55.8%), 게임(50.7%), 인터넷 서핑(32.6%), 미니홈피 및 블로그 관리(29.2%) 순으로 여가활동을 영위하고 있는 것으로 나타나 '온라인 공간'에서의 여가활동 비율이 다른 세대에 비해 상대적으로 높으며, 이러한 여가활동을 주로 또래집단인 친구들과 하고 있는 것을 알 수 있다.

인터넷은 오프라인의 세계에 비해 자유롭고 적극적인 관심이 표출되는 공간이다. 누구나 자신이 관심이 있고 흥미를 느끼는 주제에 대해 남의 시선을 느끼기보다 적극적으로 행동할 수 있다. 송해룡(2002)은 정보 미디어의 발달이 여가의 개념 자체를 변화시킬 것으로 전망했는데, 이는 정보 미디어를 통한 여가활동은 더 이상 소극적 여가가 아니라 적극적 여가로 변모될 수 있다는 것이다. 즉 과거의 여가는 휴식, 오락, 여행이라는 몇몇 특정 여가로 한정되어 있었는 데 반해 인터넷 시대의 여가는 자신의 관심에 따라 용이한 관련 정보의 취득과 네트워킹을 기반으로 매우 다양한 모습을 보여주고 있다.

비교적 최근에 등장했지만 여가와 관련하여 새로이 주목할 만한 서비스는 지식검색 서비스이다. 지식검색을 통해 개인들은 여가활용에 있어서 다양한 정보습득이 가능해졌고, 이로 인한 여가활용 범위가 확대되 고있다. 즉 다종다양한 사람들로 구성되어 있는 인터넷 공간은 다양한 관심과 경험이 공존하는 장이다. 이러한 경험과 관심이 지식검색을 통해 효과적으로 네트워킹이 이루어지면서 여가생활과 관련하여 중복성(abundancy)이 매우 낮은 효율적 관계망으로 기능할 수 있게 된다. 다시 말해 각기 다른 개인들의 여가에 대한 체험들이 공유되면서 여가활용을 위한 선택의 폭은 그만큼 넓어진 것이다. 여가를 선용할 수 있는 다양한 정보와 대상이 검색을 통해 가능해지면서 자연스럽게 타자의 여가에 대한 관심의 증가가 이루어졌고, 관심의 증가는 실제 행위로 이어질 가능성이 높다는 측면에서 인터넷은 다양한 여가선용의 방법을 체득하게 되는 장으로서의 역할을 하고 있다고 볼 수 있다.

아울러 지식검색을 통해 이루어지는 이용자들 간의 커뮤니케이션은 여가활동에 있어서 당연한 것으로 여기며 감수해야 했던 시

그림 4_ 인터넷으로 인한 수면시간 및 여가의 변화

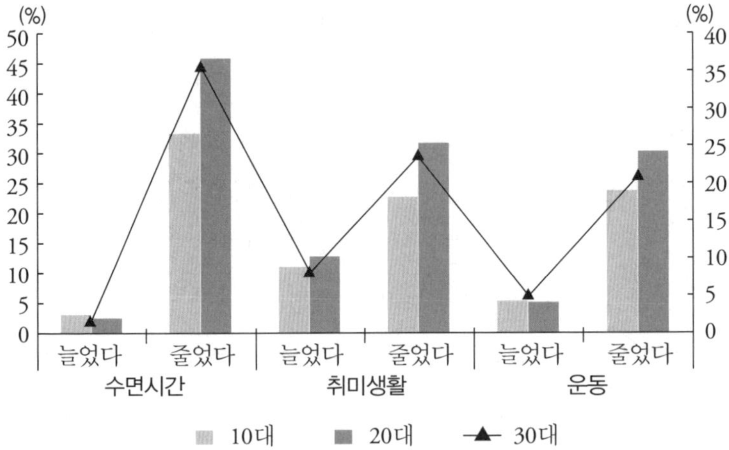

출처 : 한국인터넷진흥원. 2007.『2007 상반기정보화실태조사』.

행착오를 상당부분 줄여주는 데 매우 긍정적인 역할을 하고 있다. 한정된 비용과 시간 내에서 어떻게 여가활동을 구성하는 것이 보다 효과적인지에 대한 정보가 참여자들의 자발적인 제공을 통해 이루어지므로 이를 통해 얻을 수 있는 효용은 매우 크다고 할 것이다.

다음으로는 일상이 가지고 있는 다차원적인 성격 중에서 가장 기본적이라고 할 수 있는 수면 및 여가에 대한 변화이다. 그림에서 나타나듯이 인터넷 이용으로 인해 수면시간의 감소 및 기존의 여가활용 시간의 대체경향이 강하게 나타나고 있다. 즉 취미생활 및 운동의 경우에는 물질적 풍요와 함께 탈물질적인 가치에 대한 욕구가 커지면서 여가에 대한 일반적 관심이 증가될 것이라는 기존의 논의들과 상반된 양상으로 나타나고 있지만, 이는 인터넷을 통한 여가 및 문화활동의 증가라는 측면에서 대체효과가 잘 드러나고 있는 것이다. 반면, 수면시간은 특히 인터넷 활용 시간대와 밀접한 연관을 가지는데 20-30대에서의 감소폭이 가장 크게 나타났다. 수면시간의 감소는 대체 가능한 요소가 아니라는 점에서 향후 장기적인 관점에서의 고려가 필요하다고 보여진다.

2. 관계양식의 변화

인터넷에 기반한 사이버 공간은 쌍방향 커뮤니케이션이 가능하고 익명성을 특성으로 하기에 현실세계보다 활발한 상호작용이 가능하다. 관계의 측면에서 사이버 공간은 자유로운 커뮤니케이션을 통한 네트워크의 세계이기도 하다(정찬모 외, 2003). 사이버 공간에서의 인적 네트워크는 일반적으로 두 가지 성격을 갖는다. IT를 기반으로 기존 오프라인에서의 관계를 유지하고 지원하는 형태의 관계망과 서로 모르는 관계이지만 유사한 관심과 취향, 목적을 가진 사람들이 상호작용하여 형성되는 네트워크로 대별될 수 있다. 중요한 점은 인지관계가 없을지라도 상호 간의 관심과 목적의 공유를 통해 지속적인 상호작용을 함으로써 협력, 호혜성, 정보교류, 연대 등이 나타날 수 있는 공간이라는 사실이다.

한국의 경우 '모교사랑(www.iloveschool.co.kr)'과 같은 관계형 커뮤니티 서비스가 1990년대 말에서 2000년대 초까지 사이버 트렌드를 대표하면서 인터넷의 확산에 한 요인으로 작용했다. 그리고 2004년부터 현재까지는 인터넷 이용자들에게 가장 관심을 끌고 있는 '미니홈피' 서비스나 각 포털을 중심으로 한 블로그 서비스를 통해 자신의 관심사를 타인과 공유할 수 있는 장으로서의 의미와 함께 사이버 공간에서의 관계 확장과 유지의 중요한 도구로 이용되고 있다. 자신과 관련한 정보를 선택적으로 제시하면서 관계형성을 도모하고 자신이 필요로 하는 정서적 또는 도구적 만족을 위해 다양한 종류의 관계를 모색하게 된 것이다.

아울러 디지털 기술의 발달은 관계형성에 있어 필수적인 의사소통의 효율적 구성을 통해 기존의 지정학적 한계를 넘어서고 있다. 인터넷의 발달은 언어적 문제와 개별 국가의 통신 인프라 상황을 제외하고서는 세계 어떤 사람과도 의사소통과 관계형성의 가능성을 열어주고 있는 것이다.

(1) 관계 도구의 변화

인터넷 도입 이후 사회구성원들 간의 관계형성에 있어서 가장 중요한 변화는 의사소통 수단의 변화이다. 의사전달과 소통에 있어서 인터넷을 통한 메신저 및 이메일 서비스는 개별적이고 직접적인 의사소통을 가능하게 해주었으며, 인터넷상의 게시판 등을 통하여 자신의 의사를 전달함은 물론 시간적 한계도 극복할 수 있는 기반이 마련되었다. 이렇듯 다양화되고 있는 채널을 통해 의사소통은 양적 질적으로 발전해 가고 있는 추세이다.

먼저 이메일은 동시적인 속성과 비동시적인 속성을 함께 가지고 있으며, 1 : 1 혹은 대량으로 전송이 가능하다는 특징을 갖고 있다. 우편이용량이 꾸준한 감소세에 있는 반면 이메일 이용은 지속적인 증가 추세에 있다.

정보축적의 목적뿐만 아니라 관계형성을 위한 블로그, 미니홈피의 이용도 활발히 이루어지고 있다. 두 가지 매체가 기존의 인터넷 커뮤니케이션 수단과 다른 점이라고 할 수 있는 부분은 실생활에서 이루어지는 '나를 중심으로 한 사회적 네트워크'라는 점이다. 이것은 인터넷에 수많은 잠재적 독자를 염두에 두고 글을 쓰게 되고 즉각

표 1_ 1인당 우편이용량의 변화

	2003	2004	2005	2006
1인당 우편이용량(통)	107.7	101.4	97.9	98.8

출처 : 우정사업본부. 2006. 『연차보고서』.

그림 1_ 블로그 이용현황

구분	전체 인구		
인터넷 이용자	75.5	100.0	
블로거	30.2	40.0	100.0
블로그만 운영	9.4	12.4	31.0
미니홈피만 운영	17.9	23.7	59.2
블로그 · 미니홈피 둘 다 운영	2.9	3.9	9.8
비 블로거	45.3	60.0	
운영경험 있으나 현재 비운영	2.7	3.6	
운영경험 없음	42.6	56.4	
인터넷 비이용자	24.5		

전체 블로거 중

블로그 운영자(40.8%)

미니홈피 운영자 (69.0%)

출처 : 한국인터넷진흥원. 2007. 『2007 인터넷이용실태조사』.

적인 피드백으로 타인을 더 의식하게 만드는데, 무수한 타인의 눈을 의식함으로써 자아를 인식하게 되고, 이 과정에서 한 개인의 정체성이 재조합된다. 정체성 강화가 오히려 사람 간의 관계를 형성하거나 돈독하게 하는 데 도움이 되며, 이것이 사람 간의 소통을 위한 여러 수단을 제공하게 된다.

(2) 관계 대상의 확장과 사이버 커뮤니티

인터넷 출현 이전의 사회구성원 간의 "관계"가 인지적 상황에 기반하여 학연, 지연, 혈연을 중심으로 이루어져 있었다면 인터넷 서비스로 인해 관계의 확장은 매우 획기적으로 나타났다. 각 개인마다의 성격과 능력의 차이가 관계망의 크기에 영향이 있다고 할 수 있고, 관계 대상의 경우에도 다양한 한계가 존재했다. 같은 관심을 갖고 있고 공감대를 형성하지만 그 사람에 대한 큐(cue)가 존재하지 않는 한 관계의 형성은 불가능했다고 할 수 있는데, 인터넷은 이러한 한계를 극복해 주고 있다.

나아가 인터넷은 기존의 전통적인 공동체와는 다른 양상을 지닌 새로운 공동체, 사이버 커뮤니티의 출현을 가능하게 하였다. 현실세계의 공동체보다 더 개방적이며 약한 유대를 바탕으로 하여 형성과 해체가 쉽게 이루어지는 유연한 특성을 지니고 있지만 지속적인 상호작용을 통해 사회자본으로의 발전도 가능해졌다. 다시 말해 사이버에서의 관계가 익명성과 비대면성에 의한 약한 유대에 기반하고 있을지라도 자원의 전유나 유무형의 이익을 기대할 수 있는 관계망으로 발전한다면 그것은 바로 사회자본으로 간주할 있다는 것이다(배영, 2003).

한국 사회에서는 여전히 정서적 만족감을 중시하고 정서적 차원의 만족을 제공하는 커뮤니티가 큰 비중을 차지하고 있지만, 사이버 공간에서 지속적인 상호작용을 통해 강한 유대와 대면적이고 직접적인 관계로의 전환 가능성이 존재한다는 것은 다양한 사회 자본이 확장될 수 있음을 보여주는 것이다. 윤성이(2001)는 인터넷에 기반한 네트워크가 시민운동 조직의 응집성을 강화하고 집단정체성을 형성시키며 사회운동조직 간의 연대를 용이하게 한다고 주장한 바 있고, 조동기(2001)는 사이버 공간에서의 관계형성을 통해 이루어지는 온라인 집회, 가상 연좌시위, 서비스 거부 공격, 집단 우편발송, 서명운동 등 다양한 시위가 여론전파채널로 작용하면서 여론형성과 새로운 집합행동의 모델로 등장하고 있다고 보고 있다. 김종길(2004)도

인터넷 시민운동이 확산되면서 시민들의 참여가 증가하고 의제설정 능력이 향상되고 있으며, 운동조직들 간의 연대형성이 용이해지는 등 사이버 공간에서의 네트워크를 통한 사회적 활용성이 높아지고 있다고 주장하고 있다.

3. 지식 · 정보체계의 변화

정보기술의 발달을 바탕으로 하여 지식과 정보의 개념 및 형태가 변화했다. 이와 함께 정보의 디지털화(digitization)에 따른 '정보지식'이 양적으로 급증하게 되었는데, 이로 인해 지식에 대한 접근성이나 습득 비용은 한층 감소하게 되었다. 이러한 양적변화와 함께 질적 변화도 중요하다. 사회구성원들 간의 커뮤니케이션을 통해 지식의 생산과 전파가 이루어지고 이를 활용한 재생산 과정이 효율적으로 나타나면서 구글이나 위키피디아와 같은 서비스와 네트워킹을 통해서 정보지식을 다루는 메타 지식이 등장하게 되었다.

(1) 지식축적 방식의 변화

기존의 지식축적 방식은 문서 또는 서적의 형태였지만 인터넷 기술의 발달은 이러한 축적방식에 일대 변화를 가져왔다. 여전히 문서와 서적은 현재에도 존재하고 활발히 사용되고 있지만 새로이 발간되는 책자들은 디지털화된 파일의 형태로 축적 · 보관도 가능하게 되었다. 이는 시간이 지나도 물리적으로 변형되지 않으며, 기존의 보관의 불편함을 해소해 주고, 손상 없이 무한한 복사가 가능하다는 특징을 지니고 있다. 또한 디지털 기술이 발달한 현 시점에서 지식과

정보는 단순한 텍스트 중심의 파일 형태로만이 아닌 이미지, 동영상, 웹페이지 형식으로도 변화되고 있으며, 이는 시각적 학습영역에서도 더 큰 효과를 발휘하고 있다.

(2) 지식 표출 · 전달 · 습득 방식의 변화

기존의 지식 및 정보의 표출 · 전달 · 습득 방식은 주로 물리적인 매개체를 필요로 했는데, 이로 인해 전달에 있어서 많은 한계와 어려움이 존재했었다. 디지털화된 지식 · 정보의 출현과 함께 인터넷은 이러한 한계를 극복할 수 있게 도와주고 있다. 지식생산과 유통의 주체도 다양화되었다. 같은 관심을 중심으로 형성된 커뮤니티 사이트나 사회 각 분야의 특정 주제 및 사안에 대한 전문화된 정보를 제공해 주는 전문자료 사이트, 개인 미디어로 이용되는 블로그와 미니홈피, 그리고 비교적 최근 시작된 지식검색 서비스 등에서 지식 · 정보의 공유가 활발히 이루어지는 상황이다. 이러한 공간과 매개체를 이용하여 전문가들에 의해 작성 및 생산된 컨텐츠의 공유나 일반인들의 개인적 경험에 기반한 자료들과 해당자료들에 대한 자유로운 평가를 통해 지식과 정보의 축적이 이루어지고 있다.

지식의 소유자나 지식에 대한 가치평가에 있어서도 과거의 특정 지식에 대한 독점적 소유를 통해 누릴 수 있었던 가치도 존중되지만 많은 사람들이 필요로 하는 지식, 혹은 보다 많은 사람들이 공유하고 있는 지식을 제공하는 행위에 대해서도 높은 가치를 부여받게 되었다. 이렇듯 지식의 양이 증가하고 지식의 진위나 가치의 경중에 대한 의견이 다양화되면서 지식 생산의 능력과 함께 지식 · 정보에 대한 접근과 선별능력이 매우 중요한 의미를 가지게 된 상황이다.

그림 5_ 인터넷 콘텐츠 생산활동

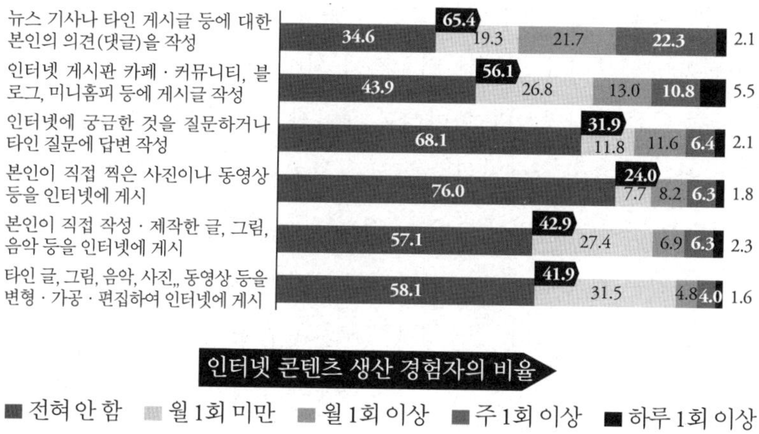

출처 : 한국인터넷진흥원. 2007. 『2007 상반기 정보화실태조사』.

(3) 지식창출 원천의 변화

기존의 지식창출의 원천은 사회적으로 공인이나 인정을 받은 전문가와 학술기관 또는 정부기관의 몫이었다. 지식의 생산자는 소수에 불과했으며, 대다수의 사회구성원은 지식과 정보의 소비자의 역할에 머물러 있었다. 하지만 인터넷의 발달은 지식을 표출 · 전달하는 비용을 낮추어 주었으며, 표출공간도 제공하고 있어 지식창출의 원천을 변화시켰다.

참여와 공유라는 인터넷의 기본정신을 기반으로 웹 2.0의 환경이 도래하면서 지식의 생산과 공유에 있어서의 새로운 방식과 가치부여가 본격적으로 논의되고 있는데, 웹 2.0 개념의 창시자라고 할 수 있는 팀 오라일리는 웹 2.0의 핵심을 집단지성(Collective Intelligence)을 활성화하는 것이라고 보았다. 집단지성에 대한 의미규정이 아직 명확하게 이루어지고 있지는 않지만 위키피디어에서 보여지듯 다수의 사람들이 협업(colaboration)을 통하여 지식 · 정보의 생산과 검증과정에 참여하고 있는 것이 대표적인 사례라고 할 수 있다. 우리나라의 경우 2002년부터 본격화된 지식검색 서비스나 오픈백과 서비스가 이러한 역할을 담당한다. 한마디로 개별적 정보가 다수의 참여와 검증을 통해 내용이 체계화되고 가치가 부가되어 의미 있는 지식으로 변환되는 것이다. 신뢰할 수 없는 정보에 대한 문제나 지나치게 경량화되고 있는 지식에 대한 폐해도 존재하지만 협업을 통한 지식의 창출과 축적은 매우 의미 있는 새로운 변화라고 할 것이다.

(4) 지식의 성격과 내용변화

전문가 집단에 의해 생산되었던 기존의 지식은 높은 신뢰성에 기반하여 공식화 · 정식화된 지식이었다. 이러한 지식은 "명시지" 혹은 "실재지"라고 할 수 있으며, 시장성의 원리에 의해 상품가치가 있었기 때문에 존재했다. 하지만 명시지와는 달리 우리의 경험에 의해 축적된 지식인 "암묵지"는 각자의 경험에 기반하고 있었기에 유통 및 전파의 어려움이 있었다. 인터넷의 발달은 기존 매체의 접근성을 공간적 · 시간적 · 경제적으로 낮춰주었고, 발달된 표현수단 및 축적 · 유통으로 인해 암묵지는 명시지로 전화되고 있다. 즉 기존에는 지식으로 해당되지 않았던 비공식적이고 비정식적인 개인의 경험적 지식이 지식으로서 표출 · 전파 · 습득되는 것이다.

메트릭스 코퍼레이션의 인터넷 인덱스 데이터에 따르면 2007년 11월의 트래픽을 통해 볼 때 지식검색 서비스 중 가장 활발한 이용이 이루어지고 있는 네이버 '지식iN'의 경우 자사에서 운용하는 서비스 중 네 번째로 많은 방문자 수를 나타내고 있다. 이는 카페 서비스나 뉴스 서비스, 그리고 메일 서비스보다도 우위의 결과를 나타내

표 3_ 지식검색 서비스의 이용양상(네이버의 지식iN)

방문자수 순위	Sub–Domain	방문자 수 (000)	도달률 (%)	방문횟수 (000)	페이지뷰 (000)
1	www.naver.com	31,178	120.9	1,487,087	4,819,564
2	search.naver.com	30,088	116.7	847,877	3,124,637
3	blog.naver.com	29,411	114	450,536	3,105,694
4	kin.naver.com	26,554	103	283,474	1,185,659
5	cafe.naver.com	26,342	102.1	373,234	4,640,951
6	news.naver.com	24,568	95.3	396,475	2,976,079
7	nid.naver.com	23,644	91.7	403,261	619,970
8	imagesearch.naver.com	18,123	70.3	84,695	197,530
9	mail.naver.com	17,053	66.1	255,380	1,544,355
10	ad.naver.com	16,132	62.6	58,023	91,521

출처 : 메트릭스 코퍼레이션. 2007.『인터넷 인덱스 데이터』.

고 있다는 점에서 그 의미는 더욱 커진다.

4. 미디어 채널의 변화

디지털 혁명은 사용자의 정보 개입과 정보 활용을 활성화하여 개인 사용자를 단순한 정보 소비자가 아니라 정보 발신자 및 정보 생산자의 지위로 끌어올렸다. 기존의 일방적인 형태에서 쌍방향적이고 동시적인 커뮤니케이션으로의 패러다임 전환이 일어나게 된 것이다. 그 결과 기존 미디어의 영향력과 사회적 비중은 변화하게 되었다. 예를 들어 이재현은 변화된 미디어의 지형을 TV를 중심으로 설명하였는데, 매스미디어 중심의 환경이 갖는 한계라고 할 수 있는 수용자 입장에서의 여가를 넘어서는 새로운 여가들이 인터넷의 등장으로 출현하고 이를 즐길 수 있는 환경이 마련되었다고 말한다(이재현, 2001). 그에 따르면 'TV에 의한 여가의 식민화'라고 할 수 있을 정도로 여전히 문화 및 여가시간의 절대적 부분을 텔레비전이 차지하고 있지만 그 양상은 상당부분 변화하고 있다는 것이다. 이제까지 텔레비전이 여가시간의 중심축이 되면서 다른 여가행동들이 그 주위에 분산되는 여가패턴이 나타났다면 최근 사회집단에 따라 뉴미디어 이용, 관람, 스포츠 등 다양한 여가행동들이 이루어지고 있음이 확인된다. 결국 여가행동의 중심을 이루던 텔레비전과 같은 미디어의 비중이 감소하고 인터넷 등 새로운 미디어의 등장으로 여가패턴이 변화되고 있음을 말하고 있다.

개인적인 차원에서의 미디어 이용 변화와 함께 매스미디어의 지형도 달라지고 있다. 2001년까지만 해도 인터넷상에서의 뉴스 기사 이용은 기존 신문사 사이트가 포털 사이트와 순수 온라인 뉴스 사이트보다 우위에 있었다. 하지만 2001년 미군 장갑차에 의해 희생된 '효순 · 미순양 사건'의 촛불시위를 비롯해 '2002년 한 · 일 월드컵', '대통령 탄핵사건' 등 사회의 커다란 이슈들이 생기면서 이용자들의 인터넷을 통한 뉴스 의존도는 급격하게 증가했다.

코리안클릭 조사에 따르면 2001년 9 · 11 테러사건 당시 뉴스 서비스 방문자 수는 《조선》, 《야후》, 《조인스닷컴》, 《동아》 순으로 언론사 닷컴의 비중이 높았다. 그러나 2002년 6월 이후 《조선》, 《야후》, 《다음》, 《동아》 순으로, 2003년 4월 이후에는 《다음》, 《네이버》, 《조인스닷컴》, 《야후》 순으로 달라져 뉴스 이용에 있어 기존 언론사가 주도하고 있던 환경이 대형 포털로 전환되고 있음을 알 수 있다.

또한 포털의 뉴스 서비스 도달률은 《다음》이 65.8%, 《네이버》가 74.7.6%, 《네이트》 32.9%, 《야후》가 25. 1%로 대형 포털에서 높게 나타나고 있다(메트릭스 코퍼레이션, 2007).

포털 뉴스의 빠른 성장과 함께 두드러지는 것은 1인 미디어라고 할 수 있는 블로그와 UCC의 활용이 갖는 의미이다. 웹 1.0이 정적인 HTML을 바탕으로 한 '읽기 지배적 환경' 이었다면 웹 2.0에 기반한 환경은 컨텐츠의 제작과 수정, 유통을 용이하게 하여 정보 간의 네트워킹을 기본적인 플랫폼에 포함시켜 UCC의 확산과 공유를 촉진시키고 있다. 그 결과 예상치 못했던 일들이 커다란 사회적 파장을 일으키며 나타나기도 했다. 예를 들어 2005년 1월의 '서귀포 도시락 사건' 에서 볼 수 있듯이 개인이 찍어 올린 한 장의 사진이 이용자들의 제보와 여론 형성을 통해 전반적인 제도적 개선으로까지 연결되었다.[1]

사회 전반에 부정적인 영향이나 새로운 갈등을 만들어낸 사건은 물론 이보다 더 많이 존재한다. 이는 매스미디어를 통해 같은 정보를 단순히 수용하는 개인에서 자신의 관심에 따라 정보와 사람을 네트워킹할 수 있는 개인으로 변화하게 됨을 의미하는 것이고, 최근의 주요한 사회 이슈가 한 사람에 의해 촉발되고 인터넷을 통해 전파된 경우가 많다는 것은 새로운 사회변화 혹은 제도 변화의 시발점으로서의 새로운 의미도 부여되는 것이다. 향후 모바일 기기의 이용 확대와 시민 저널리즘의 활성화가 이루어진다면 그 영향은 더더욱 커질 수 있을 것이다.

Ⅳ. 함의 및 향후 과제

이제까지 살펴본 것처럼 인터넷 서비스가 개인과 우리 사회의 변화에 미친 영향은 매우 크다. 물론 '사회변화' 라는 영역 자체가 워낙 광범위하고 모호하기 때문에 여기에서 논의된 내용들이 가능한 모든 영역을 포괄하고 있는 것은 아니다. 하지만 앞에서도 제시했던 것처럼 지난 10여 년간의 인터넷 서비스는 사회변화의 주요한 동인으로써 작용했고, 그 효과는 전면적으로 나타났다고 할 것이다. 이러한 상황을 아우를 수 있는 것은 '네트워킹의 전면화와 편재화' 라고 할 수 있다. 앞에서 논의했던 내용들과의 연관성을 살펴보면 다음과 같다.

먼저 일상 및 여가와 관련해서는 우선 일상 속에서 인터넷과 개인이 네트워킹하게 되면서 일상 자체가 변화하게 되는 측면을 제시할 수 있다. 아울러 타인의 여가가 인터넷을 통해 나의 여가와 네트워킹하면서 서로 정보를 주고받는 형태도 나타났으며, 이는 개인 차원에서 여가활용의 방법과 범위를 넓히고 시행착오를 감소시켜 합리성을 높이는 기반으로도 작용했다.

사회적 관계에 있어서 인터넷은 기존의 네트워크를 유지·강화하는 역할을 할 뿐만 아니라 새로운 네트워크 형성의 기반으로도 작용한다는 것을 알 수 있다. 인터넷이 부재했던 사회에서는 서로에 대한 정보의 부족으로 이루어질 수 없었던 사회적 소수자들의 네트워킹도 가능하게 되었고, 거대집단과의 분쟁에 있어 감수할 수밖에 없었던 정보의 비대칭성도 해결할 수 있는 동력으로 자리 잡게 된 것이다.

지식 · 정보의 변화와 관련하여 중요한 흐름은 정보와 정보 간의 네트워킹과 정보와 이용자 간의 네트워킹이다. 분절적으로 존재했던 단순한 정보들이 인터넷을 통해 네트워킹의 과정을 거치면서 의미 있고 가치 있는 지식으로 변화될 수 있고, 정보 및 지식에 대한 개인들의 네트워킹 속에서 지식의 공유와 함께 새로운 지식의 생산이 나타나고 있는 것이다. 더 나아가 지식과 정보를 매개로 개인들 간 네트워크의 형성까지도 가능하게 하고 있다. 물론 지식 · 정보의 질이라는 문제를 포함하여 이러한 지식이 갖는 근본적인 한계도 존재하지만 업무와 학습에 있어 실질적인 혜택이 나타나고 있다는 점에서 그 의미를 찾을 수 있다.

다양한 디바이스 및 플랫폼의 발전과 능동적이고 자발적인 개인들의 참여를 통해 미디어의 변화는 가능했다. 이때에도 각자가 가지고 있는 작은 목소리들이 네트워킹되면서 사회 및 제도의 변화를 추동할 수 있는 요인으로 작동했고, 네트워킹에 참여한 개인은 사회 변화의 담지자로서의 사회적 역할이 부여되는 것이다.

지금까지 살펴본 것처럼 무궁한 가능성과 함께 새로이 마주한 공간, 또 앞으로도 살아가야 할 공간이 사이버 공간이다. 온라인과 오프라인의 경계가 희미해지고 있는 상황에서 사이버 공간은 곧 우리의 일상영역이라 해도 무방할 것이다. 때문에 현실에 나타나는 갈등과 일탈도 고스란히 그 안에 포함되어 있다. '새로운 가능성'의 공간으로서 기존의 불평등과 속성적 한계를 벗어날 수 있을 것처럼 보였던 사이버 공간이지만 '새로운 역기능' 또한 그에 못지 않은 사회적 문제로 대두되고 있다.

이러한 상황을 극복하기 위해서는 무엇보다 사회적 신뢰가 중요하다. 향후 벌어질 일에 대한 예측 가능성이 안정된 사회의 필수조건이라면 사회제도와 구성원들에 대한 신뢰는 앞으로 나타날 미래를 예측하는 데 있어 매우 중요한 요건이다. 제도에 대한 신뢰가 있어야 개인들은 자신의 행동에 대해 책임감을 느끼게 된다. 또 다른 사람의 말이나 행동에 대한 신뢰가 있어야 상호작용은 지속성을 지니게 된다. 믿을 수 없고 속는다는 느낌이 지배적인 상황에선 나 또한 방어적 기만에 충실해질 수밖에 없는 것이 인간의 본성이다.

중요한 점은 현재의 인터넷 공간은 아직 만들어져 가고 있는 우리들의 삶의 공간이라는 것이다. 인지관계가 없는, 일반화된 타자라고 할 수 있는 상대방의 행위에 대한 믿음이나 상호 간의 행위에 있어 매개로 작용하는 인터넷 서비스에 대한 신뢰가 없다면 커뮤니케이션은 사라지고 사이버 공간은 아무도 찾지 않는 황폐화된 공간으로 변해갈 것이다. 어떤 문화와 행위양식이 지배적이 되는지에 따라 향후 우리의 삶은 풍요로워질수도 있고 반대로 황폐해질 수도 있는, 아직은 가변적인 공간인 것이다.

이러한 사회적 신뢰를 확보하기 위한 노력은 어떻게 이루어져야 할까? 우선 생각해 볼 수 있는 것이 커뮤니케이션 과정 속에서 나타날 수 있는 개인의 프라이버시와 사적 영역에 대한 보호의 문제이다. 예를 들어 미니홈피 서비스는 다채로운 게시판 기능과 함께 쪽지를 통한 개인 간의 커뮤니케이션을 기반으로 상호 간에 이해의 폭을 넓힐 수 있는 서비스로 각광받았다. 하지만 미니홈피를 통해 파악 할 수 있는 개인들의 일상에 대한 정보는 잘 활용이 될 경우 양자 간의 돈독한 관계에 긍정적인 영향을 가져올 수 있지만, 익명성에 기반하여 책임성 없는 행위가 이루어지는 경우 오히려 커뮤니케이션의 감소와 함께 의사소통을 위한 기반마저 사라지게 되는 요소가 되고 있다. 인터넷이 가지고 있는 네트워크 효과는 잘못된 정보를 매개하는 커뮤니케이션도 급속하게 확산시킬 수 있다는 측면에서 그 우려는 더욱 커질 수 있는 것이다.

다음으로는 인터넷으로 인해 가능해진 다양한 형태의 기망행위(欺罔行爲)에 대한 대처의 문제이다. 블로그를 통한 정보의 활용과 게시판에서의 댓글이 효과적인 커뮤니케이션의 한 방식으로 자리잡고 있는 상황에서 상업적인 목적이나 기타 이용자들을 편취하기 위한 목적에서 거짓 정보를 제공하는 행위는 단순히 인터넷에 대한 신뢰를 저하시키는 것뿐만 아니라, 경제적인 피해와 함께 우리 사회 전반에 대한 신뢰에도 영향을 미칠 수 있다는 측면에서 심각하게 고려되어야 한다.

최근 출현한 기망행위라고 할 수 있는 피싱(Phishing)은 개인정보(Private Data)와 낚시(Fishing)의 합성어로 유명업체의 위장 홈페이지를 만든 뒤, 불특정 다수 이메일 사용자에게 메일을 발송하여 위장된 홈페이지로 접속하도록 현혹하여 개인정보를 빼내는 행위를 의미한다. 피싱의 발생은 피싱메일을 발송하고 수신자가 이메일 내용에 현혹되어 링크되어 있는 사이트를 클릭하여 위장사이트에서 금융정보를 입력함으로써 발생하며, 입력된 정보를 이용해 금융사기 등의 행위를 함으로써 2차적 범죄행위가 발생하게 되는 것이다. 이렇듯 점점 교묘해지는 수법들에 대한 사회적 대처가 이루어져야 할 것이다.

사이버 공간에서의 신뢰를 저하시키는 일들은 비단 위에서 제시된 경우 이외에도 다양하게 존재한다. 넓은 의미에서 이에 대한 하나의 대책으로 발표된 것이 제한적 실명제이지만 그 효과는 아직 미지수이다. 앞으로도 변화하는 환경에 맞춰 보다 적극적인 차원에서 다양한 기망행위로부터 이용자들을 보호할 수 있는 효율적 장치의 마련과 제도 운영이 보완되어야 한다. 이러한 점에서 인터넷과 관련된 주체들 간의 협치(協治) 혹은 거버넌스(governance)의 구축은 매우 중요하다. 강압적 개입과 법적 규제에 앞서 건강한 인터넷 이용이 북돋워질 수 있는 문화적 바탕의 마련이 최선이다. 규제는 항상 사후적이다. 규제를 만들기위한 사회적 비용의 다소(多少)는 차치하고라도 피해가 발생하고 난 이후에 나타날 수밖에 없고, 인터넷이 가진 고유한 특성과도 원천적으로 배치되기에 최선이 될 수 없는 것이다. 때문에 인터넷 서비스 제공자와 정부, 그리고 이용자 간의 원활한 커뮤니케이션 통로 확보와 서로에 대한 이해와 협력이 우선되어야 한다. 공공재(公共財)라고 할 수 있는 사이버 공간의 건강함을 위해, 제로섬이 아닌 상생의 공감됨을 위해 서로의 필요와 어려움을 공감하고 생산적인 비판이 이루어질 수 있는 사회분위기의 조성이 필요하다. 지금, 그리고 여기에서 말이다.

주

1 게시판의 댓글을 통해서도 이와 비슷한 차원에서 논의해 볼 수 있는 사례가 발생한 일이 있다. 2008년 4월 금융노조에 의해 1시간 단축근무안이 제시되자 이에 대한 찬반 토론이 이루어졌고, '댓글취재'를 통해 한 네티즌이 '다른 나라 은행, 언제 끝나나요?'라는 글을 게시하자 전 세계에 퍼져있는 토론 참여자들이 각자의 지역에서 운영되고 있는 은행의 근무현황에 대해 내용을 올리게 되었다. 한 네티즌에 의해 이러한 내용들이 종합적으로 정리되어 금융노조가 주장하는 내용에 대한 일종의 실질적인 '검증'이 이루어진 바가 있다. 자세한 논의는 다음을 참조, http://blogbbs1.media.daum.net/griffin/do/blognews/life/read?bbsId=B0005& articleId=34073

참·고·문·헌

김종길. 2004.『인터넷상 시민운동의 특성과 전망』. 정보통신정책연구원.

메트릭스 코퍼레이션. 2007.『인터넷 인덱스 데이터』.

박수호·유승호. 2005. “인터넷 이용과 생활시간 변화(2002-2004)의 상관관계 연구.”『한국사회』6(2) : 121-160.

배 영. 2003. “사이버 커뮤니티의 경험적 분석을 이용한 사회자본의 유형화.”『한국사회학』37(5).

송해룡. 2002.『여가 문화시대 정보미디어의 이용행태 및 수용전망에 관한 연구』. 정보통신정책연구원.

우정사업본부. 2006.『연차보고서』.

윤성이. 2001. “한국선거의 주요쟁점 : 인터넷과 선거운동 제16대 총선 후보자의 인터넷 활용 및 네티즌의 참여실태 분석.”『한국과 국제정치』17(2).

이재현. 2001. “한국인의 여가 및 문화 시간 분석.” 제7회 통계의 날 기념 세미나 정보통신부 발표자료집.『1999 생활시간조사 종합분석 사업 결과 : 주부의 가사노동가치 평가와 생활시간 활용 및 배분』. pp. 113-132.

정보통신부. 2003.『한국의 정보화전략』.

정찬모 외. 2003.『사이버공동체에서의 규범형성과 유지형태』. 정보통신정책연구원.

조동기 외. 2001.『사이버 공간에서의 여론형성과 집합행동』. 정보통신정책연구원.

한국문화관광정책연구원. 2007.『국민여가생활조사』.

한국인터넷진흥원. 2007.『2007 상반기정보화실태조사』.

_______________. 2007b.『2007 인터넷이용실태조사』.

한국정보사회진흥원. 2008.『국가정보화백서』.

제3부 대한민국 60년의 과제

세대 계승과 갈등

사회문화적 변동의 맥락에서

박재흥_경상대학교 사회학과

I. 이론적 논의

1945년 해방 이후 한국 사회는 빠른 속도로 변화해 왔다. 이데올로기 대립과 전쟁, 궁핍과 혼란으로 찌들었던 한국은 지난 60여 년 세월의 흐름 속에서 세계 10위권의 경제대국, 정보통신기술 강대국으로 비약적 발전을 이루었다. 물론 이러한 초고속 압축성장의 이면에는 시민의 기본권 억압과 경제 제 부문 간 불균형 발전이라는 그늘이 공존했다. 하지만 그 삼엄하고 암울했던 어둠의 장막도 1980년대 후반부터 빠른 속도로 걷혔고, 그에 비례하여 시민사회 영역은 비약적으로 성장했다. 한국인의 중요한 문화 코드인 '빨리 빨리'가 초고속 압축성장의 바탕이 되었을지 모르지만 이제 잠시 숨을 고르며 지난 60여 년을 돌이켜 보고 미래에 대비할 때이다.

이 글은 해방 이후 한국 사회의 세대 계승과 갈등을 사회문화적 변동이라는 맥락에서 살펴보는 데 목적이 있다. 세대 계승(generational succession)[1]이란 나이 든 코호트가 수명의 한계 때문에 역사의 무대에서 서서히 퇴장하고 그 빈 자리를 새로이 태어난 코호트가 이어나가는 과정을 뜻한다. 이 과정은 인간이 생물학적 유기체라는 조건, 즉 사람은 누구나 태어난 이상 죽음을 피할 수 없다는 생물학적 조건에 기인한 사회현상이다. 이 현상이 갖는 중요한 사회학적 함의는 세대 계승 자체가 변동의 한 계기로 작용한다는 점이다. 왜냐하면 출생시기가 다른 코호트는 동시대를 살아간다 할지라도 서로 다른 생애주기 단계에서 서로 다른 시대를 경험하므로 세상을 읽고 살아가는 방식이 다르기 때문이다.

여러 학자들은 사회변동과 세대현상이 서로 영향을 주고받는 관계임을 시사하였다(Mannheim, 1952 ; Ryder, 1965 ; Riley, 1985 ; Bengtson et al., 1985 ; 박재흥, 2003a). 이들 개념 간의 관계를 도식화한 것이 〈그림 1〉이다. 본격적인 논의에 앞서 이들 간의 관계를 간략하게 살펴보는 것이 필요하다.

첫째, 구조적 수준에서의 사회문화적 변동은 미시적 수준에서 개인/코호트의 생애사 체험, 즉 역사적 사건 및 사회화의 경험을 의미한다. 1960-1970년대 도시화를 생애사 체험이라는 미시적 수준에서 관찰해 보면 당시 농촌에서는 도시에 비해 돈벌이도 시원찮은데 고되기만 한 농사일에 대해 불만이 컸고, 많은 농촌 청소년들이 도시생활을 동경하며 도시로의 탈출을 강하게 열망했으며, 그에 따라 농촌 청소년들은 가출을 포함한 다양한 방식을 통해 도시로 이주했다(박재흥, 1999 : 272). 사회화 경험, 특히 부모의 자녀양육과 교육방식

그림 1_ 사회문화적 변동, 세대 차이, 세대 계승과 갈등 : 개념틀

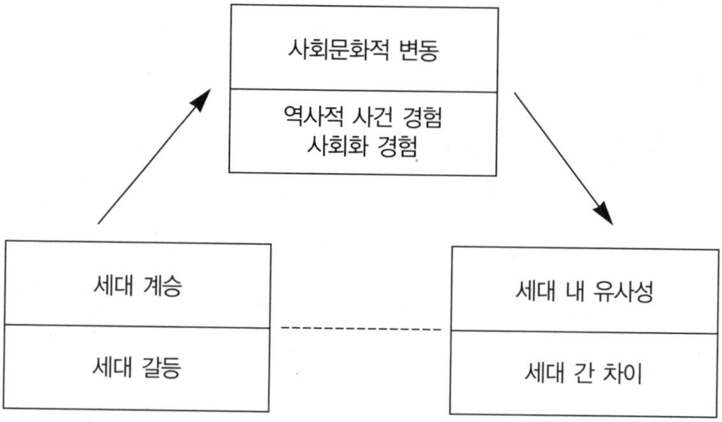

은 사회문화적 변동에 부응할 수도 있고 혹은 저항할 수도 있다. 요즘 젊은 세대들의 탈권위주의 지향이 부분적으로 부모들의 허용적 양육방식에 근거했다는 점이 전자의 예이고, 1980년대 초까지도 교육투자 면에서 남녀차별이 지속되었던 점이 후자의 예이다.

둘째, 출생시기가 비슷한 코호트는 동일한 생애주기 단계에서 역사적 경험을 공유하기 때문에 사고방식이나 행위양식 면에서 비슷한 특성을 가질 개연성이 높은데, 이러한 특성의 차이가 세대 차이이다. 즉 특정 세대 내부적으로는 유사한 특성(세대 특성)을 공유하고 다른 세대와는 차이(세대 차이)를 갖는다.[2] 칼 만하임은 경험의 공유가 세대 특성을 낳는 인과적 경향을 명쾌하게 지적한 바 있다. 출생 시점의 차이는 필쳐(Pilcher, 1994 : 482)의 표현으로 "사회역사적 구조에서의 위치"의 차이를 낳고 위치의 차이는 잠재적 경험의 폭을 결정한다. 즉 비슷한 시기에 출생한 사람들은 어떤 경험을 할 수 있는 특전을 갖지만 어떤 다른 경험을 하기 어려운 제약도 동시에 갖는다. 이러한 경험의 차이는 당연히 서로 다른 출생 코호트 간의 사고방식

이나 행위양식의 차이를 낳는 기반이 된다. 만하임(Mannheim, 1952 : 291)의 표현을 빌리면 세대 위치의 공유는 "일정한 범위의 잠재적 경험만을 갖도록 제한하고 … 각 위치에는 어떤 일정한 행위, 감정, 사고양식을 지향하는 경향이 내재한다."

셋째, 세대 내 유사성과 세대 간 차이는 공시적(共時的)으로 보면 세대 간의 갈등을 가져오는 바탕이 되고 통시적(通時的)으로 보면 세대 특성을 달리하는 세대들의 계승을 낳는다.[3] 우선 세대 차이가 세대 갈등을 야기하는 기반이 된다는 점은 당연하다. 세상을 보고 살아가는 방식이 다르면 당연히 서로 간에 불편한 기류가 형성되고 의견 충돌이 발생하기 쉽다. 다만 한국 사회의 권위주의적 문화가 갈등의 표출을 억압하는 경향이 강하다는 점을 고려하여 세대 갈등을 '드러난(manifest) 갈등'과 '감추어진(latent) 갈등'으로 나누어 보는 것이 필요하다. 한편, 통시적으로 보면 어떤 세대 특성을 갖는 나이 든 세대가 역사의 무대에서 퇴장하고 그와 다른 특성을 갖는 새로운 세대가 출생·성장하는 세대 계승이 이루어진다. 이러한 과정이 바로 라이더(Ryder, 1965)가 사회변동에 중요한 함의를 갖는다고 본 인구학적 신진대사(demographic metabolism)이다.

넷째, 세대 계승과 세대 갈등은 사회문화적 변동을 가져오는 계기를 제공한다. 우선 갈등이 변동을 추동하는 주요 메커니즘이라는 인식은 사회진화론자들로부터 마르크스와 다렌돌프에 이르기까지 사회학 분야에서 폭넓게 공유되고 있다. 갈등의 특수 유형인 세대 갈등에 국한시켜 보아도 종종 젊은이들의 급진주의로 표출되는 세대 갈등은 변동을 유발하는 주요 메커니즘으로 이해되고 있다(라우어, 1995 : 331–343). 세대 계승 역시 사회문화적 변동에 영향을 미친다. 이 점은 만하임(Mannheim, 1952)의 "망각(forget)"과 "새로운 만남(fresh contact)" 개념을 가지고 설명할 수 있다. 젊은 세대는 선배들에게 익숙했던 문화적 유산의 어떤 부분을 낯설게 여기며 그것을 과거와는 다른 그들 나름의 고유한 방식으로 해석한다. 그에 따라 세대 계승은 시대에 걸맞지 않는 문화적 유산을 버리고(잊고) 그것을 시대변화에 걸맞게 재해석하는(새로이 만나는) 결과를 초래한다. 따라서 나이 든 세대가 역사의 무대에서 서서히 퇴장하고 그 빈 자리를 젊은 세대가 이어나가는 세대 계승 과정은 그 자체로서 변동의 계기를 제공하게 된다.

이 글에서는 이러한 개념 틀에 입각하여 (1) 해방 후 한국 사회의 변동을 경제성장, 산업화, 정보화, 교육의 대중화, 민주화 등으로 나누어 개관하고, (2) 출생시기가 비슷한 사람들이 역사적 경험을 공유함으로써 어떤 세대 특성을 갖게 되었는지를 세대 구분과 관련하여 검토한 후, 마지막으로 (3) 세대 간의 갈등과 계승이 사회문화적 변동에 어떠한 함의를 갖는지 논의할 것이다.

II. 해방 후 사회문화적 변동

1945년 일제의 식민지 통치로부터 벗어나 해방을 맞은 대한민국은 몇 가지 역사적 과제를 안고 있었다. 그 중에서도 가장 중요한 것은 독립국가로서의 나라의 기틀을 바로 세우는 일, 즉 식민지 잔재를 청산하고 일제 치하 임시정부의 법통을 이어받아 하나의 통일된 대한민국 정부를 수립하는 일이었다. 그러나 해방이 제2차 세계대전 종전과 함께 열강에 의해 주어진 것이라는 한계로 인해 하나의 통일정부 수립은 애당초 쉽지 않은 일이었다. 불행히도 종전 후 미국과 소련 중심의 세계질서 재편과정에서 남과 북의 경계는 점차 공고해졌고, 급기야 1950년 발발한 한국전쟁은 남북분단을 돌이킬 수 없는 현실로 만들어 버렸다. 전쟁은 많은 인명을 앗아가고 국토를 잿더미로 만들었을 뿐만 아니라 분단상황이 통치 이데올로기로 이용되기도 했다. 전후 한국은 미국의 잉여농산물 원조와 구호물품에 의지하여 먹고사는 문제를 어느 정도 해결하긴 했으나 자립기반을 구축하지는 못했었는데 1960년대 이후 변화의 가능성을 엿볼 수 있게 되었다. 한국전쟁 이후 주요 사회문화적 변동은 경제발전과 정보화, 교육의 대중화, 민주화 등으로 나눌 수 있다. 이러한 흐름들을 간략하게 개관하면 다음과 같다.

우선 우리나라에서 본격적인 산업화와 도시화가 시작되고 경제가 빠르게 성장하기 시작한 시기는 역설적이게도 1961년 군사 쿠데타로 집권한 박정희 정권부터였다. 박 정권은 먹고사는 문제를 해결하기 위해 수출에 모든 것을 거는 전략을 취했다. 1960년대 초반까지만 해도 광물과 농수산물 등 원자재 중심의 수출이 약간 이루어졌으나 1960년대 중반 산업화가 본격화되면서 섬유 의복류 등의 경공업 제품이 주력 수출상품이 되었고, 1970년대에는 선박, 철강제품, 전자제품 등의 중화학 공업으로 확대되었다(한국사회과학연구소, 1993 : 21). 경제성장률은 제1차 경제개발계획 시행 다음해인 1963년부터 10% 전후의 고속 성장을 이어갔다. 1977년에는 급기야 경제성장률 10%, 수출 100억 달러, 1인당 국민총생산(GNP) 1,000달러라는 역사에 한 획을 새로이 긋는 성과를 달성했다.

그러나 이러한 급속한 산업화와 고속 경제성장은 국민의 기본권과 인권이 철저히 억압되고 유린되는 폭압적 상황에서 불균형 발전의 모순을 잉태하며 이루어졌다는 점도 함께 보아야 한다. 수출 경쟁력을 높이기 위해 도시노동자에게는 저임금과 장시간 노동이 강요되었고, 저임금 노동자를 먹여살리기 위한 저곡가정책은 농촌을 피폐화 · 공동화시켰으며, 대기업 중심의 경제정책으로 중소기업은 위축되고 대기업에 종속되었다. 이러한 불균형 발전과 폭압적 상황에 대한 비판적 인식이 1960–1970년대 민주화 운동을 추동한 동력이 되었다.

1955년부터 2007년까지의 1인당 국민총소득(GNI) 변화 추세가 〈표 1〉에 제시되어 있다. 1955년 65달러에 불과했던 1인당 GNP는 개발계획이 본격화된 1965년에 105달러, 1980년에 1,645달러(GNI)로 초고속 성장을 거듭했고, 1995년에는 1만 달러, 2007년에는 2만 달러 고지를 넘어섰다. 5년 기간 동안의 증가율로 보면 개발계획과 수출이 본격화된 1960년대 후반부터 1990년대 전반까지 10%를 넘거나 그에 가까운 비율의 가파른 성장세를 보여주었다. 다만 1980–1985년 기간에는 제2차 석유파동과 10 · 26 쿠데타에 따른 정국 불안으로, 1995–2000년 기간에는 외환금융위기 때문에 증가율이 크게 둔화 혹은 마이너스 성장한 것이 주목된다. 물론 이러한 국민소득의 급속한 증가가 모든 사람이 고루 잘 살게 되었음을 의미하는 것은 아니지만 전반적으로 살림살이가 풍족해진 것은 엄연한 사실이다.

산업별 취업자 구성비를 보면 1965년 1차 산업(농 · 임 · 어업)에 종사하는 인구 구성비가 58.5%에 달했으나 그 비율은 1985년에 24.9%, 2005년에 7.9%로 크게 떨어졌다. 그 대신 1965–1985년 기간 중 2차 산업(광공업)은 10.4%에서 24.4%로, 3차 산업(사회간접자본 및 서비스)은 31.2%에서 50.6%로 크게 확대되었고, 2005년에는 2차 산

표 1_ 1인당 국민총소득(GNI) 변화 추세 : 1955-2007

연도	1인당 GNI(US $)	증가율(%)**	연도	1인당 GNI(US $)	증가율(%)**
1955	65*	-	1985	2,309	40.4
1960	79*	21.5	1990	6,147	166.2
1965	105*	32.9	1995	11,432	86.0
1970	254	141.9	2000	10,841	-5.2
1975	602	137.0	2005	16,413	51.4
1980	1,645	173.3	2007	20,045	22.1

* 1955-1965 기간의 수치는 1인당 국민총생산(GNP)임.
** 5년 기간 동안의 증가율임.
출처 : 한국은행 웹사이트, 경제통계시스템. 『우리나라 100대 통계지표』로부터 재구성. http://ecos.bok.or.kr/jsp/use/100keystat/100KeyStatCtl.jsp.

업이 18.6%로 다소 축소되고 3차 산업이 73.5%로 팽창했다(경제기획원, 1987 ; 통계청, 2007). 이러한 지표는 한국 사회가 농업 중심의 사회에서 공업과 서비스 산업 중심의 산업사회로 이전해 왔음을 잘 보여준다. 이러한 산업화 과정은 물론 도시화, 즉 농가 인구의 대규모 도시 유출을 수반하는 것이었다. 농가 인구 비중을 보면 1949년 71.4%에 달했던 농가 인구가 2007년 현재 6.8%로 크게 축소되었다(통계청, 보도자료 2008. 8. 14).

한국 사회는 정부의 강력한 정보화 정책에 힘입어 정보화 역시 빠른 속도로 이루어졌다. 정부는 1987년부터 국가 기간전산망 사업을 추진하여 공공부문의 정보화를 시행하기 시작했다. 생활부문의 정보화는 가정의 컴퓨터 보급률 지표를 통해 짐작할 수 있는데, 1990년 11.0%에 불과하던 보급률이 1994년에는 20.7%, 1998년에는 44.5%, 2000년에는 66.0%에 이르렀다(한국정보문화센터, 2000 : 77). 인터넷 상용 서비스는 1994년 최초로 도입되었으나 정부의 초고속정보통신기반구축사업에 힘입어 5년 만에 이용자 1천만 명 선을 돌파했다. 한편, 휴대전화는 1991년 전국 서비스망이 건설되어 가입자 수가 급격히 증가하기 시작해 2006년 현재 그 수가 4천만 명을 넘어섰다. 우리나라는 초고속 인터넷과 휴대전화 가입률 면에서 세계적으로 최고 수준에 있다.

교육의 대중화 역시 해방 이후의 큰 변화 중 하나였다. 초등학교의 의무교육은 1948년 법적 근거를 마련하여 1950년부터 시작되었고, 중학교 무상 의무교육은 1985년 도서 · 벽지에서 시작하여 2001년 전국적으로 확대 실시되었다. 상급학교 진학률의 견지에서 보면 중학교를 당연히 가야 한다는 인식(진학률 95% 이상)은 1980년대에, 고등학교 역시 당연히 가야 한다는 인식은 1990년대에 형성되었다(〈표 2〉 참조). 대학의 경우를 보면 1970년대까지만 해도 대학은 동년배 중 10% 이내의 혜택받은 사람만이 갈 수 있는 엘리트 교육의 성격을 강하게 띠고 있었다. 그러던 중 1981년 졸업정원제를 실시하고 1996년부터는 '대학설립준칙주의'가 시행됨에 따라 대학 문호는 더욱 넓어지게 되어 2005년 대학진학률은 세계 최고 수준인 82%에 이르게 된다. 대학교육이 대중화 단계에 진입한 것으로 평가할 수 있으나 고학력자 실업이나 중소기업의 인력난 등 부작용도 심각하다.

민주화 운동의 원형은 1960년 4 · 19 혁명에서 찾을 수 있다. 이승만 대통령의 하야를 이끌어낸 4 · 19 혁명의 반독재 민주화 정신은 1964년 한일회담 반대운동, 1970년대 유신체제 하의 군부독재 반대 투쟁으로 계승되었다. 한일회담 반대운동은 민족주의적 성격뿐만 아니라 군사정권에 대한 저항운동의 성격을 동시에 가졌고, 그러한 정신이 1970년대 유신반대 투쟁으로 계승되었던 것이다. 1979년 10월 26일 유신체제가 비극적 종말을 고한 후 찾아온 소위 '서울의 봄'은

표 2_ 각급 학교 진학률*과 취학률** : 1970-2005

연도	중학교		고등학교		대학교***	
	진학률	취학률	진학률	취학률	진학률	취학률
1970	66.1	57.0	70.1	30.5	26.9	-
1975	77.2	74.2	74.7	43.6	25.8	-
1980	95.8	73.3	84.5	48.8	27.2	11.1
1985	99.2	82.0	90.7	64.2	36.4	22.6
1990	99.8	91.6	95.7	79.4	33.2	22.9
1995	99.9	93.5	98.5	82.9	51.4	35.9
2000	99.9	95.0	99.6	89.4	68.0	50.2
2005	99.9	94.3	99.7	92.2	82.1	62.3

* 진학률 : (상급학교 진학자 수/졸업자 수)×100
** 취학률 : (취학 적령 학생 수/취학 적령 인구 수)×100
(단, 취학 적령기는 초등교 6-11세, 중학교 12-14세, 고등학교 15-17세로 함).
*** 대학, 전문대학, 교육대학, 각종 학교 대학과정 포함.
출처 : 통계청. 1987, 1993, 2005.『한국의 사회지표』.

당시 보안사령관 전두환 일당에 의한 12·12 군사 쿠데타와 다음해 5월 광주 학살에 의해 처참히 짓밟혔다. 1980년 5월 광주항쟁 이후 큰 변화는 그 이후 반미 사회주의 이념이 대학생들에게 공공연히 도입·수용되고 공개적으로 표방되기까지 했다는 점이다. 광주항쟁 당시 미국의 역할에 대한 비판적 인식, 폭압적 군부 통치에 대한 분노와 저항, 대학 사회에서의 마르크스주의 서적 탐독과 변혁 이론의 모색 등이 함께 빚어낸 결과였다. 이러한 가운데 민주화 운동사에서 새로운 전기를 마련한 1987년 민주항쟁이 일어났고, 대통령 직선제로의 헌법 개정과 군부독재 종식이라는 큰 성과를 얻어낸다.

사람들이 하는 일과 그 결과는 대체로 양면적이다. 좋은 듯 보이는 일에도 나쁜 면이 있고, 나쁜 듯 하지만 길게 볼 때 좋은 결과를 가져오는 경우도 있다. 이것이 과거의 역사를 절대 선과 절대 악 중 어느 하나로 단정하기 어려운 까닭이다. 해방 이후 60여 년의 우리 역사를 돌이켜 보아도 빛과 그늘이 공존해 왔다. 그런 점에서 한국 현대사가 성공의 역사인가 혹은 실패의 역사인가를 놓고 벌이는 최근의 공방은 비생산적이며 별로 유쾌하지 않은 논쟁이다.

III. 역사적 경험의 공유와 세대 특성 : 세대 구분과 관련하여[4]

지금까지 해방 이후 한국 사회의 변동을 개략적으로 살펴보았다. 앞서 지적했듯이 구조적 수준에서의 사회문화적 변동은 개인/코호트 수준에서 역사적 사건과 사회화의 경험으로 나타난다. 이 절에서는 이러한 인식 하에서 각각의 출생 코호트들이 어떤 역사적 경험을 공유했고, 그러한 경험 공유를 바탕으로 어떠한 세대 특성을 갖게 되었는지 검토할 것이다. 그런데 역사적 경험과 세대 특성 간의 관계를 검토하려 할 때 불가피하게 직면하는 문제가 세대 구분의 문제이다. '젊은 시절에 어떠한 역사적 경험을 공유한 결과 어떠한 세대 특성을 갖게 되었다'는 명제에 대해 논증하려면 일정한 생애단계에서 특정 경험을 공유한 사람들을 다른 이들로부터 집합적으로 분리시키는 작업이 선행되어야 하기 때문이다.

세대 구분 작업은 (1) 세대를 출생시점에 따라 일정한 시간 간격으로 기계적으로 나누는 방법과 (2) 세대를 출생시점이라는 기준으로 나누되 역사적 경험의 질적 차이에 따라 구분하는 방법 등 두 가지가 있다. 이 중에서 필자가 취한 방법은 두 번째 방법이다. 센서스나 사회조사 등의 통계자료를 분석할 경우 분석의 편의상 5년 혹은 10년 단위의 연령범주를 불가피하게 사용하기도 하지만, 어느 시대의 세대 구성을 파악하려 할 경우에는 당연히 동시대인의 역사적 경험의 질적 차이에 따라 세대를 구분해야 할 것이다. 이와 같이 특정 시점에서의 세대 구성을 검토하는 작업은 독일의 미술사가 핀더(W. Pinder)가 제시한 "동시대의 비동시대성" 개념을 경험적으로 확인한다는 의의를 갖는다.

1. 역사적 경험의 차이와 세대 구분

세대를 구분하는 작업은 연구자의 임의성이 불가피하게 개입하고 단순화의 위험부담을 갖기는 하지만 그럼에도 불구하고 필요하고 의미 있는 작업이다. 역사학자 스피처(Spitzer, 1973 : 1358)가 적절히 지적했듯이 임의성 개입은 이데올로기나 정치적 지향 구분 등 연속선상에서 범주를 나누려 할 때 공통적으로 직면하는 문제이다. 세대를 구분할 때 기준이 되는 것은 당연히 역사적 경험의 질적 차이이다. 만하임(1952 : 310)의 표현으로 "결정적 집단경험(crucial group experiences)", 즉 주요 역사적 사건이나 상황에 대한 출생 코호트의 공동경험은 세대 구분 작업에서 가장 중요한 기준으로 삼아야 할 것이다. 그렇다면 어떠한 생애주기 단계의 역사적 경험이 그 세대에 고유한 특성(의식구조, 사고방식, 행위양식 등)을 갖게 하고 세대 의식을 형성하는 데 중요한 영향을 미칠까? 만하임(1952)은 한 개인이 사물을 진지하게 성찰하기 시작하는 시기를 17세경으로 보았고 가치관과 세계관이 안정되는 시기는 25세 정도로 보았다. 그의 논거에 입각해 볼 때 대략 20세 전후 청소년기의 역사적 경험이 세대 특성과 세대 의식 형성에 중요한 영향을 미친다고 볼 수 있다.

역사적 경험에 따라 세대를 구분하려 할 경우 구체적으로 한국 현대사에서 어떠한 역사적 사건/상황의 경험 여부가 세대 구분의 주요 기준이 될까? 로소우(Rosow, 1978 : 69)는 시간과 사람들의 일상적 흐름에 종지부를 찍는 "첨예한 사건(incisive events)"이 일어나지 않았는데도 경계선을 설정해 세대를 구분하는 것은 위험한 일이라고 경고한 바 있다. 이러한 로소우의 경고에 유의하면서 필자는 세대를 구분할 때 기준으로 삼아야 할 '결정적 집단경험'을 (1) 일제의 식민지체제 경험 여부, (2) 한국전쟁 경험 여부, (3) 산업화와 정보화 경험, (4) 민주화 운동과 국내외 정치상황의 경험 네 가지로 보았다. 이 각각에 대해 간략히 설명하면 다음과 같다(박재흥, 2003a, 2005 참조).

첫째, 일제의 식민지체제와 한국전쟁의 경험 여부이다. 일반적으로 제국주의는 경제적 수탈을 주요 목적으로 식민지 통치를 하지만, 일제의 경우에는 소위 '동화정책(同化政策)'이라는 미명 하에 민족말살을 궁극적 목적으로 삼았기에 그들은 다른 식민지 역사에서 유례를 찾기 어려울 정도의 극심한 수탈과 억압과 차별을 자행했다(신용하, 2001 : 제1장 참조). 일제 식민지체제 경험 여부는 공식 교육기관에서 한글교육을 받았는지 여부와도 관계된다. 일제는 1937년 중·일 전쟁 이후 창씨개명을 강요하고 학교에서 뿐만 아니라 일상생활에서마저 일본어 사용을 강제했다. 언어가 문화의 기초가 된다는 점을 고려할 때 초등 교육기관에서 일본어를 배웠는지 한글을 배웠는지는 세대를 구분하는 중요한 집단 경험이 된다. 다른 한편, 한국전쟁 경험 여부 역시 중요한 기준이 된다. 일반론의 견지에서 보아도

전쟁이나 혁명의 경험 여부는 세대를 구분할 때 다른 무엇보다 중요한 기준이 된다. 이런 역사적 사건들의 집단 경험이라는 견지에서 볼 때 대략 출생시기 1930년대 말을 분기점으로 하여 세대를 나눌 수 있다. 그 이전에 출생한 세대는 일제 식민지체제와 한국전쟁을 실질적으로 경험하고 일본어 교육을 받으며 성장한 세대이고, 그 이후 세대는 두 사건에 대한 실질적 경험을 하지 못했고 초등학교에서 한글을 배우며 자란 한글 세대이다.

둘째, 산업화와 정보화 경험이라는 기준이다. 단순화시켜서 말하면 빈곤의 경험이냐 풍요의 경험이냐, 혹은 산업화를 일으킨 세대냐 산업화의 수혜 세대냐의 기준이다. 이 기준을 가지고 세대를 구분한다면 대략 출생시기 1970년 경을 전후로 하여 세대를 나눌 수 있다. 앞절에서 살펴보았듯이 한국 사회는 1960년대 초 본격적인 산업화를 추진하기 시작하여 1970년대 후반에는 1인당 국민소득 1천 달러 시대를 맞게 된다. 나아가서 1980년대 중·후반 무렵부터는 가계 소비 지출 중 가전제품 등의 내구재 지출 구성비와 여가생활 향유와 관련되는 개인 서비스 지출 구성비가 크게 늘어서(백욱인, 1994) 대중소비사회의 징후를 보이게 된다. 또한 1990년대에는 정보화도 빠르게 진행되어 인터넷 서비스 이용자가 1990년대 말에는 1천만 명 선을 돌파하게 된다. 정리해 보면 대략 1970년경 이후에 태어난 사람부터는 큰 경제적 어려움 없이 컬러 텔레비전을 보고 컴퓨터 자판을 두드리며 성장한 산업화의 수혜 세대이자 정보화 세대이다. 이에 비하여 그 이전에 태어난 사람들은 최소한 어린 시절에라도 경제적 어려움과 물자의 귀중함을 어느 정도 겪으며 자란 세대이다.

셋째, 민주화 운동과 국내외 정치상황이라는 기준이다. 앞절에서 살펴보았듯이 해방 이후 민주화 운동의 전통은 1960년 4·19혁명으로부터 1970년대 유신체제에서의 반독재 민주화 투쟁, 1980년 5월의 광주항쟁과 1987년 6월 민주항쟁으로 면면히 이어진다. 특히 1987년 항쟁은 직선제 개헌과 군부독재 종식이라는 귀중한 성과를 챙긴, 그리하여 절차적 민주주의를 확보한 민주화 운동사의 중요한 전환점이었다. 한편, 1990년대에 접어들어 국내외 정치지형은 크게 바뀌게 된다. 우선 1990년을 전후하여 소비에트 연방과 동구권의 현실 사회주의가 붕괴하는 대격변이 일어난다. 국내로 눈을 돌려보면 1993년 김영삼 문민정부가 등장하여 반군부독재 투쟁의 근거가 사라지고 정치적 안정을 되찾게 된다. 이러한 국내외 정치지형의 변화는 과잉 정치화 · 과잉 이념화되어 있던 대학가의 분위기를 크게 바꾸어 학생들의 주요 관심이 정치적 시위보다는 학내의 학생복지, 일상생활과 문화영역으로 이동하게 된다. 이와 같이 민주화 운동과 정치상황의 차원에서 볼 때에도 대략 출생시기 1970년 주변이 세대를 나누는 분기점이 된다.

이상의 논의를 정리해 보면 역사적 경험의 질적 차이라는 잣대로 볼 때 한국의 세대는 1930년대 말과 1970년 무렵을 느슨한 경계로 삼아 구분할 수 있다.

2. 역사적 경험의 공유와 세대 특성

지금까지 역사적 경험의 차이에 따라 세대가 어느 시점에서 구분될 수 있는지 살펴보았다. 이제 조금 더 구체적으로 논의를 진전시켜 각 세대는 어떠한 역사적 경험을 공유했으며 그로 인해 어떠한 세대 특성을 갖게 되었는지 검토해 보기로 하자.

그림 2_ 1915-1995년 출생 코호트의 연령대별 역사적 경험

출생 코호트	역사적 시기								
	1940년	1950년	1960년	1970년	1980년	1990년	2000년	2010년	
1915년생	2	5세 3	5세 4	5세 5	5세 6	5세 7	5세 8	5세 9	5세
1925년생	1	5 2	5 3	5 4	5 5	5 6	5 7	5 8	5
1935년생		5 1	5 2	5 3	5 4	5 5	5 6	5 7	5
1945년생		0	5 1	5 2	5 3	5 4	5 5	5 6	5
1955년생			0	5 1	5 2	5 3	5 4	5 5	5
1965년생				0	5 1	5 2	5 3	5 4	5
1975년생					0	5 1	5 2	5 3	5
1985년생						0	5 1	5 2	5
1995년생							0	5 1	5
주요 역사적 사건	일제 식민 통치	해방 미군정 혼란기	한국전쟁 궁핍 전후 복구	4·19/5·16 경제 개발 한일 회담	'72 유신체제 고도 경제성장	'80 광주항쟁 '87 민주항쟁 대중소비사회	동구권 붕괴 인터넷 보급 외환위기	월드컵 이념갈등격화 금융위기	
시대 특성	일제 식민지체제–한국전쟁의 시대			산업화–민주화 운동의 시대			탈냉전–정보화의 시대		

자료 : 박재흥(2005 : 183)을 토대로 하여 일부 수정 보완.

해방 이후 주요 역사적 사건들로는 어떤 것들이 있으며, 거시적으로 볼 때 역사적 시대 구분을 어떻게 할 수 있는가? 각 출생 코호트는 세대 특성과 세대 의식이 형성되는 20세 전·후 청소년기에 어떠한 역사적 경험을 공유했는가? 〈그림 2〉는 이와 같은 문제의식을 갖고 1915-1995년 출생 코호트를 10년 간격으로 나누어 각 코호트가 어떤 생애주기 단계에서 어떤 역사적 경험을 하며 성장했는지 각 코호트의 생애 궤적을 예시해 본 것이다. 그림에서 청소년기에 겪은 역사적·문화적 경험이 세대 의식이나 세대 특성 형성에 결정적 영향을 미친다는 점을 강조하기 위하여 각 코호트의 15-24세 연령대에

는 옅은 명암을 넣었다. 또한 일반적으로 50세 전후의 중장년층이 사회를 이끌어 나가는 주도 계층이라는 점을 부각시키기 위해서 45-54세 연령대를 짙게 명암처리했다.

〈그림 2〉의 첫째 줄에는 1940년부터 2010년까지의 역사적 시기가, 마지막 줄에는 각 시기의 주요 역사적 사건/상황과 시대 특성이 표시되어 있다. 앞서 살펴보았듯이 본격적인 산업화와 민주화 운동은 1960년대에서 시작하여 1980년대까지 이어졌다는 점에서 이 시기를 '산업화-민주화 운동의 시대'로 명명했다. 그 이전 1950년대까지의 시대는 일제 식민지체제로부터 전후 복구사업이 이루어지기까지의 시대였다는 점에서 '일제 식민지체제-한국전쟁의 시대'로 불러보았다. 이 시기는 동시에 궁핍과 혼란의 시대이기도 하다. 마지막으로 1990년대부터는 한편으로는 정보화가 급속하게 추진되고 다른 한편으로는 1990년을 전·후로 소련과 동구권이 붕괴했다는 점에서 '탈냉전-정보화의 시대'로 이름붙여 보았다.

그림을 보면 1935년 출생 코호트와 1945년 코호트, 그리고 1965년 코호트와 1975년 코호트 사이는 점선이 아닌 실선으로 구분했음을 알 수 있다. 이는 결정적 집단 경험의 견지에서 볼 때 세대가 1930년대 말 무렵과 1970년 무렵이라는 두 시점을 경계로 하여 구분된다는 점을 반영한 것이다. 이 그림에서 각 출생 코호트가 청소년기에 어떠한 역사적 사건/상황을 집단적으로 경험했는지에 주의를 기울일 필요가 있다. 그림에서 명암 처리한 부분에 주목해 보면 1915-1935년 출생 코호트는 일제 식민지 통치와 해방, 한국전쟁 등 궁핍과 혼란의 시대 경험을 청소년기에 공통적으로 겪고 중·장년기 시절에는 산업화가 본격적으로 추진되었다. 1945-1965년 코호트는 한국전쟁을 아주 어린 나이에 겪었거나 아예 겪지 않았고, 산업화가 추진되고 민주화 운동이 일어나던 시기에 청소년 시절을 보냈다. 1975년 및 그 이후 출생 코호트는 동구권이 붕괴되고 인터넷이 널리 보급되던 시기에 청소년 시절을 보냈음을 알 수 있다.

어느 세대의 세대 특성이 기본적으로 청소년기의 역사적 경험에 기초하며 그러한 특성이 나이가 들어서도 어느 정도 지속된다고 전제할 때 세대의 명칭은 무엇보다도 그 세대가 청소년기에 겪은 역사적 경험을 반영하여 명명하는 것이 온당할 것이다. 각 세대의 청소년기 경험을 반영하여 명칭을 부여해 본다면 (1) 1930년대 말경 이전에 출생한 코호트를 '식민지/전쟁체험 세대'로, (2) 그 이후부터 1970년 무렵 이전에 출생한 코호트를 '산업화/민주화 세대'로, (3) 1970년경 이후 출생한 코호트를 '탈냉전/정보화 세대'로 부를 수 있다(박재흥, 2003a, 2005 참조).

이러한 구분과 세대 명칭 중에서 산업화 세대와 관련하여 추가 논의가 필요하다. 1960년대로부터 1980년대까지를 산업화의 시대로 볼 때 산업화에 기여한 첫 세대는 당연히 '식민지/전쟁체험 세대'이다. 다만 청소년기 역사적 경험에 주목하여 세대 명칭을 규정하다 보니 그 코호트도 산업화의 주역이었다는 점을 드러낼 수 없었을 뿐이다. 〈그림 2〉를 통해 살펴보면 1915-1935년 코호트는 산업화가 추진되던 1960-1980년대에 50세 전후 중년층이었음에 비해 1945-1965년 코호트는 20세 전후의 청년층이었다. 단순화시켜 말하면 '식민지/전쟁체험 세대'는 나이 든 숙련노동자 내지 고급간부로서, '산업화/민주화 세대'는 젊은 미숙련노동자 내지 초급사원으로서 산업화에 기여했다고 할 수 있다.

시대 구분 및 세대 명칭과 관련하여 한 가지 짚고 넘어가야 할 문제가 있다. 우리는 종종 대중매체에서 '선산업화, 후민주화'라는 잘못된 시대 구분 방식을 접하게 된다. 또한 이러한 인식에 입각하여 세대 역시 '보수적인 50-60대 산업화 세대'와 '진보적인 30-40대 민주화 세대'로 도식화하기도 한다. 그러나 II절에서 살펴보았듯이 산업화와 민주화 운동은 1960년대에서 1980년대까지 동시에 진행되었다. 시대 구분이 잘못되었으므로 선산업화 세대와 후민주화 세대의 구분 역시 적절치 않다. 이러한 구분과 명칭은 1960-1970년대 산업화를 성취한 코호트가 동시에 민주화 운동을 일으킨 코호트이며, 당시의 반독재 민주화 정신이 1980년대 민주화 운동으로 계승되었다는 엄연한 역사적 사실을 간과하고 있다(박재흥, 2005 : 179 각주 참조).

물론 지금의 50-60대가 청·장년기에 무슨 일을 했고 정치지향이 어떤지에 따라서 산업화 세력-민주화 세력으로 분류하는 것은 충분히 가능하다. 문제가 되는 것은 산업화-민주화라는 표현을 정치 세력이 아닌 세대의 의미로 사용하여 1980년대에 청년기를 보낸 1960년대 출생 코호트를 진보적인 민주화 세대로 보고 그 이전 코호트는 민주화와 대립적인 보수적 세대로 일괄 처리하는 잘못된 단계론(段階論)이다. 필자는 몇몇 지면을 통해 이러한 '80년대 민주화 운동 중심' 혹은 '386세대 중심' 시각의 너무나 뻔한 오류를 지적해 왔음에도 시정되지 않고 있다.[5] 그 까닭은 아마도 세대 담론의 헤게모니와 관련된 것으로 보인다.

〈그림 3〉은 그간의 연구 성과들을 바탕으로 하여[6] 각 세대가 어떠한 특성을 갖는지 정리해 본 그림이다. 이런 방식의 도식화는 항상 과잉 단순화의 위험을 안고 있기는 하지만 나름대로 의미는 있다고 생각한다. 이에 대해 간략히 설명하면 다음과 같다. 우선 '식민지/전쟁체험 세대'는 어린 시절 집에서 한문을 배우고 전통 예법을 강조하

그림 3_ 세대 구분과 세대별 특성

출생 시기		1930년대 말경			1970년경
세대 구분	식민지/전쟁 체험 세대	산업화/민주화 세대			탈냉전/정보화 세대
		탈식민지 세대	베이비붐 세대	386 세대	
세대 특성	• 유교적 가치 중시 • 권위주의 • 집합주의 • 근검절약 강조 • 강인한 생존 의지 • 반공주의	• 출생시점 늦을수록 왼쪽 칸의 특성이 점차 약화 • 전통적 가치와 현대적 가치 간의 혼란 • 민주주의·민족주의 이념, 반독재 저항의식 공유			• 유교적 가치 경시 • 탈권위주의 • 개인주의 • 소비와 여가 중시 • 지구화·정보화 마인드 • 레드 콤플렉스 극복
		• 4·19–6·3 세대 • 한글 세대/서구문화 수용·전파 1세대 • 민주화 운동 1세대	• 유신 세대 • 전통 문화 재평가 • 실패의 운동경험 • 좌절감, 냉소주의	• 80년대 민주화 세대 • 반미사회주의 이념 • 현실변혁 의지 • 강한 연대감	

출처 : 박재흥(2003a, 2005 : 184)을 토대로 하여 일부 수정 보완.

는 어른들 틈에서 성장하여 유교적 가치를 깊이 내면화한 세대이다. 인간관계를 수직적 위계로 파악하는 권위주의 특성과 개인보다 국가, 직장, 가족 등의 공동체를 중시하는 집합주의적 특성도 강하게 갖는다. 생사를 넘나드는 고초를 겪으며 강인한 생존의지를 갖게 되었고 근검절약 정신이 몸에 배어있지만 반공주의 태도를 강하게 표출하기도 한다.

한편, '탈냉전/정보화 세대'는 이러한 특성과 크게 대비된다. 유교문화를 시대에 뒤떨어진 문화로 보며 권위주의와 집합주의에 대해 거부감을 보이고, 그 대신 자기 주장과 의사표현이 명확하고 개인주의 성향을 강하게 갖는다. 소비와 여가를 중시하고 복잡하게 의미를 따지기보다는 순간순간의 재미와 만족을 추구한다. 또한 지구화·정보화 마인드를 갖고 있으며, 이전 세대들이 갖는 레드 콤플렉스로부터 자유롭다.

마지막으로 '산업화/민주화 세대'는 앞 세대의 특성을 어느 정도 공유한다. 그러나 출생시기가 늦을수록 해방 후 서구식 근대 교육의 영향으로 그러한 특성에 대해 비판적 태도를 갖게 된다. 어떤 의미에서 전통적 가치와 현대적 가치간의 혼란을 가장 심하게 겪은 세대이며, 1960년 이래 긴 민주화의 여정 속에서 민주주의, 민족주의, 반독재 저항의식을 공유하기도 한다.

'산업화/민주화 세대'를 다시 세분해 보면 (1) 1930년대 말 이후에 태어나 탈식민지 상황에서 한글로 교육받기 시작했고 4·19 혁명과 6·3 사태를 주도했던 '탈식민지 세대', (2) 전후 베이비붐 시기(1950년대 중반-1960년대 초)에 태어나 콩나물 교실에서 초·중등학교를 다니고 암울했던 유신 치하에서 존재감 없이 청년기를 보낸 '베이비붐 세대', (3) 1960년대에 태어나 1980년대 민주화 운동을 주도한 '386세대'로 나눌 수 있다. 이들 중에서도 이른바 386세대는 독특하다. 반미 사회주의 이념과 현실 변혁 이론으로 무장한 채 대학생활을 보냈으며 성공한 운동경험을 갖는다는 점, 레드 콤플렉스가 거의 없으며 나이가 들어서도 진보적 성향이 어느 정도 유지되고 있다는 점[7] 등이 그러하다. 그러나 역사적 경험과 세대 특성의 잣대로 볼 때 이들은 '탈냉전/정보화 세대'보다는 '산업화/민주화 세대'에 가깝다.

Ⅳ. 세대 계승과 세대 갈등 : 사회문화적 변동에 대한 함의

이론적 논의를 다룬 I절에서 살펴보았듯이 세대 갈등과 세대 계승은 사회문화적 변동의 계기를 제공한다. 여기에서는 세대 계승과 갈등이 변동의 계기를 제공한다고 볼 수 있는 경험적 단서들을 몇 가지 예시하여 검토하고, 아울러 변동에 대해 갖는 함의를 논할 것이다.

앞절에서 세대를 크게 세 단위로 구분한 바 있는데, 우선 각 세대의 인구 구성비 검토로부터 논의를 시작해 보자. 〈표 3〉에서 각 세대들의 인구 구성비의 변화를 세 시점에서 비교해 보았다. 이 센서스 자료에서는 코호트를 출생년도 기준 1940/1941년, 1970/1971년 시점에서 구분하여 필자가 분기점으로 삼은 시점과 약간의 차이는 있지만 흐름을 이해하는 데 별 무리는 없을 것이다. 각 세대는 청소년기 경험에 따라 다시 세분해 보았다. '식민지/전쟁체험 세대'는 일제의 조선 강점 이후에 태어나 1930년대 군국주의 체제에서 청소년기를 보낸 코호트와 그 이전 코호트로, '산업화/민주화 세대'는 소위 '386세대'와 그 이전 코호트로, '탈냉전/정보화 세대'는 이른바 '웹 2.0세대'[8]와 그 이전 코호트로 나누어 보았다.

1970년 당시 '식민지/전쟁체험 세대'에 해당하는 1940년 이전 출생 코호트는 전체 인구의 1/3에 해당하는 규모였고, '산업화/민주화 세대'에 해당하는 1941-1970년 코호트는 그 나머지 2/3에 달하였다. 이들이 1960-1970년대 산업화의 주역이라 할 수 있다. 그로부터 35년이 경과한 2005년의 시점에서는 대폭적인 세대의 계승이 이

표 3_ 세대별 인구 구성비 : 1970-2005

세대	출생시기	1970 연령	1970 %	1990 연령	1990 %	2005 연령	2005 %
식민지/전쟁체험 세대	1910년 이전	60세 이상	5.4	50세 이상	16.0	65세 이상	9.3
	1911-1940	30-59세	27.6				
산업화/민주화 세대	1941-1960	10-29세	38.8	30-49세	27.9	45-64세	23.2
	1961-1970	0-9세	28.1	20-29세	20.1	35-44세	17.5
탈냉전/정보화 세대	1971-1990	-	-	0-19세	35.9	15-34세	30.9
	1991-2005	-	-	-	-	0-14세	19.1
총 인구		31,436천 명		43,390천 명		47,041천 명	

출처 : 통계청. 1987, 1993, 2007.『한국의 사회지표』.

루어진다. 1940년 이전에 출생한 '식민지/전쟁체험 세대' 다수는 역사의 무대에서 퇴장하여 그 규모가 9.3%로 축소되고 그 대신 1971년 이후 출생한 '탈냉전/정보화 세대'가 새로이 출현, 그 뒤를 계승하여 전체 인구의 절반을 형성하게 되었다. 1941-1970년에 출생한 '산업화/민주화 세대'는 40%를 조금 넘는다. 이 세대에서 인구규모가 특히 두터운 층은 베이비붐 세대를 부분적으로 포함하는 1956-1970년 출생자(2005년 기준 35-49세)인데 이들만의 구성비가 무려 25.8%에 달한다.

이러한 세대 계승이 갖는 중요한 함의는 시간의 흐름에 따라 '식민지/전쟁체험 세대'가 갖고 있던 세대 특성은 점점 역사의 뒤안길로 사라지고 '탈냉전/정보화 세대'가 갖는 특성이 점차 한국 문화의 지배적 특성이 될 것이라는 점이다. 앞의 〈그림 3〉에서 제시한 세대별 특성을 보면 세대 계승이 어떠한 방향의 사회문화적 변동을 야기할지 어느 정도 짐작할 수 있다. 다른 무엇보다도 유교적 가치관과

표 4_ 가족가치, 성역할 규범, 가부장 가치의 연령집단별 차이*

(단위 : %)

항목	20대 이하	30대	40대	50대	60대 이상
① 남편은 부인보다 나이가 많아야 한다.	9.2	14.6	18.6	40.8	48.7
② 결혼 의사 없이 함께 사는 것도 괜찮다.	8.2	7.2	6.4	3.5	4.4
③ 이혼하고 싶어도 자녀가 장성할 때까지 기다려야 한다.	21.0	28.6	40.0	43.4	55.3
④ 아내는 자신보다 남편을 내조하는 것이 더 중요하다.	6.7	20.6	28.9	42.9	60.1
⑤ 남편 할 일은 돈 벌기, 아내 할 일은 가정 돌보기.	6.4	12.6	18.1	39.3	57.1
⑥ 가계를 잇기 위해 아들이 적어도 하나는 있어야 한다.	16.8	19.3	29.4	51.0	75.5
⑦ 결혼한 여자는 친정보다 시집을 먼저 도와야 한다.	2.4	8.5	15.0	33.6	54.2
⑧ 자신보다 가족의 안녕과 이해를 우선시해야 한다.	31.8	41.4	54.2	59.7	73.6

* 이 표에 제시한 비율은 각 항목에 대해 총 7점 척도 중 '전적으로 찬성' 혹은 '상당히 찬성' 하는 응답자의 비율임.

출처 : 김상욱 외, 『한국종합사회조사 2006』.

규범이 퇴조를 보이는 한편 개인주의 의식은 확산될 것으로 보인다. 이와 더불어 정보통신기기 사용의 일상화에 따른 여러 가지 변화도 예상할 수 있다.[9]

유교문화의 영향력 및 개인주의 가치관의 변화를 읽을 수 있는 횡단적(cross-sectional) 설계의 조사연구 결과가 위의 〈표 4〉에 제시되어 있다. 이 자료는 가족가치, 성역할 규범, 가부장 가치에 대한 연령집단별 차이를 조사한 2006년 한국종합사회조사 결과이다. 위 표에서 ①-③ 항목은 결혼 관련 가족가치에 대한 조사결과이다. 예상했던 대로 고령층에 비하여 젊은 층은 연상녀와의 결혼에 대한 거부감이 별로 없고 혼전 동거에 대해 관용적이며, 자녀가 장성할 때까지 이혼을 유보해야 한다는 의식도 약하게 나타났다. 이런 결과는 젊은 이들의 성평등적, 성개방적 의식과 개인주의 가치관을 반영한다. 386세대를 포함하는 30-40대의 성평등 의식이 50-60대보다 오히려 20대에 가깝다는 점이 주목된다. 성역할 규범을 물어본 ④-⑤번 항목에서도 연령집단별 차이가 뚜렷하게 나타났다. 아내의 역할을 남편 내조로 묶어둔다거나 아내와 남편의 역할을 공적 · 사적 영역으로 나누는 것에 대해 동의하는 비율은 젊은 층에서 매우 낮게 나타났다. 부계 계승, 출가외인의 관념, 가족주의 등 가부장 가치를 물은 ⑥-⑧번 항목에서도 연령집단별 차이가 크게 나타났다. 가족주의 경향은 젊은 연령층에서도 어느 정도 공유되고 있었으나 출가외인의 관념에 동의한 비율은 20-30대에서 매우 낮게 나타났다.

〈표 5〉에는 북한에 대한 연령집단별 인식의 차이가 제시되어 있다. 표에 나타난 큰 흐름을 보면 40대 이하 연령집단에서는 북한을 지원 혹은 협력대상으로 보는 응답자가 절반을 넘었으나 50대 이상 연령집단에서는 북한을 경계 혹은 적대대상으로 보는 응답자가 절반을 넘었다. 북한에 대한 호의적 반응이 20대뿐만 아니라 30-40대에서도 높게 나타난 결과는 386세대 효과 때문으로 보인다.

특정 조사시점에서 연령집단별 태도의 차이를 보여주는 횡단적 조사결과가 세대 차이의 명백한 증거로 사용될 수는 없지만 참고자료로서의 의미는 충분히 있다. 뿐만 아니라 세대 계승과 세대 갈등, 사회변동과 관련해서도 중요한 시사를 제공한다. 북한에 대한 연령집단별 인식의 차이를 예로 들면 그 차이는 잠재적으로 세대 갈등을 내포한다. 그러한 인식의 차이는 구체적 사안을 둘러싸고 가정, 직장 등 일상생활 현장에서 세대 간 의견충돌을 빚고, 나아가서 전 사회적 세대 갈등을 야기하여 대북정책 변화를 유도할 수도 있다. 세대 계승

표 5_ 북한에 대한 인식

구분	지원 대상	협력 대상	경계 대상	적대 대상	모른다/ 무응답	% (사례 수)
20대 이하	17.4	45.4	27.4	7.9	1.8	100.0 (328)
30대	22.1	44.5	27.8	4.4	1.3	100.0 (389)
40대	17.4	39.4	33.2	7.9	2.1	100.0 (419)
50대	18.4	27.6	37.8	15.8	.5	100.0 (196)
60대 이상	13.6	21.2	35.5	22.7	7.0	100.0 (273)

출처 : 김상욱 외, 『한국종합사회조사 2006』.

의 관점에서 보아도 중요한 시사를 제공한다. 북한에 대해 부정적인 태도를 갖는 세대가 역사의 무대에서 서서히 퇴장하고 그 대신 우호적 태도를 갖는 세대가 새로이 진입하면 남북관계는 장기적으로 큰 변화를 맞을 수 있다.

그러나 코호트 분석(cohort analysis)의 견지에서 보다 엄격하게 말하면 코호트 간 태도의 차이가 연령효과가 아닌 코호트 효과에 기인한 경우에야 비로소 코호트 계승이 사회문화적 변동으로 인도된다고 한다(Glenn, 1977 : 23). 이는 물론 당연한 지적이다. 중요한 점은 코호트 분석은 코호트 자료와 분석의 한계를 잘 인식한 가운데 사용되어야 한다는 것이다.[10] 글렌(1977 : 14–16)이 잘 지적했듯이 코호트 자료는 연령효과, 코호트 효과, 시기효과의 영향력 정도에 대한 느슨한 단서나 잠정적 증거만을 제공할 뿐 결정적인 증거를 제시해 주진 않는다. 그러한 한계를 보충해 주는 것은 연구자의 이론이나 자료 밖의 증거이다.

코호트 자료는 2개 이상의 시점에서 어떤 코호트 특성의 측정치가 제시된 자료를 의미한다. 〈표 6〉은 조사시점 간 간격이 10년이 아니라 9년과 6년이라는 결점이 있기는 하지만 그런 대로 코호트 표의 모양을 갖추었다. 이 표에서 1989년 조사결과가 1988년과 동일하다고 가정한다면 1979년 조사에서의 20-29세 코호트는 1989년(실제로는 1988년)에 30-39세가 되며, 그 다음 2개 코호트도 마찬가지이다.

표 6_ 장남의 노부모 부양 책임*

연령집단	조사시기		
	1979	1988	1994
15-19세**	13.3	16.4	14.0
20-29세	20.8	16.8	14.4
30-39세	*32.0*	19.5	15.6
40-49세	**41.3**	*29.0*	18.5
50-59세	45.7	**36.6**	25.9
60세 이상	51.7	48.1	37.7
전체 평균	30.6	25.2	19.6

* 이 표에 제시한 비율은 노부모 부양 책임이 장남에게 있다고 지적한 응답자의 비율임.
** 1979년 조사의 경우, 14-19세임.
출처 : 통계청. 1987, 1993, 1998.『한국의 사회지표』.

이 자료에서 상당한 정도의 코호트 효과를 관찰할 수 있다. 1979년의 20, 30, 40대의 태도(응답비율)는 10년 후 30, 40, 50대가 되어서도 큰 변화는 없다(같은 음영, 같은 글자모양으로 표시). 1979-1988년간 변화량을 보아도 1979년 현재 20-29세 코호트는 -1.3, 30-39

세 코호트는 −3.0, 40−49세 코호트는 −4.7로 나타나 전체 평균값 변화량 −5.4보다 작은 점이 확인된다. 전체 평균값이 조사시기에 따라 지속적으로 크게 떨어지고 있음은 시기효과도 존재함을 시사한다. 세월이 흐름에 따라 노부모 부양 책임을 장남으로만 제한해 생각하는 경향이 점점 줄어들고 있는 것이다. 한편, 비율의 증감분이 고령층에서 오히려 높게 나타난다는 점에서 연령효과의 영향력은 미미한 것으로 보인다.

앞에서의 글렌의 지적을 다시 상기한다면 이러한 코호트 분석 결과는 코호트 계승이 사회문화적 변동으로 인도된다는 경험적 단서로 이해할 수 있다. 위의 분석결과를 다시 요약 정리해 보면 (1) 이 코호트 자료에서 다른 종류의 효과에 비하여 코호트 효과의 영향력이 잘 관찰되며, (2) 이러한 결과는 세대구성원의 사망과 출생으로 세대 계승이 진행됨에 따라 노부모 부양 책임이 장남에게 전적으로 있다는 생각은 점차 사라질 것임을 시사한다.

지금까지 출생 코호트별 인구 구성비의 변화 추이를 검토하며 세대 계승이 사회변동에 어떠한 영향을 미칠지 그 잠재적 가능성을 엿보았고, 횡단적 · 종단적 연구결과들을 몇 가지 예시하며 세대 계승과 세대 갈등이 변동에 대해 어떠한 함의를 갖는지 검토하였다. 그러나 이러한 검토를 통해 얻어진 결론은 잠정적일 뿐이다. 보다 확고한 결론을 얻기 위해서는 비교 가능한 종단적(longitudinal) 자료가 필요한데 아직까지는 충분히 확보되지 않았다. 따라서 코호트 분석을 하는 데 여러 가지 제약이 따르는 것이 한국 사회과학계의 현실이다. 다행스런 일은 성균관대학교 서베이리서치센터(SRC)에서 대규모 전국 표본조사인 한국종합사회조사(KGSS)를 2003년부터 매년 실시하고 있다는 점이다. 이 연차적 조사는 종단적 자료를 장기적으로 축적할 수 있다는 점에서 앞으로 코호트 분석에 크게 기여할 것으로 보인다.

V. 요약 및 결론

지금까지 필자는 한국 사회의 세대 계승과 갈등을 사회문화적 변동의 맥락에서 살펴보았다. 우선 해방 후 사회문화적 변동과정을 개관한 결과 지난 60여 년 동안 경제발전과 민주화를 비롯한 여러 긍정적 변화가 있었지만 군부독재와 인권탄압 등 어두운 면도 공존했음을 알 수 있었다. 둘째로, 역사적 경험의 차이가 대략 어느 시점에서 세대를 나누어 경계짓고 경험 공유가 어떤 세대 특성을 낳는지에 대해 살펴보았다. 일제의 식민지체제와 한국전쟁 경험 여부, 산업화 · 정보화 · 민주화 운동 경험의 차이 등을 세대 구분의 기준으로 삼아 현 단계 한국 사회가 '식민지/전쟁체험 세대', '산업화/민주화 세대', '탈냉전/정보화 세대'로 구성되어 있으며 각 세대가 고유한 특성을 갖는다는 점도 밝혔다. 셋째로, 세대 계승과 세대 갈등이 사회문화적 변동에 대해 어떤 함의를 갖는지 검토하였다. 출생 코호트별 인구 구성비의 변화와 횡단적 · 종단적 연구결과들의 검토를 통하여 세대 계승과 갈등이 사회변동의 계기를 제공할 수 있다는 점을 확인하였다. 이제 마지막으로 여기에서 미처 다루지 못한, 그러나 매우 중요한 연구주제인 세대 형성에 관한 연구 필요성을 지적하며 이 글을 마치고자 한다.

이 논문에서는 오늘날 한국 사회의 동시대인을 대상으로 하여 그들의 역사적 경험의 질적 차이를 기준으로 삼아 세대를 구분하였다. 이러한 세대 구분 방법이 타당하다는 이론적 근거는 이 작업이 핀더의 "동시대의 비동시대성" 개념을 경험세계에서 확인한다는 의미를 갖는다는 데서 찾았다. 이 논문에서 시도한 바 특정 시점에서의 세대 구성을 분석하는 작업은 분명히 의미가 있다. 하지만 시간의 흐름 속에서 역사적 실재로서의 세대가 어떻게 형성되는지에 대한 연구도 앞으로 세대 연구자들이 본격적으로 다루어야 할 흥미로운 연구주제이다. 만하임이 그의 고전적 논문(Mannheim, 1952)에서 다룬 여러 소주제들 중에서도 특히 관심을 가진 주제는 바로 이러한 세대 형성의 문제였다. 그는 일정한 시간 간격으로 세대를 나누어 역사발전의 주기를 찾으려는 실증주의 접근에 대해 강하게 비판했다. 그 대신 그는 역사적 운명공동체로서 강한 연대의식을 갖는 세대 단위(generation unit)가 어떠한 조건 아래에서 어떠한 과정을 거쳐서 출현하는지에 대해 관심을 기울였다.

세대 형성에 대한 관심은 전상진(2004)에 의해서도 공유된다. 그는 세대 형성의 접근방법을 (1) 중요한 역사적 사건의 경험을 공유하면 세대가 자동적으로 형성된다는 객관주의적 접근과 (2) 어느 선도적 집단이 창출한 의식과 스타일이 또래들에게 폭넓게 수용되면서 세대가 형성된다는 주관주의적 접근 두 가지로 나누어 보았다. 그는 세대 형성을 온전하게 이해하고 설명하기 위해서는 이 두 측면이 동시에 고려되어야 한다고 주장한다. 필자가 이해하기로는 이러한 전상진의 입장은 만하임의 입장과 다르지 않다. 만하임 역시 한편으로는 경험 공유의 중요성을 강조하면서, 다른 한편으로는 선도적 집단이 또래들이 공감할 수 있는 "새로운 만남(fresh contact)"을 개발해 내야 세대 단위가 형성될 수 있다고 보았기 때문이다.

이 글에서는 두 가지 접근법 중 객관주의적 접근이 특히 강조되었다. 즉 비슷한 시기에 출생한 사람들은 동일 생애주기 단계에서 역사적 경험을 공유하므로 비슷한 세대 특성을 갖기 쉽다는 점이 지적되었다. 하지만 이러한 객관주의적 측면 못지않게 주관주의적 측면도 중요하다고 생각한다. 이러한 두 가지 측면을 동시에 고려하며 세대 형성과정을 경험적으로 연구하려 할 때 386세대에 주목할 필요가 있다. 필자는 우리 역사에서 세대 단위 혹은 실제 세대의 지위를 부여할 만한 세대는 386세대라고 지적한 바 있다(박재흥, 2003). 만하임이 제시한 '공동운명체로서의 연대감'이라는 잣대로 볼 때 386세대는 다른 어느 세대보다 그 기준에 잘 부합되는 세대이기 때문이다. 반미 사회주의 성향을 주요 특성으로 하는 원조 386세대로부터 우파 자유주의 성향을 띠는 뉴라이트 386세대가 분화되었다는 점 역시 흥미를 끄는 부분이다. 자료수집에 어려움이 따르기는 하겠지만 386세대의 출현을 시론적(試論的) 수준에서라도 세대형성의 관점에서 분석해 볼 필요가 있다.

주

1 이 글에서는 사회의 새로운 구성원들이 탄생하고 나이 든 구성원들이 퇴장하는 현상을 '세대 계승'으로 표현했다. 그러한 현상을 가리키는 말로 '세대 교체'라는 용어가 흔히 사용되지만, 그 표현은 신세대의 출현과 구세대의 퇴장이 마치 어느 순간에 한꺼번에 이루어지는 듯한 과장된 뉘앙스를 풍긴다. 한편, 세대 개념의 대표적 용법으로는 (1) 부모-자녀 세대의 경우처럼 친족 계보의 의미로 사용하는 용법과 (2) 비슷한 시기에 출생하여 역사적 경험을 공유하는 사람이라는 코호트의 의미로 사용하는 용법이 있는데 이 글에서는 두 번째 용법으로 사용할 것이다(Kertzer, 1983 ; 박재흥, 2003b 참조).

2 세대(generation) 개념의 어원을 고대 그리스어로부터 추적한 내쉬(Nash, 1978 : 2)에 따르면, 세대 개념에는 "어느 집단과의 유사성과 나머지 집단으로부터의 차이"를 강조하는 은유의 의미도 있었다고 한다.

3 이들 간의 관계를 인과관계로 보기에는 어려운 점이 있어서 점선으로 연결했다. 우선 생물학적 사실에 기초하는 세대 계승이 세대 차이를 원인으로 하지 않는다는 점은 명백하다. 다음으로 세대 차이와 세대 갈등은 개념적으로 인과적 성격을 갖기는 하지만 종종 두 개념을 섞어 쓰는 경향이 있고 인과관계의 경험적 증거를 제시하는 것도 쉽지 않다는 어려움이 있다.

4 이 절은 졸고(박재흥, 2003a, 2005)를 기반으로 하여 미흡한 부분을 다소 수정 보완한 것이다.

5 대부분의 매체와 달리 정부의 건국 60년 기념행사와 관련하여 선산업화, 후민주화라는 단계론의 문제점을 비판한《경향신문》(2008년 8월 19일자 제5면)의 당연한 지적이 돋보인다.

6 관련된 연구들을 열거하면 다음과 같다(한국사회학회, 1990 ; 박재흥, 1992, 1995, 2003a, 2005 ; 황상민 · 양진영, 2002 ; 조대엽, 2002 ; 홍덕률, 2003 ; 박

길성 · 함인희 · 조대엽, 2005).

7 386세대의 정치적 정체성이 다른 세대와 뚜렷이 구분되지 않는다는 흥미로운 연구결과도 있다. 박병영(2007)을 참조할 것.

8 웹 2.0은 2004년 인터넷 관련 기업 간의 회의에서 처음으로 등장한 용어인데, 인터넷 사용자가 정보생산에 참여하고 그 정보가 누구에게나 공유되고 개방되는 새로운 인터넷 환경을 가리키는 뜻이라 한다. '웹 2.0 세대' 혹은 '2.0세대'는 2008년 미국산 쇠고기 수입 반대 촛불집회에 참여한 10대들 간의 소통과 참여를 참여 · 공유 · 개방으로 대표되는 웹 2.0의 특성에 빗대어 만든 조어이다(김호기, 2008 ; 인터넷 한겨레, 2008. 6. 3 ; 오마이뉴스, 2008. 6. 11 참조).

9 이미 여러 변화가 나타나고 있다. 이성보다 감성의 중시, 사이버 공동체의 등장과 대면적 접촉 · 소통의 영향력 감소, 수직적 위계구조보다는 수평적 관계의 중시 등이 대표적이다. 최근에는 인터넷 공론장의 막강한 영향력과 참여 · 소통방식의 변화 등이 Web 2.0 시대의 새로운 변화양상으로 주목받고 있다.

10 코호트 분석의 한계는 전상진(2004 : 40)이 정확하게 지적하고 있다. 즉 연령–코호트–시기는 서로 함수관계에 있기에 각각의 독립적 효과를 측정할 수 없고, 현실에서는 세 효과가 뒤섞여 있으므로 가설의 수준에서만 독립적 효과를 말할 수 있으며, 바로 이러한 이유들 때문에 코호트 분석의 한계는 명확하다고 한다. 그러나 이러한 한계에도 불구하고 만일 코호트 자료가 확보된다면 한계에 대한 명확한 인식을 전제로 코호트 분석을 할 수 있고 또 해야 한다. 어느 분석방법이거나 강점과 한계를 동시에 갖기 때문에 방법 면에서는 다원주의적 태도가 필요하다. 오히려 우리가 경계해야 할 것은 횡단적 조사결과를 코호트 효과만의 영향인 듯 잘못 해석하는 경향이다.

참·고·문·헌

경제기획원. 1987.『한국의 사회지표』.

경향신문. 2008년 8월 19일자.

김상욱 외. 2006.『한국종합사회조사 2006』. 성균관대학교 동아시아학술원 서베이리서치센터. 성균관대학교 출판부.

김호기. 2008. "쌍방향 소통 '2.0 세대'." 인터넷한겨레 2008. 5. 14.

라우어(Lauer, R. H.). 1995. 정근식 · 김해식 역.『사회변동의 이론과 전망』. 도서출판 한울.

박길성 · 함인희 · 조대엽. 2005.『현대 한국인의 세대경험과 문화』. 집문당.

박병영. 2007. "1980년대 민주화 운동 세대의 정치적 정체성."『현상과 인식』 31(1/2) : 81–101.

박재흥. 1992. "한국 사회의 세대문제 : 질적 접근." 한국사회사연구회 편.『한국산업사회의 현실과 전망』. 문학과 지성사.『한국사회사연구회논문집』 38 : 11–66.

______. 1995. "신세대의 일상적 의식과 하위문화에 관한 질적 연구."『한국사회학』 29(가을) : 651–683.

______. 1999. "기성세대의 생애사와 세대 차이 인지에 관한 연구 : 질적 접근."『한국사회학』 33(가을) : 257–296.

______. 2003a. "사회변동과 세대문제." 정진성 · 이병천 외.『한국 사회발전연구』. 나남출판.

______. 2003b. "세대개념에 관한 연구 : 코호트적 시각에서."『한국사회학』 37(3) : 1–23.

______. 2005. "한국 사회의 세대 구성."『문학과 사회』 18(3) : 172–186.

백욱인. 1994. "대중 소비생활구조의 변화."『경제와 사회』 21(봄) : 45–69.

신용하. 2001.『일제강점기 한국민족사 (상)』. 서울대학교 출판부.
오마이뉴스. 2008년 6월 11일자. http://www.ohmynews.com/
인터넷한겨레. 2008년 6월 3일자. http://www.hani.co.kr/
전상진. 2004. "세대 개념의 과잉, 세대연구의 빈곤."『한국사회학』38(5) : 31–52.
조대엽. 2002. "386세대의 문화와 세대 경험." 임희섭 외.『한국의 문화변동과 가치관』. 나남출판. pp. 249–80,
통계청. 1993, 2001, 2005, 2007.『한국의 사회지표』.
통계청. 보도자료. 2008. 8. 14. http://www.nso.go.kr.
한국사회과학연구소. 1993.『다이어그램 한국경제』. 의암출판.
한국사회학회. 1990.『한국 사회의 세대문제』. 나남출판사.
한국정보문화센터. 2000.『2000 정보생활 실태 및 정보화 인식조사』.
홍덕률. 2003. "한국 사회의 세대 연구."『역사비평』통권 64호(가을호).
황상민 · 양진영. 2002. "한국 사회의 세대집단에 대한 심리학적 탐색 : 전이적 공존 관점을 통한 대학생 집단의 세대 이미지 분석."『한국심리학회지 : 사회 및 성격』16(3) : 75–93.
한국은행 웹사이트. 경제통계시스템.『우리나라 100대 통계지표』. http://ecos.bok.or.kr/jsp/use/100keystat/100KeyStatCtl.jsp.

Bengtson, Vern L., N. E. Cutler, D. J. Mangen, and V. W. Marshall. 1985. "Generations, Cohorts, and Relations between Age Groups." R. H. Binstock & E. Shanas(eds.). *Handbook of Aging and the Social Sciences(2nd Ed.)*. New York : VNR. pp. 304–338.
Glenn, Norval D. 1977. *Cohort Analysis*. Beverly Hills/London : SAGE.
Kertzer, David I. 1983. "Generation as a Sociological Problem." *American Review of Sociology 9* : 125–149.
Mannheim, Karl. 1952(1928). "The Problem of Generations." K. Mannheim, *Essays on the Sociology of Knowledge*. New York : Oxford University Press. pp. 276–320.
Nash, L. 1978. "The Concept of Existence : Greek Origins of Generational Thought." *Daedalus* 107 : 1–28.
Pilcher, Jane. 1994. "Mannheim's Sociology of Generations : an Undervalued Legacy." *British Journal of Sociology 45(3)* : 481–495.
Riley, Matilda W. 1985. "Age Strata in Social Systems." R. H. Binstock & E. Shanas(eds.). *Handbook of Aging and the Social Sciences*. New York : VNR. pp. 369–411.
Rosow, Irving. 1978. "What is a Cohort and Why?" *Human Development 21* : 65–75.
Ryder, Norman B. 1965. "The Cohort as a Concept in the Study of Social Change." *American Sociological Review 30(6)* : 843–861.

Spitzer, Alan B. 1973. "The Historical Problem of Generations." *American Historical Review 78* : 1353–85.

사회 양극화와 복지 패러다임

신광영_ 중앙대학교 사회학과

I. 문제제기

이 글은 형성기에 놓여 있는 한국의 복지제도가 보여주고 있는 특징을 분석하고 또한 사회 양극화 문제를 해결하는 데 기존의 복지 패러다임이 지니고 있는 한계를 논의하고자 한다. 기존 복지 패러다임을 이해하기 위해서는 비교적인 관점에서 복지 제공에 있어서 국가와 시장과의 관계, 복지재정 조달방식, 복지제도의 내용을 중심으로 한국 복지제도가 지니는 특징을 살펴보는 것이 필요하다. 복지제도의 도입과 일시적인 확대 현상만으로는 복지국가를 논의하는 것은 복지국가를 지나치게 단순하게 이해하는 것이다.

외한위기 이후 위기관리 차원에서 기존의 복지제도가 확대되거나 새로운 복지제도가 대폭 도입되었다. 이 시기 한국 사회에서 복지정책을 둘러싼 논쟁도 처음으로 공적인 영역에서 이루어지기 시작했다. 이와 더불어 한국의 복지제도의 성격이나 한국 복지제도의 유형에 관한 논의들도 등장했다(조영훈, 2001 ; 김연명 편, 2002 ; 남찬섭, 2002 ; 신광영, 2002 ; 정무권, 2002 ; 양재진, 2004 ; 홍경준 · 송호근, 2004). 또한 다른 동아시아 국가들에서도 복지제도가 확대되면서 국내외 학계에서 한국을 포함한 동아시아 국가들의 복지체제에 대한 논의도 새로운 형태로 이루어지기 시작했다(Jones, 1990 ; Goodman and Peng, 1996 ; Esping–Anderson, 1999 ; 김연명, 2004).

한국의 복지제도의 성격은 두 가지 차원에서 논의할 수 있다. 하나는 현재 한국의 복지제도의 형성에 관한 역사적 분석 차원이다. 각국의 복지제도는 각기 다른 역사적 배경 속에서 형성되었고 또한 다른 발전경로를 보여주고 있다는 점에서 강한 경로의존성(path dependency)을 지니고 있다. 정치적 행위자들의 조직, 이념, 행정조직과 정책 집행은 과거로부터 계승된 정치문화와 정책구조 속에서 이루어고, 정책변화의 내용도 이루한 구조 속에서 이루어진다(Pierson, 1994 ; Zysman, 1994 ; Huber and Stephens, 2001 ; Cox, 2004). 기존의 제도적 틀이 새로운 제도의 선택 폭에 제약을 가하고 축적된 정치적 과정과 사회계급 간 교섭력에 영향을 받기 때문에 제도적 단절이나 전환이 쉽게 나타나지는 않는다(North, 1990, 1994). 그러므로 이전 복지제도를 포함한 제도와 정책의 변화의 폭이 크지 않기 때문에 복지제도의 수렴(복지국가의 몰락 혹은 복지국가화)이 이루어지지는 것이 아니라, 복지제도의 변화 이후에도 제도상의 질적인 차이가 크게 유지되고 있다.[1] 경로의존성의 중요성은 미래의 제도나 정책변화를 예측하는 경우에도 적용할 수 있다는 점에서 찾을 수 있다.

또 다른 하나는 복지제도의 양적인 차원이다. 복지체제는 복지재정 조달방식, 복지재정 규모, 복지 서비스 전달체계, 수혜자 범위, 복지효과 등의 차원에서 국가 간 큰 차이를 보이고 있다. 복지국가의 유형이나 복지체제 유형에 관한 기존의 논의들은 주로 이러한 차원에서 이루어졌으며, 이러한 차원은 복지제도가 사회성원들의 삶에서 차지하는 실질적인 중요성을 보여준다는 점에서 중요한 의미를 지닌다(Titmuss, 1977 ; Korpi, 1980 ; Esping-Anderson, 1999 ; Hicks and Swank, 1992 ; Huber and Stephens, 2001).

복지체제는 생산체제와 밀접한 관련을 맺고 있다. 한국의 복지체제는 1960-1970년대 형성된 발전국가(the developmental state)에 의해서 만들어진 생산체제(production regime)와 밀접하게 연관되어 있다. 한국의 복지제도는 독립적으로 존재하는 제도가 아니라 발전국가가 주도한 경제계획의 틀 속에서 기획되었기 때문에 다른 제도와 더불어 기획되었고 또한 더불어 변화해 왔다. 1990년대 중반까지 경제기획원과 그 이후 기획예산처가 예산계획 단계에서 사회정책 형성과정에 깊이 개입해 왔다. 그 결과 지난 40여 년 동안 발전국가는 공기업 경영뿐만 아니라 민간기업의 자금조달, 노동력 공급, 노사관계, 판로 개척에 이르기까지 폭넓게 개입하여 독특한 국가 조정시장경제(the state coordinated liberal market economy) 체제를 만들어냈다.

국가의 모든 정책들은 독립적으로 만들어지는 것이 아니라 다른 정책들과 상호 유기적인 관계 속에서 만들어진다. 특히 동아시아 국가들처럼 국가가 경제발전을 정책목표로 내세우고 모든 자원을 집중시키는 경우 국가의 복지정책은 기존의 정책들과의 연계 속에서 다루어진다. 또한 복지정책은 복지재정의 확보와 이를 집행하기 위한 복지행정 조직이 동시에 구비되어야 실시 가능하기 때문에 노동정책이나 조세정책과 같은 정부의 정책과의 관련 속에서 다루어진다. 그러므로 새로운 정책이 기존의 정책적 전통과 제도틀을 크게 벗어나는 것이 어렵다. 각 사회마다 복지정책에서 강한 경로의존성을 보여주고 있는 이유는 바로 이러한 제도적 속성 때문이다(Pierson, 1992). 즉 변화가 필요한 경우에도 질적으로 다른 커다란 변화가 이루어지지 못하고 양적인 차원에서 부분적인 변화만이 이루어졌다. 복지정책의 질적인 변화는 노동정책, 조세정책과 경제정책의 전반적인 변화를 수반하지 않으면 이루어지기 힘들다는 점에서 각국의 복지정책은 여전히 강력한 경로의존성을 보여주고 있다고 볼 수 있다.

외환위기를 계기로 한국의 경우 복지정책은 발전국가의 경로 대신에 새로운 길로 전환할 수 있는 계기를 맞이하였다. 기업의 구조조정과 정리해고를 통하여 대량실업이 발생하였고, 빈곤층이 급속히 증가하면서, 국가 복지 서비스의 수요는 크게 증가했다. 경제위기가 사회 양극화로 불리는 사회적 위기로 진전되면서 발전국가 체제에서 형성된 제한적인 복지제도가 더 이상 사회적 위기를 해결할 수 없게 되었다. 1997년 경제위기는 발전국가 체제 속에서 형성된 모든 제도의 위기를 불러일으켰다는 점에서 '통치의 위기(the crisis of governability)'를 낳았다.

이 글은 경제위기 이후 새롭게 형성된 한국의 복지제도를 비교적인 관점에서 살펴보고, 형성기에 놓여 있는 한국의 복지제도가 지니고 있는 제도적인 특징을 살펴보고 신자유주의의 길로 나아가고 있는지를 분석한다. 구체적으로 한국의 노사관계, 복지, 재정체제를 OECD 국가들과의 비교를 통해서 한국의 복지체제가 지니고 있는 특성을 밝히고자 한다. 이것은 횡단적인 분석뿐만 아니라 시계열적인 분석을 통하여 과거 서구 복지국가 형성기의 복지제도와 한국의 복지제도를 동시에 살펴봄으로써 가능하다. 즉 서로 다른 유형의 복지국가들의 궤적(trajectory)을 살펴봄으로써 한국의 복지제도가 지니고 있는 특성을 파악하고자 한다.

II. 복지제도의 변화

1. 발전국가의 복지정책

1961년 군사 쿠데타를 통해서 집권한 군부정부는 사후적으로 정부의 정당성을 획득하기 위하여 경제성장을 정부적 차원의 과제로 삼았다. 권위주의 국가가 경제계획을 통하여 경제성장을 도모하였고, 수출 증대를 목적으로 시장에 개입하여 특정 산업과 기업의 성장을 주도하였다. 한국뿐만 아니라 일본이나 대만에서 등장한 이러한 국가는 전형적인 발전국가로서 경제성장을 정부 정책의 제1의 목표로 내세우고, 이를 달성하기 위하여 관료조직을 만들고 경제적 자원과 인적 자원을 동원하였다.[2] 정당성이 결여된 군사정부는 경제성장을 통해서 정부의 정당성을 확보하고자 했기 때문에 경제정책의 성패 여부가 정부의 운명을 좌우하게 되었다.

권위주의 정부의 노동정책은 고도 성장에 장애요인으로 인식된 물가상승을 막기 위한 임금억제정책을 포함하였다. 임금상승이 물가상승의 요인이 되기 때문에 정부가 임금 가이드라인을 제시하여 임금상승률을 통제하였다. 그러므로 새로이 등장한 군사정부는 1963년 임금상승의 제도적 요인인 노동운동을 억압하고 노사협력을 증진시키기 위하여 기존의 노동관계법을 개정하였다. 개정 노동관계법은 노조의 정치활동 금지, 노조설립 준칙주의, 부당 노동행위 구제주의, 노동쟁의 적법심사제도와 노동쟁의에 대한 긴급 조정제를 입법화하였다(김윤환, 1989 : 78-80). 1970년 외국인 투자기업에서 일하는 노동자들의 노동 3권을 제약하는 특별법을 제정하여 외국인 투자를 활성화시키기 위한 조치를 취했다.

이러한 환경에서 복지제도는 두 가지 요인에 의해서 영향을 받았다. 하나는 정치적 요인으로서 정부의 성격이다. 초기 한국의 군사정부는 취약한 노동과 취약한 자본으로부터 압력을 받지 않는 독립적인 권위주의 권력이었다. 초기 쿠데타로 등장한 군사정부의 핵심적인 관심은 정부 유지에 있었고, 정부 유지에 중요한 집단으로부터 지지를 얻기 위해서 복지제도를 도입하였다. 군부가 안정적으로 권력을 행사하는 데 기능적으로 중요한 직업집단인 공무원, 교원, 직업군인을 대상으로 하는 연금제도를 실시하였다. 공무원 연금법은 1960년 1월 1일 제정되어 같은 해 2월 6일 실시되었다. 공무원 연금은 일반직 공무원, 교육 공무원, 고용원, 판사와 검사, 별정직 공무원을 대상으로 하였다. 군인 연금은 공무원 연금에 포함되어 있었으나 1963년 1월 28일 군인 연금법에 의해서 독립되었다. 사립학교 교원 연금은 사립학교 교원 및 가족의 복지향상을 목적으로 1973년 12월 30일 제정되어 1975년에 시행되었다(이광찬, 1989 : 457-464 및 465-467). 쿠데타로 집권한 군사정부는 정부적인 차원에서 핵심 사회집단인 공무원, 교원, 군인들의 지지가 절대적으로 필요했을 뿐만 아니라, 그들은 행정적인 차원에서도 통치의 중요한 수단이었다.

다른 하나는 군사정부가 추진한 국가의 산업화 정책과 관련된 정책적 요인이다. 1960년대 초반부터 산업화를 추진한 박정희 정부는 산업화 과정에서 발생하는 문제를 해결하기 위하여 1963년 11월 5일 산업재해보상법을 제정 · 공포하여 1964년부터 산업재해보상보험(이하 산재보험) 제도를 도입하였다. 산업화를 계기로 산업현장에서 대형사고가 발생하였고, 이로 인하여 사망자와 부상자가 대량으로 발생하기 시작하면서 산재보험을 통해서 산업재해에 대처하였다.[3] 이를 해결하기 위하여 정부는 1964년 7월 1일부터 500명 이상을 고용한 광업과 제조업 사업장을 대상으로 산재보험을 도입하였다. 산재보험은 1965년부터 200인 이상, 1966년에는 150인 이상, 1967년 100인 이상, 1972년에는 30인 이상, 1982년에는 10인 이상 사업장으로 지속적으로 확대되었고, 1970년에는 청계피복노조 전태일의 분신 사건으로 청계피복상가와 같이 소규모 사업체들이 밀집되어 있는 경우에도 산재보험이 적용되게 되었다(이상윤, 1989 : 206-207).

의료보험은 발전국가에 의해서 가장 늦게 도입된 복지정책이었다. 이미 1964년 의료보험법이 제정되었지만 실질적으로 1970년에 이르러서야 실시되었고, 공무원, 군인, 노동자에 대해 강제 가입을 규정하였다. 의료보험은 피보험자와 사업주가 1/2씩 부담하며, 국가는 보험료 부담을 지지 않았고, 대기업 피고용자만이 혜택을 받았다. 1975년 의료보험은 전체 인구의 0.2%에 해당하는 6만 7,486명만을 대상으로 하였다(이광찬, 1989 : 477). 1977년에 이르러 의료보험이 500인 이상의 사업장에 강제적으로 적용되었다. 그 이후 의료보험의 강제 적용 대상이 1979년 300인 이상, 1981년 100인 이상, 1983년 16인 이상 사업체로 확대되었다. 1977년 12월 31일부터 공무원과 사립학교 교원 의료보험법이 제정되어 공무원과 교원의 의료보험제도가 독자적으로 실시되었고, 1981년 4월 4일부터 지역 및 직종 의료보험제도가 도입되었다. 직장, 직종과 지역에 따라 독자적인 의료보험조합이 설립되어 의료보험제도는 극단적으로 분절된 형태를 보여주었다.

발전국가의 복지제도는 두 가지 특징을 지녔다. 첫째, 복지제도가 국가의 복지 서비스를 필요로 하는 실업자, 빈곤층, 장애자, 노인 등을 대상으로 하기보다는 공무원, 교원, 군인 등의 핵심적인 직업집단을 대상으로 실시했다. 이것은 집권세력의 권력 행사에 전략적으로 중요한 직업 집단에게 특권적인 지위를 부여하여 정부의 지지기반을 강화하기 위한 것이었다. 이러한 점은 서구의 복지제도 형성기의 경험과 대단히 다른 것이었다. 한국의 복지제도는 노동 계급의 권력자원(Esping-Anderson, 1985 ; Huber and Stephens, 1999 ; Korpi 2000)이나 노동 계급과 농민 계급의 타협(Baldwin, 1990)의 산물도 아니었고, 전쟁 중 국민적 연대의식을 제고하기 위한 정치적 산물(Titmuss, 1977)이나 대중적인 시위나 사회불안의 산물(Piven and Claward, 1971)도 아니었다. 권위주의 정부의 정치적 목적과 정책적 목표에 따라서 새로운 복지제도가 선택적으로 도입되었고, 산업화와 더불어 기능적 차원에서 요구되는 산재보험이나 직장 의료보험과 같은 분야에서만 부분적인 확대가 이루어졌다.

둘째, 국가의 복지재정 부담을 최소화하고 또한 기업의 노동비용을 줄일 수 있는 재정조달 방식이 도입되었다(정무권, 2004). 직장의료보험의 경우 사용자와 근로자가 보험액의 절반을 부담하고, 지역의료보험의 경우는 피보험자가 보험액 전액을 부담했으며, 국가는 운영비만을 부담하였다. 직장의료보험의 경우 기업의 의료비 부담을 경감시켜 주기 위해 법인세 감면 혜택을 부여하였다. 또한 의료보험의 관리를 전국경제인연합회 산하의 전국의료보험협의회(1981년 9월 30일 의료보험조합연합회로 개칭)가 담당하여 의료보험은 국민 복지 차원보다도 대기업의 이해를 반영하게 되었다(신동면, 2004 : 130).

2. 발전국가의 위기와 복지정책

1987년 민주화 투쟁의 성공으로 민주화 이행이 시작되면서 정치적 조건의 변화가 발생했다. 또한 민주화 이행이 시작된 직후 탄압되었던 노동자들의 집단적인 운동이 활성화되면서 임금인상과 노동자들의 권리 확보를 목적으로 하는 대규모 파업이 전국에서 발생하였다. 1987년 3,749회의 파업이 발생하였고 파업 참여자는 126만 명에 달했다. 파업이 주로 1987년 하반기에 발생했다는 점을 고려한다면 1987년 파업은 그야말로 폭발적인 것이었다. 또한 노동조합이 부재한 사업장에서 대부분의 대규모 파업이 발생하면서 노동조합 조직 결성을 둘러싼 기업과 노동자들 간의 갈등이 또 다른 파업으로 이어졌다. 1988년과 1989년 파업횟수는 각각 1,873회와 1,616회로 줄어들었지만 작업손실일수는 크게 줄지 않아서 장기파업이 많이 일어났음을 알 수 있다.

노동운동의 활성화로 노동조합을 통한 임금교섭과 단체교섭이 제도화되면서 기업 수준에서의 복지가 크게 확대되었다. 기업의 복지후생비 지출은 1986년에 비해서 1988년은 47.1% 증가가 이루어졌고, 증가가 이루어진 주된 요인은 노사분규 예방이었다(한국경영자총연합회, 1989 : 56-57). 노조가 있는 기업과 대기업에서 기업복지가 확대되었다는 점에서 노동자들의 집합행동이 기업복지에 큰 변화를 가져왔다는 것을 알 수 있다.

그러나 국가복지는 크게 변화를 보이지 않았다. 1988년 의료보험이 농어촌 지역으로 확대되었고, 1989년 도시 자영업자로 확대되었다. 그러나 정부는 의료보험 관리에 필요한 운영비만을 부담하였고, 기업과 피보험자가 보험금을 부담하였기 때문에 실질적인 국가복지제도의 확대가 제대로 이루어지지 않았다. 다만, 1988년 10인 이상의 상시 근로자 사업체를 대상으로 국민연금제도가 도입되었고, 이후 1992년 5인 이상 사업체로 확대된 것은 노동자 복지와 관련된 새로운 변화라고 볼 수 있었다.

김영삼 정부(1992-1997)는 국제화와 세계화를 내세우며 경제개혁을 추진하였지만 복지정책은 정부 정책의 주된 의제가 되지 못했다. 경제개혁의 내용은 개발연대에 뿌리를 내린 정부의 시장규제를 철폐하는 것이었다. 권위주의 정부 하에서 만들어진 노동관계법 개정 시도도 있었지만 자본가들의 저항에 부딪혀 중도에 포기되었고, 각종 개혁정책 가운데 기업경쟁력 강화와 관련된 정책만이 집행되었다(신광영, 1999, 2002).

김영삼 정부 하에서 새로이 도입된 복지제도는 1995년 7월 1일에 실시된 고용보험제도이다. 1993년 4월 한국노총과 한국경총이 합의하여 고용보험제도의 조기실시를 정부에 요구하였고, 김영삼 정부는 '신경제 5개년계획'에서 1995년부터 고용보험제도를 실시할 것이라는 것을 밝혔다. 1995년부터 실시된 고용보험제도는 30인 이상의 사업장과 70인 이상의 고용안정 및 직업능력개발사업장에만 적용되었다. 그 결과 1997년 고용보험 가입자는 전체 피고용자 가운데 31.4%에 불과했다. 이는 고용보험이 적용되지 않는 사업체 종사자들뿐만 아니라 비정규직 종사자들이 고용보험에 가입되지 않았기 때문이었다. 고용보험은 외환위기를 계기로 1998년 1월 1일부터 10인 이상 사업장으로, 1998년 3월 1일부터 5인 이상 사업장으로, 1999년

10월 1일부터 전사업장으로 확대 · 적용되었다. 그러나 2004년 현재에도 전체 노동자 가운데 50.9%만이 고용보험에 가입되어 있고, 실업자 가운데 고용보험의 혜택을 누리는 비율도 21.4%에 불과했으며, 실업급여 기간이 90–240일로 짧고 소득 대체율이 28.7%에 불과해 고용보험제도가 실업자를 위한 사회적 안전망으로서의 기능을 제대로 못 하고 있다(유길상, 2005 : 8–11).

1997년 12월 시작된 외환위기는 경제 전체의 위기로 확대되었고, 새로 등장한 김대중 정부는 위기관리 차원에서 복지정책을 추진하였다. 국민의 정부를 내세운 김대중 정부는 IMF의 관리 하에 구제금융 지원을 받아서 경제위기를 극복하기 위한 개혁정책을 추진하였다. IMF가 요구한 개혁은 관리경제공기업 민영화, 금융자율화와 금융시장 개방, 노동시장 유연화 및 기업 지배구조 개혁 등 IMF에서 요구하는 경제개혁이 중심을 이루었다. 새로운 경제정책의 핵심적인 내용은 신자유주의적 개혁이었다.

복지와 직접적으로 관련된 변화는 노동시장 유연화로 대량실업과 비정규직의 급증이었다. 구조조정과 정리해고를 통해서 1998년 매월 10만 명의 신규 실업자가 발생하였고, 비정규직이 급증하여 2003년 8월 현재 비정규직 규모는 784만 명으로 전체 피고용자의 55.4%에 달하였다(김유선 2003 : 25).[4] 비정규직의 경우 남성과 여성의 차이가 대단히 커서 남성 가운데 비정규직의 비율은 45.4%인 데 비하여 여성 가운데 비정규직의 비율은 69.5%로 나타났다(김유선, 2003 : 27). 비정규직의 양적 팽창은 피고용자 복지의 하락으로 이어졌다. 임금의 하락뿐만 아니라 각종 복지혜택에서 비정규직이 배제되었기 때문에 비정규직의 상당부분이 근로 빈곤층으로 전락했다. 2003년 비정규직의 월평균 소득은 정규직의 51%에 불과하였다(김유선, 2003 : 35). 외환위기 이후 IMF 관리경제 체제 하에서 실시된 신자유주의 경제정책으로 인하여 노동시장을 통한 피고용자들의 복지 수준이 크게 하락하였고 빈곤층이 크게 확대되었던 것이다.[5]

김대중 정부 복지정책의 기조는 "생산적 복지"였다. 대량실업과 빈곤층의 확대에 따른 복지지출이 불가피한 상황이었지만, 복지지출은 정부 재정에 부담을 줄 수밖에 없었기 때문에 김대중 정부는 복지지출이 경제회복에 장애가 되어서는 안 된다는 견해를 견지했다. 그러므로 복지는 최소한으로 제공되어야 하며, 복지수혜자들이 복지에 의존하는 복지의존성을 지니지 못하도록 해야 한다는 복지관을 내세웠다. 생산적 복지 담론은 복지지출 자체를 반대하는 재계와 보수집단의 반대를 고려한 복지 담론이었다. 생산적 복지는 신자유주의적 경제개혁으로 발생한 사회적 위기를 관리하기 위한 복지정책의 주된 지향이었다.

김대중 정부의 생산적 복지는 국민기초생활보장제도로 나타났다. 김대중 정부는 1999년 9월 7일 생활보호법을 대체하여 국민기초생활보장법을 제정하고 2000년 7월 1일부터 시행하였다. 저소득층에 대한 일방적인 생계지원이 아니라 자활사업에 참가하는 것을 조건으로 생계를 지원하는 제도였다. 생계급여 가운데 조건부 생계급여제도를 도입하여 자활을 통한 소득획득 노력을 조건으로 생계급여를 제공하는 것이었다.

역설적으로 IMF는 김대중 정부보다 더 한국의 복지 문제에 관심을 기울였다. 대량실업과 빈곤층 증가로 인하여 IMF가 요구하는 경제개혁에 대한 불만이 늘어나고 집단적 저항이 발생할 가능성이 높았기 때문에 IMF는 자신들이 요구하는 신자유주의적 경제개혁의 성공을 위해서 김대중 정부에게 사회적 안전망의 확대를 강력하게 요구했다. 1998년 4월 13일 김대중 정부와 IMF 사이에 작성된 제2차 구조조정 대출 합의서(the Second Stuctural Adjustment Loan : SALII)는 구조조정을 촉진시키기 위해서 사회적 안전망의 확충이 필요하다는 내용을 담고 있다. 또한 세계은행도 "구조조정과 경제위기로 인한 충격을 완화시키기 위하여", 또한 "구조조정의 사회적 비용을 낮추기 위해서" 복지개혁이 필요하다는 점을 내세웠다(World Bank 1999 : 46). 국제통화기금과 세계은행은 구조조정이 가져올 사회적 위기를 관리하기 위해서도 복지정책이 필요하다는 점을 김대중 정부에게 인식시켰고, 김대중 정부가 이행해야 할 중요한 정책사항으로서 복지개혁을 대출 합의서에 포함시켰던 것이다.

3. 한국의 복지제도 : 비교적인 관점에서

발전국가의 특징은 투자를 우선시하였기 때문에 복지지출이 극단적으로 낮았다는 점이다. 경제위기 이후 정부의 복지지출은 지속적으로 증가했지만 아직도 복지지출 규모는 대단히 적었다. 발전국가의 유산 속에서 정부가 복지재정을 가능한 한 복지수혜자나 기업에게 부담하였기 때문에 정부의 사회적 지출은 경제위기 이후에도 대단히 낮은 수준에서 이루어졌다. 〈표 1〉에서 알 수 있듯이 GDP에서 사회적 지출이 차지하는 비중은 경제위기로 인한 구조조정을 경험한 1998년 5.9%에 불과했다. 2005년 사회적 지출이 6.9%로 증가했지만 이는 터키나 멕시코에 비해서도 훨씬 낮은 수준이었다. 2005년 한국 정부의 사회적 지출이 이전보다 약간 높은 수준으로 증가하였으나 터키, 멕시코, 한국이 아직도 OECD 국가들 가운데 부의 사

표 1_OECD 국가들의 복지재정 지출(GDP 대비 %) : 1985-2003

국가	1985	1990	1995	1999	2000	2001	2002	2003
Australia	13.02	14.07	19.91	20.51	21.37	21.02	21.03	20.81
Austria	25.03	24.84	27.67	26.60	26.27	26.33	26.75	26.97
Belgium	26.50	25.00	26.39	25.96	25.30	25.72	26.13	26.48
Canada	17.27	18.43	19.20	17.05	16.73	17.27	17.31	17.27
Czech Republic	–	16.04	18.24	20.23	20.59	20.61	21.23	21.36
Denmark	24.18	25.93	29.37	27.11	26.03	26.64	27.15	27.81
Finland	22.79	24.52	30.90	26.05	24.48	24.68	25.22	25.91
France	25.77	25.51	28.56	29.08	27.84	27.77	28.30	29.08
Germany	25.16	24.07	28.13	27.97	27.91	27.96	28.62	28.76
Greece	17.89	18.60	19.30	21.38	21.30	22.29	21.33	21.30
Hungary	–	–	–	21.64	20.59	20.72	21.90	22.68
Iceland	–	17.04	19.12	19.47	19.58	20.06	22.17	23.84
Ireland	21.81	15.51	16.32	14.17	13.64	14.43	15.49	15.93
Italy	21.74	23.35	23.51	24.99	24.90	24.98	25.55	25.97
Japan	11.27	11.41	14.15	15.88	16.62	17.54	18.27	18.40
Korea	–	4.04	4.76	8.92	8.24	7.72	7.28	7.87
Luxembourg	23.14	21.94	23.76	21.74	20.43	22.19	24.03	24.82
Mexico	1.90	3.57	4.74	5.76	5.82	5.93	6.27	6.84
Netherlands	24.57	24.78	23.45	20.73	20.09	20.24	20.67	21.38
New Zealand	17.97	21.78	18.95	19.34	19.11	18.40	18.43	18.01
Norway	18.30	23.77	24.44	25.87	23.52	24.50	26.12	26.71
Poland	–	15.14	23.13	22.23	21.15	22.41	23.04	22.93
Portugal	11.26	13.91	18.50	19.85	20.61	21.36	22.61	23.95
Slovakia	–	–	19.16	18.98	18.33	18.06	18.12	17.51
Spain	17.78	19.98	21.48	20.36	20.36	20.16	20.24	20.31
Sweden	29.71	30.53	32.88	30.57	29.30	29.84	31.02	31.86
Switzerland	17.05	17.85	23.87	25.82	25.24	26.15	26.71	27.68
Turkey	4.21	7.63	7.52	13.20	–	–	–	–

United Kingdom	19.80	17.48	20.92	19.70	19.86	20.88	20.92	20.95
United States	13.33	13.92	15.81	14.99	14.98	15.54	16.41	16.59

출처 : OECD. *OECD Social Expenditure Data 1985–2003.*

회적 지출이 낮은 복지 후진국에 속한다. 명목상으로 국민기초생활보장제와 같은 새로운 복지제도가 도입되었고 기존의 복지제도가 확충되었지만 정부가 복지재정에 거의 기여를 하지 않기 때문에 정부의 사회적 지출은 대단히 낮은 수준을 벗어나지 못하고 있다. 그러므로 경제위기 이후 도입된 새로운 복지제도들은 사회안전망으로서의 기능을 충분히 발휘하지 못하고 있다.

정부의 사회적 지출이 낮은 이유는 이미 복지가 대부분 민간보험의 형식으로 시장을 통해서 제공되고 있고, 국가가 제공하는 복지서비스의 경우 복지수혜의 수준이 낮기 때문이다. 의료의 경우 민간병원이 의료 서비스 제공을 담당하고 정부는 재정만 담당하고 있다. 전 국민을 대상으로 하는 국민건강보험이 제도화되어 있지만 많은 국민들이 추가적인 생명보험이나 질병보험과 같은 민간보험을 구매하고 있다. 또한 보육, 탁아와 같은 가족복지 영역도 이미 어린이집과 유치원과 같은 영리를 목적으로 하는 민간기관들에 의해서 장악되었다.

김대중 정부에 들어서 복지제도가 크게 확충되었다. 1998년 고용보험제도가 확대되었고, 2000년 국민기초생활보장제도와 2002년 근로자소득보장제도가 새로이 도입되었다. 그러나 명목상으로 복지제도들이 확충되었으나 복지예산이 제대로 확보되지 못하고 복지전달체계가 제대로 마련되지 않아서 복지제도들은 실질적으로 제대로 기능하지 못하고 있다. 예를 들어 1999년 고용보험의 혜택을 받은 실업자는 전체 실업자의 9.8%에 불과하며, 실업상태의 임금근로자 가운데 15.5%만이 고용보험의 혜택을 받았다. 이러한 낮은 수치는 고용보험제도가 실업자들의 소득상실 문제를 제대로 해결하지 못했다는 것을 의미한다. 또한 국민기초생활보장제도도 빈곤층의 사회안전망으로서 제대로 기능하지 못했다. 2003년 말 국민기초생활보장제도에 의해서 지원을 받고 있는 빈민층은 138만 명(72만 가구)이었지만 지원을 받지 못하는 빈민층은 177만 명(78만 가구)이었으며, 최저생계비 100-120%의 차상위 빈곤층이 86만 명(35만 가구)에 이르러 국민기초생활보장제도가 빈곤층의 기초생활을 제대로 보장하고 있지 못했다(전병목 · 이상은, 2006). 국민기초생활보장제도가 빈곤 문제를 해결하기 위한 복지제도임에도 불구하고 빈곤하지만 국민기초생활보장제도의 혜택을 받지 못하는 비수급 빈곤층과 근로 빈곤층이 광범위하게 존재하고 있다는 사실은 제도와 현실의 간극이 크다는 것을 보여준다.

경제위기 이후 한국의 복지제도가 크게 확장되었다. 새로운 복지제도가 도입되었고, 기존의 복지제도가 확장되었다. 그렇다면 현재 한국의 복지제도 수준은 어느 수준인가? 이러한 질문에 답하기 위하여 사회지출을 항목별로 살펴보았다. 〈표 2〉은 주요 선진국과 한국의 복지지출을 항목별로 살펴본 것이다.

전체 GDP에서 의료지출이 차지하는 비중은 OECD 국가들 가운데 한국에서 가장 낮은 수준이다. 2006년 한국의 의료지출이 차지하는 비중은 터키 7.7%, 멕시코 6.5%, 체코 5.9%보다 낮은 5.6%였고, 이는 OECD 평균 8.9%보다 3% 이상 낮은 것이었다. 의료비 지출에서 공공지출이 차지하는 비중은 1990년 38%에서 2004년 51%로 크게 증가하였지만, OECD 평균인 73%에 비해서 여전히 크게

표 2_ 주요 선진국과의 항목별 사회지출 규모(2001년) 비교

(단위 : GDP 대비, %)

	사회지출 합계	노령 연금	유족 급여	장애·산재	보건	가족 복지	적극적 노동시장	실업급여·퇴직수당	주거 급여	기타
한국 (A)	6.12	1.20	0.20	0.46	3.24	0.10	0.30	0.15	0.00	0.47
주요 선진국 (B)	22.16	7.56	0.84	2.49	6.41	1.93	0.81	1.09	0.51	0.59
비율 (A/B)	0.28	0.16	0.24	0.19	0.51	0.05	0.37	0.14	0.00	0.80

주 : 음영처리된 부분이 사회투자적 지출에 해당하는 항목임. 퇴직금 등의 MANDATORY PRIVATE SOCIAL EXPENDITURE을 제외하고 PUBLIC SOCIAL EXPENDITURE 기준임. 주요 선진국은 G-7 국가와 호주, 덴마크, 핀란드, 아일랜드, 네덜란드, 스웨덴 등 6개 강소국을 포함한 13개국임.

출처 : OECD. 2004. *Social Expenditure Database*(SOCX) *1980-2001*.

표 3_ 상대 빈곤율* 국제비교(%)

한국[1)]	미국	일본	영국	독일	스웨덴	OECD 평균
18.0	17.1	15.3	11.4	9.8	5.3	10.2[2)]

1) 한국은 '05년, 다른 나라는 '00년 기준,

2) OECD 25개국 평균.

* 중위소득 50% 이하인 가구/전체 가구.

출처 : 통계청. 2005 ; Förster and Mira D'Ercole. 2005 ; OECD. 2005.

낮은 수준이다. 이것은 아직도 환자 스스로가 자신의 치료비의 절반 정도를 부담하고 있다는 것을 의미하며, 또한 한국이 미국(55%), 멕시코(46%) 다음으로 의료비 개인 부담 비율이 높다는 사실을 보여준다(OECD, 2006).

가족복지는 출산, 보육 및 탁아와 관련한 복지로서 직접적으로 가족의 복지뿐만 아니라 간접적으로 기혼여성의 경제활동 참여에도 영향을 미친다. 가족복지가 발달하면 보육이나 탁아의 어려움으로 인하여 출산한 여성들이 직장을 포기하는 경우가 크게 줄어들 수 있

다. 한국의 가족복지는 OECD 평균 수준의 5%에 불과하여 가족복지가 크게 부족한 상태이다. 또한 가족복지가 취약함으로 인하여 기혼여성들이 출산을 기피하게 되기 때문에 가족복지의 저발전은 복지 차원의 문제에 그치지 않고 인구위기를 낳는 중요한 요인이 되고 있다.

적극적 노동시장정책 지출은 정부가 노동시장에서 발생하는 실업이나 저임금 문제를 적극적으로 예방하고 해결하기 위한 것이다. 사후적으로 실업자나 근로 빈곤층에 대한 복지 제공보다 사전적으로 실업과 근로 빈곤층의 발생을 예방하기 위하여 일자리 창출, 직업훈련, 구직-구인 알선과 이사비용 지원을 통한 노동력 이동 지원과 같은 정책이 여기에 속한다. 경제위기로 인하여 정부의 적극적 노동시장 정책 지출이 크게 늘었으나 다른 OECD 국가들의 37% 수준에 머무르고 있다.

III. 양극화와 복지 패러다임

한국 사회에서 논의되는 양극화의 실태는 불평등 심화와 빈곤층 확대에 기초하고 있다. 엄밀한 의미에서 양극화는 소득이나 자산의 분포가 두 개의 집락(cluster)을 중심으로 두 개의 봉우리가 있는 분포를 갖게 되는 것을 지칭한다. 즉 양극화는 소득불평등의 증가현상뿐만 아니라 국지적 평균들을 중심으로 집락이 형성되는 소득 분배구조의 변화를 일컫는다. 여러 학자들이 제시한 양극화 지수(Esteban and Ray, 1994 ; Duclos, Esteban and Ray, 2004)는 이러한 속성을 포착하기 위한 시도 중 하나라고 볼 수 있다.

한국 사회에서 관찰되는 양극화는 두 개의 집락을 중심으로 하는 소득분포상의 변화가 아니라 소득집단 간 소득 격차가 증가하고 빈곤층의 규모가 커지는 현상을 의미한다. 이러한 경우 불평등을 측정하는 지수(Theil지수, Gini계수 등)에서 지수가 커질 뿐만 아니라 양극화 지수도 커지게 된다. 한국의 경우 타일지수나 지니계수가 유의미하게 커졌고, 양극화 지수도 증가하기는 했지만 그렇게 크게 증가한 것은 아니었다(강신욱 외, 2006).

지난 10년간 한국 사회에서 나타난 소득분포의 변화는 〈그림 1〉과 〈그림 2〉에서 잘 볼 수 있다. 1998년 노동 패널 자료에 근거한 지니계수는 0.341로 나타났으며, 2005년에는 0.375로 크게 증가했다. 〈그림 1〉과 〈그림 2〉는 불평등 심화의 내용을 좀 더 구체적으로 보여준다. 1998–2005년 사이에서 나타난 뚜렷한 변화는 자본가 계급의 소득이 크게 증가하면서 다른 계급과의 격차가 커졌다는 점이다. 특히 자본가 계급과 판매 서비스직에 종사하는 노동 계급 1(화이트칼라 노동자)의 월소득은 뚜렷한 양극화 추세를 보여주고 있다. 〈그림 2〉에서 노동 계급 1의 소득은 가장 낮은 수준이며, 가장 높은 봉우리를 보여주고 있어서 상대적으로 동질성이 높은 집락을 구성하고 있음을 알 수 있다. 또한 노동 계급 1과 자본가 계급의 분화가 뚜렷하게 나타나고 있어서 두 계급 간 격차와 이질화가 1998년보다 2005년에 더욱 심화되었다는 것을 알 수 있다. 화이트칼라 노동자들의 경우 비정규직 고용비율이 가장 높기 때문에 평균 월소득도 가장 낮았고, 근로 빈곤층의 비율도 가장 높았다.[6] 이러한 변화는 노동시장의 구조변화와 밀접한 관련을 맺고 있다.

불평등 심화와 빈곤층 증가는 앞에서 다룬 노동시장의 구조변

그림 1_ 1998년 계급별 소득분포

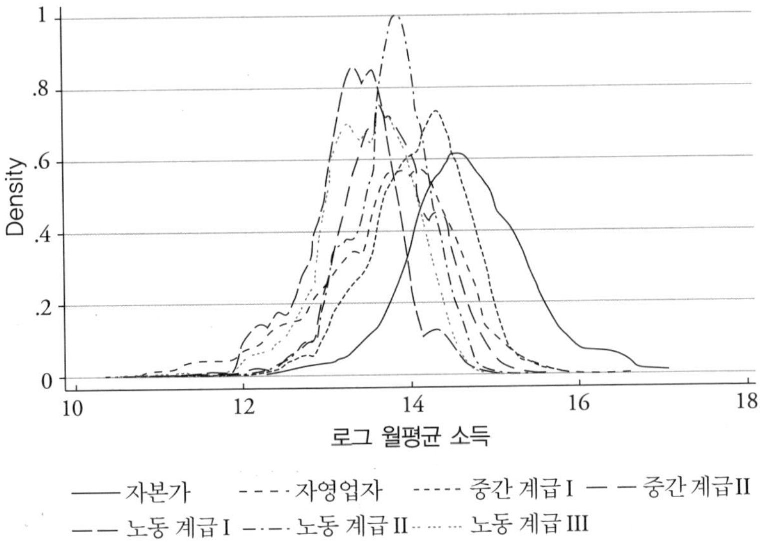

그림 2_ 2005년 계급별 소득분포

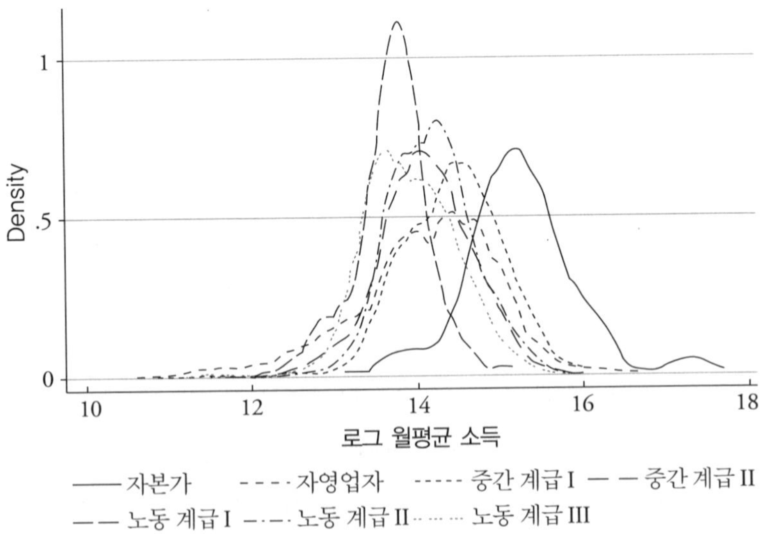

참고 : 중간 계급 I(관리직 · 전문직 종사자), 중간 계급 II(사무직, 판매 서비스직 종사자), 노동 계급 I(숙련노동자), 노동 계급 II(반숙련노동자), 노동 계급 III(미숙련노동자).

화뿐만 아니라 다른 사회변화에 따른 결과이다. 그 중에서도 인구학적 변화와 가족구조의 변화가 매우 크게 작용했다. 고령화와 이혼 가정의 증가는 직접적으로 불평등 체제에 영향을 미치는 요인들이다(Lerman, 1996). 한국의 경우 인구 고령화는 경제활동을 통한 소득 획득이 불가능한 노인 인구의 증가를 의미한다. 노인 인구의 증가는 전체적으로 가구 소득 불평등에 영향을 미친다. 외환위기로 인한 경제개혁 과정에서 대규모 장년층 피고용자의 해고가 이루어졌다. 이는 근로를 통한 소득이 없는 인구의 증가로 귀결되었다. 인구 고령화로 인한 노인층이 급격히 늘어났지만 소득이 없는 빈곤 노인도 동시에 크게 늘어났다. 중위소득 50% 이하를 빈곤층으로 정의하였을 때 65-69세 노인층의 빈곤율은 스웨덴에서 2.2%로 가장 낮았고 노르웨이 6.6%, 독일 7.8%, 미국 24.7%였으며, 한국은 30.3%로 노인 3명 가운데 1명이 빈곤층에 속하는 것으로 밝혀졌다(김수완 · 조유미, 2006 : 17).

65세 이상의 노인 인구 중에서 여성 노인의 비율이 압도적으로 높을 뿐만 아니라 여성 노인이 남성 노인에 비해 훨씬 근로소득도 낮다. 그러므로 소득이 없거나 낮은 노인들의 빈곤 문제는 주로 여성 노인 빈곤 문제라고도 볼 수 있다. 노인 빈곤에 관한 한 연구결과(석재은 · 김용하 · 김태완, 2003 : 3)에 따르면, 2000년 65세 이상의 여성 노인 가구주 가구의 빈곤율은 56.1%로 남성 가구주 가구의 빈곤율 29.3%에 비해서 거의 두 배에 달했다. 여성 빈곤의 경우 이혼보다 배우자 사별로 인하여 빈곤에 빠지는 경향이 더 커서 남편의 사망이 여성 노인의 빈곤화의 중요한 원인이 되고 있다.

가족유형에 따라서 노인 빈곤이 크게 달라지는 것으로 나타났다. 노인 단독가구에서 빈곤율이 가장 높아서 가구 중위소득 60% 이하를 빈곤층으로 정의했을 때 빈곤층 비율은 1998년 노인 단독가구의 80.6%, 2002년 91.5%에 달했다(박능후 · 송미영, 2006).[7] 노인 단독가구의 빈곤율이 4년 사이 11.1%가 증가한 셈이다. 노인부부의 경우에도 빈곤층 비율이 1998년 63.6%에서 2002년 71.3%로 증가했다. 노인이 없는 가구의 빈곤층 비율이 1998년 21.3%에서 2002년 19.3%로 감소하였다는 점을 고려한다면 노인의 빈곤층화는 한국 사회가 직면하고 있는 새로운 위험이라고 볼 수 있다. 서구에 비해서 고령화의 속도가 대단히 빠른 한국 사회에서 노인 빈곤은 앞으로 더욱 심각한 사회문제가 될 것임에 틀림없다.

불평등 심화에 영향을 미친 요인은 이혼률의 증가로 인한 가족관계의 변화이다. 15세 이상의 여성 인구 가운데 이혼상태인 인구비율이 1990년 0.9에서 2005년 3.2로 무려 3.55배 증가했다(여성개발원, 2006 : 55). 이혼가구가 증가함으로써 여성 가구주가 꾸준히 증가추세를 보이고 있다. 전체 가구 중에서 여성 가구가 차지하는 비율은 1980년 14.7%, 1990년 15.7%, 1995년 16.6%, 2000년 18.5%, 2005년 21.9%로 지속적으로 증가하였다. 또한 이혼으로 인한 여성 가구 비율도 꾸준히 증가하여 1980년 3.9%, 1990년 5.6%, 1995년 7.5%, 2000년 11.6%, 2005년 14.4%에 달했다(여성정책연구원, 2006 : 79). 여성 가구의 혼인상태별 구성을 살펴보면 40-49세 여성 단독가구의 경우 대부분이 이혼을 통해서 이루어진 것으로 나타났다(박영란 외, 2003 : 115). 이혼으로 인한 빈곤층의 증가는 이혼여성들이 취업을 하는 경우에도 대부분 서비스업의 비정규직으로 진출하기 때문이다. 2005년 여성 피고용자의 61.8%가 임시직이나 일용직에 종사하고 있었다(여성정책연구원, 2006 : 231).

경제위기 이후 노동시장의 전면적인 변화가 이루어졌고, 동시에 고령화와 가족관계 변화가 맞물리면서 전체적으로 빈곤층의 확대가 이루어졌다. 고령화가 급격하게 진행되고 있지만 조기정년이나 조직퇴직이 일반화되면서 장년층과 노인층의 소득획득 기회은 오히려 크게 줄어들었다. 동시에 이혼율의 증가로 인한 가족관계의 변화로 여성 단독가구가 크게 증가하면서 여성 단독가구의 빈곤화가 이루어지고 있다. 노동시장의 구조변화, 고령화, 가족관계의 변화가 불평등의 심화와 빈곤층의 증가를 촉진시키는 복합적인 사회변화라고 볼 수 있다. 경제위기 이전에는 한국 사회에서 찾아볼 수 없었던 새로운 변화들이 오늘날 새로운 형태의 빈곤과 불평등을 만들어내는 새로운 사회적 위험으로 기능하고 있다.

2000년 전후로 도입된 다양한 형태의 복지제도는 사회적 위험에 대처하는 초보적인 수준의 복지제도였다. 그러므로 사회적 위기에 제대로 대응하지 못하면서 불평등 문제와 빈곤 문제가 개선되지 못하고 있다. 다양한 사회복지제도를 도입했음에도 불구하고 오히려 불평등이 심화되고 빈곤층이 확대되고 있는 것이다.

IV. 결론

외환위기는 발전국가 체제의 한계를 드러낸 사건이었다. 파국적인 방식으로 발전국가 체제가 붕괴되었지만 이전과 전혀 다른 새로운 국가체제가 형성된 것은 아니었다. 오히려 국가권력이 주도하는 구조조정을 통하여 발전국가 체제 하에서 형성되었고, 민주화를 통해서 약화되었던 중앙정부의 권력이 다시 강화되었다. 또한 경제위기를 계기로 복지제도가 대폭적으로 확대되면서 발전국가 체제에서 발달하지 못했던 복지제도가 기본적인 모습을 갖추게 되었다.

그러나 복지제도의 확대가 내부적인 요인보다 외부적인 압력에 의해서 이루어지면서 외부적인 압력이 사라진 현재, 복지제도의 확대는 기대하기 어려운 상태이다. 파국적인 경제위기 하에서 경제위기 극복을 위해서 더 많은 자원을 경제회복과 경제성장에 집중시켜야 한다는 인식이 한국의 정계와 관계에서 공유되었다. 복지는 경제위기 하에서 사치스러운 제도로 인식되었던 것이다.

역설적으로 한국의 복지는 IMF와 World Bank에 의해서 확대되었다. 구제금융 지원을 조건으로 실업과 빈곤에 대처하는 고용보험과 국민기초생활보장제도가 도입되었다. IMF와 World Bank는 그들이 요구하는 경제개혁이 성공하기 위해서 필요한 사회적 안전망의 확충을 요구했다. IMF와 World Bank가 요구하는 경제개혁은 많은 실업자와 취약계층을 양산할 것이기 때문에 그들에 대한 제한적인 사회안전망이 필요하다고 본 것이다. 그렇지 않으면 그들이 요구하는 경제개혁에 대한 저항과 도전이 불가피하게 일어날 것이라고 보았기 때문에 그들이 요구하는 경제개혁(노동시장 유연화, 공기업 민영화, 금융시장 개방, 재벌 지배구조 개혁)이 성공하기 위해서 필요한 것이었다. 단적으로 사회적 안전망(safety net)은 IMF와 World Bank가 추진하는 경제적이 성공하기 위한 정치적 안전판(safety valve) 역할을 위해서 필요한 것이었다.

김대중 정부 하에서 도입된 초보적인 복지제도는 노무현 정부에서 더 이상 발전하지 못했다. 노무현 정부는 김대중 정부의 복지정책을 답습하는 정도에 머물렀고, 새로운 제도의 도입이나 발전이 이루어지지 못했다. 김대중 정부의 '생산적 복지'에 대응하는 '참여복지' 를 내세웠지만 실체가 없는 구호에 불과하였다. 이명박 정부에서도 복지제도는 발전할 것으로 기대하기 힘들다. 이명박 정부의 복지에 대한 인식은 복지가 국민의 삶의 안전과 질적 향상을 위해서 필요하다는 인식보다는 오히려 복지제도 확대 이전의 복지 인식에 가깝다고 볼 수 있다. 다시 말해서 이명박 정부의 복지 인식은 발전국가 시기의 복지 인식과 유사하다고 볼 수 있다.

노동시장 구조의 변화, 고령화, 가족관계의 변화 등 21세기 한국 사회가 직면하고 있는 새로운 변화와 그로 인한 새로운 사회적 위험에 대처하기 위해서는 복지 인식에 변화가 필요하다. 이러한 변화들은 거스를 수 없는 변화들로서, 이러한 변화들을 방치할 경우 한국 사회는 불평등 심화와 빈곤층 확대로 인하여 심각한 사회문제와 삶의 질 하락을 피할 수 없을 것이다. 21세기 한국이 선진국이 되는 길은 국민들 삶의 안전과 질 높은 삶이 보장되는 사회로 나아가는 길이다. 21세기 한국 사회는 어떤 사회가 될 것인가? 한국 사회가 디스토피아가 되는 것을 막기 위해서 새로운 복지 패러다임에 인식이 절대적으로 필요한 시기이다.

주

1 수렴 이론은 오랜 역사를 지니고 있다. 복지제도나 노사관계의 수렴을 주장하는 논의들은 이미 1950년대와 1960년대 근대화론자인 Wilensky(1958)나 Kerr et al.(1960)에 의해서 제기되었다.

2 역사적으로 발전국가는 바그치(Bagchi 2000)의 주장처럼 동아시아에서만 관찰된 것은 아니다. 동아시아 발전국가는 대부분의 서구 국가들이 발전국가 대신에 복지국가를 추구하는 상황에서 등장했다는 점에서 그 특징을 찾을 수 있다. 동아시아 발전국가는 보다 시장 수요 대신에 국가의 명령에 의해서 경제체제를 운영하였다는 점에서 특징을 보인다(Johnson, 1987 ; Amsden, 1989 ; Woo-Cumings, 1998 ; 신광영, 1999).

3 1964년 500인 이상 광업과 제조업에만 적용되어 64개 사업자 81,798명 가운데 1,489건의 산업재해 사고가 발생하였고, 33명이 사망하여 .8%의 산업재해율을 보여주었다. 그러나 산업화가 진척되고 산재보험이 전기 · 가스업과 운수 · 보관업으로 확대된 1965년에는 289개 사업장 161,150명 가운데 9,470건의 산업재해가 발생하였고, 144명이 사망하여 5.9%의 높은 산업재해율을 보였다(이상윤, 1989 : 207-210). 이것은 초기 산업화 과정에서 노동자들의 많은 희생이 뒤따랐음을 보여준다.

4 비정규직 규모에 대한 추정은 비정규직을 어떻게 정의하느냐에 따라서 달라진다.

5 전체 가구 중에서 중위소득 50% 이하 가구는 2005년 18.0%로 국민기초생활보장제도에 의해서 지원을 받는 빈곤층 가운데 22.3%가 근로 빈곤층인 것으로 나타났다(보건복지부, 2006 : 19).

6 2005년 노동 패널 자료에서 계급별 평균 월소득을 살펴보면 자본가 계급 616.5만 원, 자영 계급 157.7만 원, 중간 계급 1(전문직, 관리직) 191.9만 원, 중

간 계급 2(기술직) 138.6만 원, 노동 계급 1(화이트칼라 노동자) 82.9만 원, 노동 계급2(숙련노동자) 130.7만 원, 노동 계급 3(미숙련노동자) 105.9만 원이었다. 근로 빈곤층의 비율은 2005년 63.6만 원 이하의 소득을 올리는 사람들의 비율로 화이트칼라 노동자들의 경우 36.6%에 달하였고, 미숙련노동자의 경우는 28.7%보다 훨씬 높았다.

7 빈곤의 정의는 연구자에 따라 다르다. 중위소득 50% 이하를 빈곤층으로 정의하는 경우, 1998년 17.48%에서 2002년 17.35%로 큰 차이를 보이지 않았다(최현수 · 유현규, 2003 : 150). 외환위기 이전 시기에 비해서는 5-6% 포인트 높아졌지만 외환위기 이후 큰 차이는 없다. 분석자료가 다름에 따라서 노인 빈곤층 비율도 다르게 나타났지만 어느 정도 동일하게 노인의 빈곤화 추세를 보여주고 있다.

참·고·문·헌

김연명 편. 2002. 『한국복지국가논쟁』. 인간과 복지.

________. 2004. "동아시아 복지체제론의 재검토 : 복지체제 유형 비교의 방법론적 문제와 동아시아 복지체제 유형화의 가능성." 『사회복지정책』 20 : 133-154.

김수완 · 조유미. 2006. "우리나라 노인가구의 소득구성 및 빈곤률 분석 : 가구유형별 근로소득과 공적연금소득의 비중 및 빈곤제거효과를 중심으로." 『사회복지연구』 29 : 5-37.

강신욱 외. 2006. 『우리나라의 빈곤과 불평등 관련 지표 추이』. 보건사회연구원.

김유선. 2003. "비정규직의 규모와 실태 : 통계청 경제활동인구조사 부가조사(2003. 8)을 중심으로." 『노동사회』 82 : 24-50.

김윤환. 1989. "노사관계." 한국경영자총연합. 『노동경제 40년사』. pp. 15-60.

남찬섭. 2002. "한국 복지체제의 성격에 대한 경험적 연구." 『상황과 복지』 11 : 163-202.

박병현 · 최송식 · 황아람. 2007. "한국 사회복지정책의 변화과정 : 사회진보의 결과인가 사회통제의 결과인가?" 『사회복지정책』 29(4) : 169-194.

박능후 · 송미영. 2006. "노인가구 유형별 빈곤상태 변화에 관한 연구." 『노인복지연구』 31 : 7-26.

박영란 외. 2003. 『여성 빈곤퇴치를 위한 정책개발 연구』, 여성개발원 연구보고서 240-24.

보건복지부. 2006. 『2005년 국민기초생활보장 수급자 현황』.

석재은 · 김용하 · 김태완. 2003. 『여성의 빈곤실태 분석과 탈빈곤 정책과제 개발』. 보건사회연구원 정책과제 2003-40.

신광영. 1999. 『동아시아의 산업화와 민주화』. 문학과지성사.

______. 2002. "김대중 정부 하에서의 복지정책." 『국가전략』 8 : 56–75.
신동면. 2006. "한국의 생산체제와 복지체제의 선택적 친화성." 『한국정치학회보』 40(1) : 115–139.
양재진. 2005. "한국의 대기업 중심 기업별 노조운동과 한국복지국가의 성격." 『한국정치학회회보』 39(3) : 395–412.
여성정책연구원. 2006. 『통계로 본 여성의 삶』.
유경준. 2003. 『소득분배 국제비교와 빈곤연구』. 한국개발연구원.
유길상. 2005. "고용보험 10년 : 평가와 과제." 『노동리뷰』 7 : 3–15.
이광찬. 1989. "사회보장." 한국경영자총연합회. 『노동경제 40년사』. pp. 447–523.
이상곤. 1989. "노동정책." 한국경영자총연합회. 『노동경제 40년사』. pp. 447–523.
전병목 · 이상은. 2006. "우리 현실에 맞는 EITC제도 실시 방안." EITC정책 토론회 자료. 조세연구원.
정무권. 2002. "김대중 정부의 복지개혁 성격의 이해 : 유형론을 중심으로." 『상황과 복지』 11 : 109–161.
조영훈. 2004. "사회변동, 복지정치, 복지국가의 변화." 『한국사회학』 38(1) : 161–184.
한국경영자총협회. 1989. 『월간 경영계』. 142 : 56–57.
최현수 · 유연규. 2003. "우리나라의 노인 빈곤 동향 및 빈곤구성에 관한 연구." 『한국노년학』 23(3) : 143–160.
한국보건사회연구원. 2006. 『2006 빈곤통계 연보』.
홍경준 · 송호근. 2004. "한국 사회복지정책의 변화와 지속 : 1990년 이후를 중심으로." 『한국사회복지학』 55 : 205–230.

Amsden, Alice. 1989. *Asia's Next Giant : South Korea and Late Industrialization*. Oxford University Press.
Baldwin, Peter. 1990. *The Politics of Solidarity*. Cambridge : Cambridge University Press.
Bagchi, Amya Kumar. 2000. "The Past and Future of the Developmental State." *Journal of World System Research* XI(2) : 398–442.
Briggs, Asa. 1961. "The Welfare State in Historical Perspective." *Archieves Europeenes de Sociologie* II : 221–58.
Cox, Robert. 2004. "The path–dependancy of idea : Why Scandinavian Welfare States Remain Distinct." *Social Policy and Administration* 38(2) : 204–219.
Duclos, Jean–Yves, Joan Esteban, and Debraj Ray. 2004. "Polarization : Concepts, Measurement, Estimation." *Econometrica* 72(6) : 1737–1772.
Esping–Anderson, Gösta. 1985. *Politics against Markets*. Princeton : Princeton Univ-

ersity Press.

Esteban, J. and D. Ray. 1994. "On the Measurement of Polarization." *Econometrica* 62 : 819–852.

Förster, M. F. and M. Mira d'Ercole. 2005. "Income Distribution and Poverty in OECD Countries in the Secind Half of the 1990s." *OECD Social, Employment and Migra-tion Working Paper* # 22.

Goodman, R. and Itó Peng. 1996. "The East Asian Welfare Sates : Peripatetic Learning, Adapative Change, and Nation–Building." G. Esping–Anderson. Welfare States in Transition. London : Sage.

Hicks, Alexander M. and Richard E. Swank. 1992. "Politics, Institutions and Welfare Spending in Industrialized Democracies." *American Political Science Review* 86(3) : 1299–1315.

Huber, Evelyne and John D. Stephens. 2001. *Development and Crisis of the Welfare State : Parties and Policies in the Global Markets*. Chicago : Chicago University Press.

Johnson, Charlmers. 1982. *MITI and The Japaness Miracle : The Growth of Industrial Policy, 1925–1975*. California : Stanford University Press.

Jones, Catherine. 1990. "Hong Kong, Singapore, South Korea and Taiwan : Oikonomic Welfare States." *Government and Opposition* 25(4) : 446–62.

Kerr, Clark. et al. 1960. *Industrialism and Industrial Man : The Problems of Labour and Management in Economic Growth*. London : Heinemann.

King, Desmond. 1992. "The Establishment of Work–welfare Programs in the United States and Britain : Politics, ideas and institutions." S. Stinmo, K. Thelen and F. Longstreth. eds. *Structuring Politics : Historical Institutionalism in Comparative Analysis*. Cambridge : Cambridge University Press. pp. 217–250.

Korpi, Walter. 1980. "Social Policy and Distributional Conflict in the Capitalist Democracies : A Preliminary Comparative Framework." *West European Politics*, 3(3) : 296–316.

__________. 2000. "The Power Resource Model." Paul Pierson, Paul Christoper, and Francis Castles eds. *The Welfare State : Readers*. Cambridge : The Polity Press, pp. 77–88.

Lerman, R. I. 1996. "The Impact of the Changing US Family Structure on Child Poverty and Income Inequality." *Economica* 63 : S119–S139.

North, Douglas. 1990. *Institutions, Institutional Change and Economic Performance*. Cambridge : Cambridge University Press.

North, Douglas. 1994. "Institutional Change : A Framework of Analysis." *Economic History Revised* 14.

OECD. 2004. *Social Expenditure Database (SOCX) 1980–2001.*

OECD. 2006. *OECD Health Data 2006.*

Pierson, Paul. 1992. "Policy Feedbacks' and Political Change : Contrasting Reagan and Thatcher's Pension–Reform Initiative." *Studies in American Political Development* 6 : 361–392.

__________. 1994. *Dismantling the Welfare State? Reagan, Thatcher, and the Politics of Retrenchment.* Cambridge : Cambridge University Press.

__________. 1996. "The New Politics of the Welfare State." *World Politics* 48 (2) : 143–79.

Piven Francis Fox and Richard A. 1971. *Poor People's Movement : Why They Succeeded and How They Fail?* New York : Pantheon.

Titmuss, Richard. M. 1977. *Welfare and Society*. London : Heinemann.

Wilensky, Harold. L. 1958. *Industrial Society and Welfare.* New York : Russel Sage.

Wolfson M. C. 1994. "When Inequality Diverges?" *American Economic Review* 84 : 354–358.

Woo–Cumings, Meredeth. ed. 1990. *The Developmental State.* Ithaca : Cornell University Press.

______________________. 1997. "Divergent Inequalities : Theory and Empirical Results." *Review of Income and Wealth* 43 : 401–421.

World Bank. 1999. *The World Bank Annual Report 1999.*

Zysman, John. 1994. "How Institutions Created Historically Rooted Trajectories of Growth." *Industry and Corporate Change* 3 (1) : 243–283.

환경 문제의 역사

산업공해, 환경훼손, 그리고 환경위험

노진철_ 경북대학교 사회학과

I. 머리말

20세기 후반 들어 비로소 쟁점화된 환경 문제는 자연파괴와 환경오염이 우리 사회에서 '긴급히 해결해야 할 문제'로서 주제화되었기 때문에 현존한다. 환경 문제는 인간의 역사를 통해 항시 행해진 자연지배나 자연파괴와 동일하게 취급되어서는 안 된다. 환경 문제는 지금까지 인류가 당면하여 해결하려던 문제들과 다른 면모를 지니고 있다. 근래에 이르기까지 인류역사에서 중요한 문제는 자연의 위협으로부터 인간의 생존을 확보하는 일이었다. 인간사회를 둘러싼 자연은 두려움과 공포의 대상이기도 하였고, 동시에 완전성에 이르고자 하는 인간의 조작대상이기도 하였다. 그러나 이젠 자연이 아니라 인간이 이룩한 사회가 인간의 생존을 위협하고 있다. 현대 사회에서 비로소 제기되는 환경 문제는 환경에 준거하여 매개된 간접적이고 장기적인 인과성을 지닌 사회 문제이다. 이제 대상으로서의 자연은 생태학적 소통영역으로 들어와 사회의 해석을 기대하며 또한 해석을 강요하는 하나의 사회적 요소가 되었다. 즉 환경 문제는 오로지 소통을 통해서만 존재한다. 따라서 우리는 사회가 어떤 주제와 어떤 개념을 가지고 환경 문제에 대해 소통하는가에 관심을 가지게 된다.

환경 문제는 그 자체로서 발생하거나 물질적 대상 그 자체의 문제가 아니라, 그것을 환경 문제로서 쟁점화하는 사회의 소통 연관이다. 비록 환경오염과 자연파괴로 인한 사회적 영향은 장기적으로 축적되면서 시간적으로 지연되어 나타나는 측면이 있지만, 자연은 자연 그 자체가 맞닥트린 위험 때문이 아니라 사회에서 직면한 위험에 대한 민감성이 증대하기 때문에 소통의 대상이 된다. 우리 사회는 '바로 지금' 자신의 재생산활동이 환경에 미친 파괴적인 영향이 자신에 되미치는 위협을 환경 문제로서 주제화하고 있다. 비록 자연생태계는 과거 일제의 식량생산기지화에 따른 강제수탈과 삼림벌채, 한국동란으로 인한 삼림훼손, 농지 · 수리 시설의 손상, 그리고 전후 복구과정에서 연료용 땔감 채취로 인한 산림훼손 등으로 상당 부분 파괴되었지만 환경 문제에 대한 인식은 이루어지지 않았다. 산업공해와 환경훼손, 환경위험으로 표출되는, 1960년대부터 현재에 이르는 환경 문제의 역사는 현실사회가 재생산을 지속하는 과정에서 그 활동의 결과로서 외부비용이 증가하고 자연환경의 부담이 가중되며, 그리고 그 결과에 의하여 인간의 삶 자체가 위협받는다는 통찰에 근거한다.

산업화된 사회에서 손상받지 않은 자연을 찾기란 불가능하다.

그렇다고 해서 인간의 자연지배나 환경훼손, 환경오염이 곧바로 환경 문제를 의미하는 것은 아니다. 구동구권 국가들의 환경훼손과 환경오염이 자본주의 국가들의 그것보다 훨씬 더 극심했음에도 불구하고(Heine, 1990 ; French, 1992 ; 강미화, 2001) 그들 사회에서 환경 문제가 일찍이 제기되지 않았다는 사실은, 비록 환경훼손과 환경오염이 극심하더라도 그에 대한 소통이 없다면 그 자체로서는 어떠한 사회 문제도 일으키지 않는다는 것을 여실히 보여준다. 사람들은 그것들을 생산자, 기술자 등 개인의 고의·과실이나 관리 소홀로만 다룰 뿐 사회 문제로서 보지 못한다. 따라서 특정한 사회가 오염되거나 훼손된 환경을 어떻게 소통해 왔는지 환경 문제의 역사를 헤아려 보는 것은 그 사회가 환경 문제를 스스로 주제화하는 성찰방식을 드러내는 것이다.

우리는 산업공해와 환경훼손, 환경위험을 사회 문제로서 인식하는 논리의 전개를 적절히 통제함으로써 환경 문제의 역사가 어떻게 흘러왔는지를 분석하고자 한다. 어떤 사건이든 사회의 존속을 위협하는 문제로서 쟁점화되어야만 사회 문제로서 파악된다는 점에서 우리는 환경 문제를 단순히 치유해야 할 사회병리적 현상으로 간주하지 않는다. 오히려 사회변동의 중요한 원동력으로 보고자 한다. 거기에 덧붙여 환경 문제는 사회적으로 야기된 문제이면서 동시에 환경에 의하여 환기된 위협이라는 이중적 시각을 요청한다. 여기에 바로 지난 50년간 한국 사회에서 일어난 산업공해와 환경훼손, 환경위험을 사회 문제로서 바라보는 사회학적 인식의 특이성이 있다. 환경 문제에 대한 정치적 개입을 분석하는 출발점으로 우선 현대 사회에서 안전(safety)/위험(risk)의 구별에서 정치적 결정과 관련된 위해(danger)/위험의 구별로의 위험에 대한 인식전환이 일어나는 과정을 탐색

할 것이다. 그리고 개입주의 국가의 역사적인 형성과정과 우리나라의 '압축적 근대화' 신화의 실체를 이러한 위험의 인식전환과 연관하여 밝히고, 나아가 과거 '압축적 근대화'의 신화가 지배하던 시기에 내려진 정치적 결정이 미치는 피해에 대한 예방까지도 고려해야 하는, 위험에 고도로 민감해진 '위험사회'로 이행하는 정치적 측면을 다룰 것이다.

II. 위해와 위험, 그리고 지식과 무지

우리 사회는 '서구 따라잡기'로 대변되는 '압축적 근대화'의 신화 속에서 과학과 기술이 자연과 사회를 합리적으로 통제할 수 있는 유망하고 확실한 도구로서 기대되었다. 국가가 각종 공단의 건설 및 특정한 기술혁신의 지원과 장려에 나섬에 따라 산업공해, 즉 위해를 방지하기 위한 감독과 규제도 자연스럽게 정치적 결정에 맡겨졌다. 1970년대 국가가 중화학공업, 석유화학공업, 철강제련 등 거대기술 중심의 경제개발계획을 발표하고 공단의 조성을 조직적 · 재정적으로 지원함에 따라 규제대상도 직접적으로 주어진 물리적 위해인 산업공해의 제거에 국한되었다. 1980년대 전자제품산업, 원자력발전이 활성화되면서도 위험물질의 발생이 공단에 집중됨에 따라 산업공해의 관리에만 치중하였다.

그러나 1992년 6월 브라질의 리우데자네이루에서 개최된 유엔환경개발회의(UNCED) 이후에는 CO_2 방출, 화학물질 배출, 전자파 방출, 방사능 누출, 유전자변형 농산물(GMO) 확산, 의약품 오 · 남용 등

과거라면 자연적 사건으로 처리되었을 생태학적·기술적 위험들이 속속 인위적 사건으로 간주되어 소통되기 시작했다. 과거에는 환경이 야기하는 위해로 보았거나 보았을 것들이 정치적 결정에 의해 생산된 위험으로 인식되는 위험 인식으로의 전환이 일어났다. 과거에 지역개발의 계기로 인식되던 대형 국책사업들이 제한된 가용자원의 훼손 및 삶의 질 저하로 이해되었다. 다시 말해 현 시점에서의 피해가 과거에 내려졌던 수많은 잘못된 결정들—비록 지금은 후회스러운 결정이지만 그 당시에는 합리적으로 내려졌던 결정들—의 결과로서 인식되는 '합리성의 역설', 즉 현대 사회의 합리화의 위험에 대한 성찰이 이루어지고 있다(노진철, 2004a).

벡은 과학과 기술의 발전에 동반하여 인위적으로 생성된 자기파괴인 환경 문제를 인류역사의 모든 다른 위해와 비교하여 질적으로 새로운 위협과 파괴 가능성으로서 규정하고 이러한 현대 사회를 '위험사회'로 정의했다(Beck, 1988 : 109). 이들 환경 문제의 특성은 그 부정적인 결과가 장소적으로도 시간적으로도 사회적으로도 경계지울 수 없다는 것이고, 재난이 일어날 경우 엄청난 인적·물적 피해를 동반할 수 있다는 데 있다. 동시에 그 결과를 더 이상 명확히 원인자에게 귀속시킬 수 없다는 데 있다. 왜냐하면 그 결과에 대해서는 인과성도, 과실로 치부하기도, 충분한 혐의도 씌우기 어렵기 때문이다. 전체적으로 생태학적·기술적 위험에 의해 야기된 피해는 사회든 자연이든 그 엄청난 규모로 인해 보험으로 처리될 수 없는 것이고, 많은 경우 생물종의 멸종처럼 돌이킬 수 없는 것이기 때문에 상쇄할 수 없는 것이다.

이에 상응하게 개입주의 국가의 틀 내에서도 위험 소통이 활성화되면서 객관화할 수 있는 모든 위험의 인지 정황들을 통계적으로 관리하고 평가하는 안전관리 및 감독체계가 발달하고 있다. 국가의 안전관리체계는 급속한 현대화 과정에서 생산되는 물리적인 위해들을 오염측정의 과학적 산정 모델에 의거 포착하여 관리준칙에 따라 통제할 수 있는 것으로 가정하고 있다. 그러나 위험에 대해 민감해진 일반 시민들은 정부의 기술적인 안전관리정책에 대해 만족해하기보다는 불안해하며, 오히려 정부의 일방적인 결정에 대해 강한 분노와 저항을 드러낸다. 그에 상응하게 위험 소통이 증가하면서 정부의 행정적 개입과 안전에 대한 약속도 함께 증가한다. 그리고 전체 사회에 구속적인 정치적 결정과정에의 일반 시민의 참여요구도 커진다. 이러한 사실들은 환경 문제가 단순히 현존하는 대상물의 물리적 피해의 정도에 달려 있는 것이 아니라 소통에 귀속되는 사회적 구성물이라는 사실을 인식시킨다.

특히 루만(Luhmann, 1991)은 위험(risk)을 객관적으로 존재하는 물리적인 위해(danger)와 구별하여 결정에 귀속되는 피해에 제한함으로써 불확실한 미래에 대한 인식이 위해에서 위험으로 전이되는 과정을 분석할 수 있는 길을 열어주었다. 루만은 안전과 위험의 구별에서는 불확실성이 측정에 의해 제기되는 문제로 인식되어지는 반면에 위해와 위험의 구별에서는 미래의 피해 가능성을 필요조건으로 한다는 점을 지적한다(Luhmann, 1991). 소통의 초점이 전자에서는 가시적으로 드러난 물리적 피해와 그 제거에 있다면 후자에서는 잠재적 피해의 귀속과 그 방어 및 예방에 있다. 즉 후자의 경우 위해는 가능한 피해가 자연현상이나 다른 사람, 다른 조직의 결정 등 외부에 의해 야기된 것인 데 반하여 위험은 자기 스스로 내린 결정의 결과로서 인식된다는 것이다.

적어도 일반 시민들의 정치참여가 확대된 1980년대 후반 이후 우리가 현실 속에서 경험하는 생태학적·기술적 위험에 대한 민감성의 놀라운 팽창은 정치적으로 적합한 위험이 기술적으로 생산되는 것이 아니라 소통에 의해 구성된다는 사실을 확인시킨다. 최근에는 정보산업(IT), 생명공학(BT), 나노 기술(NT) 등 새로운 첨단기술이 추가적 성장을 배태한 것으로 인정되면서 국가의 과학 · 기술정책의 대상이 되고 있고, 그 잠재적 위험에 대한 시민들의 저항과 정부와의 갈등은 위험 및 파국과 관련된 지식과 무지의 차이에서 비롯된다. 국가의 안전관리 능력의 한계는 광우병 · 급성호흡기증후군(SARS) · 조류독감(AI), 환경 호르몬, 핵폐기물처리장 건설, 인간배아복제, 유전자변형농산물 등을 둘러싼 소요에서도 확연히 드러난다. 과학과 기술의 발전은 문제를 해결하기도 하지만 해결되지 않는 문제도 산출한다. 즉 확실한 지식에 비례하여 무지도 엄청나게 생산된다. 에너지의 공급을 전적으로 원자력발전에 의존한다는 것이, 혹은 지하철 운행에 완전 자동화된 제어 시스템을 도입한다는 것이, 유전자 재조합으로 변형된 농산물의 개발과 생산을 확장한다는 것이, 혹은 30개월령 이상의 미국산 쇠고기를 수입한다는 것이 어떤 결과를 낳을지는 충분히 알려져 있지 않다. 따라서 통제가 어렵고, 그래서 위험하다는 특징이 있다.

특히 벡은 무지와 관련하여 통제할 수 없는 부수결과들에 근거하여 현대 사회의 재귀성, 즉 자기 준거를 이해한다. 이것은 고도의 복합성에 기인한 무지가 아니라 위험 소통의 작동과정에서 '재귀적 현대성'의 매체로서 생성된 무지와 관련이 있다(Beck, 1986). 그러나 루만의 '자기 생산체계' 이론에 따르면 모든 관찰과 인식은 이미 지시와 구별의 차이의 동일성에 기초하기 때문에(Luhmann, 1990 : 73) 지식의 생산과 동시에 무지는 작동상 불가피하게 생산된다. 모든 관찰은 차이의 한 쪽을 지시한 결과로 지시되지 않은 다른 쪽을 함께 생산한다(Luhmann, 1992 : 156). 즉 지식의 생산은 무지를 줄이는 것이 아니라 오히려 무지를 생산하고 있다.

첨단기술에 잠재된 새로운 위험은 한편으로는 세계화와 맞물리면서 장소 귀속성의 탈피와 개별화로 인하여 예측하기 어려운 형태로 대두되고 있으며, 다른 한편으로는 '위로부터 조직된' 결정과 집행에 의해 도시의 삶 속에 통제된 위험으로 구조화되어 있다. 이러한 위험 인식은 쉽게 시민들의 불안과 그에 기초한 민감도 역시 증대시킨다. 시민들의 위험 소통은 재난의 구조 그 자체보다는 개별적으로 누구에게 혹은 무엇에게 피해의 책임을 물어야 할지, 어떤 원인에 다른 것들에 비해 더 많은 비중을 둬야 할지, 위해에 처하여 당장 무엇을 할 수 있고 피해 당사자가 무엇을 원하는지, 혹은 이런 문제제기가 과연 정치에 전체 사회에 구속적인 결정을 내리도록 자극하는 총체적인 위험 해석으로 이끌어질지 등에 지향되어 있다. 이러한 질문에 대한 결론은 지식과 무지의 소통과정에서 우연히 얻어진다.

III. 권위주의 개발국가 하에서의 산업공해

1. 공업단지의 조성과 산업공해

우리 사회는 1960년대부터 1980년대 말까지 권위주의 개발국가에 의해 추진된 중화학공업 육성정책과 제1·2차 국토종합개발계획에 기초하여 '가난한 농업사회'에서 '부유한 산업사회'로 전환하는 데 성공했다(김호기, 1999 ; 홍성태, 2002). 그러나 '한강의 기적'으로 일컬어지는 이 대전환은 국가가 생산과정에 강력하게 개입하는 권위주의 개발국가를 등장시키기도 했지만 동시에 안전을 위협하는 산업공해를 양산하기도 했다. 1960년대 개발국가는 군부 엘리트와 고도로 훈련된 관료가 결합하여 절대 빈곤의 극복을 위한 경제개발계획(제1·2차 5개년계획)에 주력하던 시기여서 환경 문제에 대한 관심은 전무하다시피 하였다. 1961년 군사 쿠데타로 집권한 박정희 정권은 식민지 경험과 한국동란, 1950년대 원조경제로 이어진 경제적 빈곤을 극복한다는 '조국 근대화'를 이데올로기로 해서 농업에 기반했던 생산과정을 수출지향적 산업생산에 기반한 생산과정으로 구조적 전환을 단행했다. 뒤이어 광주 시민학살을 통해 집권한 전두환 정권은 1970년 말 초래된 경제침체를 극복하기 위해 철저한 정부의 통제 속에서 일부 독점재벌의 해체와 금융자본의 육성을 단행했고, 그리고 기존의 수출지향적 생산구조의 지속적 유지에 주력했다.

이 기간 동안 지배했던 군사정권은 해외에서 도입한 자본과 원료를 값싼 노동력과 결합하여 상품을 생산한 후 다시 해외시장에 수출하는 경제개발 전략을 구사했다. 즉 '압축적 근대화'는 국가가 시장의 육성·지원을 위해 사회 전반에 대한 강력한 통제를 행사했던 권위주의적 개입에 힘입어 수행되었다. 이 과정에서 권위주의 개발국가는 세계 시장에서의 경쟁력 확보를 위해 노동조합 활동을 물리적 강제력을 동원하여 탄압했을 뿐만 아니라 국토 공간을 계획적으로 분할하여 산업용지로 활용했으며, 도시를 공업단지 혹은 아파트 밀집 주거단지로 조성하여 수출을 위한 생산기지로 삼았다. 비록 자연보호의 이름 아래 일부 산야에 개발제한구역(그린벨트)을 지정하기도 했지만, 대규모 공업단지들의 건설은 공해산업의 계획적인 유

표 1_국토개발 현황(1961-1991)

	국민총생산 (억 달러)	전력공급 능력 (Mw)	건축허가 면적 (km²)	도로 연장 (km)
1961	21	322	1,161	27,169
1971	95	2,391	9,619	41,290
1981	668	7,602	20,846	51,582
1991	2,808	20,148	105,284	59,685

자료 : 통계청.

입과 산업공해의 광범위한 확산으로 이어졌다.

1970년대 들어 유신헌법으로 권력을 연장한 박정희 정권의 권위주의 정부는 산업구조의 고도화를 위해서 국가기간산업을 중앙집중적인 관료화와 대기업들과의 유착을 통해 경공업(및 수입대체산업) 중심에서 중화학공업 중심으로 전환했다. 정부는 자원과 기술이 부족한 상태에서 1973년 '산업기지개발촉진법'을 제정하고 제3·4차 경제개발 5개년계획(1972-1976, 1977-1981)에 따라 중화학공업 육성정책을 추진함으로써 선진국 공해산업들이 국내기업들과의 기술합작을 통해 국내로 유입되는 것을 방조했다(정규호, 2003). 또한 '제1차 국토종합개발계획(1971-1981)'에 따라 전 국토를 산업용지로 동원함으로써 전량 외국에서 수입한 자원들을 가공할 수 있는 대규모 공업단지들을 포항(철강), 울산(석유화학), 온산(비철금속), 옥포(조선), 마산·창원(기계), 여수(석유화학)를 잇는 동남권 임해지역에 집중적으로 개발했다. 중화학공업단지의 조성은 1970년대 서구의 초국적 기업들이 두 번의 오일쇼크에 따른 경기침체와 자국 정부의 강화된 환경규제를 피하여 첨단산업으로 전환하는 과정에서 상대적으로 노후화된 자원·에너지다소비형, 공해다발형 생산시설들이 이전하는 형태로 이루어졌다(최병두, 1992).

이들 중화학공업의 입지 확충을 위해 권위주의 개발국가는 1980년대 중반까지 수도권과 동남권 임해지역의 중화학공업단지에 수출장려금 등 각종 보조금과 투자를 집중 지원했고, 공단들 간 생산활동을 연계시키기 위해 외국으로부터 차관을 들여다 도로, 철도, 항만, 공항, 다목적댐 등 사회기반시설을 건설했다. 그러나 임해지역에 조성된 이들 대규모 중화학공단은 제한된 공간에 자원과 에너지를 과다집중시킴으로써 산업폐기물의 배출에 따른 피해도 특정한 지역에 집중되는 결과를 초래했다. 이들 생산시설은 대규모 공해방지시설을 필요로 하는 중화학공업이었음에도 불구하고 기업들은 설비투자와 상품생산에 급급하여 최소한의 안전장치를 갖춘 공해방지시설을 설비하는 데 그쳤다. 그 결과 대규모 중화학공단들에서 배출되는 산업공해는 양적 · 질적으로 급속하게 확대 · 축적되었고 전국적으로 확산되었다. 밤낮으로 가동되는 생산공정들은 그 주변 지역에 CO_2와 다량의 중금속이 함유된 매연, 맹독성 · 난분해성 물질이 함유된 오 · 폐수 등 공해물질들을 방출함으로써 지역주민의 농업생산과 해양생태계에 상당한 피해를 입혔다. 중화학공업을 추진한 후 지난 30년 동안 석탄소비량은 약 6배, 석유와 전기소비량은 약 55배 증가하였으며, 4대 강의 수질은 1급수에서 3급수 이하로 떨어졌다.

기존의 도시가 수출을 위한 생산기지로 확대되거나 대도시에 인접하여 대규모 공단이 새롭게 조성됨에 따라 현지 주민들은 생활터전을 잃었으며, 그리고 공단 배후지역에 무계획적으로 건설된 신도시와 이주단지는 급격히 증대된 인구를 받아들일 여건이 제대로 조성되어 있지 않았다. 또한 서울, 부산, 대구를 비롯한 대도시는 과밀한 인구집중으로 인한 교통체증, 낡은 주택시설, 주거공간의 절대

부족, 생활폐기물의 대량배출 등으로 삶의 질이 극도로 악화되었다.[1] 주택보급률은 1960년 84.2%이던 것이 1980년에는 53%에 지나지 않았고, 1960대 말과 1970년대 말 부동산 가격은 급등했다. 1980년 수세식 화장실 보급률은 55%에 불과했으며, 입식부엌 설비를 갖춘 가정은 절반이 되지 않았다. 정부는 대한주택공사를 설립하고 잠실(10만 명)에 증대된 도시인구의 주거공간을 마련하기 위해 대규모 집단주거지인 아파트 단지를 조성했다. 또한 공단도시들이 주변의 농촌으로부터 경제활동 인구를 대거 유입 받으면서 도시와 농촌 간 불균형발전은 점차 심화되었다. 농촌지역은 청·장년층의 유출에 따라 생산성이 감소했고, 사회 서비스의 제공은 부족했다. 이에 정부는 농촌에 식량증산을 위한 농업정책을 추진하여 수리시설 확충과 경지정리, 조생종 다수확 품종을 보급했고, 농민들은 농민대로 상대적 빈곤으로부터 벗어나기 위해 농산물의 상품화를 본격화하면서 농약과 화학비료를 과도하게 사용했다. 그 결과 토양의 산성화, 유기물 함량 감소, 수질오염 등으로 농촌의 생태계는 급속히 파괴되었다(정규호, 2003).

전두환 정권과 노태우 정권은 박 정권의 개발국가의 정책기조를 그대로 넘겨받아 자원·에너지다소비형, 공해다발형 중화학공업을 활성화하는 데 주력했으며, 환경 문제는 규제기준의 설정 및 관리, 배출시설에 대한 인·허가 및 규제·단속 등 발생된 오염의 사후관리에 집중했다. 정부가 중국의 개방정책에 대응하여 아산만, 군산·장항, 목포 등 서해안 지역에 대규모 공단들을 조성하면서 서해안 생태계는 급속히 파괴되었으며, '지방공업개발법'을 제정하여 지방의 중·소 도시에 하청공장들을 입지시킨 지방공단들을 건설하면서 산업공해는 전국으로 확산되었다. 또한 도시와 농촌 간 소득 격차를 줄인다는 명분으로 1984년 시행된 '농어촌소득원개발촉진법'에 따라 농공단지들이 전국에 조성되면서 농촌마저도 산업공해에 그대로 노출되었다. 정부는 농촌지역에 공업생산을 허용하면서도 산업폐수의 관리는 소홀히 했다.[2] 그리고 도심지의 육류 소비 증가에 맞추어 축산사육의 규모가 크게 증가하면서 축산폐수와 가축분뇨로 인한 비점오염원이 하천의 수질오염을 가중시켰다. 비록 정부가 축산폐수에 대한 규제를 강화했으나 전체 축산폐수 발생량의 30%를 차지하는 영세 축산농가들이 그대로 폐수를 방류하여 하천을 오염시켰다(정경수, 2001). 도시 근교 농촌의 비닐하우스 재배 급증은 연탄 사용량 증대와 폐비닐의 대량방출로 인하여 대기오염과 토양오염을 가중시켰다.

정부는 정주권 개발계획에 따라 국토 균형발전을 목표로 한 제2차 국토종합개발계획(1982-1991)을 실행했다. 그리고 도심지의 심각한 주택 문제를 해결하기 위해 대한주택공사와 한국토지공사(1975)를 통해 양천구 목동, 노원구 상계동, 서초구 방배동, 강남 3구(압구정동, 송파구, 강동구), 그리고 성남(분당), 고양(일산), 안산, 수원, 안양(평촌), 부천(중동) 등 수도권과 대구 지산(30만 명), 부산 해운대(10만 명) 등에 대규모 아파트 밀집단지를 조성했다. 이들 조밀한 아파트 밀집단지들은 충분한 녹지대를 확보하지 않음으로써 자연을 주거공간 밖으로 밀어내는 '자연에 대한 도전'이었으며, 이웃과 단절된 건축구조로 인해 삶의 질이 저하되는 최악의 선택이었다.[3]

2. 산업공해에 대한 시민단체의 대응

1970년대와 1980년대에 걸쳐 서구 사회가 '로마클럽' 활동과 그 보고서인 『성장의 한계』(Meadows · Randers · Behrens, 1972)가 발표된 이후 대중매체와 환경단체들의 활동을 통해 자원고갈과 오존층 파괴, 기후변화, 지구온난화, 생물종 다양성, 삼림파괴, 사막화, 해양오염 등 장기적 · 지구적인 환경 문제에 대한 우려를 본격적으로 제기했던 것과는 달리 우리 사회는 여전히 수질오염, 대기오염, 소음 · 진동 등 일시적 · 국지적인 산업공해에만 관심을 기울였다. 정부는 산업공해에 적극적으로 대처하는 대신 자연보호위원회를 구성하여 삼림보호, 거리청소, 쓰레기줍기 등 전시성 환경보호 행사를 일상적으로 벌임으로써 시민들의 관심을 딴 데로 돌렸다. 그에 상응하게 전국에 민간단체인 한국자연보전협회(1963), 한국야생동물보호협회(1969), 일사회(1974), 한국환경보호협의회(1975) 등이 결성되어 낭만적인 자연주의 운동으로의 강한 지향을 드러냈다. 이처럼 권위주의 개발국가가 '위로부터' 경제개발을 주도하고 시민 일반이 국가의 기술적인 안전관리 능력에 과도하게 의지하는 상황에서 정치적 권력과 여론이 서로 대항하는 정치적 장이 마련되기는 어려웠다.

권위주의 개발국가는 산업공해를 총량적 경제개발정책과 관련된 기술적인 사후관리 문제로서 인식했다. 1970년대 대표적 공업도시로 조성된 울산 중심부의 공업탑에 새겨진 "공업생산의 검은 연기가 대기 속으로 뻗어나가는 그날엔 국가의 희망과 발전이 눈앞에 도래했음을 알 수 있을 것"이라는 비문은 산업공해를 무시했던 군부 엘리트들과 관료들의 인식을 단적으로 드러냈다. 1963년 최초의 환경

법인 '공해방지법'이 제정되었지만 그것은 AID 차관 도입과정에서 요구조건에 맞추기 위해 급조된 장식적인 법에 불과했다. 여기서 공해는 공적 폐해를 줄인 말로서 사적 폐해에 반대되는 개념이었다. 이것이 갖는 의미는 폐해의 처리 문제가 사적 구제에서 공적 규제로 전가된다는 데 있었다(노진철, 2001). 공해 전담부서가 설치된 것은 1967년 보건사회부 산하 환경위생과 공해계가 처음이었고, 그때 가서야 '공해방지법 시행규칙'도 제정되었다. 당시 규제대상은 대기오염, 수질오염, 소음·진동 등 산업공해에 국한되었으며, 사실상의 정책수행은 인원과 예산의 부족으로 이루어지지 않았다. 비록 1977년 '환경보전법'이 제정되고 환경영향평가제가 도입되었지만 대기오염과 수질오염에 대한 임시방편적인 입법과 규제조치가 행해지는 데 그쳤다.

국가는 세계 시장에서의 기업경쟁력 약화를 우려하여 자원과 에너지의 저가정책을 유지했고, 산업공해 배출에 대한 규제를 소극적으로 추진했다. 그 결과 선진국에서는 환경규제 강화로 사양화되던 피혁, 염색가공업, 철강, 석유화학, 비철금속 등 자원·에너지다소비형, 공해다발형 산업들이 공단입지를 통해 급속히 성장했다.[4] 그에 상응하게 개입주의 국가는 산업화에 수반하는 재난의 피해를 최소화하거나 무재해의 실현을 약속하는 다양한 안전대책을 내놓았다. 국가의 안전관리체계는 급속한 현대화 과정에서 생산되는 물리적인 1차 위험들을 위험측정의 과학적 산정 모델에 의거 포착하여 관리준칙에 따라 통제할 수 있는 것으로 가정했다. 자연재해관리, 소방방재관리, 산업안전관리, 가스·전기안전관리, 유류안전관리, 통신시설안전관리, 철도안전관리, 교량·건축물안전관리, 원자력안전관리 등등. 그러나 국가 행정범위의 급격한 확장은 오히려 국가를 위험을 증가시키는 거대하고 통제 불가능한 기계로 만들었다.

아직 환경위험에 대한 인식이 이루어지지 못하던 시대적 상황에서 시민들은 재산상 · 건강상 피해보상을 요구하는 국지적인 민사소송만을 제기했을 뿐이다(대법원 1968. 11. 19. 선고 68다1522판결). 1966년 5월 부산 감천화력발전소 주변 주민들은 처음으로 매연분출가처분명령 신청을 제출했다. 그리고 1970년부터 1979년까지 계속된 울산공단 주변 삼산평야 농민들의 피해보상 투쟁, 1978년 터져서 1980년 집단이주 결정에 이른 여천공단 주변 낙포리 농민들의 피해보상 투쟁 등에서 주민들은 공단으로부터 가해진 피해에 대해 민감해진 모습을 보였다(구도완, 1996). 이런저런 기회에 가시화된 산업공해에 대해 지역주민들이 반발하거나 자원의 추가적 공급이 어렵게 되면 정부는 비로소 공해에 대한 일정한 관심을 표명했다. 부분적으로 제한된 가용자원의 훼손 및 분배와 관련하여 환경규제를 실시했다. 즉 환경정책은 산업공해로 야기된 정치적 위협이나 경제적 위기를 해소하는 데 목적이 있었으며, 지역주민들의 삶의 질 향상을 위한 환경개선과는 거리가 멀었다. 주민들도 삶의 질이나 지구적 환경 문제에 대한 관심에까지 이르지는 못했다.

1980년대 들어 울산, 온산, 여천 등 중화학공단 주변 지역의 피해주민들은 재산상 · 건강상의 피해보상 수준을 넘어서 집단이주를 적극적으로 요구했다. 같은 시기 한국공해문제연구소(1982), 반공해운동협의회(1984, 1987년 공해추방운동청년협의회로 개칭), 공해반대시민운동협의회(1985)가 설립되었다. 이들 반공해단체는 가해자에 대항하는 주민들을 저항운동에 동원하기 위해 '환경오염' 개념보다는 '공해' 개념을 선호했다. 이들은 산업공해를 가해자와 피해자의 구별에 따라 접근하여 가해자인 '억압적 국가'와 '독점적 다국적기업'

에 대항하여 피해자인 공단지역주민들의 저항을 지원했다. 1983년 온산화학공단 주변 지역의 주민들은 신경통, 피부병 등이 집단적으로 발생하자 '이주촉진협의회'를 구성했고, 반공해단체들은 이들을 지원하여 도로점거, 농성을 벌였으며, 1985년 '온산병' 사건으로 여론화되는 데 크게 기여했다.[5] 정부는 공해병으로의 인정을 거부했으면서도 이 지역에 역학조사를 실시한 후 이주대책을 발표했다.

1987년 6·10항쟁과 6·29선언을 거쳐 이루어진 민주화 이후 정치적 소통의 대상은 노동 문제, 빈곤 문제, 교육 문제, 청소년 문제, 환경 문제 등 다양한 사회 문제들로 확대되었다. 도시민들은 인근 공단의 공장폐수 배출에 의한 상수원 오염, 공장의 유독 가스나 분진, 항공기의 소음 등 생활환경의 악화로 인한 건강상 피해를 들어 피해보상과 대책을 요구했다. 목포 시민들의 영산강 보존운동(1983), 동두천 지역 상수원 오염에 대한 주민보상운동(1985), 서울 구로공단 주변 지역 시민들의 보상운동(1987), 상봉동 연탄공장 부근 주민들의 보상운동(1988), 신정동 항공기 소음공해 피해보상 및 대책 요구 등은 도시민들의 환경 인식이 반공해단체들의 인식지평을 넘어서지 못한 채 국지적으로 발생하는 공해에 국한되어 있음을 보여준다.

원진 레이온 이황화탄소 중독증(1988), 수돗물 중금속 오염 파동(1989), 수돗물 발암물질 THM(트리할로메탄) 파동(1990), 두산전자 낙동강 페놀 유출 사건(1991), 울산 듀퐁 이산화티타늄 공장 건설 반대(1989-1995), 군산 TDI 공장 건설 반대(1990) 등 다양한 오염사고와 피해로 촉발된 주민운동은 최소한 시민들이 공해를 자신의 문제로 인식하기 시작했음을 의미했다. 공해추방운동연합(1989)은 공해추방운동청년협의회와 공해반대시민운동협의회의 결합체로서 다른 사회운동들과 적극적으로 연대하여 명시적으로 반공해운동을 통한 사회변혁운동을 추구했다. 공해추방운동연합은 다양한 공개행사와 환경교육, 피해지역 주민들의 반공해투쟁 지원, 지역단위의 반공해운동단체들과의 연대를 통해 반공해운동을 주도했다. 특히 구미 두산전자의 낙동강 페놀유출 사건과 이로 인한 낙동강 식수오염은 직접 피해를 입은 대구 시민들을 분노하게 만들었고, 낙동강을 식수원으로 하는 대구와 부산 시민들의 환경의식을 고조시켰으며, 지역단위의 수많은 환경단체들이 결성되는 기폭제가 되었다. 대중매체를 통한 생태학적 소통의 광범위한 확산은 민주사회에서 환경오염에 대한 논의를 급속히 증폭시켰고, 전문환경단체들이 결성되는 기반이 되었다. 페놀사건이 계기가 되어 경제정의실천연합(1989)은 경제정의연구소 내에 환경연구부를 만들었고, 서울 YMCA의 시민자구운동본부, 푸른한반도되찾기 시민의 모임, 배달환경연구소 등 새로운 전문 환경단체들이 창립되어 본격적인 환경운동을 전개하였다.

그러나 환경오염이 시민 일반에게 커다란 반향을 일으킨 것은 생태학적 소통이 대중매체에 의해 매개되면서부터였다. 환경오염에 대한 우려가 공단지역의 일시적·국지적인 피해를 넘어 시민 일반의 생활방식과 건강에 대한 관심으로 확대되었다. 환경오염에 대한 소통의 증가는 그에 대한 시민들의 의식을 고양시켰고, 시민들의 민감성 증대는 즉각적으로 환경오염 사건들의 양적인 증가로 표출되었다.

Ⅳ. 대형 국책사업과 환경훼손을 둘러싼 환경 갈등

1. 대형 국책사업을 둘러싼 환경 갈등

권위주의 개발국가는 경제성장을 지원하기 위해 전 국토를 경제개발계획에 임의적으로 동원했다. 국토종합개발계획은 국가의 권력 논리에 따라 '위로부터' 결정되었고, 대규모 공업단지 조성, 사회기반시설 설비 등 대형 국책사업은 환경용량에 대한 배려와 환경보전을 위한 사전 대비 없이 부실한 사전 타당성 검토를 거쳐 각종 개발특별법을 통해 밀어붙이기 식으로 추진되었다. 게다가 제한된 국토 위에서 개발 가능한 토지를 조달하기 위해 개발국가는 공유수면 매립을 통해 새로운 토지를 조성하거나 제도의 변화를 통해 자연 상태의 토지를 공업용·상업용으로 형질 변경시켰다.

1973년 박정희 정부는 공업단지 조성을 목적으로 한 매립이 가능하도록 '산업기지개발촉진법'을 제정했고, 이후 해안매립과 간척사업은 전통적인 농지조성을 벗어나서 산업용지를 공급하는 주요 수단으로 활용되었다. 1970년대 말 정부는 중동 해외건설 경기의 침체에 따른 건설업의 불황을 타개하기 위한 경기부양책의 일환으로 국내에 유입된 건설장비와 인력을 동원해서 현대건설로 하여금 서산 간척지를, 동아건설로 하여금 김포 매립지를 조성하게 했다. 1987년 시화호 개발사업은 3천3백만 평에 이르는 시화호 조성과 주변 갯벌의 매립을 환경영향평가도 마무리되지 않은 상태에서 무리하게 추진되었다. 그렇지만 누구도 국토개발을 경제성장을 위한 가용자원의 활용으로만 보았지 제한된 가용자원의 훼손으로 인식하지 못했다.

하지만 1992년 리우 유엔환경개발회의는 국가와 기업들, 그리고 시민단체들로 하여금 안전과 위험의 구별에 국한되었던 환경 문제의 인식틀을 벗어나 지구적·생태학적 환경위기로 관심과 이해의 폭을 넓혔다. 이에 상응하게 반공해단체들은 국가와 기업을 산업공해의 주범으로 규정하던 투쟁적 담론을 중단했고, 나아가 저항운동인 사회변혁운동에서 생활실천운동인 시민운동으로 전환했다. 새로운 환경단체들이 속속 창립되면서 과거라면 자연적 사건으로 처리되었을 위험들이 인위적 사건으로 간주되어 소통되었다. 1992년 경제정의실천연합 내부에는 환경개발센터가 발족하였고, 1993년 공해추방연합이 환경운동연합으로 개칭했으며, 배달환경클럽의 전국 조직이 결성되었다. 그들은 지구온난화, 오존층 파괴, 삼림훼손, 생물종 멸종, 생태계 훼손, 습지훼손 등 지구적인 환경위기와 연계하여 국토개발에 따른 환경훼손에 눈을 돌렸다. 환경 문제에 대한 논의의 초점도 일시적 문제에서 장기적 문제로, 국지적 수준에서 지구적 차원으로 이동했다. 거대한 댐을 건설하고 매립이나 간척을 통해 습지 및 갯벌을 육지로 변화시키는 것이 생물종 다양성을 위협하고 회복 불가능한 생태계를 훼손시킨다는 인식이 이루어졌다.

리우 선언과 의제 21, 그리고 몬트리올 의정서, 바젤 협약, 기후변화협약 등 국제환경협약들은 국가와 기업들로 하여금 '환경적으로 건전하고 지속 가능한 발전' 이라는 목표에 동의하도록 강제했다. 특히 자연, 공기와 물, 인간생활 등을 대상으로 하여 '지속 가능한 발전' 을 이룩하기 위해 국가는 경제성장과 사회통합, 환경보전을 통합한 정책으로 적극적으로 시장에 개입할 것이 기대되었다. 이를테면

'지속 가능한 발전'은 경제, 사회, 환경을 3축으로 하여 자연의 수용능력의 한계 내에서 경제성장과 세대 간 형평성을 동시에 해결하는 프로그램이었다(Dryzek, 1997).

그러나 한동안 국가와 기업은 경제와 환경을 대립관계로 간주했다. 양자 모두 경제발전과 환경보전의 동시 추진이나 경제발전과 복지, 생태의 통합정책 추구는 고려 밖의 일이었다. 국가는 회복 불가능한 환경훼손에 대한 배려 없이 전 국토를 대상으로 한 국책사업계획을 결정했다. 영월 동강댐·지리산댐·한탄강댐 건설, 시화호·새만금간척사업, 천성산 고속철도 터널공사, 경인운하 건설 등 시민들의 삶과 직결된 대형 국책사업들이 그렇게 '위로부터' 결정·통보되고 집행되었다. 이들 대형 국책사업에 의한 대규모 환경훼손은 국가가 토지변형 과정에 적극적으로 개입함으로써 발생한다는 점에서 기업의 국지적인 산업공해와는 달랐다.

또한 대형 국책사업을 둘러싼 환경 갈등은 국토개발로 인해 예상되는 결과와 파괴적 상황을 고려하여 자연훼손의 강도를 사전에 어떻게 조정하느냐는 문제에서 출발한다는 점에서 현존하는 위해인 산업공해와도 달랐다. 왜냐하면 어떤 정책이든 결정되면 상대적이기는 하지만 어느 집단이 다른 집단보다 더 혜택을 입느냐는 현실적인 문제와 관련하여 갈등이 발생하기 때문이었다. 즉 부 혹은 권위를 가진 자와 그것으로부터 배제된 자들 사이에, 그리고 지배자와 피지배자 사이에 갈등이 존재했다. 그리고 정부는 산업정책 추진과정에서 여전히 기업의 비용 상승을 우려하여 오염물질 배출과 환경훼손에 대한 규제에 소극적이었다. 기업도 환경보전의 당위성은 인정했지만[6] 사전예방을 위한 청정기술이나 청정생산체계의 개발에 대한 투자보다는 최소한의 오염처리 시설의 설비와 운영에 국한했다. 기업들은 오염물질을 배출하면서도 그로 인한 위해에 대해 책임을 지지 않으려는 풍토가 조성되었다.

이에 따라 정부는 오염원인자부담 원칙을 바탕으로 하는 배출부과금, 폐기물예치금, 폐기물처리부담금, 환경개선부담금 등 환경오염을 저감하는 경제적 유인제도는 도입했지만 대형 국책사업의 환경훼손에 대한 예방에는 소극적이었다. 국가는 지난 30여 년 동안 4차례에 걸쳐 국토개발계획을 발표한 바 있으나[7] 생태계의 파괴를 회복 불가능한 환경훼손으로 인식하기 시작한 것은 1996년 시화호 오염사건이 정치 의제화된 이후였다. 그 이전에는 국책사업을 유치하기 위한 지역 간 경쟁이 치열했으며, 환경훼손의 예방에 대한 의식도 희박했다. 그러나 환경훼손에 대한 예방 의식의 확산은 과거 '압축적 근대화'의 신화가 지배하던 시기에 내려진 결정이 미치는 피해까지도 기대된 효용에 비추어 산정하는 위험예방을 법적·제도적으로 고려하게 했다. 이에 상응하게 정부는 '환경정책기본법'을 제정하여 위험예방의 근간이 되는 환경기준 강화정책을 적용할 수 있는 법적 토대를 마련했고, 오염매체별, 원인별 또는 대상분야별로 다양한 환경법 체계를 갖추었다.[8]

특히 환경청이 환경부로 전환된 1994년부터 환경단체들은 '민간 환경단체정책협의회'를 통해 주요 환경관련 현안에 대한 결정에 참여했다. 김대중 정부의 집권 이후 환경단체들은 개발제한구역 제도개선협의회, 동강댐 조사단, 새만금사업 조사단, 낙동강물관리종합대책 조사단, 대통령자문 지속 가능발전위원회 등 정책자문기구의 형태로 정책결정 과정에의 참여를 제도화했다(구도완, 2003). 환경단체들의 정치참여가 확대된 후 일반 시민들의 환경훼손에 대한 민감성의 놀라운 팽창은 정치적으로 적합한 위험이 기술적으로 생산되는 것이 아니라 정치적 소통에 의해 구성된다는 사실을 확인시켰다. 국토개발로 인한 환경훼손이 자동적으로 정치 이슈화되는 것은 아니며, 정치적 스캔들은 환경훼손이 일반 시민들에 의해 포착되어 사회 문제로서 의제화되는 한에서 일어났다.

환경단체들의 참여의 제도화는 처음부터 경제발전을 위한 국토개발의 필요성과 개발로 인한 환경훼손의 우려 간의 조정에 지향되었다. 우선 어느 쪽 입장이 선택되느냐에 따라 결과가 달라지기 때문에 환경 갈등은 해결의 실마리를 찾지 못한 채 증폭되었다. 국토개발이 정부의 승인, 인 · 허가, 감독 등의 안전조치 혹은 이전에 고착된 '위로부터'의 결정의 집행으로 해석될 경우 환경훼손과 그 발생 개연성은 궁극적으로 정치적 결정에 귀속되었고, 그와 함께 환경훼손의 원인자가 누구인지 분명하게 드러났다. 위천국가공단 지정, 동강 · 한탄강 · 낙동강의 대형댐 건설, 시화호 · 새만금 갯벌 간척, 천성산 고속철도 터널공사 등을 둘러싼 갈등은 국가의 포괄적인 지원과 장려 혹은 통제가 특징적으로 드러났던 환경 갈등으로서 그만큼 저항규모와 갈등 참여자의 수, 갈등의 지속과 강도가 컸다. 이들 환경 갈등에서는 지역주민, 시민단체, 정당, 언론 등이 갈등 진행의 특정한 단계에서 현시된 갈등을 정치적 의제의 형태로 포착하는 데 탁월한 역할을 수행했다. 그리고 정부, 행정부, 의회가 이들 정치화된 환경 갈등에 깊이 개입하지 않을 수 없었으며, 경우에 따라서는 법원도 소송심판의 형태로 참여했다.

또한 환경단체들은 지역주민의 생태적 실천운동보다는 대형 국책사업에 대한 대항운동을 선호했고, 돌이킬 수 없는 환경훼손의 수용을 거부하는 시민궐기대회, 서명운동, 규탄성명, 대정부 건의, 정부 · 정당 항의방문 등 다양한 저항행위에 집중했다. 국책사업은 동강댐처럼 백지화되기도 하지만 한탄강댐처럼 팽팽한 대립으로 갈등을 지속하기도 했다. 혹은 천성산 터널공사와 시화호 · 새만금 간척사업처럼 환경단체들의 장기적인 저항에 부딪혀 보다 친환경적으로 바뀌기도 했다. 방사성폐기물처분장처럼 17년간에 걸친 장기적인 소요와 분쟁을 겪었으면서도 유치신청 지역별 주민투표라는 절차적 합리성을 통한 주민들의 자발적 선택으로 바로 입지결정이 내려지기도 했다. 그러나 지난 10여 년 동안 환경단체들이 부분적으로 정책결정 과정에 참여했음에도 불구하고 환경지속 가능성 지수(ESI)가 항상 조사대상국 중 최하위권에 머문다는 사실은[9] 대형 국책사업에 대한 저항운동의 한계를 보여준다.

2. 지방의 지역개발과 환경훼손

지방자치제도 실시 이후 지역주민들은 양적 생활 수준뿐만 아니라 질적 생활 수준의 저하에 대해서도 점점 더 민감하게 반응했다. 불황, 빈곤, 실업 등 삶의 양적 측면과 관련된 '현재적' 문제뿐만 아니라 환경, 건강, 복지 등 삶의 질적 측면과 관련된 '미래의 현재 선취적' 문제도 정치적 결정의 대상이 되었다. 지방화와 더불어 정부의 정책결정은 점차 탈중심화되었다. 지방화는 중앙정부가 독점하고 있던 환경관리의 권한을 지방자치단체로 분산시키는 중요한 계기로 작동했다.[10] 2002년에는 공단 내 오염배출업체 관리 업무와 배출업소 지도단속 업무가 지방환경관서에서 시 · 도지사로 위임되었다. 그러나 환경훼손은 지방자치단체 차원의 지역개발 사업에서도 발생했다.

선거를 통해 집권한 지방자치단체장들은 임기 중에 가시적 성과를 내려고 확실한 세수원인 대기업을 지역에 유치하기 위해 공단조성을 서둘렀고, 위락 · 레저 시설의 건설에 전력했다. 그렇지만 지역주민들은 지역개발에 우선권을 두면서도 삶의 질에 대한 관심도 높아져 공해 · 혐오 시설 등의 유치를 기피하는 이중적인 태도를 보였다. 소위 님비(NIMBY) 현상은 지역주민들의 이러한 이중적인 태도가 사회적 딜레마로 표출된 것이다.

특히 1997년 말 외환위기는 지방자치단체들이 지역의 경기침체 또는 낙후성을 벗어난다는 명분을 내세워 대기업을 유치하기 위한 공단조성과 물류 · 유통단지 유치, 그리고 극소전자공학, 정보통신기술, 생명공학, 신소재공학 등 첨단산업 분야의 벤처기업 유치를 위한 산업–연구–주거 복합형 도시기반의 정비에 경쟁적으로 나서도록 만들었다. 예컨대 서울(상암동 디지털미디어시티), 인천(송도 지식정보산업단지), 천안, 광주(대불 첨단연구단지), 대전(대덕 과학기술연구단지), 제주도 등은 테크노폴리스 혹은 첨단산업 벨트를 조성하고 외국기업 및 국내기업의 유치에 경쟁적으로 나섰다. 그들은 대규모 과학연구단지의 조성을 통해 경쟁력 있는 기술집약적 첨단산업을 유치하고 새로운 이윤창출 및 고용창출의 기회를 확보하려 했다. 이는 원료, 용지, 용수, 에너지 등 막대한 환경훼손과 더불어 환경오염을 예고하고 있다. 지방화 시대가 본격 가동된 이후 현재까지 자연자원의 활용 및 그에 수반되는 환경피해를 둘러싸고 정도의 차이는 있지만 전국이 모두 지역개발과 환경훼손의 딜레마를 경험하고 있다고 해도 과언이 아니다.

영남지역에서도 대구, 부산, 울산 등 거대도시뿐만 아니라 구미, 포항 등도 테크노폴리스의 구축에 지역경제의 사활을 걸었다.

1995년 8월 건설교통부는 국토개발연구원의 연구결과를 토대로 대구 위천공단, 구미 제4공단, 상주 청리공단, 영주 장수공단, 안동 공업단지 등 18개 공단을 신설한다는 내용의 '대구 · 경북권 광역개발계획'을 발표했다. 그 즉시 대구 · 경북의 각 자치단체는 공단조성의 기본계획 수립에 착수했다. 그러나 조성계획 상태에 있는 이들 공단들은 기존의 가동 중인 공단들과 마찬가지로 낙동강 유역권에 입지하도록 되어 있다는 문제점을 안고 있었다. 왜냐하면 영남지역은 지정학적 특성상 낙동강에서 생산에 필수적인 공업용수를 공급받고 또한 생산의 부수물인 폐수를 배출할 수밖에 없기 때문이었다. 이미 낙동강 유역과 해안가에는 사상공단, 창원기계공단, 마산수출자유지역, 울산석유화학공단, 온산공단, 구미공단, 포항제철공단 등 38개 공단이 가동 중이었다.

대구시가 위천국가공단 지정승인을 본격 추진했던 1996년 당시 낙동강권역에는 인구가 1,318만여 명, 배출업소 수가 1만 3,672개소, 가축 286만 9천 두가 오염원으로 자리 잡고 있었다.[11] 이것은 한강권역, 금강권역, 영산강권역과 비교하여 월등히 높은 수치였다. 더욱이 유역 내 배출업소 수는 대구시가 포함된 중류지역에 전체의 53%가 집중적으로 위치하고 있어 하류지역과의 분쟁의 소지를 구조적으로 안고 있었다. 그 결과 1991년 낙동강 페놀 오염 사건을 필두로 하여 몇 차례 대형 수질오염 사고가 터졌으며, 1994년 이후에는 3년째 겨울 가뭄으로 인한 상류지역의 댐 방류량 감소에 따른 수질악화를 비롯하여 가을철 갈수기 때마다 수돗물의 악취사건들이 빈번히 있어왔다. 따라서 영남지역 주민들은 상수원 오염과 환경훼손에 대한 민감성이 다른 어떤 지역보다도 고조될 수밖에 없는 상황에 있었다. 특히 낙동강 하류지역인 부산 · 경남 지역의 주민들은 1990년대 초부터 식수 확보문제로 상시적인 고통을 겪으면서 낙동강 유역 개발에 대한 거부의 분위기가 강하게 지배하고 있었다. 낙동강 중류에 위치한 대구시의 위천공단 조성계획은 하류지역인 부산 · 경남 지역의 주민들에게는 '먹는 물'과 연계된 생존권 문제였다. 그들은 공단에 어떤 종류의 업종이 들어서든 어떤 환경 기초시설이 설치되든 결국 오염물질의 총량을 증가시켜서 식수원의 추가적 오염은 불가피하다고 믿었고, 위천공단 조성에 반대하여 계획 철회를 관철시켰다(노진철, 2003).

지방자치제도의 실시는 낙동강 유역뿐만 아니라 한강, 영산강 유역 등에서도 수자원 고갈과 수질오염을 둘러싸고 상류지역 자치단체들과 하류지역 자치단체들 간의 마찰이 환경 갈등으로 불거져 나오는 계기로 작동했다. 중 · 상류 지역의 새로운 공단 조성이나 지역개발계획은 식수확보의 어려움을 겪는 하류지역 자치단체들과 지역주민들의 반대에 부딪힐 수밖에 없었다. 환경 갈등은 자치단체들 간의 대립을 넘어서 두 지역의 주민들이 시민단체, 환경단체를 중심으로 공단 조성, 지역개발을 지지하거나 반대하는 집단적 시위행동에 대거 참여하면서 지역감정으로까지 비화했다.

지방자치단체들은 공단 조성 이외에도 산업유치, 골프장, 영화 · 드라마 세트장 등의 유치 경쟁을 벌렸고, 그 결과 부지 확보와 도로건설, 시설운영 과정에서 환경을 심각하게 훼손했다. 부산시는 새로운 공업용지와 주택부지를 확보하기 위해 환경단체들의 저항에도 불구하고 1998년대 중반까지 30여 개 해안지역을 매립하고 낙동강 하구를 개발했다. 생태학적 자원의 보고인 해안을 매립하고 녹산국가공단(1990–1996), 신호지방공단(1994–1997), 명지주거단지(1990–2000)를 조성했으며, 낙동강 하구의 을숙도 등 자연을 훼손시키면서

명지대교, 가덕대교 등을 건설했다(백두주, 2001). 다행스럽게도 제주도 송악산 관광개발계획은 자연훼손을 우려한 주민들의 저항으로 지역개발에 실패했다. 남제주군의 이중화산인 송악산 분화구 주변에 관광시설을 설치하려던 계획도 비록 사업자와 지역주민, 남제주군의 지지는 받았지만 환경훼손을 우려한 제주도와 전국 환경단체와 전문가들의 반대에 부딪혀 실패했다(박윤경 · 권상철, 2006).

또한 지방자치단체들은 재정 확충과 골프 대중화라는 명분하에 골프장 유치경쟁을 벌였고, 1995년 99개에 불과하던 골프장은 환경훼손을 우려한 지역주민들의 골프장 반대운동에도 불구하고 2006년 말 현재 251개로 11년 만에 2.5배로 늘어났다. 지방자치단체들의 골프장 허가 남발은 전국적으로 환경을 심각하게 훼손시켰다. 골프장은 건설과정에서 대규모 택지 조성을 통한 자연생태계 파괴, 과도한 지형훼손, 경관훼손을 야기했으며, 운영과정에서도 고독성 농약 사용으로 인한 토양 · 수질 오염, 과다한 비료 유출로 인한 지표수 · 지하수 오염, 자연형 지표수계 차단으로 인한 홍수위험, 주변 용수 이용에 따른 교란 및 용수 부족, 해안입지의 경우 해양오염 등 다양한 환경훼손을 일으켰다.

그리고 1971년부터 1978년까지 14개 도시권역에 설정되었던 개발제한구역(그린벨트)은 1980년대 후반부터 지역경제의 활성화, 주민생활의 편익과 주택 문제의 해결을 이유로 50여 차례에 걸쳐 해제범위가 계속 확대되었다. 특히 1998년과 2003년, 2008년에는 대규모 그린벨트 해제가 단행되었다.[12] 서울의 변두리 지역과 수도권 5개 신도시, 충청도 북부권 등 인구 고밀도 지역에서는 자연에 미칠 영향을 고려하지 않은 채 지역의 경제발전을 위해 국토를 훼손하는 난개발이 지방자치단체에 의해 무계획적으로 추진되었다(김재익,

2008). 김영삼 정부는 초기 수도권 개발 억제를 위하여 공장총량제, 과밀부담금제 도입 등 강력한 규제정책을 추진했던 것과는 달리 후기에는 개발촉진지구 도입, 준농림지 개발 허용 등 규제완화로 선회함으로써 수도권 내 공장 및 주택 건설을 가속화시켰다.

도시화율이 2005년 말 현재 90%에 이르고 있으며, 도시의 부양능력에 비해 인구가 도시에 과도하게 밀집되었다.[13] 그 결과 도시인의 삶의 질이 현저히 위협을 받았다. 그 대표적인 것이 생활쓰레기의 발생량 증가, 매립지 부족, 소각처리비용 증가 등으로 인한 생활쓰레기 처리 문제였다. 도시지역의 소각시설, 쓰레기매립장, 하수처리시설 등 주민기피시설의 입지를 둘러싼 갈등은 지역개발과 환경훼손 간 선택 문제이면서 동시에 지역 간 이해관계를 놓고 대립, 경쟁하는 문제였다.[14] 비록 '폐기물처리시설설치촉진및주변지역지원등에관한법'이 제정되어 2005년부터 전국 쓰레기매립지의 음식물 직매립을 금지시켰고, 2007년부터 폐기물 반입 총량제를 도입했지만, 주민들은 이들 기피시설의 운영에 따른 삶의 질 위협에 대해 불안해했다.[15] 그리고 이들 기피시설은 설치된 지역에는 손실이 집중적으로 발생하는 반면에 그 설치로 인한 상대적 편익은 전체 지역에 고르게 분배된다는 공간적으로 불균형한 편익과 손실의 격차를 발생시켰다. 이러한 불균형에 대한 주민의 불만은 특정한 시설물의 설치를 기피하는 현상을 낳았다. 그리고 인접 지역에 대한 보상 문제로 찬성하는 주민과 반대하는 주민 간에 갈등이 생겨났고, 이러한 갈등은 대부분 지자체와 집단 간 갈등양상으로 확대되었다.

Ⅴ. 지식과 무지의 구별에 기초한 위험사회 대두

높은 위험성 추구 성향을 가진 '압축적 근대화'는 역설적이게도 사람들에게 체계적 장애, 구조적 실패, 파국 등으로 인한 위험을 경고하지 않았다. '압축적 근대화' 신화는 정치적 결정, 경제성장 혹은 기술혁신이 체계적으로 생산해내는 위험을 근대화에 동반되는 잔여적인 것으로 처리했고, 그와 동시에 개입주의 국가의 강압적 지배를 정당화하는 이데올로기로서 기능했다(노진철, 2004a). 그 결과 우리 사회는 경제성장 혹은 기술진보는 좋은 것이라는 자기 정체성이 지배했고, 정치적 결정이 만들어내는 위험은 공개적 논쟁이나 지식의 대상이 될 수 없었으며, 정치적 갈등의 중심에 서지도 못했다.

1980년대 말부터 한국은 경공업 및 전자조립 분야에서 고임금화가 진행된 반면 중국, 태국, 인도네시아 같은 후발국이 저임금으로 도전했고, 선발국이 자동화 공정을 도입하여 임금변수를 퇴색시킴에 따라 이들 산업분야는 급격히 국제경쟁력을 상실했다. 에너지 다소비 산업인 중화학공업도 포스트-교토 의정서의 제약을 받아 2012년부터 CO_2 발생량의 의무감축에 들어가게 되면 급격히 사양화할 것으로 전망된다. 따라서 지방자치단체들은 탈제조업의 열풍 속에서 돌파구를 고부가가치의 첨단산업기술의 개발에 두고 테크노폴리스의 건설에 경쟁적으로 나서고 있다.

그렇지만 1990년대 들어 민주화와 리우 유엔환경개발회의의 여파로 오존층 파괴, 원자력발전, 광우병 · SARS · 조류독감, 유전자변형농산물, 생명복제기술, 환경 호르몬, 신종 의약품, 식품첨가물(인공

색소, 멜라민) 등 고위험 사건들이 공론화됨에 따라 시민들은 과학과 기술의 발전에 따른 파국적 위험에 대해 매우 민감해졌다. 예컨대 2008년 5월 초부터 7월까지 두 달여 간 지속된 광우병 촛불집회는 변형 코로이츠펠트 야콥병(v-CJD), 소위 인간광우병의 감염위험에 대한 어린 청소년과 시민들의 공포가 몰고 온 과민반응이었다. 광우병에 대한 확실한 지식이 결여된 상태에서 정부가 한미 쇠고기협상 타결에서 기존의 연령제한과 수입부위 제한조처를 푼 것이 공포의 소용돌이를 몰고 왔다. 광우병을 비롯하여 이들 위험은 바로 우리가 미래에 대해 알 수 없다는 무지에 기초하여 현재에서 소통된다. 과학과 기술의 진보와 함께 인과율로 확실하게 파악이 안 되는 위해는 점차적으로 지식에 의해 피할 수 있음에도 불구하고 행하는 자의적인 위험으로 바뀌어 간다.

자연재해와 달리 원자력발전과 그 폐기물의 방사능 누출 위험은 사회 스스로 예방조처와 함께 만들어낸 재난 가능성이다. 원자력발전이 방사능 누출에 따른 사회적 위험부담이 큼에도 불구하고 에너지 수급과 관련하여 경제적 측면에서 도입된 것은 적어도 재해손상에 대한 법적 책임 제한은 예견 가능하기 때문이다. 그러나 방사능 누출은 일상에서 막강한 파괴력 앞에서 두려움과 공포를 갖게 하는 돌발적인 대형 재난사고와 연계하여 소통된다. 원자력발전에의 의존성 확대라는 현재의 정책결정이 미래에 무엇이 일어날지 조건지우긴 하겠지만, 불확실성은 사람들이 어떤 일이 일어날 것인지를 알 뿐이지 그것의 발생확률을 아는 것은 아니라는 것을 뜻한다(Elster, 1979). 또한 사람들은 그것이 어떤 방식으로 일어나는지 알지 못한다. 따라서 정책결정자는 미래에 대한 지식이 불충분한 상태에서 결정을 내려야 하고, 그 결정의 결과로 등장할 미래의 피해 가능성에도 불구하고 그렇게 결정할 수밖에 없다. 즉 방사능 누출의 위험은 인간의 의도적 시도의 결과이며, 위험에 민감해진 일반 시민들에게는 그 원인이 정책결정자에게 귀속되는 위협이다.

우리나라에서는 현재 총 20기의 원전이 고리, 영광, 울진, 월성 등 4개 원전지역에서 가동 중에 있다. 1970년 고리 1호기가 착공될 당시 원자력발전 기술에 대한 인식은 매우 긍정적이어서 1976년부터 1982년까지 거의 해마다 새로운 원자력발전소가 지역발전에 대한 주민들의 기대 속에 착공되었다. 여전히 경제성장과 과학적 · 기술적 진보의 상징으로서 긍정적인 인식이 사회를 지배했다. 그러나 1986년 발생한 체르노빌 원전폭발 사고는 우리 사회에서도 원전의 위험에 대한 경각심이 일어나는 계기가 되었다. 정치적 민주화 이후 환경운동연합, 녹색연합, 환경정의시민연대(현재 환경정의) 등 환경단체들은 조직적인 원전 반대운동을 통해 끊임없이 '핵위험'과 원전의 안전성 결여에 대한 주민들의 경각심을 높였다.[16] 1989년 정부가 7년간의 공백기간을 거쳐 영광 3 · 4호기의 착공에 들어갔을 때 영광 주민과 반공해단체는 위험시설의 추가 건설에 격렬히 저항했고, 1993년 울진 3 · 4호기의 추가 건설에 들어간 울진에서도 주민들은 위험시설의 수용을 강하게 거부했다.

또한 이들 20기의 원전이 가동되는 중에 필연적으로 발생할 수밖에 없는 방사성폐기물은 중 · 저준위 폐기물의 경우 연간 3,120드럼에 이르고 '사용후 핵연료'는 연간 596톤에 이른다. 정부에 따르면 각 원전부지 내에 설치된 임시저장고는 2014년에 포화상태에 이른다. 따라서 정부는 1989년부터 경북 영덕, 충남 안면도, 경남 양산, 경북 울진, 전남 영광, 강원도 양양, 경기도 굴업도, 경북 영일, 전북 고창, 전북 위도 등에서 여러 차례 방폐장의 설치를 시도했지만 방폐장의 부지 확보는 알려져 있지 않은 방사능의 불확실성 및 정부에 대한 잠재적 불신과 연계된 지역주민들의 강력한 저항에 부딪혀 실패했다. 2003년의 위도 방폐장 건립 시도는 방사능에 대한 무지의 정치적으로 처리된 공적 소통을 여는 반대서명운동, 거리시위, 반핵집회, 촛불집회 등 장장 280여 일에 걸친 부안 주민들의 대정부 투쟁에 의해 무산되었다. 그러나 2005년 경주가 최종 입지로 확정된 것은 '중 · 저준위방폐장지원특별법'에 의해 행정집행의 신뢰가 확보됨으로써 영덕, 경주, 포항, 군산 등 4개 지자체의 주민들이 스스로 위험과 더불어 살기로 선택한 결과였다(노진철, 2006).

대구 지하철 재난은 고위험 기술의 인과성이 매우 복합적이며 원칙적으로 불확실하다는 것을 보여주었다.[17] 안전운행을 위한 전동차자동운전시스템(ATO)과 화재위험을 자동차단토록 설계된 자동안전시스템이 오히려 이 자동안전시스템에 무지한 승객들을 또 다른 위험에 방치했다. 이런 '의도하지 않은', '기대하지 않은' 위험은 루만(1990)이 개념적으로 명료하게 밝혔듯이 자연재해와 같이 외부로부터 오는 직접적인 위해와는 달리 위험을 합리적으로 통제하는 체계에 내재된 위험이다. 그리고 페로우(Perrow, 1987)가 지적했듯이 돌발적인 장애가 일어날 확률은 운용체계와 그 구성요소 사이의 상호작용이 복합적으로 얽힐수록 높아진다. 고도 복합성의 상황에서는 지하철 운용체계의 장애를 알리는 위기신호가 다의적으로 읽히거나 잘못 읽혀서 관계자들의 반응과 전동차자동안전시스템이 상황을 안정화시키기보다는 탈안정화시키는 방향으로 작동할 수 있다(노진철, 2004c).

씨프린스 호 기름유출 사고(1995)와 허베이 스피리트 호 기름유출 사고(2007)는 수출 중심의 해외지향적 경제성장과 에너지다소비형, 석유 에너지 중심의 경제구조로부터 비롯된 위험사고였다. 유조선의 충돌사고는 지난 10년 동안 2005년의 일시적인 감소를 제외하고는 연평균 31.6건에 이를 정도로 빈번했다(해양경찰청, 2008). 연안 해역 유조선 사고의 70%가 상대 선박의 정확한 식별이 어려운 데 따른 충돌사고였다. 우리나라는 해외로부터 대형 유조선을 통해 들여오는 유류 및 석유제품의 물동량이 세계에서 가장 많은 국가군에 속한다. 그에 따라 연안 해역과 항만 주변은 동북아 해운의 중심지로서 해상교통량 증가, 자연적 · 인위적인 항행 위해요소의 산재, 기상이변에 따른 대형 태풍의 발생 가능성, 유조선 및 화물선의 대형화 · 고속화 등으로 인하여 대규모 해양오염 사고의 위험이 매우 높다.

10만 톤급 이상 유조선의 연 800여 회 입출항과 연안 교역량의 급증에 대비하여 정부는 해상교통의 복잡한 흐름을 통제하는 재난관리체계의 완벽성을 지향하여 해역별 특성에 따라 과학적으로 기획된 위험관리를 제도화했다. 그렇지만 해양오염관리법, 해양안전 및 환경보전정책, 재난예방 프로그램, 방제지휘체계, '대규모 해양오염 현장조치 매뉴얼' 등 국가 위기관리체계가 '정상적으로' 작동하는 과정에서 허베이 스피리트 호 기름유출 사고는 사소한 부주의와 실수가 겹치면서 치명적인 환경재난이 되었다. 기름오염은 직접적인 연안 생태계의 파괴와 6천 억의 재산상 손실뿐만 아니라 지역경제의 침체와 지역공동체의 와해라는 2차적 피해를 입혔다. 또한 방재작업에 투입된 123만의 자원봉사자들과 15만 명의 군인과 경찰, 그리고 지역주민 등은 비록 사고후 9개월 만에 1단계 복구종료 선언을 이끌어냈지만, 그들은 원유에서 방출되는 휘발성 유독물질의 위험에 무지했던 탓으로 건강위해에 그대로 노출되었다.

이러한 엄청난 피해에 직면하여 천연자원이 부재한 나라에서

에너지의 97%를 해외수입에 의존하면서도 세계 10위의 에너지 소비 형태를 그대로 유지하고 있는 사회적 · 경제적 구조가 우리의 미래 세대를 위해서 타당한지에 대한 시민적 성찰이 요구된다. 또한 석유 의존도가 44.4%(OECD 평균 40.6%)로 높은 반면 환경오염이 적은 수력과 신재생 에너지의 비율이 각각 0.6%, 1.7%에 불과한 것도 문제이다. 이것은 세계 평균은 물론 OECD 평균 2.0%, 4.2%에 비해서도 낮은 수준이다(IEA, 2007). 석유는 재생 불가능한 에너지원일 뿐만 아니라 지구온난화의 주범인 CO_2를 다량 배출하고 있기 때문에 우리나라는 온실 가스 배출량 세계 9위국으로서 2012년 포스트-교토의정서에서 이산화탄소 배출 의무감축을 위한 국제 압력을 받게 될 전망이다.

VI. 지속 가능한 발전은 가능한가?

2007년 8월 제정된 '지속가능발전기본법' 에서는 '지속 가능한 발전' 을 지속 가능성에 기초하여 경제의 성장, 사회의 안전과 통합 및 환경의 보전이 균형을 이루는 발전이라고 정의하고 있다. 여기서 지속 가능성은 '현재 세대의 필요를 충족시키기 위하여 미래 세대가 사용할 경제, 사회, 환경 등의 자원을 낭비하거나 여건을 저하시키지 아니하고 서로 조화와 균형을 이루는 것' 이라고 정의하여 리우 선언의 의미를 그대로 수용하고 있다. 이 기본법은 2000년 9월 동강댐 건설저지운동의 성과로 출범했던 대통령자문 지속가능발전위원회가 내놓은 성과이다.[18] 그러나 경제성장론을 정책기조로 내세워 집권한 이명박 정부는 지난 10월 발표한 5대 국정지표와 20대 국정전략, 100대 국정과제에서 경제성장 우선론을 다시 한 번 천명함으로써 '지속 가능 발전'과는 거리가 있음을 분명히 했다. 국정과제에 포함시킨 '저이산화탄소 녹색성장'은 2030년까지 원자력발전에의 의존비율을 현재 36%에서 59%로 높이는 국가에너지기본계획과 연계되어 있어 경제성장의 한 과제라는 선언적 의미에 그칠 전망이다.

2005년 현재 한국은 단위면적당 원자력발전 비중이 밀집도 9.93kW/ha로 세계 1위이다. 2위인 일본(1.73)이나 3위인 독일(0.49)과 비교해도 8-20배 차이가 난다. 4위인 프랑스(0.37)보다는 30배나 높다. 이에 따라 단위면적당 방사성폐기물 양도 세계 1위이다. 정부의 계획대로라면 2030년까지 신고리 3, 4호기와 같은 140만kW급 수준의 원자력 발전소 10기를 추가로 신설하여 전력생산의 59%를 원전이 담당하게 된다. 결국 우리나라 에너지 구조는 화석연료와 원자력을 축으로 하게 되는데, 이는 반녹색적이며 지속 가능하지 못하다. 원자력발전소의 수명기간인 30-40년이 지나면 원자로 자체가 거대한 고준위 방사성폐기물이 된다는 점을 고려한다면, 또한 위험에 민감해진 시민들의 저항을 고려한다면 국가 에너지기본계획은 방사능에 대한 무지와 연계된 시민들의 위험인지를 무시한 위험한 결정이다.

환경 문제의 역사는 우리 사회에서 산업공해와 환경훼손, 환경위험 개념이 위험과 위해의 구별, 지식과 무지의 구별과 연계되면서 생태학적 소통의 중요한 분기점을 이루고 있음을 보여준다. '압축적 근대화'는 급격한 산업화로 인한 공단의 산업폐기물 처리 문제, 도시화에 따른 아파트 밀집공간의 삶의 질 저하, 중앙정부의 환경훼손을 무시한 국토개발, 지방분권화에 따른 지방정부의 난개발, 시민들의 환경위험에 대한 민감성 증대 등이 숨 돌릴 겨를 없이 연쇄적으로 진행된다는 특성을 가졌다. 권위주의 개발국가 주도 하에서 대규모 중화학공단이 조성되어 에너지다소비형, 공해다발형 산업들이 특정한 지역에 집중되면서 엄청난 오염을 유발했고, 이에 대해 피해주민들은 반공해단체들의 지원을 업고 보상투쟁을 전개했다. 주민들이 외부로부터의 위해에 대해 민감해진 상황에서 환경보호와 산업공해의 구별이 소통을 지배했다. 리우 유엔환경개발회의 이후 비로소 사람들은 국토·지역개발에 따른 자연환경의 훼손에 눈을 돌리게 되었고, 반공해단체들은 사회변혁운동에서 시민운동인 환경운동으로 전환했다. 국가는 환경훼손에 대한 배려 없이 대형 국책사업계획을 결정했고, 지방자치단체들은 그들대로 경쟁적으로 공단·산업 유치, 골프장, 영화·드라마 세트장 등 지역개발계획을 벌렸다. 이에 상응하게 '위로부터'의 결정에 따른 국토·지역재발의 위험과 위해의 구별이 소통을 지배했다. 국가와 기업들, 그리고 시민단체들은 리우 유엔환경개발회의에서 결정된 '지속 가능한 발전' 개념을 수용했다. 그렇지만 각종 정책자문기구에의 환경단체들의 참여에도 불구하고 국가와 지방자치단체는 국토·지역개발과 환경훼손의 구별에 따라 양자를 대립관계로 간주했고, 경제성장보다 환경보전을 우선시했다. 그에 따라 환경 갈등이 현저히 증가했다.

민주화 이후 정부는 예방의 원칙을 수용하여 '환경정책기본법'을 제정했고, 정부와 환경단체들은 과학과 기술의 발전에 따른 환경오염을 위험과 위해의 구별에 의해 소통하기 시작했다. 원자력발전과 방사성폐기물처분장, 유조선 기름유출 사고는 결정자와 피해당사자의 차이에 의해 이들 사건에 대한 인식이 위험과 위해로 달라졌다. 그 결과 고위험기술을 둘러싼 환경 갈등은 해결의 실마리를 찾기가 쉽지 않았다. 리우 유엔환경개발회의에서 채택된 '지속 가능한 발전'은 경제성장과 사회통합, 환경보전을 연계한 통합정책을 제도화할 것을 요청하지만, 위험과 위해의 인식 차이나 지식과 무지의 차이는 환경 문제의 해결이 쉽지 않음을 보여준다.

비록 노무현 참여정부가 '지속 가능한 발전'의 실현을 명분으로 2000년 지속가능발전위원회를 출범시키고 2007년 8월 '지속가능발전기본법'을 제정했만 과연 경제 · 사회 · 환경의 통합정책 프로그램이 현실 정치에서 실제로 추진되었지는 헤아려 보아야 한다. 노무현 정부는 이전 정부와 마찬가지로 경제회복 내지 경제성장을 우선시했고, 소득불평등은 더욱 더 심화되었으며, 새만금간척사업, 천성산 터널공사, 한탄강댐 건설, 방사성폐기물처분장 건설 등 각종 대형 국책사업의 집행과정에서 환경 갈등도 빈번하게 발생했다. 비록 노무현 정부는 2005년 10월 '국가 지속 가능발전 비전'을 선언하고 2006년 10월 전략과 이행계획을 확정했지만 실제 정책집행에서는 경제성장과 사회통합, 환경보전을 통합한 정책 프로그램이 없었다. 지속 가능한 에너지정책, 지속 가능한 물관리정책, 지속 가능한 연안-해양관리정책, 지속 가능한 교통정책 등은 '지속 가능한'의 수사적 표현과는 달리 경제, 사회, 환경의 정책통합으로 이행한 것이 아니라 환경관리정책일 뿐이었다.

정책결정 과정에 시민단체 추천 전문가와 시민단체 대표가 참여한다고 해서 정부, 시장, 시민사회가 공동의 목표를 향해 자발적인 수평적 협력체계를 구축하면서 정책을 입안하고 결정 · 집행하는 협치(governance)가 실현되는 것은 아니다. 우선 지속가능발전위원회에는 기업들의 적극적인 참여가 결여되어 있다. 정부는 선거를 통해 실패한 정책에 대해 책임을 지는 반면에 시민단체는 결정한 행위에 대해 책임질 방법이 없다. 따라서 시민사회는 시민들의 자발성에 기초해야 한다. 그러나 대표성 문제로 시민단체들은 시민들의 자발성을 끌어내지 못하고 있고 사회적 신뢰를 구축하지 못하고 있다.

정보가 결핍된 상황에서 결정에 따른 위험을 인식하고 있음에도 불구하고 결정자에게 기꺼이 믿음을 보내는 것이 신뢰이다. 모든 것이 확실하고 투명하다면 신뢰는 문제조차 되지 않을 것이기 때문이다. 게다가 방사성폐기물처분장 입지정책과 같은 경험적 사례는 신뢰를 발생시키려는 정부의 노력이 오히려 불신을 낳고, 그리고 전문가의 권위를 세우려던 시도가 오히려 적대로 돌아서게 만들고 있음을 보여준다(노진철, 2004b). 국가와 지방자치단체의 국토 · 지역개발에 대한 투쟁과정에서 시민단체가 시민들의 신뢰를 얻었던 것은 시민단체가 사회정의를 실현하려고 노력했기 때문이 아니라 결정자가 아닌 당사자의 편에 섰기 때문이다. 만일 시민단체 대표가 정책결정 과정에 참여하는 것이 자동적으로 투명성을 확보하는 것이라면 시민들은 시민단체가 참여한 정책결정에 신뢰를 보냈을 것이다. 그러나 지속 가능발전 전략과 이행계획은 시민들의 자발성과 신뢰에 기반한 지지를 확보하지 못함으로써 실행되지 못한 미완의 계획이 되고 있다.

이명박 정부가 밝힌 저이산화탄소 녹색성장은 총 에너지 수요 증가율 30%를 전제로 한 국가 에너지기본계획과 연계된 경제성장 주도의 에너지 공급정책이다. 화석연료와 마찬가지로 한정된 자원에 의존하는 원자력 에너지 공급 정책은 위험에 대한 시민들의 민감성 증대를 고려하지 않더라도 미래에 대한 확실성을 증대하는 에너지 정책은 아니다. 그에 반하여 햇빛, 바람, 물 등 재생 가능한 자원을 이용하는 재생 에너지 기술은 기존의 화석연료 에너지 기술이나 화석연료를 변환해 만드는 신에너지 기술과는 달리 비고갈성과 친환경성을 확신할 수 있기 때문에 재생 에너지의 비율은 세계적인 추세를 쫓아 2030년 보급목표 11%보다 훨씬 상향조정되어야 한다. 나아가 저이산화탄소 녹색성장 정책이 '지속 가능한 발전'을 담보하려면 사회 빈곤층을 포용하는 정책적 배려를 통해 고용창출로 이어져야 한다.

주

1 도시 인구는 세계에 그 유래가 없을 정도로 짧은 기간에 급격히 증가했다. 1960년 서울 인구 245만 명에 도시화율 28%였으나 1970년 서울 인구 553만 명 도시화율 41%, 1980년 서울 인구 837만 명 도시화율 59%, 1985년 서울 인구 992.6만 명 도시화율 70%, 1990년 서울 인구 1,062만 명 도시화율 80%에 도달했다.

2 1990년대 농공단지는 전국 121개 시군에 296개가 조성되었으나 농공단지 폐수종말처리장은 관리부실로 60% 이상이 무용지물 상태에 있었다(《한겨레》, 2000. 11. 28).

3 아파트 밀집단지는 산업화에 대응하여 주민들의 삶의 질을 높일 수 있는 녹지 확보를 위해 고층 주거양식인 아파트를 제안했던 르 코르뷔지에의 현대건축이론과는 상충되는 것으로 오히려 산업화를 강화하기 위한 도구에 불과했다(줄레조, 2007 : 166).

4 예컨대 1980년대 미국과 일본의 우피 생산량은 각각 연평균 −2.1%, −2.5%로 감소되었던 반면에 우리나라는 연평균 16.6%로 증가했다.

5 온산병의 이슈화에 성공했던 반공해단체 활동가들은 산업공해의 근본 원인을 독재정권과 독점재벌, 그리고 다국적기업에서 찾았고, 반공해운동의 주체를 민중으로 규정하는 이념적 전략을 택했다(구도완, 1996). 이들의 이념적 선택은 즉각적인 피해보상과 이주를 요구하던 주민들의 의식과는 동떨어진 것이었다.

6 1992년 5월 경제5단체(전국경제인연합회, 대한상공회의소, 한국무역협회, 중소기업중앙회, 한국경영자총협회)가 선언한 '기업인환경선언'은 환경보전을 규범적인 요청으로서만 수용했다.

7 국토종합개발계획은 1971년부터 10년 단위로 추진해 왔으며, 제4차 국토종

합계획은 2011년에 종료된다.

8 완화된 환경기준은 경제성장을 우선시하는 정책기조를 유지하면서 환경 문제를 부차적인 과제로 만들었다.

9 2002년 다보스포럼에서 발표된 우리나라의 환경지속가능성 지수는 142개국 중 136위, 3년 후인 2005년은 146개국 중 122위로 최하위권에 속한다. 특히 환경훼손 면적은 127위, 생물종 다양성은 111위로 환경훼손이 심각함을 알 수 있다.

10 지방자치단체로 이관된 환경분야의 업무는 대기, 수질, 소음진동, 유해화학물질, 폐기물, 오수분뇨 축산폐수 등 6개 부문에서 지역적 성격이 강한 총 89개의 집행-규제업무였다. 그와 함께 배출시설 설치 허가, 지도 · 단속 및 행정처분의 기능이 지방자치단체로 일원화됨으로써 지역주민의 감시체계와 연계하여 규제의 지속성을 확보할 수는 있었다(환경처 수질보전국, 1993). 그렇지만 그것이 곧 규제의 강화를 의미하는 것은 아니었다.

11 낙동강 수계 전체의 오 · 폐수 발생량 504만 4,000톤/일 중에서 생활하수가 388만 4,000톤/일으로 77%를 차지하고 있었고, 산업폐수는 22%인 110만 7,000톤/일을, 축산폐수는 5만 3,000톤/일을 쏟아붓고 있었다.

12 그린벨트 내 거주자와 토지소유자들은 그린벨트를 개인의 재산권 행사에 대한 침해, 도시의 정상적인 성장을 가로막는 장애로 간주하여 기회 있을 때마다 해제를 주장해 왔다.

13 도시화율은 1960년 39.1%에서 1970년 50.1%, 1980년 68.7%, 1985년 74.3%, 1990년 81.9%, 1995년 85.5%, 2000년 87.7%, 2005년 89.1%로 급상승하고 있다.

14 서울 노원동 소각시설 건설 갈등, 부산 반송동 쓰레기매립장 건설 갈등, 대구 방천리 쓰레기매립장 확장 갈등, 진주 광역쓰레기매립장 건설 갈등, 춘천 쓰레기매립장 건설 갈등, 경북 영덕군 삼사골프장건설 갈등, 경북 성주군 해인골프장건설 갈등 등이 있다.

15 잠재적 위해로는 악취, 소음, 분진, 메탄가스 등 유해물질의 발생 가능성과 농지오염이 언급된다. 그리고 시설운영 중 예기치 못한 위험으로는 침출수 유출에 의한 지하수 오염, 다이옥신 방출에 의한 대기오염 등이 지적된다.

16 지난 5월 15일 영광원전 5호기의 오작동에 의한 방사능 누출사고와 같은 크고 작은 방사능 누출사고는 보고되지 않은 사건까지 산정할 경우 일상적으로 일어난다.

17 '사고'라는 인식 자체가 기술화된 실행과정에서 일어나는 기대치 않았던 변화에 대한 인과귀속의 어려움을 이미 암시하고 있다. 이재열 · 김동우(2004)는 대구 지하철 재난에 대한 사건구조 분석을 시도하여 16개의 작은 사건과 6개의 배경요인, 사후 처리과정의 5개 사건이 한꺼번에 복합적으로 작동하

여 피해가 증폭되었음을 밝히고 있다.

18 '지속가능발전기본법'은 현재 시행규칙이 없는 상태이며, 앞으로도 한동안 장식적인 법으로 남게 될 가능성이 크다.

참·고·문·헌

강미화. 2001. "구동독의 환경 문제와 통일 이후의 변화." 『ECO』 1 : 7–37.

구도완. 1996. 『한국 환경운동의 사회학』. 문학과지성사.

______. 2003. "한국 환경운동 : 급속한 성장과 제도화." 『계간사상』 59 : 57–75.

김재익. 2008. "지역별 난개발 수준의 측정." 『한국지역개발학회지』 20(2) : 127–148.

김호기. 1999. 『한국의 현대성과 사회변동』. 나남.

노진철. 2001. 『환경과 사회 : 환경 문제에 대한 현대 사회의 적응』. 한울아카데미.

______. 2003. "지구적 환경 문제와 NGO들의 동원전략 변화 : 기후변화협약을 중심으로." 『ECO』 5 : 8–39.

______. 2004a. "개입주의 국가의 강화 : '압축적 근대화' 의 신화로부터 위험사회의 성찰로." 『현상과인식』 94호 : 141–167.

______. 2004b. "위험시설 입지 정책결정과 위험갈등 : 부안 방사성폐기물처분장 입지선정을 중심으로." 『ECO』 6 : 188–219.

______. 2004c. "압축적 근대화와 구조화된 위험 : 대구지하철재난을 중심으로." 『경제와사회』 61 : 208–231.

______. 2006. "방사성폐기물처분장 입지선정을 둘러싼 위험소통과 자기결정." 『경제와사회』 71 : 102–125.

______. 2008. "허베이 스피리트호 기름유출사고의 초기대응과 재난관리의 한계." 『ECO』 12(1) : 43–82.

박윤경 · 권상철. 2006. "지리 교실수업에서의 쟁점 중심의 문제해결 학습 : 고등학교 '지역개발' 단원 '제주도 송악산 개발' 사례." 『한국지리환경교육학회지』 14(3) : 273–287.

백두주. 2001. "지방자치와 환경정치 : 명지대교 건설을 둘러싼 부산지역 성장정치." 『지역사회연구』 11(1) : 167–198.
성균관대 서베이리서치센터. 2003. 『원자력발전에 대한 국민인식의 국제비교연구』. 과학기술부.
이재열 · 김동우. 2004. "이중적 위험사회형 재난의 구조." 『한국사회학』 38(3) : 143–176.
정경수. 2001. "효율적 축산오염방지 지원정책." 『농업경영정책연구』 28(1) : 167–185.
정규호. 2003. "한국 환경 문제의 기원과 전개과정 및 특성." 『계간사상』 59 : 7–30.
줄레조, 발레리(Gelézeau, Valérie). 2007. 길혜연 역. 『아파트공화국』. 후마니타스.
최병두. 1992. "한국 환경운동의 재인식." 『실천문학』 28 : 302–331.
______. 2007. "발전주의와 신자유주의를 넘어 : 한국 지리학의 발전과정과 대안적 전망." 『한국지역지리학회지』 13(1) : 218–242.
통계청. 각 연도 자료.
프렌치, 힐러리(French, Hilery). 1992. "동유럽 및 소련의 환경복구." 김범철 · 이승환 역. 『지구환경보고서 1991』. 도서출판 따님. pp. 169–198.
《한겨레》. 2000. 11. 28.
해양경찰청. 2008. 『해양경찰백서』.
홍성태. 2007. 『개발주의를 비판한다』, 당대.
환경처 수질보전국. 1993. 『지도단속 이양에 따른 평가』.

Beck, Ulrich. 1986. *Risikogesellschaft : Auf dem Weg in eine andere Moderne*, Frankfurt a. M. : Suhrkamp(홍성태 역. 1997. 『위험사회 : 새로운 근대(성)을 향하여』. 새길).
__________. 1988. *Gegengifte : Die organisierte Unverantwortlichkeit*. Frankfurt a.M. : Suhrkamp.
Dryzek, John S. 1997. *The Politics of the Earth*. Oxford : Oxford University Press.
Elster, Jon, Risk. 1979. "Uncertainty and Nuclear Power." *Social Science Information* 18(3) : 371–400.
Heine, M. 1990. "Ökologische Perspektive der DDR." M. Heine et al.(Hrsg.), *Die Zukunft der DDR-Wirtschaft*. Reinbek bei Hamburg.
IEA. 2007. *Key Energy Statistics*.
Luhmann, Niklas. 1986. "Die Welt als Wille ohne Vorstellung : Sicherheit und Risiko aus der Sicht der Sozialwissenschaften." *Die Politische Meinung* 31 (229) : 16–21.
______________. 1990. "Risiko und Gefahr." N. Luhmann. *Soziologische Aufklärung*

5. Opladen : Westdeutscher Verlag. pp. 131–169.

Luhmann, Niklas. 1991. *Soziologie des Risikos*. Berlin : de Gruyter.

______________. 1992. “Ökologie des Nichtwissens.” N. Luhmann. *Beobachtung der Moderne*, Opladen : Westdeutscher Verlag. pp. 149–220.

Meadows, D. H., J. Randers, and W.W. Behrens. 1972. *The Limits to Growth*. New York : Universe Books.

Perrow, Charles. 1987. *Normale Katastrophen : Die unvermeidbaren Risiken der Großtechnik*. Frankfurt a.M/New York : Campus.

종족적 소수자와 한국 사회

극단적 배제에서 차별적 통합으로

엄한진_ 한림대학교 사회학과

I. 서론

한국인 및 한국 사회와 연관성이 있는 종족적 소수자에는 이주노동자, 결혼이주 여성, 화교, 혼혈인, 탈북자, 유학생 등 한국 사회 내부에 존재하는 집단이 있고 재외동포, 해외입양아와 같이 외부에 존재하는 집단이 있다. 이 중에서 한국 사회 내부에 존재하는 집단을 국적과 종족성에 따라 구분해 보면 다음과 같다. 국적을 기준으로 국민과 외국인이 구별된다. 국민은 종족성에 따라 한국계 국민과 비한국계 국민, 즉 혼혈인과 귀화한 외국인으로 나뉘어진다. 한국계 국민 중에는 정치사회적 경험에 따라 구별되는 북한이탈주민이 있다. 외국인 중에는 종족성을 기준으로 재외동포로 인정되는 집단이 있다.

표 1_ 종족적 소수자의 유형

		국적	
		있음	없음
종족성	같음	북한이탈주민	외국국적 동포 재외동포 자격 없는 동포
	다름	혼혈인, 귀화자	비한국계 외국인

출처 : 이철우. 2003 : 41을 수정한 것임.

그러나 같은 종족적 정체성을 갖고 있어도 재외동포의 법적 지위를 온전하게 가지지 못한 중국 및 구소련 거주 동포들이 있다(〈표 1〉).

〈표 2〉는 〈표 1〉 중 특히 외국인 부분을 유형별로 세분화해서 보여주고 있다. 외국인에는 동포, 외국인 근로자가 다수를 차지하며, 다음으로 결혼이민자, 외국인 유학생, 난민, 영주자격자 등 순으로 나눠볼 수 있다. 현재 외국인 신분 체류자의 분포를 보면 유형별로는 단순기능 인력과 결혼이민자가, 종족적인 측면에서는 동포의 비중이 절반 정도임을 알 수 있다. 그리고 국적취득자의 대부분은 결혼이민자이며, 정주화를 원치않는 정책의 결과 이주노동자의 한국 국적 취득은 요원한 일임을 알 수 있다.

종족적 소수자는 해당 사회의 상태와 한계를 보여주는 리트머스 시험지와 같은 존재이다. 국가의 성격, 민주주의의 상태, 사회적 불평등과 배제의 구조, 인권의 실태, 정체성의 성격 등에 대한 정보를 제공하는 것이다. 이 글에서는 종족적 다수자들의 대응방식의 변화를 중심으로 해방 이후 한국의 종족적 타자의 역사를 살펴보고자 한다. 이 역사를 설명하는 방식으로 우선 생각할 수 있는 것은 진화론적인 설명일 것이다. 이주민, 특히 결혼이주 여성에 대한 한국 사회의 높은 관심과 배려는 '배타적인 태도에서 개방적인 태도로의 변화' 라

표 2_ 장기체류 외국인 유형별 통계(2007년 12월 31일 현재)

구분		외국인 수 (등록외국인 +국적취득자)	등록 외국인			국적 취득자 (누계임)
			소 계	동 포	비동포	
총 계		**753,381**	**691,093**	**342,823**	**348,270**	**62,288**
결혼이민자		146,508	102,217	33,038	69,179	44,291
외국인 근로자	단순기능 인력	376,940	376,940	233,065	143,875	
	전문 인력	27,517	27,517	727	26,790	
유학생		37,440	37,440	2,660	34,780	
투자자		7,244	7,244	419	6,825	
재외동포(F-4) 자격		32,625	32,625	32,625	0	
기타 국적취득자		125,107	107,110	40,289	66,821	17,997

출처 : 차용호. 2008 : 36에서 재인용.

는 식의 설명으로 충분할 것처럼 보인다.

그런데 미등록 노동자들의 높은 비중과 심각한 인권침해 현실, 최근 이주민이나 그 자녀들이 직장과 학교에서 겪는 차별, 인터넷에서 확산되고 있는 재중동포나 중국 출신 이민들에 대한 반감은 한국사회가 단일민족 신화에서 벗어나 다른 종족 및 문화에 개방적인 방향으로 변화할 것이라는 진화론적 시각에 의문을 제기한다. 오히려 현 상황은 외국인과의 접촉 자체가 없는 상황에서 나타나는 막연한 두려움에서 접촉경험의 증가로 인해 형성되는 구체적인 반감으로의 변화로 더 잘 설명될 수도 있다.[1]

종족적 소수자에 대한 한국인들의 관용이 가지는 한계와 인종주의의 징후는 혁명에서의 '테르미도르' (스카치폴, 1981)나 신흥종교의 경로에서 나타나는 '일시적인 열광의 국면에서 냉정한 정상적인 국면으로의 이행' (Weber, 1995)을 떠올리게 한다. 그리고 이러한 '정상화' 또는 '일상화'는 화교, 혼혈인 등 이주노동자의 대량 유입 이전 한국 사회에서 극단적인 배제와 은폐의 대상이었던 종족적 소수자의 역사를 떠올리게 한다. 사실 최근 상황을 보면 결혼이주 여성에 집중된 종족적 소수자에 대한 논의 속에서 이들의 역사가 복원되기보다 최근 소수자들과는 별개의 것으로 다시 한 번 배제되는 측면이 있다. 이런 맥락에서 종족적 소수자들의 과거와 현재, 이를 구성하는 다양한 집단들의 경험을 연관지어 사고하는 것이 요구된다.

근대 권력에 대한 푸코의 논의와 인종주의 논의는 종족 간 관계에 대한 이론적 도구를 제공한다. 이로부터 본 연구는 종족적 소수자와 한국 사회가 맺는 관계가 극단적인 배제에서 차별적인 통합으로 변해가고 있다는 가설을 도출하고 이에 입각해 논의를 전개하고자 한다.

II. 이론적 배경

한국 사회에서 종족적 소수자들에 대한 주류사회 대응방식의 변화과정을 설명하기 위해 이 글에서는 감금공간과 권력기제에 대한 푸코의 논의, 인종주의에 관한 몇몇 논의에 의존한다.

1. 권력기제에 대한 푸코의 논의

'감금공간'의 역사, 배제된 자들에 대한 지배방식의 변화를 통해 근대 권력의 작동방식을 다룬 푸코의 이론은 한국의 종족적 소수자에 대한 논의에 유용하다. 푸코의 『광기의 역사』(Foucault, 1961)는 광인들의 대감금과 사회로부터의 광기의 추방과정을 다루면서 이 현상을 '악마'들을 이성이 승리해 가던 서양에서 쫓아내려는 시도로 해석했다. 즉 '비이성'을 상징하는 집단들을 사회에서 추방함으로써 이성과 비이성 사이에 넘을 수 없는 경계를 설정하고, 이 비이성을 이성의 이름으로 통제하는 의미를 지녔다고 설명했다. 이러한 사례를 통해 이성이 지배하고 배제시키는 속성을 지녔음을 주장했다.

1657년 프랑스 전역에서 생겨난 '종합병원'이 그 이름이 의미하는 바와 달리 단순히 동성애자, 광인, 가난한 자 등 사회적으로 배제된 자들을 감금하고 사회질서를 유지하는 기구였다면 1793년 생겨난 정신병원은 '치료' 공간이었다. 그러나 이 치료는 과학, 즉 과학적 의학지식에 입각한 치료가 아니라 과학의 이름으로 행하는 감금과 통제였다. 의사는 과학자로서가 아닌 현자, 즉 도덕과 법의 수호자로서 치료를 수행했고, 정신병원은 의사의 신격화와 환자의 객체화, 비합리적 성격의 지배가 이루어지는 공간이었다. 광인은 자유의지가 박탈되어 어린이로 취급되었고, 아버지나 판사를 대신하는 의사의 의지에 맡겨지게 되었다.

『감시와 처벌』(Foucault, 1975)에서는 『광기의 역사』와 달리 억압과 직접적 지배가 아닌 "규범화(normalization, 정상화)"를 통한 권력을 강조했다. 정치권력의 주권을 형벌을 당하는 자의 몸을 통해 외적으로 세상에 보여주기 위한 공개처벌에서 감옥에의 감금으로의 처벌방식이 변화하게 된 직접적인 계기는 이러한 군주의 주권 확인방식에 대해 주민이 이 제한 없는 폭력에 자신도 위협을 느끼고 죄인에게 동지애, 동정심을 느끼게 되는 문제가 점점 심각해져 이 처벌방식이 정치권력에 비효율적이 됨에 따라서였다. 이러한 변화는 또한 이성의 탄생이라는 시대적 배경에서 설명될 수 있다. 이성과 자유를 찬양하는 계몽의 시대에 처벌도 인간화된 것이다. 여전히 육체를 대상으로 하지만 이제 처벌은 신체에 고통을 주는 대신 감시하고 길들이는 것을 위주로 한 것으로 변화된 것이다. 그러나 이러한 처벌의 인간화가 온정적인 이성의 산물만은 아니었다. 구체제가 감당하기 어려웠던 급속한 사회변동, 특히 많아지고 다양해진 주민를 통제해야 하는 필요성에 따른 것이었다. 이를 위해 권력은 사회 각 영역에 대한 정교한 개입을 시도했던 것이다.

안전기술(security technology)에 대한 푸코의 논의 역시 권력기제에 대한 관심의 연장선상에 있다. 안전기술은 사법기술과 훈육기술로 구성된다. 이런 의미에서 안전기술은 그 자신에 고유한 기능과 더불어 기존의 법과 훈육장치들이 더 잘 작동하게 하는 기능을 한다. 이런 의미에서 안전 테크놀로지는 사회통제의 기제이다. 근대 권력은 점차 안전 차원의 것으로 되었고, 푸코는 이를 안전사회(société de sécurité) (Foucault, 2004 : 12-13)라고 명명했다. 이 개념은 안전 테크놀로지에 의해 주도되는 권력 메커니즘을 의미한다. 그러나 서구 사회의 경우 안전기술은 시대에 따라 다른 형태를 보였다(Foucault, 2004 : 11-12).

중세 시대의 경우 한센병(나병) 환자를 대상으로 하는 안전기술의 주요 기제는 한센병 환자와 일반인 두 유형으로 구분한 후 전자를 사회로부터 절대적으로 배제시키는 것이었다. 그러다가 질병치료는 감금공간의 경우와 유사하게 정상화를 통한 치료로 변화한다. 더 나아가 푸코는 훈육에 의한 정상화와 안전장치에 의한 정상화를 구분하였다. 훈육에 의한 정상화는 규범적인 것에 대한 규범의 우선성을 특징으로 한다. 즉 고정된 규범이 중요하고, 이로부터 정상적인 것(le normal)과 비정상적인 것(l'anormal)의 구분이 가능한 것이다. 따라서 정상화(normalisation)라기보다 규범화(normation)이다. 이에 반해 안전 테크놀로지는 고정된 규범에서 출발하지 않는다. 여기에서 규범은 유동적인 것이며, 가변적인 현실의 분포도가 규범의 역할을 한다. 처방 역시 상대적인 성격을 띤 것으로, 훈육의 경우와 달리 절대적인 기준에 입각한 교정이라기보다는 질병치료나 건강관리의 경우처럼 열악한 집단이 양호한 집단에 근접하도록 처방하는 것이다. 따라서 훈육에 의한 정상화보다 안전 테크놀로지에 의한 정상화가 보다 온전한 의미의 정상화라는 것이다.

근대 권력에 대한 푸코의 이론을 한국 소수자 문제에 직접 적용하기는 어렵다. 특히 연구대상 자체가 이제 형성되고 있는 최근의 이민집단의 경우 미성숙, 비일관성, 빠른 변화 등 사회현상의 초기단계에서 나타나는 특징들로 인해 체계적인 설명을 어렵게 하기 때문이다. 그러나 광인, 범죄자, 한센병 환자에 대한 다양한 배제의 방식에 대한 푸코의 논의는 아래에서 살펴볼 한국의 경험을 이해하는 데 유용하다.

2. 인종주의 논의

인종에 따른 종족 구분은 유의미한 것으로 고려된 몇 가지 신체적 차이에 기반을 둔 구분으로 과학적 근거가 매우 빈약한 것이다. 인종주의자는 어떤 외모를 지닌 사람들이 소유했다고 '간주되는' 우월성이나 열등성이 '생물학적으로' 설명될 수 있다고 믿는 사람이다. 인종주의는 종족 간 불평등한 현실을 선천적인 지적 · 사회적 능력, 그리고 그 근저에 있는 생물학적 차이로 설명하며, 현실에서의 불평등을 주로 사후적으로 정당화하는 역할을 수행한다.

그러나 유사한 속성을 가진 오리엔탈리즘과 달리 인종주의는 담론이나 의식에 국한된 것이 아니다. 인종주의는 의식 및 이데올로기이자 현실이다. 일상생활 속의 인종주의, 제도적 인종주의, 경찰 인종주의, 외국인 업무를 다루는 창구 직원들의 인종주의 등 다양한 주체와 공간이 인종주의를 실행하고 있는 것이다. 유사한 문제의식에서 밀즈(Charles W. Mills)는 인종주의가 의식의 문제만이 아니라 '인종계약'이라는 구체적인 기제를 가지고 있음을 지적한다. 그에 따르면 백인 중심 사회의 경우 인종계약이란 여러 '인종적' 기준들에 의해 '백인'을 규정하고 나머지 인간 소집단을 '비백인'으로, 하등 인간으로 분류하기 위해 백인들끼리 맺은 공식적 · 비공식적 합의나 메타 계약을 말한다. 인종계약의 일반적인 목적은 언제나 집단으로서의 비백인들에 비해 집단으로서의 백인들에게 차별적인 특권을 부여하기 위한 것이고, 비백인들의 신체와 땅과 자원을 착취하기 위한 것이며, 비백인들에게 동등한 사회경제적 기회를 부여하지 않기 위한 것이다. 비록 모든 백인들이 이 계약의 서명자는 아니지만 모든 백인들은 이 계약의 수혜자이다(밀스, 2006 : 29-30). 인종주의 체제와 관련된 국가의 가장 핵심적인 목적은 인종적 질서를 유지하고 재생산하면서 완전한 백인 시민들의 특권과 이익을 지키고 비백인의 종속 상태를 유지하는 것이다(Ibid., 33-34).

한편, 자민족중심주의(ethnocentrism)가 어느 시대에나 항상 존재해 온 보편적 현상인 데 비해 인종주의는 근대적 현상이다. 체계적인 철학적 · 과학적 인식으로서의 인종주의는 18세기 후반, 보다 체계적으로는 19세기 중엽에 등장했다. 이 시기는 유럽, 특히 국민국가의 형성이 뒤늦었던 중동부 유럽에서 민족주의 열풍이 불던 때였다. 인종주의는 민족주의와 동시대적 현상이었던 것이다. 물론 근대 국가나 근대 민족이 필연적으로 외국인들에 배타적인 것은 아니다. 근대 민족은 원칙적으로 정치적 성격의 것이어서 군주로부터의 해방과 시민으로서의 주권의식 등 그 이념을 받아들이는 외국인들도 기꺼이 받아들였다. 근대 민족의 논리는 보편적이고 구성원의 출신지를 묻지 않는다. 그러나 이 근대의 조국이 위기에 봉착했을 때 외국인은 잠재적인 적이 되고 억압적인 법의 대상이 된다. 여기에서 또 다른 전통이 형성된다. 그것이 바로 민족주의이고, 이렇게 탄생한 민족주의는 외국인혐오증을 주된 구성요소의 하나로 삼게 된다(Blanc-Chaléard, 2001 : 6).

그 기원으로 거슬러올라가 보면 인종주의는 17, 18세기 신대륙 식민지의 플랜테이션에서 노예노동을 이용하던 시기에 농장주와 노예상인들의 이데올로기로 출현하였다. 비유럽인들을 같은 인간으로 간주하면 식민지배나 비유럽인의 노예화는 받아들일 수 없게 되기 때문이다. 따라서 비유럽인을 '비인간화' 시키는 것은 꼭 필요한 일이었다(강철구, 2002 : 23). 이는 '오리엔트인'을 서구인들과는 본질적으로 구분되는 존재로 만들고자 했던 서구 열강의 문제의식과 유사한 것이다(사이드, 2000). 이후 제국주의 시대에는 세계의 서구화를 정당화하는 이데올로기로, 산업자본주의 단계에서는 인종에 따른 분열을 통해 노동자 계급을 지배하는 효과적인 이데올로기로 작용했다. 보다 최근에는 인종주의가 문화 담론의 형태를 띤다. '신인종주의'라고도 불리는 현대적인 인종주의는 생물학적 우월성보다 민족 간 문화 차이를 강조한다. 즉 현실에서의 종족 간 차이를 선천적인 자질의 차이로 설명하며 이 차이가 그들이 속한 민족의 문화적 특성에 기인한다고 해석한다. 이러한 인식에 따르면 '민족성'이나 '문화'는 그 집단에 속한 사람에게 빠져나올 수 없는 운명적인 것이다(하먼, 2001). 알 아즈메(Al-Azmeh, 1993) 역시 1990년대 이후 비서구 사회 인식의 핵심 개념이 '인종'에서 '종족성' 그리고 '문화'로 변형되었음을 지적하며 이렇게 나타난 문화 담론이 문화주의적 성격을 지녔다고 비판한다.

푸코가 언급한 권력 작동방식의 변화와 마찬가지로 '인종에서 문화'로의 비서구 사회에 대한 담론의 변화 역시 종족적 소수자에 대한 인식과 정책의 변화에 적용될 수 있다. 우리는 흔히 소수자, 비국민에 대한 차별이 근대의 산물이라는 점을 강조한다. 전통 사회에서 자연스러웠던 소수자들과의 공존이 근대에 들어 특수한 범주로 구분되고 그들에 고유한 공간으로 추방되었다는 것이다. 그러나 현실을 보면 이와 유사하게 최근 이들에 대한 편견을 극복한다는 명분하에 새롭게 제시된 담론이 근대적인 담론 못지않게 차이와 경계를 강화시키는 의도하지 않은 결과를 가져오는 측면이 있다. 유동적이고 개인마다 차이가 나는, 그리고 한국 사회에서 새로이 재구성되는 이민자들의 문화를 선험적(a priori)으로 고정시키는 문화주의적인 문화론이 종족적 다수자와 이들 간에 넘을 수 없는 장벽을 만들 수 있다. '다문화 가정', '다문화 자녀' 등 일견 우호적이고 개방적인 개념 역시 이러한 위험성을 내포하고 있다. 즉 '인종'이나 '종족'보다 '문화'로 포장된 이 용어들이 결혼이주 여성과 그들의 자녀, 그리고 이들의 가정이 저소득층, 서민, 농민, 노동자 등 보편적인 범주와는 다른 차원의 특수한 집단으로 인식되게 하는 요인으로 작용하기도 하는 것이다.

아래에서는 위에서 언급한 이론 및 개념을 토대로 한국 현대사와 함께 해온 종족적 소수자들의 경험을 살펴본다. 특히 지난 60년간의 변화를 배제에서 통합으로의 경향, 미국 인종주의의 수동적 수용에서 능동적인 종족별 위계질서의 형성 또는 인종적 질서의 형성, 종족에 따라 차별적인 방식으로 나타나는 통합의 경향을 중심으로 설명하고자 한다.

III. 극단적 배제와 탈주 : 화교, 기지촌 여성, 혼혈인의 경험

본격적인 노동이민의 유입과 결혼이민 현상이 나타나기 전까지의 종족적 소수자의 역사는 극단적인 배제로 특징지을 수 있다. 화교, 기지촌 여성과 그들의 자녀에 대한 극단적인 차별과 멸시, 그리고 일반 사회로부터의 공간적 추방이 그 배제의 기제들이었다. 한국 거주 화교는 직업의 자유, 소유권과 같은 시민권이 극단적으로 제한된 상징적인 집단이며 기지촌 여성과 그들의 자녀는 비이성, 악마로 간주되어 사회에서 격리된 서구의 근대 초기 광인의 역사를 연상하게 하는 또 다른 극단을 보여준다. 이들은 푸코(1961)가 얘기하는 17세기 광인들처럼 사람들의 의식으로부터도 추방되었다. 해외입양아, 기지촌 여성과 그들의 혼혈아동, 화교 등 현대 한국 사회의 종족적 타자와의 관계의 중요한 부분을 차지하고 있는 집단들의 공통된 특징 중 하나는 이들이 얘기되지 않는 집단이었다는 사실일 것이다. 그리고 이러한 극단적인 배제에 대한 대응은 극단적인 것일 수밖에 없었다. 미국행이 인간으로 살 수 있었던 유일한 희망이었던 기지촌 여성, 대부분이 해외입양의 길을 떠난 그들의 자녀들, 한국으로부터의 재이주를 선택할 수밖에 없었던 화교들의 선택이 그것이었다. 그렇지 않으면 자신들을 인간으로 보지 않는 주류사회의 시각을 내재화한 자포자기의 삶, 자살이나 마약 등 극단적인 선택만이 그들에게 가능한 것이었다.

1. 근대 시민권의 종족적 차원을 보여준 화교의 경험

먼저 화교들의 역사에서 배제의 양상을 확인해 보자. 우리가 화교라고 부르는 중국인들이 본격적으로 한국에 정착해 살기 시작한 것은 1882년 임오군란 이후였다. 당시 조선의 정국에 개입한 청나라 군대를 따라 들어온 40여 명의 중국 상인들이 한국 화교의 선조로 여겨진다. 중국 상인의 특권적 지위와 독점적 지배력이 1894년 청일전쟁에서 청이 패배하면서 급격히 쇠퇴했지만 화교의 숫자는 꾸준히 늘어났다. 1910년 1만 1,818명에 불과하던 화교 수는 1920년에는 2만 명, 그리고 1930년에는 6만 명을 넘었으며, 1942년에는 8만 명을 넘어섰다(박경태, 2007 : 147–150). 해방 직후에 반짝했던 무역업의 쇠퇴 때문에, 그리고 1960년대 초반부터 시작된 이런저런 토지소유 제한으로 많은 화교 농민들이 농촌을 떠나면서 화교 직업의 주류는 식당업으로 변화했다(Ibid., 159).

〈표 3〉에서 우리는 직간접적으로 화교 자본, 화교공동체의 형성을 구조적으로 어렵게 만든 정책과 제도들을 확인할 수 있다. 1961년 외국인토지법에 의한 토지소유의 전면 금지는 화교들의 경제기

표 3_ 화교와 관련된 법령 및 정책

연도	법령 및 정책	내용
1950	창고봉쇄령	외국인의 부두 창고 사용 금지로 화교무역에 악영향
1953	제1차 화폐개혁	현금을 많이 보유한 화교들에게 불리
1961	외국인토지소유금지법	토지를 헐값에 매각하거나 한국인 부인이나 친구 명의로 바꿨다가 사기당함
1962	제2차 화폐개혁	
1968	외국인토지소유금지법 개정	주거용에 한하여 1세대 1주택 200평까지 소유 가능
1970	외국인 토지취득 및 관리에 관한 법	1가구당 1주택(200평 미만), 1점포(50평 미만)까지만 허용, 그러나 임대 불가
1973	가정의례준칙	결혼식 피로연, 회갑연 등 금지, 중국 식당에 불리
1973	쌀밥 판매 금지령	면 종류만 판매 가능, 3개월 만에 취소
1970년대	서울 도심 재개발 사업	차이나타운 완전 해체
1977	부가가치세 시행	세금제도에서 화교 등에게 불리하게 작용
1998	외국인토지소유 제한 해제	화교를 위해서가 아니라 외환위기 때 해외투자 유도하려고 실시
2002	영주권제도 도입	화교가 한국에 영주하는 존재로 받아들여짐
2004	주민투표법	합법 체류 외국인의 지방자치단체 활동에 대한 제한적 참여 허용

출처 : 박경태. 2007 : 158.

반을 박탈했으며, 그들의 직업을 제한하는 결과를 가져왔다. 1968년 법 개정으로 일정 규모 이하의 주거지와 상업용 토지를 소유할 수 있게 되었으나 이는 소규모 중국 음식점 등 영세한 사업 이외의 것은 불가능한 규모였다. 토지소유의 상한은 1998년에야 철폐되었고, 그나마도 한국 사회의 경제난 극복이라는 관심에서 비롯된 것이었다.

한국 화교의 경험은 근대 시민권의 주체가 보편적인 인간이나 계약을 통해 맺어진 정치적 주체로서의 시민이 아니라 지배종족의 구성원일 수 있다는 점을 전형적으로 보여주는 사례이다.

체류자격의 문제에서도 화교들은 심지어 한국에서 태어난 경우에도 짧고 불안정한 체류자격 때문에 불안해해야 했다. 1999년까지는 3년을 상한으로 하는 거주자격(F-2), 1999년부터 2002년까지는 5년 상한의 거주자격을 부여받고 주기적으로 이를 갱신해야 했다. 2002년에서야 영주자격(F-5)이 도입되어 화교들은 체류자격의 갱신 없이 영구히 체류할 수 있게 된다(이철우, 2003 : 33).

한국 사회의 갖가지 제약과 차별, 그리고 변화하는 경제적 조건에 대한 적응 실패는 화교의 재이주를 초래했다. 1970년대에 접어들면서 미국, 호주, 대만, 일본 등지로 재이주를 모색하는 화교가 급속하게 증가했고, 그 결과 화교 인구는 1972년을 고비로 감소 추세로 돌아섰다(박경태, 2007 : 162). 1960년대 말 2000명 이상에 달하던 학생이 지금은 500여 명에 불과하게 된 한성화교소학교의 경우가 화교사회의 쇠퇴를 잘 보여준다. 국가기관에 의한 우리 사회의 화교 차별에 대한 최초의 조사결과는 현실의 일단을 보여준다. 국가인권위원회가 한국 화교 700여 명을 대상으로 심층 조사한 결과 응답자의 77%가 '취업단계에서 차별을 느낀다'고 대답했다. 79%는 승진에서 차별을 느끼고 기업 입사 때 서류전형이나 면접에서도 탈락하기 일쑤여서 대부분 요식업에 종사하게 된다고 밝혔다(《세계일보》, 2004년 1월 9일자).

2. 한국인으로부터 추방된 한국인, 기지촌 여성

혈연적으로는 한국인인 소위 '기지촌 여성'들에 대한 한국 사회의 극단적인 태도의 근저에는 단일민족 신화, 가부장제, 그리고 미국과의 동맹이라는 절대적인 이념이 자리 잡고 있다. 여지연은 이를 다음과 같이 표현하고 있다.

> 미국의 매력이 휩쓸고 있을 때마저도 대부분의 한국인들은 기지촌과 그곳에서 일하는 양공주들을 경멸했다. 전통적인 가부장제의 사회 관행은 여성의 정절을 강조했으며, 한민족은 동질적인 문화를 가지고 있다는 것에 대한 몇백 년 묵은 자부심을 가지고 있는 분위기에서 외국인과 관계하는 매춘 여성은 사회의 쓰레기로 폄하되었다. (…) 가부장적인 사회적 관행도, 문화적 · 인종적인 극단의 자부심도 기지촌 여성들과 군인 아내들에 대한 엄청난 경멸을 전부 다 설명해 줄 수는 없다. 다름 아닌 그 가부장적인 사회적 관행과 바로 그 자부심이 일본 통치 아래 자행되었던 위안부 문제를 몇십 년 동안 비밀에 부쳤지만, 이제 그들은 제국주의 침략자들에게 당한 순진한 희생양이라고 주장되는 반면, 기지촌 여성은 여전히 사회적 천민으로 남아 있다. (…) 이런 차이를 어떻게 설명할 수 있는가? 기지촌 여성을 군대 매춘의 희생양이자 현대판 위안부로 이해하는 것은 미국에 대한 비전을 산산조각내는 것일 수도 있다. 이러한 시각은 한국인들에게 미국인들과 미군들이 저지른 무수한 모멸과 만행을 대변하도록 만들 것이다. 그들이 저지른 만행은 신문의 한 귀퉁이에 작은 활자로 눈에 띄지 않도록 배치되었고 반쯤 잊혀진 기억 속에 은폐되었다(여지연, 2007 : 67-68).

기지촌 여성에 대한 극단적으로 부정적인 인식의 배경에는 한국 사회의 자학적인 태도가 존재한다. 한국과 미국 사이의 경계인으로서의 이들에 대한 극단적인 혐오는 바로 이 두 나라 사이에 위치한 경계인의 의식을 가진 한국인 자신에 대한 경멸이라고 볼 수 있다.

캐서린 문(Moon, 2002)이 글로 정리한 것을 도표로 만든 〈표 4〉에서 우리는 기지촌 여성의 존재가 지니는 정치적 함의를 찾을 수 있다. 이들이 겪은 한국 사회로부터의 배제는 미국과의 동맹을 유지하기 위한 국가 차원의 전략의 산물이었던 것이다.

표 4_ 군인 아내들의 역사와 관련하여 주목할 만한 사건

연도	사건
1945년	남한에서 최초의 기지촌이 부평에 생겼다.
1950년	미국인과 결혼한 최초의 한국 여성이 미국에 도착하기 시작했다.
1970년대 초반	미국은 남한에서 미군을 감축했으며, 한국 정부와 더불어 기지촌 정화운동을 시작했다. 남한 정부는 관리들을 기지촌으로 보내 여성들에게 외화를 벌어들이는 애국자이며 민간 외교관으로 봉사하라는 강연을 했다.
1992년	서울 근처에 있는 기지촌 술집의 호스티스였던 윤금이 씨가 미군에 의해 살해되었다. 남한 경찰은 그들이 보았던 어떤 범죄보다도 끔찍한 범죄라고 표현했다. 윤금이 씨 살해사건은 불평등한 소파협정에 반대하며 개정을 요구하는 운동에 불을 지폈으며, 미군 축출을 주장하는 학생운동에 힘을 실어주었다.
1997년	한국에 IMF 사태가 터지자 기지촌 여성들은 자신들이 하는 일이 또 다시 외화벌이로서 값어치를 가지게 되었다는 농담을 했다.

출처 : 문, 2002 : 12.

수만 명의 한국 여성들에 대한 '양키 외국인'의 성적 지배는 사회적으로는 불명예이지만 국가 안보라는 목적 아래 미군을 한국에 계속 주둔시키기 위해서 참아야만 한다고 믿는 '필요악'이다. 그러한 굴욕감

은 '형'으로부터의 보호를 위한 동맹 속에서 '아우'가 지불한 대가이다(문, 2002 : 29).

'정상적인' 한국 사회에는 이들을 위한 자리가 없다. 이들은 기지촌을 벗어날 수 없다. 그리고 이러한 사회로부터의 추방에 대한 다른 방식의 대응은 자신들을 원하지 않는 한국 사회로부터의 탈주이다.

여성들은(매우 나이 든 여성들을 제외하고) 미군과의 결혼을 최고의 목표로 삼게 된다. 그들의 희망은 한국에서 경험한 가난, 수치, 소외를 뒤로한 채 한국을 떠나 미국에서의 미군의 합법적인 아내로서 새롭게 인생을 시작하는 것이다(문, 2002 : 21).

실제 1950–1989년에 10만 명에 가까운 한국 '전쟁신부(war bride)' 또는 여지연의 표현으로는 '군인 아내(military bride)'들이 미합중국으로 이민을 떠났다(여지연, 2007 : 17–19).

3. 혼혈인

주로 기지촌 여성과 미군 사이에서 출생한 혼혈인들의 경험은 더욱 비참했다. 외모에서의 차이로 인해 학교, 군대, 직장, 결혼 등 모든 생애주기에서 차별과 배제를 경험했다.

"오죠디(42) 씨는 '외관상 식별이 명백한 혼혈인은 제2국민역에 편입한다' 는 병역법 조항에 따라 직업군인이 될 수도 없었다. 또 군대를 갈 수 없었지만 병역 의무를 하지 않았다는 이유로 면접에서 퇴짜를 맞기도 했다. 오 씨는 현재 유흥업소 디스크자키(DJ)로 일하고 있다. 나이트클럽 가수로 활동 중인 이제임스(44) 씨. 그의 두 팔은 온통 담뱃불로 지진 흉터투성이이다. 술 취한 손님들이 '튀기' (혈종이 다른 종족 간에 태어난 아이라는 뜻)라고 놀리며 시비를 걸러올 때마다 싸움을 하지 않기 위해 자해를 했기 때문이었다(《동아일보》, 2006년 1월 13일자).

인종주의가 신체적 차이를 빌미로 한 차별의 체계라는 점에서 이들은 인종주의의 전형적 대상이었나. 이들에 대한 주류사회의 태도는 유럽 사회 내부의 광인이나 동성애자, 또는 신대륙의 원주민들에 대한 백인들의 태도와 크게 다르지 않았다.

사람들은 나를 '튀기' 라고 불렀는데, 그것은 외계의 악마를 뜻했다. 아주 어린 시절부터 나는 스스로를 쓸모없는 아이라고 생각했고, 내 마음 속에는 악마가 있다고 믿게 되었다(혼혈 여성의 증언, 「KBS스페셜」 1999월 10월 20일 ; 박경태, 2007 : 220에서 재인용).

이에 대한 대응 역시 도피, 자살, 이민 등 극단적인 것일 수밖에 없었다.

2003년 국가인권위원회에서 조사한 '기지촌 혼혈인 인권실태' 에 따르면 면접대상자의 42%가 자살시도 경험이 있다고 답했고, 자살충동 경험자는 58%에 달한 것으로 보고되었다(《문화일보》, 2006년 4월 10일자).

> 남영호(2008)가 '주둔지 혼혈인'이라고 부른 미군과 한국인 여성 사이에서 태어난 자녀들의 대부분은 이 땅에서 떠나갔다. 1970년대 3만 명에 이르렀던 이들의 숫자는 1982년 미국 정부가 미국계 아시아 혼혈인에 대한 이민허용정책을 펴면서 대부분 한국을 떠나 이제 2천 명 정도에 불과하다(《한겨레신문》, 2002년 5월 13일자). 해외입양 한국인에 관한 보건복지부 통계에 따르면 1958-1960년 1,159명, 1961-1970년 2,659명의 혼혈아동이 해외에 입양되었다(박경태, 1997 : 209).

화교, 기지촌 여성, 혼혈인에 대한 한국 사회의 극단적 거부의 배경에는 기지촌 여성의 사례에서 언급한 미국과의 관계라는 국제정치적 배경, 일본의 식민지배와 미국의 정치적·문화적 지배에 기인한 정체성의 혼란 등의 요인이 존재한다. 보다 근본적으로는 결과적으로 다민족국가의 형태를 띤 대다수의 서구 사회와 달리 서구 근대의 산물인 1민족 1국가라는 보편적인 근대 국가의 원리가 전형적인 형태로 구현되었다는 점으로 설명될 수도 있다. 외국인들에 대한 한국인들의 강한 배타성이나 단일민족 의식을 설명하는 요인들 중 하나는 바로 이렇게 한국 사회에 극단적인 방식으로 실현된 보편성인 것이다. 이러한 전형적인 민족국가(nation-state)에서 종족적 소수자의 존재는 극히 비정상적인 것이고 절대로 온전한 권리를 향유하는 정상적인 시민, 국민이 될 수 없었던 것이다.

Ⅳ. 이주민에 대한 관용의 성격과 차별적 통합

과거에 비해 종족적으로 더 이질적인 최근의 이주민들에 대해 한국 사회가 보이고 있는 관용적인 태도는 종족적 소수자에 대한 극단적인 배제를 보여온 그간의 경험을 고려할 때 당연한 것이 아니며, 그만큼 설명이 필요하다. 게다가 현재 한국 사회가 처한 불황, 고용 불안정, 양극화의 상황에서는 이민집단에 대한 반감이 커지는 것이 일반적이라는 점을 고려하면 더더욱 그러하다. 그렇다면 전 세계적으로 이민에 대한 통제가 강화되고 이민자들에 대한 반감이 높은 상황에서 그토록 억압적이었던 한국 사회의 종족적 소수자에 대한 대응방식이 호의적으로 변화하게 된 원인은 무엇인가?

1. 관용의 배경

종족적 소수자에 대한 한국 사회의 관용적 태도에 대해서는 다양한 설명이 가능하다. 전 지구적 맥락에서 보면 문화적 다양성 문제에 대한 관심과 개방적 태도가 한 배경이라고 볼 수 있다. 마뜰라르에 따르면 '문화적 다양성' 개념은 어디에서나 들을 수 있고 누구나 아는 현 세계의 가장 많이 확산된 개념이다. 이 개념이 만장일치의 지지를 이끌어낼 수 있었던 것은 무엇보다도 세계화가 문화적 획일성, 표준화를 야기할 것이라는 두려움 때문이었다(Mattelart, 2007 : 3). 조금은 다른 맥락에서 종교 간 대화, 종교 간 공존, 문명 간 공존 등의 개념은 탈냉전 시대 종교, 문명, 종족성을 표방한 갈등의 분출을 저지하기 위한 대안으로 제시된 것이다.

일국적 맥락에서 보면 다문화 담론의 성공, 종족적 이방인에 대한 호의의 배경으로 1990년대 이후 한국 사회에서 '압축적 성장'을 보인 문화, 타자, 소수자에 대한 관심을 들 수 있다. 엄한진(2008)은 문화적 다양성, 문화상대주의, 문명 간 공존, 종교 간 대화, 비서구 사회의 문화, 저발전국의 인권, 다양한 소수자에 대한 관심이 다문화 열기로 이어졌다고 설명한다. 민주화 이후 한국인들이 새로이 경험하고 있는 것 중 하나는 세계시민으로서의 정체성을 가지게 된 것이다. 대내적으로는 이주민들과의 공존의 경험을 통해, 대외적으로는 기아, 전쟁, 독재를 겪고 있는 저발전국에 대한 관심과 개입을 통해 국제사회의 일원이 되고 있다.

2. 관용의 차별성

한국 사회의 관용의 한계에 초점을 둔 보다 비판적인 설명도 가능하다. 이민이라는 최근의 종족적 소수자에 대한 한국 사회의 관용이 이민집단의 유형에 따라 다른 차별적인 성격을 가졌다는 것이다. 결혼이주 여성에 대한 호의적인 태도는 미등록 노동자를 포함할 때 전체 외국인의 과반수 이상을 차지하고 있고, 이주의 역사도 상대적으로 오래된 이주노동자에 대한 정부와 국민의 극도의 무관심과 극단적인 대조를 이룬다. 사실 일반적으로 국제결혼 이주현상은 이민이나 디아스포라 연구에서 중요하게 다루어지지 않았던 주제이다. 그런데 한국의 경우에는 일반적으로 가장 비중 있게 다루어지는 노동이민보다 결혼이주 여성이 훨씬 더 많은 관심을 받고 있는 것이다.

올해부터 다문화 가족에 대한 정부의 지원이 대폭 강화된다. 외국인이 한국인과 결혼을 준비하는 단계부터 출산과 육아, 경제적 자립, 언어습득에 이르기까지 다문화 가족이 겪게 되는 모든 문제를 해결하기 위한 정부 종합대책이 올해부터 2-3년간 집중적으로 추진될 예정이다. 그리고 최근 보건복지가족부는 '다문화 가족 생애주기별 맞춤형 지원 강화대책'을 발표했다. 물론 이러한 정책적인 관심의 배경에는 결혼이민자 및 다문화 가족과 관계된 사회적 갈등의 징후들이 나타나고, 따라서 이를 미연에 방기하고자 하는 측면도 있다. 혼혈아동이 학교에서 겪는 차별과 배제가 과거 미군을 아버지로 둔 혼혈아들에 국한된 것은 아니다. 한 예로 강원도의 경우 다문화 가정 자녀 10명 중 6명은 고등학교에 진학하지 않는다. 2008년 4월 말 현재 강원도 내만 16-18세 다문화 가정 자녀는 74명으로, 이 중 63.5%인 47명이 고등학교에 다니는 않는 것으로 조사됐다. 이 같은 고교 미취학 비율은 일반 가정 자녀와 비교했을 때 8배나 높은 수치이다. 중학교에 다니는 자녀는 95명, 미취학률은 44.1%인 것으로 나타났다. 그리고 그 원인으로 언어소통의 어려움 및 집단따돌림이 지적되었다(《강원일보》, 2008년 10월 29일자).

한편, 종족적 소수자가 포함된 모든 다문화 가정이 정책적 배려의 대상인 것은 아니다. 결혼이민에 따라 구성된 경우, 즉 한국인 남성이 포함된 가정만이 정책이나 일반인의 관심의 대상에 포함된다. 그에 못지않은 어려움을 겪고 있는 한국인 여성과 남성 이주민의 결혼이나 이주민 간의 결혼으로 구성된 가족에 대한 사회의 관심은 극히 미미한 것이 현실이다. 바로 위에서 언급한 다문화 가족 지원대책 역시 결혼이민으로 구성되는 경우만 해당되는 것이다.

좁은 의미의 '다문화 가족'과 함께 정부의 우호적인 정책의 대상이 되는 집단은 재외동포이다. 재외동포에 대한 국가 차원의 관심은 김영삼 정부 시절로 거슬러올라 간다. 당시 정부와 정치권은 재외동포들에 대해 이중국적을 허용하자는 요구는 받아들이지 않았지만, 재외동포들의 출입국과 한국 내에서의 경제활동을 편리하게 하고 재외동포들과의 문화적 유대를 강화하는 정책을 마련했다. 이러한 배경에서 재외동포재단이 설치되었고, 재외동포정책을 적극 추진하고 재외동포의 법적 지위를 별도로 정하고자 하는 법안들이 준비되었다. 후자는 김대중 정부에 계승되었고, 법무부는 해외로 이주한 재외국민의 편의를 도모하는 한편 '한민족의 혈통'을 가진 외국인을 일반 외국인과 달리 취급하는 내용의 '재외동포의 법적 지위에 관한 특례법안'을 마련했다. 재외동포는 출입국과 국내 경제활동에 있어 우대를 받게 된 것이다(이철우, 2003 : 21-24).

물론 이러한 혜택이 모든 동포에게 적용된 것은 아니다. 그러나 이것도 2007년에 시행된 '방문취업제도'에서는 재외동포에서 제외된 중국 및 구소련 거주 동포의 고국방문이나 취업을 용이하게 하는 식으로 개선되었다. 이같이 방문취업제의 시행으로 만 25세 이상의 외국국적 동포들은 5년간 유효하고, 1회 입국할 경우 최장 3년간 체류할 수 있는 "방문취업(H-2) 복수사증"을 발급받게 되었다. 동 사증으로 입국한 동포들은 취업을 원할 경우 제조업, 건설업, 서비스업 등의 32개 업종(단순노무 분야)에서 간소한 절차에 따라 취업할 수 있게 되었으며, 또한, 국내 호적·친족이 없는 무연고 동포까지 입국·취업을 허용하였다(김남일, 2007 : 160-161).

한국 사회 내부에서는 이민과 종족적 소수자에 대한 논의구도가 결혼이주 여성 문제 중심으로 이루어지고 있는 것과 달리 외부의 시각은 다른 측면들에 대해서도 관심을 기울이고 있다. 예를 들어 유엔 인종차별철폐위원회는 불법체류자 문제의 양적 · 질적 심각성을 비롯해 정부정책에서 배제되어 있는 다문화 가족들의 문제, 인신매매, 성매매 등이 한국 사회 이민문제의 대표적인 양상이라고 평가하고 있다. 외부의 시각이 반드시 옳지는 않고 소위 '국제사회' 의 견해가 강대국의 이해를 대변하는 무수한 사례들이 있긴 하지만, 한국 정부가 제출한 '제13차, 14차 이행보고서에 대한 유엔의 인종차별철폐위원회의 검토 및 심의결과' (2007년 8월 17일)에서 우리는 좁은 의미의 '다문화 가정' 의 문제에 치우쳐 간과하고 있는 한국 사회 이민의 다양한 현실을 발견하게 된다.

인종차별철폐위원회는 국가인권정책기본계획 도입, 재한외국인처우에 관한 법률 제정, 이주노동자 통역지원센터 설립, 성매매 알선 등 행위에 관한 법률 제정, 다문화 가정 자녀 교육지원 대책 등을 긍정적으로 평가한 반면, 단일민족성을 강조하는 한국 정부의 태도, 이주노동자와 타인종 간 결혼으로 태어난 어린이 등에 대한 폭넓은 사회적 차별, 시민권자에 비해 비시민권자에게 동일하지 않은 권리보장, 적은 수의 난민지위 인정, 계속되는 여성 노동자의 성매매, 외국인 여성 배우자에 대한 충분하지 못한 권리보장, 이주노동자의 고용허가제에 따른 심각한 권리제한 등에 대하여 우려를 표했다. 이 밖에도 위원회는 종족적 소수자에 대한 차별과 폭력을 막기 위한 포괄적이고 구체적인 입법 권고를 포함하여 구체적으로 상당히 많은 권고를 하였다(민주사회를 위한 변호사 모임 보도자료, 2007년 8월 21일자).

보편적인 맥락에서 보면 집단에 따라 차별적인 태도는 종족적 소수자에 대한 주류사회의 대응에서 일반적으로 나타나는 현상이다. 그리고 종족적 소수자에 대한 이분법적 표상이 이를 뒷받침한다. 사회에 기여하지 않으면서 복지혜택만 받는 가족합류 이민과 같은 '나쁜 이민' 은 사회에 꼭 필요한 능력을 지닌 전문인력과 같은 '유용한 이민' 과 극단적으로 대비된다. 유럽의 이슬람 문화권 출신자들의 경우 온건한 이슬람 대 근본주의적 이슬람, 모범집단과 문제집단이라는 구분, 성공한 아랍인 대 건달 또는 테러리스트로의 구분이 뚜렷하다(엄한진, 2007). 다수의 순박한 이민 대 불량스러운 소수(Sayad, 1999), 경제적으로 여유 있고 환대받는 '세계인(mondiaux)' 과 불법입국하고 멸시받는 '지방인(locaux)' (Bauman, 1999 ; Rea and Tripier, 2003에서 재인용)이 그 예들이다.

우리 사회에도 그 사례를 찾을 수 있다. 미디어에 보여지는 너무 착한 이주민과 너무 악한 이주민, 너무 잘 사는 사례와 너무 못 사는 사례(김경희 · 윤태일 · 엄한진, 2008)가 대비되고, 과거로 거슬러올라 가면 '좋은 한국 여성' 에 대비되는 '나쁜 한국 여성' 으로 기지촌 여성들이 있었다(문, 2002 : 19). 이는 푸코가 『감시와 처벌』(Foucault, 1975)에서 제시하는 학교에서의 미시권력의 작동방식을 떠올리게 한다. 그에 따르면 학생들을 학급단위로 나누고 각 개인에게 임무, 시험성적에 따라 주기적으로 변하는 자리를 부여하는 식으로 학교 공간이 교육을 하는 동시에 감시하고 위계질서를 세우고 성과에 따라 보상을 주는 일종의 기계처럼 작동된다. 자국민 학생들과 달리 이주민들의 구분과 위계질서는 유동적이지 않다는 차이가 있지만 이들에 대한 이분법적 표상은 매우 다양한 이주민들을 훈육하는 매우 효과적인 방식인 것이다.

3. 관용의 정치적 차원

한국 사회라는 일국적 맥락에서 결혼이주 여성과 그 자녀에 대한 호의는 어떻게 설명해야 하는가? 우리는 그 해답을 이민담론과 이민정책에서의 민족주의와 국익의 중요성에서 찾을 수 있다. 결혼이민은 무엇보다도 저출산 고령화에 따른 인구문제를 해결하고 한국 농촌의 문제와 노동력 부족 문제를 해결한다는 명분 하에 정부나 언론에 의해 장려된 것이고, 그만큼 결혼이민자들에 대한 배려는 각별할 수밖에 없다. 사실 이들에 대한 우리의 호의는 국익, 즉 우리 자신의 이익에서 비롯된 것이고 다문화 가정이라는 '우리 한국 가정'에 대한 애정의 발로이다. 우리는 앞서 언급한 기지촌 여성 문제에 대한 한국 정부의 태도에 내포되어 있는 정치적 동기를 결혼이주에 관한 현재 한국 사회의 인식에서 재발견하게 된다. 결혼과정의 인신매매적 성격과 한국 가정에서의 비인간적인 삶에 대한 비판에도 불구하고 우리의 인구, 우리의 농촌을 위해 불가피하다는 사고는 국가에 복무하는 여성이라는 근대적 사고의 또 다른 사례라고 할 수 있다.

〈표 5〉에서 우리는 한국의 이민정책이 인구문제 차원에서 사고되고 있으며, 특히 외국 전문 인력과 결혼이민자를 통해 전체 인구와 생산가능 인구를 확보하겠다는 전망을 볼 수 있다.

물론 이러한 양상이 최근에 나타난 것도 한국에 국한된 것도 아니다. 근대 이민은 일반적으로 이민 수용국의 인구문제 및 노동력 수요 해결에 기여해 왔다. 최근 다른 지역의 상황도 마찬가지다. 일본이 최근 이민 수용에 보다 개방적인 태도를 보이고 있는 것은 저출산 고령화 때문이며(Magniadas, 2007 : 41), 이러한 경향은 출산율이 전반적

표 5_ 인구변동 추이 및 체류외국인 증가 추세 분석

연도 구분	2005	2010	2020	2030	2040	2050
전체 인구	48,461,000	49,594,000	50,650,000	50,296,000	48,204,000	44,337,000
생산가능 인구 (인구비율)	34,671,000 (71.8%)	35,254,500 (71.1)	35,838,000 (70.8)	31,892,000 (63.4)	27,323,500 (56.7)	22,755,000 (51.3)
체류외국인 (인구대비)	747,467 (1.5%)	1,422,010 (2.8%)	2,539,419 (5.0%)	3,056,828 (6.0%)	3,574,237 (7.4%)	4,091,646 (9.2%)
외국전문인력	24,644 (3.3%)	71,100 (5%)	177,759 (7%)	305,683 (10%)	536,135 (15%)	818,329 (20%)
결혼이민자 (체류외국인 대비)	75,011 (10%)	132,690 (9.3%)	254,707 (10.0%)	376,724 (12.3%)	498,741 (14.0%)	620,758 (15.1%)

출처 : 법무부. 2006.『외국인정책 관련 환경변화 미래예측 보고서』.

으로 낮은 유럽 역시 마찬가지다. 1974년 노동이민의 금지조치 이후 30년 만에 적극적인 이민정책을 펴게 된 배경에 고령화 현상이 있었다. 이민정책 변화의 계기는 새로운 이민의 유입이 없다고 가정했을 때 고령화로 인해 2050년이면 유럽은 현재 인구의 60%가 줄어들 것이라는 2000년 3월 유엔보고서의 충격이었다(Wihtol de Wenden, 2002). 그리고 이러한 인구전망으로 인해 국경개방이 불가피하다는 유엔의 진단을 받아들이게 된 것이다.[2]

4. 인종적 질서의 형성

심보선(2008)은 다문화정책을 인종 및 종족 기획의 측면에서 설명한다. 다문화정책이 인종적 질서를 생산 또는 재생산한다는 것이다. 특히 다종족적 경험이 미약한 한국의 경우 다문화정책이 인종

형성의 계기가 되고 있다. 그는 이주노동자정책을 인종 · 종족적 기획으로 파악할 때 인종주의보다 더 본질적인 문제를 제기하는 것이 가능해진다며 인종주의에 대한 관심에서 인종의 사회적 구성에 대한 관심으로의 확대를 강조했다.

과거 종족별 위계질서는 미국의 인종주의를 모방한 것이었다. 인종차별에 관한 미국 미디어의 영향을 지적하면서 박경태는 미국인의 시각에 맞춰 훈련된 우리의 인종관이 놀랍게도 백인의 시각과 정확하게 일치한다는 점을 지적한다(박경태, 2007 : 222-224). 기지촌 여성들도 흑인 미군을 차별했다는 증언은 한국인에 내재화된 미국의 인종주의를 보여주는 예이다(Ibid., 221).

현재 한국 사회에서 종족별 위계질서의 기준은 출신국가의 경제 수준이나 국가규모, 피부색 등 외모, 우리와의 역사적 관계 등이 있지만 일상에서 그것은 외모로 수렴된다. 재중동포, 재러동포나 일본출신, 베트남 출신 이주민, 그리고 필리핀, 태국, 캄보디아 등 우리와 외모 차이가 두드러지는 이주민 사이의 구분이 나타나는 것이다(김경희 · 윤태일 · 엄한진, 2008 : 29).

한편, 종족성이나 정체성은 이민지에서 새로이 탄생되거나 기존의 것이 변형을 겪게 된다. 유럽에 온 북아프리카 이민의 예를 보면 본국에서는 아랍 문화와 베르베르 문화 등 다수의 문화가 공존하고 있었던 데 비해 이민지에서는 이슬람 · 아랍적 정체성이라는 단일한 정체성으로 축소된다. 이 과정에서 대표성을 인정받은 소수민족의 주류집단과 주류사회 간의 연대가 이루어진다. 이민지에서 만들어진 이 새로운 정체성은 이민집단 내부의 지배계급, 다수 종족, 다수 종교, 그리고 남성의 이해를 대변하는 것으로 소수민족 내부의 소수자에게는 억압과 소외를 의미한다. 가장 대표적인 것은 스테레오타

입화된 이슬람이라는 ‘새로운’ 정체성의 부상이 여성에게 억압적인 효과를 나타내는 경우일 것이다.

아직 본격적으로 나타나고 있진 않지만 한국에 거주하는 종족적 소수자들의 정체성 역시 한국이라는 이민지에서 새로이 형성될 수 있다. 정체성의 자원들이 이들의 비참한 조건에 대한 대응전략에 선별적으로 동원되기도 하고 한국인들에 의해 새롭게 규정될 수도 있는 것이다. 외국인 노동자들의 정체성 재구성과 문화적 변화에 한국인들이 그들에 대해 가지는 인식과 태도가 중요하게 작용한다. 외국인에 대한 인식에서 일반적으로 중시되는 두 요인으로 신체적인 요인, 가족구조의 특성을 들 수 있다. 예를 들어 프랑스 이민자들의 경우, 북아프리카 출신 이민자들은 백인과의 신체적 차이는 미미한데 반해 가족구조의 성격에 있어서는 프랑스 가정과 큰 차이를 보인다. 반면에 프랑스령인 카리브 해 지역에서 온 이민의 경우에는 신체적 차이는 크지만 가족구조상의 차이는 미미하다(Todd, 1994 : 10). 우리는 이와 같은 측면들이 점차 구체화될 종족적 소수자들에 대한 토착 한국인들의 인식에 작용할 것이라 생각할 수 있다.

V. 결론

본문에서 차별적 통합과 관련해 한국 사회의 정책과 논의는 결혼이주 여성만을 대상으로 하고 있다는 점을 지적했다. 이러한 현상의 배경에는 이들만이 한국 사회에 정주할 것이기 때문이라는 인식이 깔려 있다. 그런데 ‘사람의 세계화’에 놓인 제약으로 인해 다양한 편법이 불가피한 현실, 그리고 이러한 현실을 고려한 유연한 정책적 대응이 선진국에 일반적인 점을 고려할 때 다수를 이루는 외국인을 사회정책의 대상에서 배제하는 인식 자체도 문제이다. 그러나 이에 대한 논란과 무관하게 시민사회 차원의 대응은 국가의 대응과 달라야 한다. 국가와 시민사회는 서로 다른 논리에 입각해 각자의 고유한 기능을 수행하는 것이다. 결혼이주 여성 및 다문화 가정뿐만 아니라 수적으로 압도적 다수를 이루고 있는 조선족을 포함한 중국 출신 이주민, 그리고 대학의 국제화 전략으로 그 수가 증가일로에 있는 유학생 등 이주민 전체가 시민사회단체나 학계의 논의와 실천의 고려대상이 될 수 있는 것이다. 그러나 현실을 보면 이주민 문제에서 한국의 시민사회는 국가와의 차별성을 보이지 못하고 있다. 한국 사회 재도약의 중요한 발판이 될 수 있는 이민문제가 사실은 한국 가정의 구성원인 결혼이주 여성과 그 자녀에 대한 문제로 축소되고 있는 것이다. 다문화 영역에서 시민사회가 차별화에 실패한 것은 다문화 논의의 관주도적 경향의 원인이자 결과이다. 이 영역에서도 자율성을 생명으로 하는 시민사회 고유의 논리와 실천영역의 개발이 요구된다.

최근 이민집단에 대한 대응에서 나타나는 구분의 경향, 즉 이민집단의 유형에 따른 차별적인 태도, 착하고 유용한 이민과 불편하고 위험한 이민으로의 구분, 그리고 종족 간 위계질서는 과거 유럽 사회가 경험했듯이 일상생활 속의 인종주의, 제도적 인종주의, 경찰 인종주의, 창구의 인종주의, 특정 지역 출신자들을 희생양으로 하는 인종갈등과 같은 다양한 양상의 인종주의를 낳을 수 있다. 인종적 위계질서에서의 위치와 인종주의적 증오의 대상이 되는 집단이 반드시 일치하는 것은 아니다. 오히려 언어나 문화, 외모에 있어서 차이가 적은 '가까운 타자'가 희생양이 되는 것이 일반적이다. 독일의 터키 출신자, 프랑스의 북아프리카 출신자, 영국의 인도대륙 출신자는 역사적으로 또는(그리고) 지리적으로 가까운 관계에 있는, 그러나 종교 등 문화적으로 이질적이라고 간주되는 집단들이다. 좀 더 거슬러올라가면 오리엔탈리즘의 대상은 문화적으로 종족적으로 훨씬 더 이질적인 '아시아'가 아니라 구 비잔틴 제국의 영토에 해당하는, 유럽과 가장 가까운 타자였던 '오리엔트'였다. 외모상으로 큰 차이가 없는 중국 출신자들이나 재중동포에 대한 부정적인 인식은 이러한 측면에서 설명될 수 있다. 최근 심화되고 있는 한중 간 갈등과 양 국민 간의 적대적인 감정은 유사한 정치적 맥락에서 유럽이나 미국의 무슬림이 처했던 운명을 떠올리게 한다.

인종 갈등에 대한 경계와 더불어 향후 종족적 소수자에 대한 논의에서 필요한 주제 중 하나는 세계 다른 지역과의 연대의 문제이다. 우리는 결혼이주 여성이나 이주노동자와 같은 한국 사회 내부의 종족적 소수자에 대해서도 동포나 입양아 등 해외로 나간 한국인에 대해서도 우리는 한국의 국익을 기준으로 사고하는 데 익숙해 있다. 필리핀 노동자에 대한 우리의 사고에 필리핀의 국익, 필리핀의 발전은 매우 낯선 것이다. 유럽 국가들의 이민정책에 대한 비판 중 하나는 바로 소위 '황금의 30년' 시대에 존재했던 제3세계와의 연대라는 관점의 부재에 대한 것이다. 이제 우리도 단순한 경제적 논리 또는 국익을 넘어 제3세계와의 연대를 생각할 시점이다.

주

1 인종주의에 관한 개념들의 용법 중 하나는 '외국인혐오증(xenophobia)'과 '인종주의(racism)'를 일반적으로 생각하는 정도의 차이나 심리적·제도적 현상으로 구분하지 않고 전자를 다른 민족과의 접촉경험의 부족에서 오는 원초적인 차원의 거부감 내지 두려움으로, 후자를 다른 민족과의 공존경험이 충분히 길고 이 공존이 일시적인 것에서 영구적인 것이 된 상황에서 나타나는 체계적이고 구조적인 거부로 구분하는 것이다. 이러한 용법을 따르면 아직 이민의 양상이 수적으로 충분히 크지 않고 일시적인 차원에 머물렀던 극히 최근까지의 한국인들의 태도는 사이비 '합리적인' 논거로 뒷받침된 인종주의라기보다는 접촉경험의 절대적 부족에서 온 외국인혐오증에 가까운 것이었다고 볼 수 있다. 그러다가 우리 사회에서도 최근 외국인혐오증과는 다른 인종주의가 외국인과의 일상적인 접촉이 이루어지는 곳, 그리고 이들을 경쟁상대로 여기는 계층을 중심으로 서서히 등장하고 있음을 볼 수 있다. 인종주의가 무엇보다도 근대의 다민족, 다문화 상황의 산물이라는 점에서 우리 사회도 다문화 사회로의 변화는 인종주의의 토대가 형성되는 과정이기도 하다는 점을 고려할 필요가 있다(엄한진, 2006).

2 그렇다고 이민정책이 단순하게 더 개방적이 된 것이라고 말하기는 어렵다. 프랑스의 경우 노동이민의 재개는 관광, 건설, 계절노동, 무역 등 몇몇 직종에 국한된 것이었다. 이와 함께 '능력과 재능'이라는 이름이 붙은 체류증이 신설된다. 이 법의 제정과정에서 주창된 '선택된 이민'이라는 개념은 많은 시민단체로부터 비난을 받게 된다. 이것은 2000년대 이후 유럽과 미국에서의 난민정책, 이민정책에서 공통적으로 나타나는 현상이다. 즉 이들 국가들은 공히 노동이민을 촉진시키는 정책을 채택하였는데, 이것은 특히 고급노동력 또는 특정 영역에 필요한 노동력의 유입을 촉진시키려는 것이었다. 이

와 대조적으로 미숙련노동자들의 이민은 가능한 한 제한하고 가족이민에 대해서도 대부분 강경한 정책을 폈다.

참·고·문·헌

강철구. 2002. "서론 : 서양문명과 인종주의." 한국서양사학회 엮음. 『서양문명과 인종주의』. 지식산업사.

김경희 · 윤태일 · 엄한진. 2008. 『강원지역 다문화 가정을 위한 신문활용교육(NIE) 활성화 방안 연구』. 한국언론재단 2008년 조사연구사업 강원언론학회 보고서.

김남일. 2007. "열린 사회 구현을 위한 외국인정책 방향." 한국사회학회. 『한국적 '다문화주의' 의 이론화』(동북아 시대 위원회 용역과제 07-7). pp. 141-172.

남영호. 2008. " '주둔지 혼혈인' 과 생물학적 시민권." 『한국문화인류학』 41(1) : 91-128.

문, 캐서린(Moon, Katharine H. S.). 2002. 이정주 역. 『동맹 속의 섹스』. 삼인.

밀스, 찰스(Mills, W. Charles). 2006. 정범진 역. 『인종계약』. 아침이슬.

박경태. 2007. 『소수자와 한국 사회』. 후마니타스.

법무부. 2006. 『외국인정책 관련 환경변화 미래예측 보고서』.

사이드, 에드워드(Side, Edward). 2000. 박홍규 역. 『오리엔탈리즘』. 교보문고.

스카치폴, 테다(Skocpol, Theda). 1981. 『국가와 사회혁명』. 한창수 · 김현택 역. 까치.

심보선. 2007. "온정주의 이주노동자 정책의 형성과 변화." 『담론 201』 10(2) : 41-76.

엄한진. 2006. "전 지구적 맥락에서 본 한국의 다문화주의 이민 논의." 『동북아 "다문화" 시대 한국 사회의 변화와 통합』(동북아시대위원회 용역과제 06-8). pp. 13-43.

______. 2007. "프랑스 이민통합 모델의 위기와 이민문제의 정치화 : 2005년 '프랑스 도시 외곽지역 소요사태' 를 중심으로." 『한국사회학』 41(3) : 253-286.

______. 2008. “한국 이민담론의 분절성.” 『아세아연구』 51 (2) : 112–140.
여지연. 2007. 『기지촌의 그늘을 넘어』. 삼인.
이철우. 2003. “국적과 종족성에 의한 집단적 자아와 타자의 구별.” 『사회이론』 23 : 13–46.
차용호. 2008. “이민자 사회통합을 위한 정책방향.” pp. 1–52.
하먼, 크리스(Harman, Chris). 2001. 배일룡 역. 『민족문제의 재등장』. 책갈피.

Al–Azmeh, Aziz. 1993. *Islams and Modernities*. Verso.
Blanc–Chaléard. 2001. *Histoire de l'immigration*. la découverte : Repères.
Foucault, Michel. 1961. *L'histoire de la follie*. Gallimard.
______. 1975. *Surveiller et punir*. Gallimard.
______. 2004. *Sécurité, territoire, population : cours au Colège de France. 1977–1978*. Gallimard.
Magniadas, Jean. 2007. *Migrations et mondialisation*. Le temps des cerises.
Mattelart, Armand. 2007. *Diversité culturelle et mondialisation*. La Découverte
Rea, A. and M. Tripier. 2003. *Sociologie de l'immigration*. La Découverte.
Sayad, Abdelmalek. 1999. *La double absence*. Seuil.
Todd, Emmanuel. 1994. *Le destin des immigrés*. Seuil.
Weber, Max. 1995. *Economie et société* 1. Pocket.
Wihtol de Wenden, C. 2002. “Ouverture et fermeture de la France aux étrangers : Un siècle d'évolution.” Vingtième Siècle janvier–mars : 27–38.

분단사회에서 통일사회로

통일정책 변화를 중심으로

조한범_통일연구원

I. 머리말

군사정권에서부터 이명박 정부에 이르기까지 통일정책은 여러 변화를 겪어왔다. 남북관계가 사실상의 의미를 획득하기 시작한 2000년 남북정상회담 이후의 과정에서 통일정책은 일정한 경향성을 보이고 있다. 남북한의 화해와 협력, 그리고 이를 통한 공동번영의 추구는 최근 흐름의 특징이라 할 수 있다. 이 과정에서 남한은 남북관계 개선을 위한 다양한 시도를 해왔으며, 개성공단은 상징적 사례라고 할 것이다. 냉전체제에서 최근 상황으로의 변화 이면에는 체제경쟁의 사실상 종식이라는 시대적 조류가 자리 잡고 있으며, 이는 통일정책의 형성과 변화에도 일정한 영향을 미쳤다.

급속한 산업화와 경제적 발전을 통해 남한 사회는 세계 10위권의 경제규모를 형성하고 있다. 반면, 사회주의권의 해체와 아울러 스탈린주의 체제의 골격을 유지하는 나라는 찾아보기 힘들며, 북한은 만성적 기아의 위기에 시달리는 심각한 경제난을 장기간 겪어오고 있다. 남한 사회의 발전은 필연적으로 남한의 세계화를 촉진시켜 왔으며, 통일정책과 통일 담론의 형성과 해석에도 직간접적 영향을 미쳐왔다. 북핵문제가 증명하듯 한반도 문제는 더 이상 한반도만의 문제가 아니며, 지구촌 주민들이 주시하는 예민한 주제 중의 하나이다. 비단 핵문제라는 휘발성뿐만 아니라 세계화라는 시대적 조류에 따라 한반도 문제의 국제화가 진전된 필연적 결과라고 할 수 있을 것이다.

세계화라는 보편성의 증대는 민족문제라는 특수성의 해소를 내용으로 하는 통일정책과의 새로운 관계를 요구하고 있다. 세계화의 진전은 세계사의 시계에서 뒤처진 민족문제를 안고 있는 한국 사회에 새로운 사고와 행위규범을 강요하고 있다. 폐쇄적 민족주의로는 더 이상 세계화의 코드에 부합할 수 없으며, 인적 · 물적 교류는 국경과 민족을 초월하고 있다. 아울러 개인들의 일상영역에 이르기까지 세계화의 보편성들이 직접적으로 영향을 주고 있다. 민족문제의 해소와 아울러 국제사회의 보편적 일원으로서의 합리적 행위의 선택을 조화시켜야 하는 단계에 와 있다고도 할 수 있다.

통일은 미래의 어느 시점에서 완성되는 현재진행형 시제를 갖는 것으로 이해될 수 있다. 분단체제에서 진행된 불완전한 발전을 정상화하는 노력들을 통해 통일의 미래를 설계하는 노력이 필요하며, 통일정책은 이를 담아내는 구심점 역할을 해야 할 것이다.

II. 대북포용정책[1]

김대중 정부의 대북포용정책은 남북한 간의 화해와 협력을 위한 기초를 마련했으며, 현실적으로 가능한 수단들을 동원하여 남북관계 개선을 위한 기반을 구축했다는 점에서 가장 중요한 평가를 받을 수 있을 것이다. 즉 남북관계의 패러다임 변화에 있어서 중요한 전환점을 마련했다고 할 수 있을 것이다.

김대중 정부의 대북포용정책은 세계적인 냉전체제의 해체와 북한의 구조적 위기로 이미 의미를 상실하기 시작한 대립적 남북관계를 화해와 협력구도로 방향을 전환시켰다는 점에서 중요한 평가를 받을 수 있다. 대북포용정책의 목표는 현실적으로 당장은 가능하지 않은 통일을 유보하고 통일을 달성할 수 있는 환경을 조성한다는 점이며, 이를 위한 현실적 수단으로서 전방위에 걸친 남북관계 개선을 추진했다. 따라서 장기간 지속된 남북한 간의 소모적 대립에서 대화가 가능한 상태로 구도를 전환시켰다는 점이 중요하게 평가되어야 할 것이다. 대북포용정책 하에서 남북관계는 비록 제한적이기는 하지만 남북대화와 이산가족 상봉 및 인도적 대북지원 등 화해를 지향하는 성과를 얻었으며, 금강산관광사업의 성사 및 남북철도 연결 등 협력사업에 있어서도 상당한 진전을 보였다. 따라서 대북포용정책의 방향성은 기본적으로 적합한 것이었다는 평가를 내릴 수 있을 것이다.

그러나 대북포용정책의 진행과정에서 드러난 문제점에 대해서 효과적으로 대응했느냐와 이 과정에서 추진력을 얻을 수 있는 합의

기반 구축이 미흡했다는 점이 지적되어야 할 것이다. 장기간 지속된 냉전구조의 해체는 상당한 난제이며, 이는 동서독의 관계개선 과정에서도 이미 나타난 바 있다. 따라서 대북포용정책의 기본방향 위에서 보다 세밀하고 구체적인 계획의 수립이 전제되어야 했으며, 이를 기초로 정책추진의 완급조절이 필요했었다는 점이 지적될 수 있을 것이다.

우선 대북포용정책의 내적인 논리구조가 처음부터 명확하게 설정되어 있지 못했다는 점이다. 대북포용정책과 관련된 여러 가지의 원칙들이 사전에 충분한 검토를 거쳐 일관된 방향성에 의해 제시된 것으로 보기 어려우며, 상황에 따라 제시됨으로써 개념상의 혼란을 초래했다는 점이다. 즉 처음부터 일관된 논리를 가졌다기보다는 남북관계의 변화와 국내정치 및 여론의 향배에 따라 영향을 받음으로써 정책의 일관성을 유지하기 어려웠으며, 결과적으로 이는 정책에 대한 신뢰성에 부정적 영향을 미쳤다고 할 수 있을 것이다.

햇볕정책의 근본적 전제조건인 '안보와 협력의 병행' 추진전략이 남북 간 안보문제에 대한 실질적 논의로 연결되지 못함으로써 서해교전과 같은 사태에 효과적으로 대응하지 못했다고 할 수 있다. 또한 신축적 상호주의 논리도 국민들을 설득하는 데 충분했다고 보기 어려우며, 금강산사업에 대해 정부가 초기부터 강조했던 정경분리 원칙도 정부 차원의 지원이 시작됨으로써 지켜지지 않을 결과가 되고 말았다.

대북정책 추진에 있어 가장 중요한 에너지인 국민적 합의기반 구축문제는 보다 중요하게 지적될 수 있을 것이다. 남북관계의 특수성과 남북한에 공히 존재하는 냉전구조 및 냉전문화는 대북정책 추진에 근본적 제약요인인바, 이에 대한 충분한 이해 위에서 정책이 진행되어야 했다는 것이다. 따라서 조금 늦더라고 대북정책추진에 있어 국민적 합의기반 구축에 보다 많은 노력을 기울이고 이를 통한 대북정책 추진이 필요했다고 할 수 있을 것이다.

김대중 정부는 대북포용정책의 방향성이라는 옳다는 전제 속에서 비판적 평가를 남남화합적 차원에서 포용하는 데 한계를 보였으며, 대북정책 및 통일정책에 대한 사회의 이분법적 대립구도의 형성을 차단하는 노력이 미흡했다는 점이다. 이는 뿌리깊은 냉전문화와 야당의 비타협적 태도에 기인한 바 크다고 할 수 있으나 대북정책 추진과정에서 보다 효율적으로 대처할 가능성이 있었다는 점에서 문제제기가 가능할 것이다. 따라서 남북관계 진전에 대응하여 대내적 인프라 구축이 병행되는 양상보다는 보수와 진보라는 이분법적 · 비타협적 구도로 재편되는 경향을 보였으며, 남남 갈등이 형성되는 지형을 초래했다. 냉전구조 재편과정에서 필연적으로 발생할 수밖에 없는 상황이라 하더라도 이에 대한 대비를 적어도 타협적 구도를 설정할 수 있는 노력이 필요했다는 점이다.

이와 같은 점은 소수정권의 한계를 지닌 김대중 정부의 대북정책 추진력을 현저히 약화시키는 계기가 되었으며, 야당과의 협력구도를 설정하지 못함으로써 대북정책이 정쟁화되는 계기로 작용했다고 할 수 있을 것이다. 따라서 야당의 협조를 받지 못하는 상황에서 끊임없이 제기되는 비판여론에 효과적으로 대응하기 어려웠다고 할 수 있을 것이다.

따라서 김대중 정부는 대북정책 추진과정에서의 남남 갈등에 대한 정확한 예측과 이에 대한 대비책을 가지고 있어야 했다. 그러나 정부는 소수의 정책결정자에 지나치게 의지하고 남북관계의 대형 이벤트를 통한 국면전환이라는 카드에 집착한 반면에 국민적 합의기반 구축에 상대적으로 소홀, 결과적으로 국민들을 설득하는 데 한계를 노정했다.

또한 대북포용정책에 수반되는 '비용'에 비해 남북관계 개선 및 북한의 변화라는 '효과'가 얼마나 달성되었는지에 대한 지적이 있을 수 있다. 이는 남북관계 개선이라는 목표는 본질적으로 북한 체제의 변화가 수반되어야 안정된 기반 위에서 달성이 가능하기 때문이다. 따라서 정부는 대북정책 추진의 정당성 확보를 위해 북한의 변화에 대한 일방적 해석에 입각한 정책 추진을 시도했으며, 북한에 대한 평가에 있어 균형감각을 상실했다는 지적으로 이어졌다. 따라서 이는 국민들을 이해시키는 데 충분한 효과를 나타내지 못했다고 할 수 있을 것이다.

주변국과의 정책 공조 문제에 있어서도 매끄럽지 못한 면들이 지적될 수 있을 것이다. 현실적으로 한·미 공조에 기반한 안보체제를 유지하고 있는 상태에서 주변국, 특히 미국과의 협력관계는 매우 중요한 문제이다. 그러나 한·미 정책 공조에서 우리 측의 일방적 기대와 해석에 지나치게 의존함으로써 미국의 의도를 정확하게 파악하고 이에 대응하는 행보를 하지 못함으로써 정책의 수렴이 제대로 이루어지지 않았다고 할 수 있을 것이다. 특히 부시 행정부의 정책노선에 대한 정확한 판단을 결여함으로써 한·미 간 대북인식 및 구체적 정책집행 과정에 이르기까지 조율이 효과적으로 진행되지 못했다고 할 것이다.

결과적으로 김대중 정부의 대북포용정책의 기본방향은 옳았으며, 세계적 냉전구조의 해체라는 역사적 변화와 기아에 직면한 북한을 앞에 둔 우리에게 선택의 여지가 없었다고 할 수 있을 것이다. 또한 제한적이기는 하지만 대북포용정책 하에서 이룩한 남북관계 개선과 상당한 성과도 남북관계의 대립의 역사에 비추어 본다면 긍정적 평가를 내릴 수 있을 것이다. 그러나 지적한 바대로 대북포용정책을 보다 효과적으로 추진할 가능성과 문제점들을 최소화할 수 있는 가능성을 간과했으며, 특히 국내정치적 차원에서 대북정책의 안정적 추진기반이 마련되지 못했다는 점에서 문제가 있었다.

III. 평화번영정책[2]

노무현 정부의 평화번영정책은 대북포용정책을 근간으로 하고 있다는 점에서 기본적 지향성이 같다고 할 수 있다. 전반적인 상황을 고려했을 때 노무현 정부 하에서 대북정책은 평화적 통일을 위한 기반 구축이라는 현실적 목표와 이를 달성하기 위한 수단의 마련에 주력해야 했다고 볼 수 있다.

대북포용정책의 많은 성과에도 불구하고 해체되지 않은 한반도 냉전구조와 냉전문화는 남북관계 개선에 한계로 작용해 왔다는 점에서 노무현 정부는 대북정책의 발전적 계승을 위해 제기된 문제점들을 반영한 새로운 목표들을 설정할 필요가 있었다. 노무현 정부는 한반도 평화와 번영의 선순환구조의 정착을 목표로 북핵문제의 우선적 해결과 평화체제 구축, 남북교류 협력의 제도화, 대북정책 추진을 위한 국내적 합의기반 구축, 한반도 평화를 위한 국제협력 유도 등을 대북정책의 주요 목표로 설정했다.

평화번영정책은 대북정책을 국가전략 차원에서 이해하려고 노력했으며, 특히 동북아 패러다임 및 대북정책에 대한 국제정치적 맥락의 적용, 그리고 국민적 합의기반의 중요성 등에 대해 주목했다는 점에서 대북포용정책 추진과정에서 제기된 문제들을 해소하기 위해 노력했다고 할 수 있다. 그러나 북핵실험 및 미사일발사실험 등 평화문제의 가시적에 성공하지 못했다는 점과 미국과의 불필요한 오해, 그리고 민족문제의 정쟁화 지속 등 성과 면에 있어 제기된 문제점들에 대한 지적도 피할 수 없을 것이다.

북핵문제는 한반도 안정을 근본적으로 위협하는 심각한 현안으로, 남북관계 전반뿐만 아니라 및 국제적으로도 민감한 이슈로서 해결의 시급성이 있었다. '대화를 통한 북핵문제의 평화적 해결' 및 '북미직접대화' 등 6자회담의 틀 속에서 진행되고 있는 과정은 노무현 정부의 기본적 강조점이었다. 이와 같은 점에서 북핵문제의 해법 모색에 있어 북미 대립 및 북핵문제의 복합성이라는 제한성 속에서 우리 정부의 노력이 일정 정도 결과를 도출했다는 점이 평가될 수 있을 것이다.

노무현 정부 하에서 장관급 회담 및 실무회담 등 당국 간 대화가 지속적으로 이루어졌으며, 2007 남북정상회담의 성사를 통해 남북관계의 지속성을 유지했다고 할 수 있다. 2007 남북정상회담을 통해 남북관계 발전의 안정적 모멘텀을 마련하였으며, 참여정부 기간 내 당국대화가 지속됨으로써 남북관계의 지속성과 실용성을 확대하였다고 평가할 수 있다.

개성공단사업 등 남북경협은 대포동미사일발사 및 북핵실험에도 불구하고 지속되었다는 점에서 긍정적으로 평가할 수 있다. 대내외적인 부정적 요인에도 불구하고 남북경협의 지속을 통해 남북관계의 안정성을 확보할 수 있었으며, 남북관계의 실용성의 확대에 기여했다는 점에서 의미가 있다. 북핵실험 등의 국면에서 경협의 중단, 개

성공단 철수 등의 상황이 전개되었을 경우 국가신인도 하락 및 국제 자본 유출 등이 예상될 수 있었으며, 남북경협의 재개에 많은 시간과 노력이 필요했을 것이다.

불필요한 문제의 제기 등 참여정부의 대미관계에 대한 논란에도 불구하고 6자회담을 통한 국제협력, 한 · 미 공조체제의 원만한 가동 등 북핵문제의 해결 및 대북정책 추진과정의 국제협력체제에 있어서도 일정한 평가가 가능할 것이다. 이라크 · 아프가니스탄 파병, 주한.미군 지위변경 등 미국이 원하는 바를 수용함과 아울러 2007 남북정상회담 등 있어 미국과의 협의과정을 거침으로서 대북정책 추진에 대한 미국의 협조를 유도해낸 점이 평가될 수 있을 것이다. 특히 한국 입장의 제약속에서도 6자회담 등 국제협력체제를 일정 정도 활용한 점 등이 인정될 수 있을 것이다.

그러나 동시에 평화번영정책은 결과적으로 대북포용정책 추진과정에서 제기된 문제들의 해소에 성공했다고 볼 수 없으며, 특히 불필요한 많은 논란과 대북정책의 정쟁화 구도를 해소하지 못했다는 지적을 피할 수 없을 것이다.

북핵문제의 우선적 해결이라는 목표의 설정에도 불구하고 북핵실험의 방지 및 예측에 실패함으로써 정책의 신뢰성에 손상을 입었으며, 미사일발사실험에 대한 대응도 남한의 정책적 한계를 노정하는 사례였다고 할 수 있다. 아프가니스탄과 이라크에 대한 파병, 주한미군 지위변경 등 미국이 원하는 주요 사안에 대한 수용에도 불구하고 '자주'에 대한 불필요한 강조 및 국내적 이용 등은 국내 보수세력의 비판과 아울러 미국의 오해를 불러일으켰다고 할 수 있다. 이는 결과적으로 미국에 대한 협상력의 약화와 아울러 불필요한 비용의 증가를 초래했다고 할 수 있다. 이는 이명박 정부의 한미동맹강화론의 근거가 되었다는 점을 주목할 필요가 있다.

남북관계 발전과 북한과의 협상에 있어 정부의 원칙이 제대로 지켜지지 못함으로써 국민들에게 신뢰를 주는 데 미흡했다. 대북지원에 대해서도 국민을 설득하는 데 성공적이었다고 할 수 없을 것이다. 따라서 대북정책 추진에 대한 국민적 합의기반 구축 문제 역시 '국민과 함께' 하지 못했다는 지적을 피할 수 없다. 참여정부 하에서 남북문제는 정쟁화의 구도에서 벗어나지 못했으며, 보혁 갈등의 주요 논쟁의 소지였다. 참여정부는 대북정책에 대한 보수진영 및 비판적 세력에 대한 설득에 적극적이었다고 볼 수 없으며, 결과적으로 지지를 확보하는 데 실패했다. 임기 말 추진된 남북정상회담의 추진과정에서도 야당과 적절한 협의구도를 설정하지 못함으로써 이명박 정부 출범이후 정상회담 합의의 이행에 대한 논란의 소지를 제공했다고 할 수 있다.

Ⅳ. 이명박 정부의 대북정책

1. 대북정책 추진환경의 변화

이명박 정부의 출범은 보수진영으로의 실질적 정권교체라는 점에서 참여정부의 경우와 다르다고 할 수 있다. 대북정책에 있어서도 보수진영의 견해를 명시, 국민의 선택을 받음으로써 참여정부의 대북정책 추진과정에서 제기된 비판적 견해들을 정책에 반영할 수 있는 기반을 마련했다고 할 수 있다. 특히 북한에 대한 태도 전환 및 한미동맹의 강화 등 이명박 정부가 대선과정에서부터 주장한 점들은 참여정부 대북정책에 대해 보수진영으로부터 제기된 비판의 중심이었다. 이와 같은 점에서 이명박 정부의 출범은 김대중 정부 이후 추진된 10년간 대북정책의 결과에 대한 비판적 평가를 토대로 일정한 방향성의 전환이라는 의미를 지니는 것으로 해석될 수 있을 것이다.

그러나 이와 같은 정권교체의 배경 이외에 이명박 정부의 대북정책의 형성과 추진에 있어 보다 본질적인 몇 가지 상황적 변화[3]들이 자리 잡고 있다는 사실을 직시해야 할 것이다.

(1) 체제경쟁의 종식

남한 사회의 정치 · 경제 · 사회 발전과 북한 위기구조의 심화는 남북한의 체제경쟁의 종식을 의미한다. 경제적 관점에서 보았을 때 기아에까지 이른 북한의 현 상황과 세계 10위권의 남한 경제 간 비교는 명확한 의미를 지닌다. 남북한 간 체제경쟁의 종식은 경제적 차원을 넘어 정치, 사회, 문화 등 제반 영역에서도 가능하다. 남한 사회가 세계 사회에 정상적으로 편입되는 동안 북한은 고립과 구조적 위기 속에서 체제의 생명력을 소진시켰다고 할 수 있다. 이와 같은 상황은 체제경쟁이 사실상 무의미해진 남북관계의 근본적 변화의 기초라고 할 것이다.

(2) 민족 패러다임의 약화

남한 사회의 발전은 세계 자본주의체 제로의 정상적 편입을 의미하며, 이는 남한 체제의 지배적인 행위의 기준이 민족 패러다임에서 자본주의 체제의 합리성 패러다임으로의 전환을 의미한다. 친미 · 반공 군사정권과 진보성향 정권의 등장, 그리고 보수정권으로의 정권교체 등 정치적 변화과정 속에서 민족 담론도 변화를 겪어왔으며, 그 주요한 특징은 민족 담론의 약화로 볼 수 있을 것이다. 국제결혼이 주요한 결혼형태로 자리 잡고 있는 현실에서 피의 순수성에 기반한 한국의 민족주의는 성격변화의 과정을 겪고 있으며, 국제사회도 단일민족주의의 경사에 대한 지적을 한 바 있다. 단일 민족주의에 대한 강조보다는 자본주의 체제의 합리성을 받아들이는 것은 남한의 세계경제 편입과정에서 전제조건이었다고 할 수 있다.

세계화의 진전을 통해 남한 사회는 민족주의 보다는 세계 자본주의 체제의 일원으로서 행위규범을 따르도록 강제받고 있으며, 이는 남한 사회 내의 자본주의 합리성의 증대로 이해될 수 있을 것이다. 민족 담론의 약화는 미국에 대한 태도의 변화에서 상징적으로 읽혀질 수 있다. 1980년 광주 이후 최근까지도 미국은 남한 사회에 있어서 이중적 존재로서의 의미를 지녔다. 한미동맹이라는 구조 속에서 미국은 경제적 · 외교안보적 차원에서 남한 체제의 생존과 직간접적으로 연관된 '현실'이면서도 민족문제의 해소가 지상과제인 남한 사회에서 친미 담론의 공개적 구사는 정치적으로 선택하기 쉬운 일이 아니었다고 할 수 있다. 그러나 남한의 세계화는 이와 같은 구조에 일정한 변화를 야기했으며, 한미동맹 강화를 기치로 내건 이명박 정부의 집권은 이를 증명하는 것으로 볼 수 있다.

사실상 참여정부에 있어서도 미국은 현실이었으며, 논란을 야기한 정치적 수사를 제외한 현실적 결과를 놓고 볼 때 참여정부는 미국의 의도를 상당부분 수용했다고 할 수 있다. 주한미군의 지위변경과 이라크와 아프가니스탄 파병 등 미국 측이 요구한 주요 사안들은 대부분 관철된 것으로 볼 수 있다. 이라크의 경우 직접적 참전국인 미국과 영국을 제외할 경우 남한은 가장 많은 병력을 파병한 경우의 하나에 해당한다. 민족 담론을 기반으로 하는 참여정부의 '자주'는 이와 같은 점에서 정치적 수사의 한계를 넘지 못한 것이며, 이면에는 미국 주도 자본주의 세계질서의 요구에 순응하는 '합리적' 선택을 한 것으로 볼 수 있을 것이다.

(3) 실용 패러다임으로의 전환

지배적인 사회적 가치로서 민족 담론의 약화와 자본주의적 합리성의 증대는 이념지향성의 약화와 아울러 실용주의의 부각과 관련이 있다. 탈이념의 세계화 조류는 이념적 가치보다는 실용적 차원의 사고와 행위의 선호를 유도하며, 남한 사회 역시 이와 같은 흐름에 부응하고 있다고 할 수 있다. 이명박 정부의 실용주의는 이와 배경으로 탄생한 것으로 볼 수 있으며, 이미 사회구성원들에게 상당부분 내재해 있었던 것으로 볼 수 있다. 사회주의권의 몰락으로 세계는 탈이념화와 아울러 자본주의 단일체제로 재편되어 왔으며, 단일한 세계화의 지표들을 만들어냈다. 각 국가의 개별적 특성과 조건을 반영한 이념적 지향성은 세계화의 '일반성'과 충돌하는 '특수성'으로서의 성격을 지니며, 결과적으로 세계화의 추세와 조응하기 어렵기 때문이다. 이와 같은 점에서 실용주의의 부각은 단순한 보수정권의 선택을 넘어선 구조적 성격을 지닌 것으로 볼 수 있다. 진보정권을 표방한 참여정부가 한미 FTA에 합의한 것이 이를 증명하고 있다.

(4) 통일 담론의 약화

민족문제의 해소와 통일의 당위성에도 불구하고 최근 여론의 추이는 그리 긍정적이지 않은 것으로 볼 수 있다. 통일에 대한 지지는 과거에 비해 약화된 것으로 볼 수 있으며, 특히 청소년층 등 특정

집단에서의 무관심도 증가하는 경향을 보이고 있다. '통일은 돼야 하지만 내가 죽은 다음에나'[4]라는 언론 기사 제목처럼 통일의 당위성보다는 현실적 고려를 우선하는 경향이 커지고 있으며, 이는 결국 통일 담론의 약화로 이어지고 있는 것으로 평가될 수 있다. 기존의 생활세계의 근본적 변화를 야기하는 통일미래에 대한 불확실성과 독일 사례에서 목도한 통일에 대한 경제적 부담, 남북 간의 심각한 경제적 격차, 실업 및 양극화 등 남한 사회 내의 모순구조는 통일 담론의 지속에 부정적 영향을 미치는 요인들로 볼 수 있다.

그러나 보다 구조적인 차원에서는 통일 담론 약화의 배경으로는 남한 사회의 자본주의적 발전과 세계화를 들 수 있을 것이다. 자본주의 체제와 세계화의 일원으로서 남한 사회에 부과된 보편성들이 북한문제라는 특수성에 우선하는 경향으로 연결되는 것으로 볼 수 있을 것이다. 이와 같은 점들은 단기적으로 가능하지 않은 통일에 대한 시도보다는 관계개선과 협력의 확대를 추구해 온 남북관계 개선의 기초라고도 할 수 있을 것이다. 따라서 통일 담론의 약화는 일시적 현상이라기보다는 구조적 성격을 지니고 있다는 점을 주목해야 할 것이다.

2. 이명박 정부 대북정책의 목표와 원칙

이명박 정부의 대북정책 추진환경은 노무현 정부와 근본적으로 다르지 않다는 점에서 변화의 폭이 제한적이라는 점을 주목할 필요가 있다. 우선 남북관계 진전의 전제로 제시된 북핵문제의 해결, 즉 '비핵개방 3000' 정책의 전제는 노무현 정부와 크게 다를 바 없다.

남북관계의 안정적 발전을 위해서는 불능화 등 현재 진행되고 있는 북핵문제 해결과정의 순조로운 이행과 이 과정에서 남한 정부 노력의 가시화 및 성과가 전제되어야 한다는 점이다. 아울러 북핵폐기와 병행되어 진행될 평화체제 구축과정에도 주력해야 할 필요성이 있다.

초당적 대북정책 추진구도 형성에 있어서의 가시적 성과도 필요하다. 과거에 비해 높은 지지율로 당선된 이명박 정부도 기본적으로 과반을 확보하지 못했다는 점에서 정책추진 기반이 취약하다고 할 수 있으며, 이는 미국산 쇠고기 수입문제로 이미 가시화되었다고 할 수 있다. 대북정책 추진의 문제는 보다 복합적 성격의 문제이며 민족문제라는 점에서 보수진영 의사의 대변만으로 정책추진 기반이 마련될 수 없으며, 따라서 진보진영의 협력이 필수적이라 할 수 있다. 특히 향후 대북정책 추진에 필요한 비용은 과거와 비교할 수 없는 규모로 진행될 가능성이 큰바, 대북정책에 있어 여야 협력구도는 필수적이라 할 수 있다. 참여정부 하에서 별다른 성과를 보이지 못한 초당적 대북정책 추진구도는 이명박 정부에서 실현되어야 할 주요 과제인 것이다. 북핵폐기 본격화 이후 남북관계 진전 및 북한 개발협력 등 상당한 비용의 수반이 예상되는바, '퍼주기 논쟁' 재론 등을 막기 위한 통일문제에 대한 국민적 합의기반의 구축에 있어 가시적 노력이 필요하다.

현재까지 이명박 정부의 대북정책은 대강의 윤곽이 잡혀 있는 단계로 구체적이고 세부적 추진과제들이 확정되기까지 다소 시간이 필요한 것으로 보인다. '비핵개방 3000' 정책으로 대표되는 대북정책도 구체화의 단계가 필요할 것이다. 비핵과 북한 개방, 그리고 3,000불로 대표되는 북한 경제의 회생은 과거 정부의 대북정책의 방향성과 크게 다르다고 할 수 없다는 점에서 기본적으로 대북정책의 지속성을 유지하고 있다고 볼 수 있다. 그러나 비핵화를 남북관계 발전의 전제조건으로 제시하고 있다는 점, 그리고 대북정책 및 남북관계 발전의 구체적인 목표들이 명시되었다는 점에서 과거와 차별성을 보인다고 할 수 있다.[5]

이와 같은 점에서 현재까지의 논의를 토대로 이명박 정부 대북정책의 주요 내용들을 정리할 수 있을 것이다. 우선 이명박 정부의 경우 평화통일과 선진한국 구현과정의 결합을 통한 상생공영의 추구를 대북정책의 비전으로 하고 있다고 볼 수 있다. 남북관계 발전과 국가발전의 선순환구조를 기반으로 선진한국을 구현함으로써 남북한이 상생공영하는 한민족 시대를 열어가는 것을 지향하는 것으로 해석할 수 있을 것이다. 이를 토대로 이명박 정부 대북정책의 몇 가지 목표들이 정리될 수 있을 것이다.

우선 '비핵개방 3000' 정책의 전제인 비핵화의 추진이다. 이명박 정부가 비핵화는 남북관계 발전 및 남북 경제공동체 형성의 기본전제로 인식하고 있는바, 북한 비핵화는 최우선 과제이자 대북정책의 주요 목표로 해석될 수 있다. 비핵화의 진전은 정전체제의 평화체제로의 전환을 통해 남북한 간의 군사적 대립을 공식적으로 종식시키는 과정과 연동된다는 점도 주목해야 할 것이다. 비핵을 전제로 '개방과 3000'은 선진한국 구현과 북한 경제위기의 근본적 해결에 순기능을 할 수 있는 경제협력의 본격화, 그리고 북한 주민의 빈곤감소 및 고통경감 등 직접적 삶의 질 개선 등의 목표로 구체화될 수 있을 것이다. 아울러 장기적 국가발전전략 속에서 남북관계 발전과 대북정책을 추진함으로써 선진한국의 구현에 기여하는 것을 이명박 정부 대북정책의 주요 목표로 설정될 수 있을 것이다. 그러나 북한 비핵화에는 많은 장애물들이 있으며, 완전한 의미의 비핵화에는 상당한 시간이 소요된다는 점에서 비핵화를 위한 과정 중에도 적극적인 대북정책의 구사가 필요하다는 점을 주목할 필요가 있다.

이와 같은 대북정책 목표들의 달성을 위한 몇 가지 원칙들을 다음과 같이 정리할 수 있을 것이다. 우선 대북정책의 실용성 확대이다. 그러나 이는 단순히 남북관계에 있어서의 실리추구 차원을 넘어 실질적인 남북관계의 진전과 통일기반의 확대로 해석되어야 할 것이다. 사실상 자력갱생의 가능성이 없는 북한 체제위기의 구조화와 한반도 문제의 국제화가 심화되는 상황은 통일에 대한 실질적 대비의 필요성이 증대됨을 의미한다. 이와 같은 점에서 남북관계의 안정적 관리 및 확대와 아울러 통일의 가능성에 대비한 실질적 대비가 요구되며, 실용성은 이와 같은 관점에서 해석될 필요가 있다.

비대칭상호주의도 적극적으로 고려될 필요가 있다. 이는 남북경협 확대 및 대북지원에 대해 북한주민의 직접적 혜택 및 인도적 문제 해결 등 북한의 비대칭적 상응조치를 유도하는 것을 말한다. 비대칭상호주의는 북한 개발협력과 지원에 대한 북한의 상응조치가 대칭적일 필요는 없다는 점을 중시하는 것이라 할 수 있다. 남한의 지원에 대한 북한의 상응조치가 경제적 상호성과 군사안보적 차원뿐만 아니라 북한 주민의 빈곤 감소와 인간 개발능력 향상, 인권문제 해소 등 포괄적 차원을 포함하는 것으로 해석되어야 한다는 것이다. 이는 경제주의적 관점을 넘어 북한 개발의 효과 그 자체로 한반도 평화와 통일과정에 긍정적이라는 인식이 필요하며, 따라서 협력을 위한 자원의 투입에 대한 북한의 상응조치가 대칭적일 필요는 없다. 아울러 시간적 비대칭성도 고려될 필요가 있다. 즉 개발협력과 지원효과의 발현에 있어 일정한 시간적 비대칭성을 인정할 필요가 있다는 것이다. 이와 같은 관점의 견지는 남북관계 개선에 필요한 자원의 투입에 대한 여론의 지지 확보 등에 있어 긍정적인 효과를 가져오게 될 것이다.

아울러 대북정책과 관련된 국민합의[6]도 주요한 원칙으로 설정될 필요가 있다. 대북정책과 관련하여 이명박 정부의 새로운 시도에 대해 생산적 협력구도가 모색되어야 한다. 집권층이 배타적으로 대북정책을 주도하거나 반대로 집권층에 대한 일방적 비판과 정책적 실패에 대한 반사이익을 기대해서는 안 된다. 보혁 양 진영은 진지한 자세로 통일과 대북정책에 대한 협력의 가능성을 모색해야 한다. 민족문제는 정파와 진영의 이익을 넘어 우리 모두의 공통의 미래와 직결된 일이기 때문이다. 이명박 정부 하에서도 국민적 합의기반의 형성은 대북정책의 추진력확보에 있어서 본질적 의미가 있다는 점을 주목해야 할 것이다.

아울러 국제 공조도 주요한 원칙으로 설정될 필요가 있다. 한미공조라는 현실을 토대로 주변국가와 긴밀한 협력을 통해 북한 비핵화와 평화체제 구축이라는 전략적 목표를 실현해야 할 것이다.

V. 맺음말

냉전체제의 해체와 세계화, 그리고 동북아의 새로운 변화들은 분단과 민족문제에 대한 새로운 접근법을 요구하고 있다. 이와 같은 상황에 대해 적절히 대처하지 못할 경우 통일 담론의 약화는 물론 민족문제 해소를 위한 추진기반도 약화될 수 있다. 맹목적 당위성에 기반하거나 국제적인 흐름을 반영하지 않은 통일의 시도는 효율적이지 않을 수 있다. 변화된 상황에 능동적으로 대처하는 통일정책의 형성과 추진이 필요하다. 사회구성원들의 통일에 현실적 인식을 유도함과 아울러 통일에 대한 꿈을 가지게 할 수 있는 노력들이 필요하다. 특히 긍정적 통일 담론의 확산을 통해 통일 미래상에 대한 희망과 적극적 지지를 유도해내야 할 것이다.

북한은 이제 남한의 경쟁상대가 아니다. 이것이 통일과정에 대한 자신감과 인내가 필요한 이유이다. 통일은 생각보다 멀지 않은 미래에 예기치 않게 다가올 수 있다. 이는 현 시점에서 통일에 대한 실질적 준비와 대처가 필요하다는 것을 의미한다. 지난 10여 년간 이전 정부의 남북관계 개선과정에 있어 통일은 은유의 형태로 잠재되어 있었다. 상황은 현 정부의 대북정책에 있어서도 마찬가지라고 할 수 있다. 아울러 남남 갈등의 부각은 통일문제에 대한 국민들의 우려를 가중시켰으며, 많은 비용이 소요되는 독일통일의 과정도 통일에 대한 부담감을 가중시키는 요인이었다. 이 같은 점에서 남북관계 개선에도 불구하고 통일에 대한 희망과 비전은 이에 미치지 못했다고 할 수 있다.

통일은 한반도의 평화와 한민족의 미래에 있어서 반드시 필요한 과정이라는 믿음과 희망이 필요한 시점이다. 대륙의 일부이면서도 인적 · 물적 자원의 이동이 비행기와 배로만 이루어지고 있는 상황은 분단의 현실을 잘 말해주고 있다. 분단으로 인한 소모적 대치와 갈등구조를 해소하고 새로운 한민족 시대의 개척을 위해서 통일은 반드시 필요한 과정이라는 믿음을 토대로 통일의 준비와 진행에 대한 합의가 필요한 시점이다. 세계적 차원의 냉전구조가 해소된 지금 남남 갈등과 보혁 간의 갈등은 유익하지 않은 소모적 과정일 뿐이다.

다가올 통일에 대해 국민적 합의를 바탕으로 실질적 대비가 필요한 시점이다.

탈이념과 탈민족적 경향성의 확대라는 시대적 변화는 민족문제라는 특수성에 매몰된 한반도에 새로운 사고를 요구하고 있다. 이 같은 점에서 통일은 당위성과 아울러 실용성을 지닌다고 할 것이다. 이것이 창의적인 통일정책과 긍정적 통일 담론의 확산, 그리고 통일에 대한 국민적 지지의 유도가 필요한 이유이며, 이를 위한 대안들의 마련을 위해 노력해야 할 것이다.

주

1 임강택 · 조한범 외(2008 : 31−34)를 정리한 것이다.

2 임강택 · 조한범 외(2008 : 34−38)를 정리한 것이다.

3 조한범(2008)을 정리한 것이다.

4 "지금 고교생이나 대학생 등 젊은층은 북한을 바라보는 근본적인 시각에서 기존세대와 확연한 차이를 보이고 있다". … "'통일을 해야겠지만 나 죽은 다음에나 됐으면 좋겠다'는 얘기를 할 정도인가 하면 북한에 대해 '남의 나라' 같은 느낌을 받는 경우도 상당수 …" (《연합뉴스》, 2006. 8. 23).

5 통일연구원(2008) 및 남성욱 · 서재진 외(2009)를 정리한 것이다.

6 남남갈등을 지양하고 통일에 대한 국민적 합의를 위해 사회협약 방식을 통일 문제에 적용한 '통일국민협약'을 검토할 필요가 있다(조한범, 2006 : 67−71).

참·고·문·헌

남성욱 · 서재진 외. 2009.『한반도 상생 프로젝트』. 나남출판.
《연합뉴스》. 2006. 8. 23.
임강택 · 조한범 외. 2008.『한반도 선진화를 위한 남북 경제관계 발전방안 모색』. 통일연구원.
조한범. 2006.『남남갈등 해소방안 연구』. 통일연구원.
______. 2008. "한국 사회의 세계화와 통일담론." 이화여대 통일학연구원『봄 학술 세미나』.
통일연구원. 2008.『이명박 정부 대북정책 비전 및 추진방향』. 통일연구원.

저·자·약·력

• 김규원

미국 위스콘신 대학교 사회학 석사(MS), 사회학 박사(Ph. D.)
현재 경북대학교 사회학과 교수
주요 저서 : 『수리사회학의 적용』(공저, 경북대학교 출판부, 2009)
『새로운 진보의 길』(공저, 한울, 2009)
"국제화 시대와 한국인의 대외인식" (『성공논총』 26집, 1995)
외 다수.

• 김문조

서울대학교 화학과 졸업
고려대학교 대학원 사회학과 문학 석사
미국 University of Georgia 사회학 박사
한국사회학회 회장
현재 고려대학교 문과대학 사회학과 교수
주요 저서 : 『과학기술과 한국사회의 미래』(고려대 출판부, 1999)
『디지털 한국사회의 이해』(공저, 집문당, 2007)
『한국사회의 양극화』(집문당, 2008) 외 다수.

• 김상준

서울대학교 사회학과 졸업
미국 뉴욕 컬럼비아 대학 사회학 박사
현재 경희대학교 NGO 대학원 교수
주요 저서 : 『미지의 민주주의』

"중층 근대성 : 대안적 근대성 이론의 개요"
(『한국사회학』 4(4), 2007) 외 다수.

• **김성국**

서울대학교 사회학과 학사 및 석사
미국 인디애나 대학 사회학 박사.
현재 부산대학교 사회학과 교수
한국동아시아사회학회 회장
주요 저서 : 『한국의 아나키스트』(이학사, 2007)
『민주정치와 균형외교』(공저, 나남출판, 2006)
『21세기 한국 사회의 구조적 변동』(공저, 민음사, 2005) 외 다수.

• **노진철**

독일 Bielefeld 대학 사회학 박사
한국환경사회학회 회장
현재 경북대학교 사회학과 교수
주요 저서 : 『녹색전망 : 21세기 환경사상과 생태정치』(도요새, 2002)
『환경과 사회 : 환경 문제에 대한 현대 사회의 적응』(한울, 2001)
"허베이 스피리트 호 기름 유출 사고의 초기 대응과
재난관리의 한계" (『ECO』, 2008) 외 다수.

• **박재흥**

미국 뉴욕주립대학교(버팔로) Ph. D.
현재 경상대학교 사회과학대학 사회학과 교수
주요 저서 : 『한국의 세대 문제 : 차이와 갈등을 넘어서』(나남출판, 2005)
"세대 명칭과 세대 갈등 담론에 대한 비판적 검토"
(『경제와 사회』 제81호, 2009) 외 다수.

• **배영**

연세대학교 사회학과 학사 및 석사
연세대학교 사회학 박사
현재 숭실대학교 정보사회학과 교수
주요 저서 : 『인터넷 권력의 해부』(공저, 한울, 2008)
『한국의 인터넷을 논하다』(공저, 서울경제경영, 2008)
"인터넷 미디어 확산과 소비에서의 네트워크 효과"
(『사이버커뮤니케이션 학보』 26-1, 2009) 외 다수.

• **신광영**

서울대학교 사회학과 졸업
미국 위스컨신 대학교(매디슨) 사회학 박사
한림대 사회학과 교수 역임
현재 중앙대학교 사회학과 교수
주요 저서 : 『기로에 선 중산층』(공저, 인간사랑, 2008)
『세계화와 소득불평등』(공저, 집문당, 2007)
『한국의 계급과 불평등』(을류문화사, 2004) 외 다수.

• **유홍준**

SUNY at Stony Book 사회학 박사
현재 성균관대학교 사회과학부 교수
주요 저서 : 『현대 사회와 직업』(그린, 2005)
『현대 중국 사회와 문화』(공저, 그린, 2005)
『직업사회학』(경문사, 2000) 외 다수.

• **엄한진**

서울대학교 사회학과 졸업
프랑스 Univ. de Paris Ⅷ(Vincennes a Saint Penis) 사회학 박사
현재 한림대학교 사회학과 교수
주요 저서 : 『동북아 "다문화" 시개 한국 사회의 변화와 통합』
(공저, 동북아시대위원회, 2006)
"한국 이민담론의 분절성"(『아세아연구』 51−2, 2008)
"프랑스 이민통합 모델의 위기와 이민 문제의 정치화』
(『한국사회학』 41−3, 2007) 외 다수.

• **이재열**

서울대학교 사회학과 학사 및 석사
미국 하버드 대학교 사회학 박사
서울대학교 사회발전연구소장 역임
현재 서울대학교 사회학과 교수
주요 저서 : 『기로에 선 중산층』(공저, 인간사랑, 2008)
『삶의 질과 지속가능한 발전』(공저, 나남, 2006)
『사회과학의 고급계량분석』(공저, 서울대학교 출판부, 2005)
외 다수.

• **전상인**

연세대학교 정외과 및 동대학원 졸업
미국 브라운 대학교 사회학 석사 및 박사
현재 서울대학교 환경대학원 교수
주요 저서 : 『아파트에 미치다 : 현대 한국의 주거사회학』(이숲, 2009)
『한국 2030』(에코 리브로, 2007)
『우리 시대의 지식인을 말한다』(에코 리브로, 2006) 외 다수.

• **조한범**

러시아 상트-페테르부르그 대학교 사회학 박사
현재 통일연구원 학술정보센터 소장
주요 저서 : 『북한사회개발방안연구』(통일연구원, 2007)
『남남갈등해소방안 연구』(통일연구원, 2006)
『러시아 탈사회주의 체제 전환과 사회갈등』(통일연구원, 2005)
외 다수.

• **함인희**

이화여자대학교 사회학과 및 동 대학원 졸업
미국 Emory University 사회학 박사
현재 이화여자대학교 사회학과 교수.
주요 저서 : 『한국 사회의 새로운 갈등과 국민통합』(공저, 인간사랑, 2007)
『한국 사회의 일상과 몸』(공저, 한국문화연구원 총서, 2006)
『현대 한국인의 세대경험과 문화』(공저, 집문당, 2005) 외 다수.

대한민국 60년의 사회변동

초판1쇄 / 2009년 12월 20일

엮은이 **한국사회학회**
펴낸이 **여국동**
펴낸곳 **도서출판 인간사랑**
인 쇄 **백왕인쇄**

출판등록 1983. 1. 26. / 제일 3호

정가 25,000원

ISBN 978-89-7418-296-0 93330

※ 잘못된 책은 교환해 드립니다.

(411-815) 경기도 고양시 일산구 백석동 1178-1
TEL (031)901-8144, 907-2003
FAX (031)905-5815
e-mail/igsr@yahoo.co.kr/igsr@naver.com